英國教育：政策與制度

Education in Great Britain

李奉儒

主編

國家圖書館出版品預行編目資料

英國教育：政策與制度 = Eduaction in Great
Britain / 李奉儒主編. - - 初版 - - 嘉義市
：濤石文化，2001【民90】
面；　　公分
ISBN 957-30248-0-2（平裝）
1.教育 — 英國

　　520.941　　　　　　　　90013123

英國教育：政策與制度
Education in Great Britain

主　　編：李奉儒

出 版 者：濤石文化事業有限公司

發 行 人：陳重光

責任編輯：吳孟虹

封面設計：白金廣告設計 梁叔爰

地　　址：嘉義市台斗街57-11號3F-1

登 記 證：嘉市府建商登字第08900830號

電　　話：(05)271-4478

傳　　眞：(05)271-4479

戶　　名：濤石文化事業有限公司

郵撥帳號：31442485

印　　刷：鼎易印刷事業有限公司

初版一刷：2001年8月(1-1000)

I S B N：957-30248-0-2

總 經 銷：揚智文化事業股份有限公司
　　　　　台北市新生南路三段88號5F-6

電話：886-2-23660309

傳眞：886-2-23660310

定　　價：新台幣420元

E-mail ：waterstone@giga.com.tw

本書作者簡介

◆
李奉儒
英國雷汀大學教育學院哲學博士

◆
李家宗
國立暨南國際大學比較教育研究所博士班研究生

羅淑芬
國立暨南國際大學比較教育研究所碩士

謝美慧
國立台灣師範大學教育研究所博士班研究生

◆
吳敏華
國立台灣師範大學教育研究所博士班研究生

◆
葉孟昕
國立暨南國際大學比較教育
研究所碩士

◆
王志菁
國立暨南國際大學
比較教育研究所博士班研究生

編著者序

　　比較教育研究的目標可概分為理論性與實用性目標：前者是根據歷史、文化、政治經濟、社會地理、宗教等因素來了解各種教育現象；這種科際整合性格，促使比較教育結合其他學門如哲學、社會學、經濟學、政治學等學科的研究成果，致力於教育問題的解決。後者則是藉由比較教育研究結果來提供教育決策的建議，藉以改善本國的教育制度；這種借用外國有用的教育設計來改善本國教育的實用性格，說明了比較教育研究一開始就是對於跟本國相異的外國教育和文化等相異性產生興趣，進而以改良或改革本國教育制度為其目的，而嘗試的一種外國教育研究。

　　隨著國內教育改革的風起雲湧，如何參考借鑑先進國家的教育政策與制度，掌握其教育問題與實施缺失，就成了比較教育研究的焦點。在這些國家中，英國自一九八八年教育改革法頒佈以來，在教育政策與制度方面有很多的變革，其改變之劇烈、範圍之廣闊和影響之深遠，頗值得比較教育研究者關心與瞭解。本書的主要目的正是要分析英國近年來主要教育政策與制度變革之背景、現況與與發展趨勢，提供給關心我國教育研究及教育改革者作為參考。

　　近十年來的教育改革需求促使比較教育研究在台灣地區日益受到重視，尤其是暨南國際大學自一九九五年八月設立全台灣第一所比較教育研究所碩士班後，可以說台灣的比較教育研究進入另一個新的境界。全所師生致力於英國比較教育學者Edmund King在《比較研究與教育決策》(Comparative studies and educational decision)(1968)一書中，所指出的比較教育研究要旨：1.分析教育制度，提供比較知識；2.選定特殊問題，從事文化與文化間的綜合分析；3.更精確地擬定研究問題，探討此項問題的動態發展過程；4.從事協調性及改革性的比較研究；以及5.作為國際交流及教育決策的輔助工具。本書所收錄的論文中有六篇正是該所歷屆碩士

班研究生中關於英國教育政策與制度的碩士論文。希望這本小書能達成比較教育研究所創所所長楊深坑教授所揭櫫的成立宗旨:「以堅實的教育理論扎穩研究根基,以寬廣的國際視野提昇研究境界,以及以嚴謹的區域研究獻替決策參考」。

本書總計有十二章,以英國教育為經,各項重要的教育改革議題為緯,編織而成對英國教育政策與制度的探討。書中除了編者歷年在英國教育方面的研究文章之外,收錄了六位比較教育所研究生之論文精華,其中:第二章為李家宗先生的「英國教育改革法案中的市場機制」,這是由前教育部長林清江先生所指導的碩士論文,再經引用新的文獻改寫而成;第三章「英國學校視導制度」是由羅淑芬小姐改寫自編者任教於該所期間所指導完成的論文;第五章「英國幼兒教育的義務化發展」為謝美慧小姐在台北市立師範學院陳正乾教授指導下完成的論文;第六章「英國綜合中學」是吳敏華小姐在新竹師範學院沈姍姍教授指導下完成的論文;第七章是葉孟昕小姐由現任比較教育研究所所長楊瑩教授指導完成的「英國大學入學制度」論文;以及第八章「英國在家教育」,由台灣師範大學國家講座教授楊深坑教授指導王志菁小姐所完成之論文。上述這些研究主題可說是台灣近年來相當關注或正在從事的教育改革課題,除了感謝這些年輕的比較教育研究者,或在博士班課業煩忙或是在中小學校教學繁重之際,願意再次投入時間和精神,共同來為國內的比較教育研究努力;編者也藉此機會感謝諸位年輕研究者之指導教授的辛勤教誨,今日才有此初步的成果提供給國內關心教育改革者參考。

濤石文化事業股份有限公司陳重光先生慨允本書的出版,在此敬申謝悃,吳孟虹小姐細心協助本書的編輯排版,併此致謝。

編著者　李奉儒　謹識
2001年7月

目錄

作者簡介
編著者序
導論

Introduction

導論

- ■ 前言
- ■ 英國教育現況
- ■ 英國教育政策走向

前　　言

　　英國係由大不列顛（含英格蘭、威爾斯、蘇格蘭）及北愛爾蘭等四大地域所共同組成的聯合王國（United Kingdom）。自1833年英國國會通過教育撥款起，政府開始介入公共教育事業。以往英國之中央教育首長只管轄（1）英格蘭全部教育，及（2）有關大不列顛大學的教育事務。至於威爾斯及蘇格蘭的大學以外之教育、北愛爾蘭所有的教育行政，分歸各地區的國務大臣管理，由各地區各自規畫和擬定教育政策。從1993年四月起，威爾斯及蘇格蘭的高等教育事務也改由各地大臣自行管轄。1999年起，蘇格蘭有自己的國會（Parliament），而威爾斯和北愛爾蘭兩地也有自己的議會（Assemblies），均直接負責教育與訓練的政策制訂，但威爾斯議會沒有立法權。本文如未特別說明，則是以英格蘭和威爾斯教育為主，因為兩者經常訂定共同適用的教育法規，或者同時採取相同的教育政策。研究英國教育首先必須認識其教育的基本結構與現況，這可包括中央與地方的教育行政機關，各級各類教育學制，目前實施的中小學國定課程，以及近來師資培育的變革等。

壹、英國教育現況

一、教育行政機關

　　英國教育行政組織分為中央與地方兩級制，目前在中央為「教育與就業部」（Department for Education and Employment,DfEE），地方為「地方教育當局」（Local Education Authorities,LEAs）。分述如下：

中央教育行政機構—教育與就業部

　　英國中央教育行政組織歷經多次變革。1839年設有樞密院教育委員會，至1944年教育法方才簡化教育組織，改名為教育部，並建立一種

行政責任制度。教育部在1964年改組爲教育與科學部；1991年國會大選之後，保守黨重組內閣時改組爲教育部；自1995年7月15日起又改名爲「教育與就業部」。 而在2001年6月英國大選結束之後，再度改名爲「教育與技術部」（Department for Education and Skills,DES）。本書中仍暫以「教育與就業部」作爲英國的中央教育行政機構。教育與就業部設國務大臣（Secretary of State）一人爲首長綜理部務，由國會議員擔任，爲內閣閣員；以次設部長二人（Minister of State），主導教育政策及實務；國會次長（Parliamentary Under Secretary of State）三人；常務次長（Permanent Secretary）一人，統理部內各司、課、處、科、組及委員會所管轄之事務。教育與就業部主要功能在訂定政策、督導國家教育的實施。在部之下，分設有七個司，包括：學校司、繼續與高等教育及青少年教育訓練司、就業與終身學習司、政策、國際與分析服務司、事務司、人事與支持服務司，以及財政司等；另設有就業處與教師退休金局。

在蘇格蘭，中央政府部門負責教育的是蘇格蘭教育署（Scottish Office Education Department）。高等教育的經費透過蘇格蘭高等教育撥款委員會，繼續教育的財政則是直接來自於蘇格蘭教育署。如同英格蘭和威爾斯兩地區，蘇格蘭的地方政府已重組，直到1996年4月，32個地方教育局取代了先前的12個。

在北愛爾蘭，中央政府部門負責教育的是北愛爾蘭教育署（Irish Office Education Department），地方教育當局稱爲教育和圖書委員會，負責地方設施及繼續教育學校的行政，跟英國地方教育當局不同的是，北愛爾蘭的教育和圖書委員會成員是直接由北愛爾蘭教育署所指派。

地方教育行政機關─地方教育當局

英國根據1944年教育法第六節的規定，以地方之郡市議會爲地方教育當局。郡市議會爲處理教育行政事宜，依據教育部核准之辦法設置「教育委員會」負責決策；至於執行及事務性工作，則由教育委員會遴選一位教育局長組成教育局來辦理。故地方教育當局廣義上包括三個部份：郡市議會、教育委員會及教育局。教育局之組織因時因地而異，大致上可區分爲：1.教育局長一人，對地方教育制度的經營負有完全的管

理責任。2.教育副局長，具有大部份的的主導權。此外，分設有3.助理教育長數人，4.專業助理，5.督學，6.教育心理學者團隊，7.教育福利官員，8.生涯輔導員，9.青年及社區工作員，10.學校－企業聯絡員等。

英國地方政府自1997年後改組，地方教育當局的組織也有所改變。新改組的教育局除了設局長一人之外，另外還有「教育協助室」和「標準與效率室」主任兩位。「教育協助室」負責處理學校財政、建築、管理、教師薪水及其他行政事務；「標準與效率室」負責處理課程、教學、學校表現、視導、在職訓練、校長任用、學校管理協助、特殊教育需求等。

中央教育視導機關—教育標準署

1839年由英王首次任命兩位皇家督學蒐集教育事實和資訊，向教育首長報告有關教育制度的效能。1944年之後則改為皇家教育顧問處，之後再改稱為皇家學校督學處，從事視導、建議及改進教育之工作。其主要的職責有三：一是視察學校教育，不僅是考察和提出報告，也須給予學校必要的協助和指導；二是代表教育部處理地方行政事務；最後是提供教育部長有關地方教育業務之報告，及有關教育之理論與實施問題的研究與建議。督學係經女王（或國王）任命，故有皇家督學之稱，享有至高榮譽。每位督學均須具備高級專業資格，曾接受行政及指導訓練，並具有優越的學校實務經驗。督學處的組織龐大，英格蘭和威爾斯在1992年時設置有督學約五百名，但根據1992年教育（學校）法另外成立「教育標準署」（Office for Standards in Education,OFSTED）取代督學處之後，人數縮減至目前的兩百名。「教育標準署」是教育部之外的獨立自主機構，分別在英格蘭和威爾斯設立辦公室，主事者稱為皇家學校督學長。教育標準局設有一個領導的資深管理小組、十三個地區辦公室、訓練與評估、視導品質、監督與發展，以及合同等單位。其主要職責除了就學校教育的品質、標準與效能來向政府提出建議之外，督學長負責督導新的學校視導系統，督學定期視導各所學校，使能達到全國一致的標準。根據計畫，每四年為一個督導的循環週期，每年要視察六千所學校，並作成報告摘要給學生家長知悉學校教育成果及其子弟的在學成績，全部的報告要整理並出版。

二、各級各類教育學制

現今英國的義務教育共十一年,年齡以五歲至十六歲爲界。其學校系統可分學前或幼兒教育、初等教育、中等教育、繼續教育暨高等教育等四大部分。初等教育與中等教育未依年齡作截然的劃分,且學制多樣化,公立、私立學校系統並行。

學前教育階段

學前教育係由地方教育當局自行斟酌辦理,採男女同校的型式,每班兒童人數最多不超過30人。學前教育機構有三大類:保育學校(nursery schools),專收2至5歲的兒童,每一所有自己的校長;小學附設的保育班(nursery classes),專收3至5歲的兒童,是小學的一部份;小學附設預收班(reception classes),專爲接近義務教育年齡的兒童提早進入小學而設。

學齡前的兒童也可以進入由地方當局社會服務部門設立的托兒所(day nurseries)。私立機構則有「遊戲團」(playgroups)和「媬母」(child-minders)兩類,都必須先在地方當局社會服務部門立案。另外,還有獨立學校的預備學校以及付費的保育學校。

初等教育階段

初等教育在英格蘭、威爾斯和北愛爾蘭地區涵蓋五至十一歲的兒童,在蘇格蘭則涵蓋五至十二歲的兒童。初等教育的學校機構主要有三類:幼兒學校(Infant School),收5至7歲的兒童;初級小學(Junior School),收7至11歲的兒童;以及最爲常見,包含上述兩類的初等學校(Primary School),即收5至11歲的兒童。英國小學中有四分之一是只有100至200名學童,超過三分之一的學校有200名以上的學童,而約有百分之八的小學中只有50名或更少的學童。

自1960年代後期,初等教育階段出現替代性的系統:中間學校(Middle School),又可分爲主要的三類:一種是包括8至12歲的兒童,

屬於初等教育階段；一種是包括9至13歲的兒童，由地方教育當局自行決定屬於初等或中等教育階段；以及由10至14歲的中間學校，屬於中等教育階段。中間學校幾乎都集中在英格蘭，威爾斯僅有一所。

私立系統的初等教育，不接受政府的補助而大部分要收高額的學費，有些則是屬於慈善機構或教會團體。私立小學依學童就讀年齡不同分為兩類：一為預備前學校（Pre-preparatory School），招收5至7歲兒童；一為預備學校（Preparatory School），招收7至13歲兒童。英國學制的饒富彈性，由上述的各類初等教育機構即可知曉。

中等教育階段

二次大戰之後，英國確立了以「11歲足」（eleven plus）考試選擇學生的鼎立制度：分為文法中學、技術中學和現代中學。在1960年代，工黨政府推動綜合中學以取代原先的選拔制度，在1995年時，綜合中學約佔全部公立中學（4700所）的84%，文法中學和現代中學各佔5%，至於技術中學只在英格蘭剩下四所。

英國中等教育階段中的義務教育年齡是到16歲，學生在這之後可再留校至多3年，因此設有第六學級（sixth form）以供學生繼續就讀，其中百分之五十五附設在綜合中學裡。另外，在1988年教育改革法頒佈後，中等教育階段出現由私人贊助設立，不受地方教育當局管制，而由政府撥款補助的「城市技術學院」（City Technology College, CTC），招收11至18歲學生，課程強調技術教育，在1994年已有15所。

私立系統的中學，又稱獨立學校，不接受政府或地方教育當局的經費補助，而主要靠學生的學費維持，學生大多住宿。所有的獨立學校必須向地方教育當局立案，並接受教育標準局的視導。獨立學校中以九大「公學」（Public School）最為聲譽卓著。

高等教育和繼續教育階段

英國的繼續教育，提供多方面的課程給義務教育後的學生，除了達到職業訓練的目的之外，也滿足進修的需求，充分把成人教育的理念

普及化。同時也爲國家社會儲備了優秀的人力資源，再加上與工商業界的結合，也可以提供人民許多的工作機會。

在1992年繼續與高等教育法未通過之前，英國的繼續教育仍是由地方教育當局所控制，1992年之後繼續教育機構成爲自治法人而獨立，並由中央政府管理財務。在英格蘭和威爾斯兩地區的經費，是透過繼續教育撥款委員會（Further Education Funding Council,FEFC）所間接提供，但是蘇格蘭的繼續教育則是直接受國務大臣所控制，由國務大臣分配經費或是間接支付給學院。北愛爾蘭則是遵循繼續教育團體的建議，原有的24個繼續教育機構經合併後縮減爲17個。

英國繼續教育機構約可分爲如下幾類：1.第六級制學院（Sixth form Colleges,FEFC）是爲16-19歲的學生提供學術和非學術的課程，但是以學術課程爲主要。1973年英格蘭只有21所第六級制學院，到了1992年則有115 所。2.第三級學院（Tertiary colleges），結合了第六級制學院和繼續教育學院的功能，它開放給各種能力的學生，並且針對數千學生提供職業性和學術性的課程。1994年在英格蘭地區有51所第三級學院，威爾斯地區則有七所。3.繼續教育學院，在英國有600所，有各式各樣的名稱，包括繼續教育學院、農業和園藝學院、技術學院、藝術學院和商業學院等，提供各種型態的課程。4.獨立繼續教育學院，是在公立的補助體制之外的獨立學院，提供全時制和部分時間制的各種科目如藝術、農業、戲劇、語言，並針對外國學生提供英語課程。

1992年繼續和高等教育法中將高等教育的經費統一，所有的高等教育機構必須爲了經費而在教學或研究上作競爭。1992年教育法解散可認證大學以外機構之學歷的「國家學位授予委員會」（Council for National Academic Awards,CNAA），多科技術學院和其他高等教育機構可以有權力成爲自行頒發學歷的法人組織，若是符合某特定標準，則可取得大學的頭銜；未被允許取得學位的高等教育學院，須由大學確認其學位。在1993年結束前，所有的多科技術學院和兩所高等教育學院改制爲大學。

目前英國有80所以上的大學（1992年之前只有近50所），依其設立緣由分爲六類：1.設立年代超過500年的六所「古大學」（ancient universities），兩所在英格蘭（牛津與劍橋），另四所在蘇格蘭；2.十九世紀末期設在大都市的十所「紅磚大學」（redbrick

universities）；3.二次大戰後將原有學院升格而成的「新公民大學」
（newer civic universities）；4.1964年後完全新成立的「新大學」
（new universities）；5.同樣在1964年之後將原本為「高級技術學院」
升格而成的大學；以及6.1992年之後由全部的多科技術學院和部份高等
教育學院升格而成的大學。此外，尚有一所完全私立的Buckingham大
學，及1969年成立，極大多數學生採部份時間制的「開放大學」（Open
University）。

三、英國中小學國定課程的實施與評量

　　英國1988年教育改革法中通過中小學國定課程的實施與評量，可
說是千古未有之變局，扼要說明如下。1987年由「評量與測驗任務小組」
（Task Group on Assessment and Testing,TGAT）發佈的Black報告書
即要求學生應該在四個「關鍵階段」（Key Stages）受測，分別為七、
十一、十四、十六歲。第一個關鍵階段只評量國定課程的核心科目（英
文、數學、科學及在威爾斯地區以威爾斯語教學的學校評量威爾斯
語），之後的關鍵階段則包含所有的基礎學科，頭三個關鍵階段實施形
成性評量，最後一個關鍵階段實施形成性評量和總結性評量。

　　每一個學生在每一個關鍵階段應以適當的「成就目標」
（attainment targets）接受評量，這些目標被組合成數組的側面圖，
反映出所包含科目知識、技能和理解的程度。從5歲到16歲之間所有教
授的科目分為十級。測驗包含兩種不同的方法：第一，教師針對學生上
課情形，評量其成就。第二，學生在全國的標準化測驗中的表現。個別
學生的施測結果應該保持機密，只有他們的家長與教師可以獲知，然而
整班或者是全校的測驗結果的集合體應該在第二、三、四關鍵階段公
布，以使家長能判斷教師和學校的表現為何。

　　1993年Dearing報告書為減輕學生和教師在課程上的負擔，簡化
「評量安置」，在一至三級的關鍵階段減少國定課程，以省下20%的自由
時間給學校斟酌使用，藉由確認各科的重要核心，減少成就目標的數量
並專心於該核心目標上。學校使用可獲得的時間於基礎的識字和算數

上，然後加深學童對國定課程科目的知識和理解。在第四個關鍵階段（14-16歲），只有英文、數學、科學和體育以及現代外國語和科技等課程是必修的，剩餘的國定課程改爲選修；以使教師和學生在教學之餘的時間思考職業和學術的選擇。

四、英國師資培育政策的演變

英國近年來在師資培育政策強調學校本位或中心的培育。其背景是因爲政府不信任進步主義運動，攻擊所謂「專家」的教育學者，且不相信理論與研究，改採自由競爭的市場導向模式。英國政府宣稱其近來教育改革和師資培育轉變都是爲了增加「選擇」和「多元化」。如1983年發佈《教學品質》白皮書以品質管制作爲建立師資培訓課程的主要認可標準，其基本理念是商品邏輯的運作。政府在1992年第9號通諭和1993年第14號通諭中，轉而採取能力本位的模式，以「培訓」取代原先師資「教育」的立場，要求培育課程培養師資生的主要能力，包括學科知識、專業與個人技巧，使新教師能夠在教室中有效地管理、維持秩序和教學。學校本位的培訓不是只擴展教學實習的時間，而是師資職前培訓的設計、組織與管理之基本改變。英國以學校爲中心的師資培訓（School-Centred Initial Teacher Training）則於1993年九月由六個實習簽約學校聯盟開始，由學校完全負起培訓師資的角色，且其課程不用再經高等教育機構的認可。這使得高等教育機構在師資培育中的地位已實質地降低，這種對於師資培育的競爭和政府經費的減少，使得大學的教育系逐漸減少培育教師的份量。此外，對於師資生教學能力的評量也轉移到中小學校的「實習輔導教師」手上。這種轉變更加劇高等教育機構中教職的流失（1992教育法規定大學教職不再具有終身制）。

1994年設立的「師資培訓局」（Teacher Training Agency, TTA）取代1984年成立的「師資培育委員會」（Council for the Accreditation of Teacher Education, CATE），並透過「教育標準局」的評鑑來決定對各師資培育課程經費與資源的分配與撥付。「師資培訓局」是法人性職的撥款委員會，成員爲8至12人，主席由教育大臣任

命，並引進工商金融業人士參與。目標在致力於「建立教學標準、提昇教學專業、改善教學專業之品質與效能、確保學校參與教師培訓的課程與方案，以及確保教師受到良好的訓練等」。

貳、英國教育政策走向

　　歸結英國教育近二十年來的變革，要言之是一種「學校教育的商品化」。英國1979至1997年教育改革的主題有六項：1.選擇：更多的選擇機會；2.回歸傳統的課程與教學方法；3.減少專家與教育理論的影響；4.訴諸家長抉擇的市場力量；5.減少教育經費支出以及6.增加中央集權、減少地方自主。英國前工黨首相James Callaghan則指出：「很明顯地，近十年來對於教育的最多挑戰是來自於政府的意識型態—對於地方政府的厭惡、對於公共服務部門人員的不尊重、所有問題都可透過民營化來解決的僵化念頭」。目前英國教育正面對著眾多的挑戰，茲將主要問題簡述如下。

　　首先，中央政府、地方政府單位和學校中的教師之伙伴關係的重組。其次是消費者哲學的充斥其中，政府的教育文獻與報告書中現在充滿著市場經濟的術語，像是「選擇」、「競爭」、教育的「消費者」等。第三，學校變成「市場」，如近年來實施的開放入學名額，進行學校表現的公共排名等；另外，學校要向「提供者」「購買」在職進修的課程，學校本位的師資培育要「品質管制」等等。學校教育變成市場經濟中各種貨物之一，其功能只在於交易的結果。「績效」要求將公共考試結果作為判斷個別教師與學校之價值的基礎。第四，教師課程自主性的喪失：在1988年之前，教師擁有課程決定權，但現在變成只是「傳遞」國定課程的「傳遞者」。最後，則是教師教學的去專業化，1988年教育改革法要求學校教師每年要最少工作1265小時，含法定的每年五日之強迫進修，學校教師視此規定為「去專業化」。而關於國定課程的成就目標、學習方案和評量安排等，都可視為政府持續地貶抑教師的地位和對學校教育的合法控制。

chapter1

英國教育改革:
　　　　以中小學教育階段為例

- ■ 教育改革機構
- ■ 中小學教育改革的歷史回顧
- ■ 英國教育改革的啟示

李奉儒

第一節　教育改革機構

　　英國關於教育政策及改革的進行，有兩個主要的途徑，一是由中央教育行政機關指派特定議題的委員會調查，一是由中央教育行政機關之下所設的「中央教育諮議會」進行研究，經深入仔細的調查審議後，提出報告與建議；教育首長再根據其報告與建議來斟酌並採擇實施。因此，首先對英國推動與執行教育改革的教育部及其底下的中央教育諮議會作簡要的說明。此外，皇家督學在英國教育改革過程中也扮演著不容忽視的角色，特別是有關課程的目標及內容的改革，也將一併在此說明。

中央教育行政機構

　　英國政治植立在崇尚個人自由的文化傳統上，因而教育行政上之分權主義甚為明顯，但也使得教育組織和制度紊亂無章。及至一九四四年的教育法方才簡化了教育組織，改名為教育部（Ministry of Education），並建立一種行政責任制度。地方也改組其教育行政單位，稱為地方教育當局（Local Education Authorities, LEAs），雖須向教育部負責，但仍握有實權。地方教育當局負責其地區之經常性教育工作如學校的設立，從小學、中學以迄高等教育，以提供充分的教育機會。教育部並不支持、供給、或直接管理任何學校，其主要功能乃在訂定政策、督導國家教育的實施。

　　教育部其後在一九六四年改組為教育與科學部（Department of Education and Science, DES）。部內設兩個主要單位：一個負責英格蘭和威爾斯境內關於中小學教育、職業教育、休閒教育、成人教育及青年服務等事宜；一個掌理大不列顛境內關於大學教育和科學研究等事務。大學部分係透過「大學基金管理委員會」（University Grants Committee, UGC）與各大學取得連繫，科學研究事宜則交由各種研究委員會承責。

　　教育科學部在一九九一年國會大選之後，保守黨重組內閣時也一併改組為「教育部」（Department for Education, DfE），原有的科學行政業務移出，以因應中央教育行政機構日益增加的職責。但教育部自

一九九五年7月15日起又改名爲「教育與就業部」（Department for Education and Employment, DfEE），直到2001年6月又再次調整組織並更名爲「教育與技術部」。

皇家督學

英國皇家督學（Her Majesty's Inspectors, HMIs）創立於一八三九年，基本功能在向教育首長報告有關教育制度的效能，但其督導的形式未有定論。一九四四年之後則改爲皇家教育顧問處（His Majesty's Educational Advisory Service），後再改爲皇家學校督學處（Her Majesty's Inspectorate of Schools），從事建議及改進教育之工作。其主要的職責有三：一是視察學校教育，不僅是考察和提出報告，也須給予學校必要的協助和指導；二是代表教育部處理地方行政事務；最後是提供教育部長有關地方教育業務之報告，及有關教育之理論與實施問題的研究與建議。

督學處的組織龐大，英格蘭和威爾斯就設置有督學約五百名。督學係經女王（或國王）任命，故有皇家督學之稱，享有至高榮譽。每位督學均須具備高級專業資格，曾接受行政及指導訓練，並具有優越的學校實務經驗；依其職責可區分爲本部（教育部）、全國及地區三類督學。本部督學設有督學處長（Senior Chief Inspector）一人、主任督學（Chief Inspectors）七人及一些專門督學；他們是教育部負責政策與規劃的官員跟全國及地區督學之間的橋樑。

皇家督學不僅針對本國的學校教育實務勤加視導，也認真研究各國教育制度和經驗。皇家督學處每年出版甚多的教育報告書，其中有關中小學課程目標和內容的報告書，對於教育改革方向有著重大的影想；另外，有關各國優越教育措施的研究報告也不少，特別是德國、美國、及日本等國。

根據「一九九二年教育（學校）法」，皇家督學處改名爲教育標準署（Office for Standards in Education, OFSTED），並成爲獨立自主機構，分別在英格蘭和威爾斯設立辦公室，主事者稱爲皇家學校督學長（Her Majesty's Chief Inspector of Schools in England; in Wales）；其主要職責除了就學校教育的品質、標準與效能來向政府提出建議之外，督學長負責督導新的學校視導系統，督學定期視導各所學

校，使能達到全國一致的標準。根據計畫，每四年爲一個督導的循環週期，每年要視察六千所學校，並作成報告摘要給學生家長知悉學校教育成果及其子弟的在學成績，全部的報告要整理並出版。督學從一九九三年九月開始視導中等學校，一九九四年則開始視導保育學校、初等學校及特殊學校（含獨立的特殊學校）。視導時，每所學校最多不超過兩週，正常情況是一週，如是規模較小的學校則可能只需數天。

中央教育諮議會

　　英國中央教育諮議會（Central Advisory Councils for Education, CACE）的成立，是根據「一九四四年教育法」第四節的規定。它是教育部長（教育與科學大臣）之專門顧問（惟成員屢有變動），必須隨時提供有關教育理論與實務問題之建議，以供教育部長採擇。該會經常邀請各地方教育行政機關、教師協會及宗教團體等單位之代表，共同研究有關的教育理論及重要實際問題，並將研究結果提供教育部採擇施行。

　　最重要的是，教育諮議會承教育首長之命，針對各類重要教育問題組成各種委員會，進行深入的分析、研究和討論，然後提出報告書（報告書往往以委員會的主席爲名），成爲政府從事教育決策和推動教育改革的依據。基本上，從一九四四至一九六七之間有關教育的政府報告書（約二十項），幾乎都是由中央教育諮議會所組織的調查委員會之研究成果。其中有關中小學教育的報告書或教育法將陳述於後。

　　不過，在一九六八年之後，就不再有任何教育諮議會的設置。政府的報告書都是由針對特殊議題而臨時成立的委員會研究調查後提出。

第二節　中小學教育改革的歷史回顧

　　英國政府的教育改革，是以其社會及文化特有的新舊交融、保守與革新合一的漸進式策略進行，即「新酒裝舊瓶」，以形成新的事實，卻不破壞舊的精神。所以，要了解其教育改革現狀、趨勢及展望，必須對其以往相關的教育改革運動作一歷史回顧與了解，才能適當地審視和

掌握當前教育改革的背景、目標、內容和運作，進而前瞻今後可能的改革動向，以爲我國邁向新世紀的教育改革之借鑑。

　　鑑於主導二次世界大戰後的英國教育之主要立法依據是「一九四四年教育法」；既是現今英國教育體制與實務的根本，也是我們要探討當前英國教育改革所必須先行了解的，我們的歷史回顧將從這一教育法開始，並就設立背景、目標功能、組織架構、人員組成、運作方式、成果及影響等方面，來對教育改革機構在其間的運作做簡要地說明。

一九四四年教育法（Education Act 1944）

設立背景

　　一九四四年之前，英國的教育政策強調地方自治，致使各類教育的發展不能全國適用，也缺乏完整的教育規畫，因而屢遭社會各方面人士的譏議，亟待建立一種適用於全國各級學校的整合方案。

　　當時的中央教育委員會（Board of Education）首長巴特勒（Butler）於一九四三年提出【教育重建白皮書】（White paper-Educational Reconstruction）請國會審查。惟其時他並未附帶提出詳細草案。巴特勒乃委託教育專家、學者進行一系列的探究。

目標功能

　　目標是在建立一種社會與教育的民主，使任何兒童及青年均可接受符合其個別能力及性向的教育，不因社會或經濟地位而有差異。

　　本項改革計畫分爲兩部分，第一部分是需要立法，以修正現行的不適當法令及規定，並建立完整的教育制度；第二部分是改進或加強教育行政體系，調整學校教育實務，及改革師資培育及訓練辦法。

組織架構

　　由教育首長巴特勒主事，成立三個調查委員會，以針對上述目標進行調查研究。

人員組成

中央教育委員會為檢討中學課程及有關的考試制度問題，於一九四一年聘請牛津大學聖約翰學院院長諾伍德爵士（Sir Cyril Norwood）為主席，成立專門委員會來檢討。隨後在一九四二年成立傅萊明委員會（Fleming Committee），以研究如何在普通的教育制度和獨立的公學（public schools）之間謀求聯合，並解決社會階層間的特權問題。最後，在同一年，巴特勒邀請了利物浦大學副校長麥克奈爾爵士（Sir Arnord McNair），來組成另一委員會，以調查當時中學師資的供需情形，及其招生和訓練的方式。

運作方式

經過長期的（或兩年或一年）探究、檢討及調查之後，三個調查委員會分別發表其報告書（Report）。其中有關中小學教育部分的主要是諾伍德報告書（中等教育部分）和傅萊明報告書（主張公學開放四分之一的名額給政府補助的學生入學）。巴特勒隨後在一九四三年十二月向國會提出草案，於一九四四年七月經上下議院修訂通過。英皇隨即於次月批準公佈，而正式立法為「一九四四年教育法」。

成果及影響

本教育法集英國歷年有關教育改革運動的理論和法令之大成，奠下往後英國教育實施的基礎。特別是：

1. 合理的改進紛亂繁複、不合實際需要的傳統學制，確立初等教育、中等教育及擴充教育等三個階段的學校系統。
2. 建立機會均等的國民教育（包括學前教育和強迫性的補習教育），使十一歲至十五歲或十六歲的青少年可以接受中學教育。中學教育又分為文法中學、技術中學和現代中學三類。
3. 賦予中央政府更大權力，改組原中央教育委員會為教育部，以督導各地方教育當局確實有效提供各階段的教育以應國民需要。

一九五九年克羅色報告書
（the Crowther Report）

設立背景

根據「一九四四年教育法」的規定，所有的兒童都可以接受直到十五歲（或十六歲）的中等教育。在一九四七年四月，學生的離校年齡已由十四歲提高至十五歲。然而，在一九五六年，在所有的十五至十八歲的青少年中，仍有超過一半的男生和高達三分之二的女生沒有接受任何的教育。而十五至十八歲的階段，不僅決定青少年往後一生的發展，也影響國家的長期經濟利益。

中等教育係建立在甄選系統上，學生循此進入文法中學或現代中學。這個甄選系統的正當性，是依據如下假設：學生可以被評估來找出最適合他們教育需求的學校。但實情是，這個系統混亂且常常不公正，而不是符合能力或需求的程序。像是文法中學特別強調學生要參加公立考試，而現代中學則很少提供學生去考取資格的機會，也不鼓勵學生在離校年齡之後繼續升學。

目標功能

在變遷的社會和產業需求的情況下，如何兼顧國民教育的需求情形，必須對十五至十八歲男女青年之教育進行研究，以及檢討普通教育證書（GCE）考試之下是否另設一級考試的問題。

組織架構

教育部長指示中央教育諮議會組織一個調查委員會以研究上述問題，並提供適當可行的建議。

人員組成

由克羅色爵士（Sir Geoffrey Crowther）擔任委員會主席，委員共有三十三人，另有一名皇家督學擔任評鑑者，以及一位秘書。從委員名單來看，其組織中有數位伯爵及爵士頭銜的社會公正人士，有四位教授和五位博士的專家學者，也有退休的將軍，可見該委員會相當具有包容性。

運作方式

委員會於一九五六年成立，進行全國性的調查、統計和研究，並在一九五九年十一月提出其教育報告書。隨即於次年三月在國會下議院進行辯論。保守黨政府宣稱不擬將該報告書中的建議立即付諸行動；教育部長（David Eccles）則承諾在未來可能會實施。

成果及影響

該報告書有關中小學教育部分的主要建議有：

1. 學生的教育成就跟其家庭背景，即家長的社會地位和教育態度有正相關。
2. 不應該爲了少數參加校外考試的中學學生，而忽略大多數現代中學學生的教育需求。
3. 應該建立更多大部分學生所需要的技術中學和綜合中學；技術中學應增加第六學級，使學生如有需要可以轉校。（綜合中學則等到一九七八年工黨執政後才大量出現。）
4. 文法中學的第六學級（the Sixth Form）應與大學取得連繫，針對幾個學科（如英文和美學）作深入、仔細的研究，而不要太早放棄；師生間在生活及學術研究上要能保持密切關係。
5. 可以在普通教育證書之下增設另一類考試。隨後教育部長指派一工作小組進行規畫，並在一九六〇年提出實施辦法，但直到一九六五年才首次實施新增的中等教育證書考試（CSE）。
6. 將學生離校年齡提高至十六歲，或對十六及十七歲青年實施強制性的部分時間的擴充教育（further education）。（提高離校年齡的通建議直到一九七二年通過教育法規後才得以實現，因爲沒有任何執政黨認爲其具有急迫的優先性。）

一九六三年紐森報告書（the Newsom Report）

設立背景

克羅色報告書只注意到義務教育後那些能力較強的學生之教育問題，官方的注意力乃轉移到一般程度或更低的學生及他們所接受的教育上面。他們大多接受較為不利的教育，包括過度擁擠與不適的學校建築、距校很遠的遊戲空間、教師的過度流動、且家庭作業較少受到要求，以及較為傳統的課程。

目標功能

研究十三至十六歲中一般程度和更低學生之教育問題，以及他們將在學校或擴充教育機構接受教育的相關問題。

組織架構

教育部長要求中央教育諮議會設立一個調查委員會來了解上述學生的教育需求。

人員組成

調查委員會以紐森（John Newsom）為主席，委員共有二十九人，均為已退休的社會人士。成員中一樣有著伯爵、爵士、教授和博士等社會公正人士和專業學者。

運作方式

一九六一年三月成立調查委員會，以克羅色報告書為參考依據，借用克羅色的社會統計資料來研究，在一九六三年十月提出報告書。

成果及影響

報告書的基本立場是贊成中學的三分制，相信不同層次的自然能力可由不同種類的學校來發展。但是，委員會不認同較低程度的學生之學校建築、教學品質或其他方面就可以特別不好。

以《我們未來之一半》（Half Our Future）為名提出十六項建議，主要是關於學校課程（含宗教教學及性行為的指導）的安排、教學法的實驗與發展、未來職業的準備、以及學校跟擴充教育、成人教育等機構的連繫。之所以稱較低程度的學生為「我們未來之一半」，是因為這些所謂的「紐森兒童」佔了全部中學學生的一半，也將是未來社會成員的一半。

報告書再次強烈支持克羅色報告書的建議，主張從一九六九年開始提高學生的離校年齡。當時的教育部長（Edward Boyle）立即採納其建議，於一九六四年一月在國會下議院宣布一九七○年九月進入中等學校的學生，延長一年的義務教育，即至十六歲才離校。（然而，由於一九六七年的經濟危機及公共預算的縮減，最終是在一九七二年才實現，這也是今日英國義務教育的年限。英國義務教育的年齡始自一八八○年的十歲、一八九三年的十一歲、一八九九年的十二歲、一九二三年的十四歲，以至一九四七年的十五歲。）

一九六七年卜勞頓報告書（the Plowdon Report）

設立背景

克羅色報告書和紐森報告書都提及家庭狀況、家長態度及環境因素對兒童教育機會的影響，但他們都沒有處理這些問題。

此外，有關初等教育的調查，是由哈鐸爵士（Sir Henry Hadow）在一九三一年及一九三三年所進行的，其哲學建立在「聰明與善良家長所希求的教育」以及教育機會均等的理念上，但經三十餘年並未有多大進展。

最後，自一九四四年教育法以來，政府的報告書都集中在中等教育和擴充教育上，以致吸收了政府的主要預算、時間和關心，而初等教育則大受忽略。

目標功能

研究英格蘭初等教育的所有問題及其與中等教育之連繫。

組織架構

中央教育諮議會受命成立卜勞頓委員會，這也是英格蘭的中央教育諮議會最後一次組織調查委員會。

人員組成

委員會由卜勞頓夫人（Lady Plowden）爲主席，委員共有二十六位。其中有四位大學教授，包括劍橋大學名哲學家艾爾（A.J.Ayer）。另紐森獲女王勳封爲爵士，也加入爲成員之一。

運作方式

委員會在一九六三年八月成立，經過三年多的調查、研究與討論，於一九六七年一月發表他們的報告書。

成果及影響

報告書以《兒童及其初等學校》（Children and their Primary Schools）爲名，深深影響了教育專業人員和家長對於初等教育的觀點，也導引之後多項政府調查委員會的探討方向。其建議事項甚多，主要有：

1. 優先協助貧困地區或所謂的教育優先地區（EPAs）。（教育與科學大臣同意進行五項對教育優先地區的行動研究。）其主張影響深遠，除英國外，也爲各國所採納。雖然政府已投入天文數字的經費在教育優先地區，例如教育與科學大臣在同年八月特撥款一億六千萬英鎊；但據統計調查顯示，在報告書發表的十年後，仍有百分之二十的學生還在一九〇三年前的教室上課。
2. 家長的教育態度遠比家長的教育程度或職業地位、家庭的物質環境、以及學校本身等，更能影響學生的教育成就。所以，要增進家長對學校及其子女教育的關心及參與。這項建議最受廣大歡迎，也有長久的影響。如一九七七年的綠皮書《學校中的教育》（Education in Schools），特別強調家長的參與。之後，各種政府調查委員會也加進家長代表，以陳述家長的觀點。一九八〇年

教育法更賦予家長合法的權利，乃至一九八八年教育改革法中，家長參與學校及其子女教育的各項權利達到最高峰。

3. 增設保育學校。但因經濟危機之故，至一九七三年才開始。

4. 改善教師的態度、理解及知識，主張使用進步主義的、兒童中心的發現式教學法。本建議實質地影響英國初等教育的教學方法和活動，直到今日。

5. 明令禁止體罰。這要一直等到一九八七年，所有的公立學校才禁止體罰。

一九六八年公學委員會第一號報告書

設立背景

自二十世紀以來，接受教育已被視為個人的基本權利，而不是特權。然而，公學的存在使得英國教育民主化的理想未能完全實現。英國此時由工黨執政，所以特別針對公學中寄宿學校之未來加以研究。

目標功能

目標在於「整合公學於國家教育體系中」。

組織架構

工黨政府的教育與科學大臣直接任命一個公學委員會（Public Schools Commission），不再透過中央教育諮議會。

人員組成

紐森爵士（Sir John Newsom）再次擔任委員會的主席，共有十四位委員及一位秘書。（其中一位委員多尼森在五年後再次進行調查，是為公學委員會第二號報告書，委員也多有重複。）

運作方式

委員會於一九六五年成立，經過兩年多的調查、訪問、分析、研究、討論及徵詢意見等，終於在一九六八年八月提出報告書。

成果及影響

本報告書的主要建議有：

1. 可以保留公學，但要求其提供更多的教育機會給來自中央贊助學校的學生，及需要接受寄宿教育的學生，政府並得補助這些學生的教育經費。這類公學最好以自願方式，否則將採法定程序。

2. 推動綜合中學的設立，希望以教育的力量促進社會流動，以形成更平等的社會。影響所及，多尼森（Donnison）一九七〇年的公學委員會第二號報告書，針對公學中的獨立學校和直接補助學校，要求他們在一九七五年之前決定放棄政府補助，或改組爲綜合中學。

一九七六年教育大辯論（the Great Debate）

設立背景

由於初等及中等教育學生的程度低落，以及其他的學校教育問題如綜合中學推動的兩極化（工黨大立支持，保守黨則是反對）等，致始教育受到愈來愈多的批評。家長及教育專家要求能充分參與教育政策的制定。

一九七六年工黨卡拉恩（James Callaghan）擔任首相，其本人與政府特別關心教育，爲此，教育與科學部爲他準備一份備忘錄，是爲教育黃皮書《英格蘭的學校教育：問題與提議》（School Educaton in England： problems and initiatives—Yellow book）。然而，黃皮書的內容卻招致不少批評。因此，卡拉恩乃在同年九月於牛津的拉斯金（Ruskin）學院發表演說，表明中央政府對於教育的觀點與意見，並主張教育問題應公諸大眾共同討論，而帶起熱烈的教育大辯論。

目標功能

提出須加研究的學校課程和教學品質與評估等議題，以引導大眾重新界定教育目標、建立新的教育共識。

組織架構

教育大辯論係由教育與科學部主導，於一九七七年二月至三月間，召開八場區域性的單日會議。

人員組成

大辯論的參與者包含教育學家、工商及經貿界代表、地方教育當局及教師組織代表、家長及地方人士，以及教育與科學部官員等。

運作方式

根據一份大辯論的參考資料「教育我們的孩子—辯論的四項主題」來進行，這四項主題是（1）五到十六歲的學校課程，（2）標準的評估，（3）教師的教育與訓練，以及（4）學校與工作生活。

成果及影響

教育大辯論當時對全國課程標準之提倡，期以挽救教育水準不再低落的呼籲，實是開啓「一九八八年教育改革法」中設立國定課程的契機。之後，教育與科學部及皇家督學針對教育標準及課程內容出版了大量的教育綠皮書、白皮書、紅皮書及其它報告書等，參見下表的教育與課程報告書。

教育與課程報告書一覽表

年 代	教育與科學部報告書	皇家督學報告書
1977	教育我們的孩子 綠皮書--學校中的教育 ：一份諮議文件	紅皮書--十一至十六歲的課程
1978	白皮書--中等學校考試 ：十六足歲的單一系統	英格蘭的小學教育
1979	選擇的基礎	英格蘭的中學教育
1980	學校課程的架構	課程的觀點
1981	學校課程	
1982		學校中的新教師
1983	教學品質	學校中的教學：職前訓練的內容 十一至十六歲的課程： 邁向應享權利的說明
1984	五至十六歲課程的組織與內容	五至十六歲的英文課程
1985	更好的學校	五至十六歲的課程
1986	地方教育當局的學校課程政策	

一九八八年教育改革法
（Education Reform Act 1988）

上述的教育法及各項委員會報告書，有的影響英國中小學教育的發展，有的影響其教育制度，有的影響其教育內容，以及有的影響其教育改革方向。最後，經過教育大辯論及之後的各項教育法及教育與課程的報告書，英國終於達到本世紀教育改革的顛峰—「一九八八年教育改革法」的頒佈實行。此教育法是繼「一九四四年教育法」後，英國教育的最激烈變革。

設立背景

英國政府視教育爲社會與經濟發展的重要環節，因而積極介入教育領域。尤其從七十年代以來，英國的經濟逐漸走下坡，失業人口劇增，更加強英國政府改革教育的決心。

目標功能

提昇教育品質與效律，創造教育的社會市場。本法的基本根據是柴契爾主義（Thatcherism）。柴契爾夫人自一九七九年執政以來，屢以挽救英國的經濟爲己任，其中最主要的措施是私營化（privatization）。因而，反映在教育上的理念與施政，即是自由競爭、確保投資效益的原則；換言之，強調教育的投資效益及投資者堅督投資的成果等。最低程度上，學生在學校所受的教育，要能夠具有應用價值，並對工業及經濟的需求及發展能有實質的貢獻。

組織架構

中央的教育與科學部

人員組成

教育與科學部大臣貝克（Kenneth Baker）

運作方式

本法早在一九八六年年底即由教育與科學部大臣貝克提出，以作為一九八七年英國大選中保守黨之政見之一。同年五月大選結束，保守黨三度蟬連，隨即提出貝克教育改革草案（the Bill），開始進入立法程序。

這中間貝克屢屢出席廣播電台、電視台的各種座談節目，跟大眾面對面的直接討論其所提出的草案。報章雜誌如泰晤士報教育增刊（Thames Educational Supplement）等也熱烈地評論，並接受社會大眾的投書；各校則舉行座談會向家長說明，並聽取與蒐集家長的意見。

對於一九八八年教育改革法的詳細探討，可參見下一章。而本教育改革法在國會下議院（the House of Commons）歷經二百二十小時的辯論，上議院（the House of Lords）也經過一百五十四小時的審議方獲通過，並諮請女王公佈實施。

第三節　英國教育改革的啓示

英國的教育改革採漸進式策略

英國教育改革是以新舊交融、保守與革新合一的漸進式策略來進行。這種策略的優點是能專注於某特定的教育主題，如關注初等教育的卜勞頓報告書、探討中等教育的克羅色報告書和紐森報告書、公學委員會對公學和綜合中學所做的一號和二號報告書等。中央教育單位對於各類教育問題既能有深入的研究，且付出的社會成本較少，也較減低對教育實務的衝擊面。

英國的教育改革政策是透過立法不斷修正

英國任何執政黨政府要引進新的教育改革，都必須透過國會的立法程序，而不能以行政命令來作為強制執行的依據。此外，政府也必須透過新法來補救舊法的不足。例如，英國分別頒佈「一九九二年（學校）教育法」和「一九九三年教育法」，以補充「一九八八年教育改革法」中對於教育視導的新要求，及補救對於特殊教育的疏忽。

英國中央教育行政機構依其改革趨勢而重組

英國政治植立在崇尚個人自由的文化傳統上，因而教育行政之分權主義甚為明顯。直至「一九四四年的教育法」方才簡化了教育組織，改名為教育部，並賦予中央政府更大的管理權力，以督導各地方教育當局確實有效的提供各階段的教育以應國民需要。教育部其後在一九六四年改組為教育與科學部（DES）。部內設兩個主要單位：一個負責英格蘭和威爾斯境內關於中小學教育、職業教育、休閒教育、成人教育及青年服務等事宜；一個掌理大不列顛境內關於大學教育和科學研究等事務。大學部分係透過「大學基金管理委員會」（UGC）與各大學取得連繫，科學研究事宜則交由各種研究委員會承責。

教育科學部在一九九一年國會大選之後改組為教育部（DFE），原有的科學行政業務移出（另設科學部），以因應中央教育行政機構日益增加的職責；並自一九九五年七月合併內閣的就業委員會而成「教育與就業部」，而在二〇〇一年六月又改為「教育與技術部」，「大學基金管理委員會」（UGC）則另行改組為「大學撥款委員會」（UFC）。從一九九三年四月起，威爾斯及蘇格蘭的高等教育事務也改由各地大臣自行管轄。

英國的教育改革是有計畫性、很專業式地進行

英國教育改革措施的提出均係各種專家委員會的長時期（少則一年、多則三年）調查研究的結果。基本上，改革措施是因應時代的需求，且延續先前的研究結果來繼續改進，是很有計畫性、很專業式的進行，並非頭痛醫頭或病急亂投醫的做法。

英國的教育改革重視督學的功能

英國皇家督學是負責政策與規劃的教育部官員跟全國學校之間的橋樑。他們不僅針對本國的學校教育實務勤加視導，也認真研究各國教育制度和經驗。其歷年出版的教育報告書，特別是中小學課程目標和內容等方面，對「一九八八年的教育改革法」有相當大的實質影響。皇家督學可以說確實發揮其應有的功能，而非事務性的監督而已。

英國的教育改革涵括家長的參與

教育改革是爲提升教育品質與學校效能，而無論是政策或理想要能落實，則學生的家長實也扮演著重要的角色。例如，一九七七年由於工黨政府主張教育問題應公諸大眾共同討論，以引導大眾重新界定教育目標、建立新的教育共識，而帶起熱烈的教育大辯論。參與者包含教育學家、工商及經貿界代表、地方教育當局及教師組織代表、家長及地方人士，以及教育部官員等。推動教育改革的委員會組成人員就很有包容性，涵蓋學者、專家與社會人士，而非由少數人閉門造車。甚至視導學校的督學團中也最少要有一位家長參與其中才行。

英國教育改革中自由與公平的兩難

英國教育改革過程中往往面臨自由與公平兩難兼顧的窘境。遠則如公學與綜合中學的爭執；近則有擴大家長自由選擇權的一九八八年教育改革法，家長參與學校及其子女教育的各項權利達到最高峰，但也造成教育隔離與社會不公；因此，「自由」與「公平」兩者如何兼顧，有待我國關心與推動教育改革者深思 。

參考書目

王煥琛編著（民61）。戰後各國教育改革方案比較研究。臺北：臺灣書店。

林清江（民72）。比較教育。臺北：五南。

林瑞欽（民78）。英國的「貝克教育改革法案」。載於中國論壇，27卷10期。

周淑卿（民81）。英國國定課程之研究。臺北：臺灣師範大學教育研究所碩士
　　論文（未出版）。

黃光雄（民79）。英國國定課程評析，載於中華民國比較教育學會主編，各國
　　中小學課程比較研究。臺北：師大書苑。379-399。

楊國德（民82）。邁向二十一世紀的英國教育改革，載於中華民國比較教育學
　　會主編，邁向二十一世紀之教育改革。臺北：師大書苑。 237-264。

Corbett, Anne (1978). Much to do about Education: A Critical
　　　　Survey of the Fate of the Major Educational Report. (4th
　　　　edn.) London: Macmillan Education.

DES (1944). Education Act 1944. London: HMSO.

DES (1988). Education Reform Act 1988. London: HMSO.

DES (1992). Education (School) Act 1992. London: HMSO.

DfE (1993). Education Act 1993. London: HMSO.

HMSO (1994). The Civil Service Year Book 1994. London: HMSO.

Gane, U. et al. (1993). Preparing for Inspection. Somerset:
　　　　Quest Associate's Publishing.

Maclure, Stuart (1992). Education Reformed. (3rd edn.)
　　　　London: Hodder & Stoughton.

OFSTED (1992). The Handbook for the Inspection of Schools.
　　　　London: HMSO.

Rogers, Rick (1984). Crowther to Warnock: How Fourteen Reports
　　　　Tried to Change Children'd Lives. (2nd edn.) London:
　　　　Heinemann.

Sharp, Paul & Dunford, John (1990). The Education System in
　　　　England and Wales. London: Longman.

Statham, June et al. (1991). The Education Fact File. (2nd edn.)
　　　　London: Hodder & Stoughton.

Williams, Michael et al. eds. (1992). Continuing the Education
　　　　Debate. London: Cassell.

chapter2
英國教育改革法案中的市場機制

- ■ 市場機制的研究趨勢
- ■ 市場機制的理念及其在教育之應用
- ■ 英國一九八八年教育改革法形成背景與內容解釋
- ■ 英國一九八八年教育改革法中市場機制之分析
- ■ 結論

李家宗

第一節　市場機制的研究趨勢

一、市場機制改革的浪潮

　　由於已開發國家對教育品質的重視，再加上教育資源有限、教育經費日漸緊絀，促使世界各國政府無不藉助教育市場的開放競爭以減輕政府財政支出，並提昇教育品質，進而發展國家競爭力。因此，市場機制用於教育改革的世界趨勢逐漸形成，如美國「教育市場主義」的導向、「全面品質管理」與「學校本位管理」的觀念；英國主張「自由競爭」與「投資效益」的柴契爾主義(Thatcherism)，以及反映出市場導向的「一九八八年教育改革法」(Education Reform Act 1988)；而日本在「臨時教育審議委員會」提出的教育改革重點中，也以多樣、彈性與選擇作為主要精神(Ehara, 1996:11)；中歐與東歐「後共產國家」也多把市場機制為教育機構現代化的萬靈丹；澳洲、紐西蘭也都有這些情形(Mitter,1996:2)。

　　英國教育改革中應用了市場機制的情況如下：如後工業社會中市場導向知識特徵的轉變（Scott, 1995:1），柴契爾主義反映在教育上的自由競爭與確保投資效益的原則（李奉儒，1996：99），以及一九八八年教育改革法中開放入學機會、確保家長自由選擇權利的規定、讓學校擔負財政責任，促使其改善經營效率，重視成本效益分析的作法等。Simkins（1994:1）甚至直接以經濟觀點針對一九八八年教育改革法中品質、多樣化、增加父母選擇權、學校自主權、以及經營績效等五項市場機制的特色進行研究。英國在高等教育方面自一九八九年大學教育改革後，教育市場化被視為教育制度改革的必然趨勢，藉助市場化經營的最大特色—大學經費自籌，來建立教育市場機能，以提昇英國高等教育的品質與內涵（湯堯，1997：75）。

　　國內目前的教育改革現況中，也隱約可看出應用市場機制的趨勢：不少報告書內容及學者從市場機能的觀點提出對教育改革的建言，其中即包括藉由市場機制所強調的自由與競爭來改善教育品質、促進辦學績效、增加家長參與和選校權、學校為招生而競爭、開放教科書的編

印、廢除課程標準、自訂學費與招生政策、私立大學設校自由化與法人化等訴求與建議（朱敬一、葉家興，1994；黃雪菲，1995；林全、吳聰敏，1994；莊勝義，1996；行政院教育改革審議委員會，1996）。林清江（1996：3）也指出國內教育發展動向已從「政府的責任」，轉變為重視「市場的需要」。蓋浙生（1993：23）也提出「教育企業」對教育的效果，認為此種觀念並非將教育視為商業行為，而是希望教育行政者或校長重視教育資源的有效運用，以及教育制度效率的提高。

二、市場機制的研究主題

過去由於社會未全面開放，教育思想並未呈現多元化發展，再加上教育神聖事業的傳統觀念根深蒂固，教育市場化的觀點一直未被重視。直到近幾年政治民主化、經濟自由化的呼聲高漲，才開始有學者將經濟或企管理論中市場機制的觀念借用於教育課題中，藉由市場機制中的自由競爭提昇教育品質及辦學效率。在其他歐美國家，教育自由化與市場化的研究早已有數十年的研究歷史，並由於全球經濟局勢的改變以及教育經費的縮減，許多如人力資本論、競爭選擇或績效責任等經濟與企管理論在教育上的大幅應用，使近十年市場機制的研究蔚為風潮，並反應在英美等國教育改革法案之中。不但在眾多國際會議上成為研究的主題之一，並且已逐漸落實於諸多國家的教育改革方針中，而成為推動教育政策自由化與多元化的動力。

市場機制的研究主題過去多偏限於競爭與選擇的層面，主張藉由競爭帶動進步、選擇促進改變，但在英美兩國教育改革法案的影響，近年來已有轉變為重視績效責任與學校本位管理的趨勢（李家宗，1997）。並由於市場機制所引發的人文基礎知識反思與學校教育理念衝擊，許多學者也著眼於市場機制之商品邏輯對於教育應用的限制與改善，並提出加強政府監督、通識教育、基礎學科研究以及專業品質的培養等配套措施（王秋絨，1997；楊深坑，1999；黃俊傑，2000；沈姍姍，2000；戴曉霞，2000）。而在考量知識的創造與交流不再偏限於學校之內，更有「知識經濟」的概念提出，藉以將市場機制應用於知識管

理體系之中，創造更具有反思性與開放性的知識體系，這些也都是市場
機制研究未來可以努力的方向。儘管如此，國內市場機制的相關研究仍
稍缺乏，其實市場機制是一個值得推廣的思考模式，藉由教育市場化的
理論，可以讓研究者在從事教育議題分析或政策評析時—如大陸學歷認
證、學院升格、中小學校長遴選、大學自籌基金、家長選校權、幼兒教
育券、終身學習的供需觀點、成人教育課程設計等，都可應用市場機制
的觀點而具有多面向層次的思考。

三、市場機制的未來前景

　　市場機制在教育改革中的應用雖形成趨勢，但是此種趨勢已面臨
需要重新檢討與省思的時刻。以美國為例，由於威脅到整個公立系統的
生存，「教育券」和「所得稅扣抵學費額」的主張遭受到很大的阻力
（張德銳，1996：58）；而英國自從首相柴契爾夫人下台後，從自由競
爭市場中尋求對策的熱衷程度已減退（Scott，1995:4）；日本「臨教
審」所推動的市場競爭導向的教育改革則被封殺也未落實（Ehara，
1996:14）。因此，勢必要重新檢討此種教育改革趨勢所產生的結果，並
進一步深究市場機制的未來走向。
　　由以上背景探討可知，是否應一味將市場機制視為教育改革的萬
靈丹或是做為調節政府功能的工具，就值得深入去研究。國內目前也面
臨此種趨勢的衝擊，如何調適原本由政府負起所有的教育責任，進而發
展到由市場機制調節供需的轉變，以及重新調整教育體系，為政府和市
場機制重新定位等許多新的課題，都有待學者來進行更實際、深入的研
究和檢討。因此，本研究透過經濟學與企管原理分析，輔以英國及我國
近年來重要教育改革法案與報告書，針對市場機制與政府責任進行深入
而詳實的分析研究，藉以探討學校教育引進市場機制的利弊、問題與政
府應有的作法，並充實國內相關研究主題之文獻。

第二節　市場機制的理念及其在教育之應用

一、市場機制的理念

　　學者對於市場機制理念的研究非常豐富（顧昌欣，1995；徐堂傑，1995；劉俊英，1995；魏聖忠，1995），從企管的觀點大致可分為四類：1.以創造消費者滿意為經營企業之目標——企業必須聆聽消費者的意見與期望，並且對消費者提出保證，主張消費者利益第一的信念，如Deshpande、Farley和Webster等；2.培養對市場的洞察力——組織有能力對消費者及競爭者的情況作更深入的瞭解、分析與歸納，以累積競爭優勢，如Kohli和Jaworski等；3.相互協調的行銷活動——重視整個企業對消費者需求的瞭解與回應，進行相互協調而設計的活動，並且採跨部門合作以創造較佳的消費者價值，如Narver和Slater、Shapiro、Ames和Hlavacek等；4.其他著重於市場機制策略執行或與消費者關係連結方面，如Ruekert、Day。

　　由上述學者的研究重點可以歸納出幾個市場機制的特徵：1.從社會行銷觀念而言，行銷人員在設定行銷策略時必須平衡考慮公司利潤、消費者需要、社會利益三方面，使企業在獲取利潤時，也能善盡社會責任，並達到消費者最大滿足；2.市場機制必須落實於組織成員的行動中；3.行動的能力必須來自於充分的市場資訊蒐集作為基礎；4.行動能力之展現必須超越組織有形的範圍，成為整個組織的共識才能達成；5.消費者導向價值觀的重視，並將重視市場和消費者的態度融入策略規畫的過程，建立以市場為基礎的績效衡量指標及對消費者的服務；6.市場機制一般都被斷定會促進企業的績效，因為組織必須隨時注意市場與競爭者，不斷的調整其經營策略，將之反應在消費者的喜好和需求上。所以，越瞭解客戶與競爭者，並能協調內部達成共同目標的企業，其獲利、銷售額皆會相對提高，亦即證明市場機制與經營績效之正相關關係。

　　另外從經濟學的觀念分析：其所指的市場，強調的是決定「一項產品」之「價格」的購買雙方而言，如生產某特定產品的廠商及消費者

的集合。由於價格決定市場的供需量，所以可以影響到市場產品的供需量，這種影響稱之為「價格機能」（price mechanism），或是「市場機能」（market mechanism）（蓋浙生，1993：117），也就是張清溪等（1991：296）所提出價格在自由經濟體制下所發揮調節市場供需的作用。相對於那隻看不見的手，政府對市場機能的干預，就像隻看得見的手。過分干預的結果會使市場壓力無正當管道宣洩，造成浪費、缺乏生產誘因、分配不當等缺點。政府管制也會造成許多負面的結果，如管制本身會引發進一步的管制、管制增加貪污的誘因、管制易設難除等（張清溪等，1991：67）。因此，李宗勳（1992：32）主張市場應是政府不加干預，完全由市場之需求，供給自行調節，由消費者自行決定消費對象。Weiss也認為市場的基本特徵是在充分自主的條件下，不同的個人或群體透過資源的交換，以追求自我的利益（引自吳明清，1996：5）。這些學者都強調市場在不受政府干預下，透過自行調節供需，所能達到的正面機能。

因此，企管的市場機制觀點偏重於以消費者為主的行銷導向，其市場策略也偏重於重視市場和將消費者的態度融入策略規畫的過程，建立以市場為基礎的績效衡量指標及強調對消費者的服務。經濟的市場機制觀點則偏重於價格的調節機能，以及追求自由經濟的市場體制。

二、市場機制在教育之應用

教育改革引進市場模式的風氣起於五十年代，主張市場機制的學者多相信競爭能解決學校問題，如Lawton（1992）、Sally和Geoff（1996）。針對英美這股市場改革熱潮，Micklethwait和Wooldridge（汪仲譯，民87：374）則歸納於三個原因：首先是對公共部門的信心危機以及私有部門效率的再度重視，如同裴洛在美國總統大選中以企業精神重建聯邦政府唯一政見競選，便獲得全國廣泛的矚目與贊同。其次便是政府機構希望在不必增加財務負擔的前提下，提供民眾合理的服務品質，便借鏡於企業再造與瘦身的理由。最後則是時代潮流的影響，迫使公家機構重視消費者的權利與經營效率。此三種原因雖不能完全解釋教

育改革借用市場機制的全貌，但是卻可以讓讀者瞭解市場改革熱潮興起的原因與情況。

根據市場機制在教育上應用的文獻分析也可發現，學者多從教育市場的組成要素、理念、訴求與特徵等方面進行研究：分析結果也顯示諸多學者認為教育市場中最主要的組成要素與爭論，就是選擇與競爭（Gewirtz, Bowe & Ball, 1994；Lawton, 1992；Ball,1994），而不少學者則認為教育市場的理念或訴求應再包含解除國家管制、提高民間負擔教育經費比例、鼓勵私人興學、學校應仿效私人企業經營、重視績效責任，亦即所謂的經營績效與私有化政策（Sally & Geoff, 1996；Mitter, 1996；朱敬一、葉家興，1994；林逢祺，1998）。其中芬蘭國家科學院院士Raivola（1996:15）所提出的高等教育教育市場化政策則具有十大特徵，如個人與社會的教育投資與經濟發展關係、國家的幕後財政角色、消費者的權利、研究發展的市場傾向、以教育券與助學貸款方式獲得最大配置效率、利用成本效益分析來顯示教育機構的市場價值等。不過柯文（Cowen,1995:載自林逢祺，1998：8）運用供需原則與經濟理性的觀點所提出的教育市場特徵則較為具體，一方面是藉供需原則營造教育的內外部市場，另一方面是以國際競爭觀點創造教育的巨觀和微觀的意識型態，由此也可看出市場機制在教育上應用的範疇與特色。

湯堯（1997：74）借用經濟學的觀點，將教育模式套用於經濟行為流程圖中，而建立教育市場導向模型。他並主張提倡市場化經營的教育制度，並藉助內、外部評鑑工作來達到教育品質保證的功效如（圖2-1）。

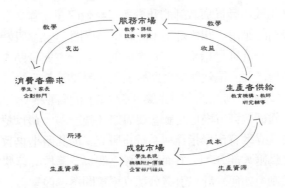

圖2-1自由競爭教育市場模型（經濟觀點）

　　由此模型可清楚看出教育應用於經濟行爲流程圖的情形，有助於教育市場化的建立，也能釐清教育市場中生產者與消費者的角色。而教育市場導向模型的建立，使教育中的教學與服務透過市場供需而接受市場機能的自由競爭。此時教育決策者不再只是公布政策，而必須扮演負責督導與輔導的角色，以具有公信力的方式，如評鑑、測驗來督導學校行政效率與教學品質，並輔導學校在評鑑或測驗後，如何改進以提昇學校教育機構之整體品質與未來發展。如此形成自由競爭的教育型態，消費者被假設追求最大的效用與收益，同時再加上充足的資訊，使消費者可做出理性的選擇。生產者如果無法滿足消費者之需求，反應市場需求所要的服務及水準，消費者的消費意願就會降低，自然就會漸漸遭到淘汰。透過自由與競爭的市場機能，學校行政效率與教學品質才能獲致改善與保證。不過此模式僅著重於經濟行爲的流程，忽略了教育市場中不同體制的競爭以及過於簡化教育機構內部對於績效責任的評估與效率提昇的要求。

　　針對教育市場化之意涵，Davis和Botkin（周旭華譯，1996：11）則從企管理論觀點出發：他們認爲學校爲了提高辦學績效將會仿效企業的作法，除了傳統的三R-閱讀（reading）、作文（writing）、宗教（religion）外，還增添企業界主張的「新六R」—風險（risk）、成果（result）、報酬（reward）、關係（relationship）、研究（research）、競爭（rivalry），以補舊三R之不足。風險即指企業重視的風險控管、承擔與危機處理策略，提昇學校的應變能力與創新精神；成果則是強調學校的學術地位及財務表現，追求學校經營的效率與利潤；報酬則多指校內職員與教師的升遷與終身職問題，強調教學績效、考評與激勵策略的應用；關係是指不同教學機構間（包括學校與非學校）的合作與競爭；研究則是指學校與企業間的研究計畫與贊助方案；競爭則是不同教學機構間的績效與招生比較，包含選擇與多元化的意涵。

　　李家宗（2000）則採納上述企業「新六R」的觀點，輔以教育市場應用的特徵，建構教育市場化的概念架構如（圖2-2），藉以釐清教育市場的意涵以及建立教育市場指標與系統化研究。而其所指之教育市場化的意涵可區分爲兩大部分：一方面是學校之間以及學校與非學校機構的互動，包含體制上如何設計以引導公私立學校間透過競爭與合作提升效率與校譽，其中也包括對非學校機構（如社會教育機構、企業大學、網

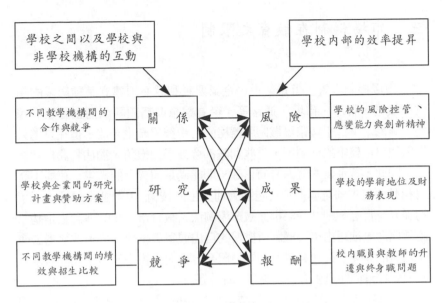

圖2-2 教育市場化的概念架構（企管觀點）

路大學等）興起的另一型態競爭與合作，亦即六R中「關係」、「研究」、「競爭」三項指標的利弊分析；另一方面則是學校內部的效率提昇，即從企業有效經營的策略與企業對市場影響的觀點，探討學校如何運用本位管理、績效評估、全面品質管理與考核制度知識，以及學校如何充分掌握與利用市場資訊，亦即六R中「風險」、「成果」、「報酬」三項指標的利弊分析。

綜合第一節市場機制理念的探討，並輔以上述市場機制在教育應用的內涵分析以及Simkins的觀點，本研究可歸納出幾項共同的指標來代表市場機制的特徵：競爭、選擇、多樣化、經營績效、私有化。因此，本研究對市場機制所下的定義爲「以競爭、選擇、多樣化、經營績效、與私有化的市場機能，追求達成經濟效率與品質提昇的教育改革趨勢」，並以此定義作爲分析英國教育改革法案中市場機制的指標。

三、市場機制在教育之限制

　　市場機制本質上就是競爭，企業要獲利就必須建立某種形式的獨佔、技術、管理、市場、通路等。企業為賺取超額利潤而企圖建立獨佔，乍看之下似乎與市場機制所標榜的自由競爭產生矛盾，但在無進入障礙與自由競爭的機制下，這些利基都會被學習模仿，獨佔利潤自然消失。因此，若企業的努力方向正確，即能滿足消費者的需求，也能不斷為利潤而追求創新與進步（包括管理與生產技術），帶動整體經濟環境的提昇；反之，則遭受虧損而被市場淘汰。教育市場化的理念也是基於此種概念，欲藉由市場機制所標榜的自由競爭與績效提昇，改變過去學術殿堂的象牙塔觀念與封閉的知識體系，轉而重視學生與家長的需求，並與學校外的知識生產單位從事知識交流。

　　不過由於市場機制過度強調適者生存的競爭方式與反對政府干預的完全自由，近年來在經濟與企業理論發展上也不斷遭到修正，如品管大師戴明在《戴明的新經濟觀》一書中就提出「淵博知識體系」取代原本重視競爭的目標管理，並主張內在激勵優於外在物質動機（戴久永譯，1997）。而管理大師梭羅在新作《知識經濟時代》中也融入企業與社會組織（包括教育）的關係以及對環境生態的考量（齊思賢譯，2000）。許多學者也提出諸項教育市場化的適用性與爭議，如重視目標以及忽視過程與知識以外的教育、重視消費者卻忽略生產體系的內在目的與價值、孩子不會因為競爭而學習、適者生存的競爭原則不適用於教育體系、當惡性競爭發生時，會瓦解教育體系中應有的合作與互助、資訊不流通會造成家長的錯誤選擇、選擇過程費時、社會大眾能否遵循市場機能所導引的規則而做出理性的選擇等...。（吳明清，1996；莊勝義，1996；湯堯，1997；Wikeley & Hughes, 1994）。

　　針對上述市場機制本質的優缺點，並配合教育本質的特殊性，本文將其歸納為三項主要的限制：

企業與市場的關係不同於政府與市場的關係：
市場邏輯也不同於教育邏輯

由上述市場機制本質的分析可知企業與市場間的自由競爭、優勝劣敗關係，但是政府不同於企業，它不但具有絕對的公權力可以處理市場機制無法解決的「外部性」問題，一旦政府決策錯誤時，也將難以節制改過，甚至發生嚴重後果。教育與市場在目標、動機、方法、評價標準與獲取目標物的有所不同，而教育市場也不同於商品市場，它並不完全以營利為目的，產品也不做為商品定價或出售，因此屬於不完全市場型態，與一般市場機制所適用之完全競爭情況不同。正如蓋浙生（1993：118）所指出教育在經濟財貨分類上的特殊性，是屬於準公共財（quasi public goods）或者是殊價財（merit goods），所以具有下列特性：如大部分由政府預算程序所提供，以滿足大多數人的社會慾望為主、其產生的利益具有不可分割性與外部性、某種情況下不受市場機制之操作及價格的影響、某些情況下非消費者選擇而強制提供的財貨...等，基於教育的特殊性質，所以探討教育市場時，其理論與一般市場的概念就不盡相同。

受到政治、經濟、社會等因素影響教育政策的制定與執行

由於教育決策具有下列四項特性：1.非立即性—教育決策的回饋檢證時間較長，成效應不易立即顯現；2.非完全具體性—教育決策涉及較多教育哲學價值認知理念，有些並無具體量化數據而不易評量；3.非營利性—教育投資觀念雖已被接受，但教育本質較屬非商業營利取向的投資，而是一種社會公益性的投資；4.非絕對性—教育決策需涉入複雜的教育實際情境中而權衡不同需求主張，所以決策結果亦只能獲得大部份人而非全部人的支持（周燦德，1996：18）。再加上許多決策者可能出於政治考量，為掌握或吸收更多的票源而做此一承諾或立法，並未提供足夠形成市場機能正常運作的條件或環境—如足夠的競爭者、充足的資訊、嚴密的品質管制或危機處理對策，而使教育市場化原本正面的功能尚未發揮，就先蒙受其害或由少數利益團體蒙利。

市場機制無法達成配置效率與公平性

　　市場機制最遭人詬病之處就在於強調績效提昇時，無法兼顧配置效率與公平性，特別是在教育機會均等、弱勢團體照顧、通識教育與基礎學科重視方面引起較多爭議。在教育機會均等方面，市場機制所倡導的選校權引起諸多爭辯，贊成者認為市場機制不但能迫使學校面對競爭、追求進步以及提供學生更多元適性的教育，而且可以促使學校維持種族平衡狀態；反對者則認為會有增加教育機會不均等與社會分化之缺失，中上階層的家長將較積極且具優勢，也不利於少數民族或社經地位不利的學童，貧窮學校資源將流失，而交通、地理及種族等非教育性因素也使選擇受到限制（沈姍姍，1996：39；黃乃熒，2000：24）。在基礎學科與通識教育重視方面，也引發「道德陶冶」與「學以致用」之爭議，由於企業主導的教育重視實用價值，將導致某些思辨、人文、道德等價值觀為主的科系或課程遭到關閉或刪減。不過贊成市場機制的學者則認為這些值得保留的科系應由政府負責設立與管理，其他科系則應以勞動市場人力供需去自然調節。

第三節　英國一九八八年教育改革法形成背景與內容解釋

一、英國教育改革法之形成背景

　　每一個國家教育制度的形成，都有其獨特的社會及文化背景。英國是一個歷史悠久、傳統文化影響深遠的社會，而英國教育制度之更迭長久以來也以逐漸演進而著稱。不過一九八八年教育改革法的通過，為英國的教育制度帶來巨大的改變，從以往漸進的方式轉變為具有革命式改革的意味。英國的現代教育系統自一九四四年教育法後，四十多年來都未曾有重大的變革。一九四四年以後，英國教育維持了四十餘年的地方分權，在夥伴關係的原則下，地方教育當局主導地方教育事權，與中

央政府、學校鼎立。中小學的課程事務概由學校依地方課程政策而全權處理，中央政府已鮮少干預。然而在這四十多年當中英國政治、經濟與社會各層面均已顯著地改變，但在教育系統無法相對配合之下，難以提昇其國家之發展，躋身世界領導國家之舞臺。而英國一九八八年教育改革法的制定將如同一九四四年教育法，具有奠定往後教育體制方向的重要地位。

1944-1975：均衡的夥伴關係

一九四四年教育法制定後，中央、地方政府及教師專業組織維持一種均衡態勢的「夥伴關係」。雖然仍以地方教育當局為主體，但各自負責不同的事務，彼此合作也互相不受控制。此時教育很少受到政黨政治影響，也少有壓力團體對教育產生興趣。由於高度及穩定的就業率，再加上一九四四年教育法追求政治平等、經濟活動和社會改造的均衡架構所形成的包袱，此種均衡的結構及理念便深植於戰後時期。

分析英國教育發展史時，則可發現執政黨的更替並不會影響教育改革的政策，因為改革政策都是以一九四四年教育法為基礎。該法案雖是在保守黨執政時提出，但一九四五年工黨上台後仍積極推行。在六十年代，英國因十一歲會考所衍生的早期教育分化制度雖然開始遭受批評，但政黨間的公開抨擊並不常見（楊瑩，1996：119）。一九六九年保守派學者發表黑皮書，批評教育水準的低落，並主張競爭與選擇體制（Lowe,1987；引自周淑卿，民1992:23）。英國政府開始視教育為社會與經濟發展的重要環節，因而積極介入教育領域。尤其從七十年代以來，英國的經濟逐漸走下坡，失業人口劇增，更加強英國政府改革教育的決心（李奉儒，1996：99）。

Dale（1989:105）曾歸納此時期（1944-1975）不同學派對教育目的所持的理念與主張，發現大致可分為四種：第一種以社會改造為出發點，而將教育視為公共利益者，多半將學童當成受教者（recipient），以培養學童的公民義務，使之成為好公民為目的，在課程方面也偏重文法傳統訓練；第二種以社會批判為出發點，也將教育視為公共利益者，則把學童看作有權者（entitlee），著重學童的個人發展，使之成為具有批判性的公民，在課程方面則偏重批判、激進思考；第三種把教育視為國家利益者，則主張學童為國家資源（raw material），重視教育商

品化的維持及發展國家人力資源，以培育學童成爲優良勞工，在課程方面則偏重職業訓練；最後一種則是將教育視爲私人利益，強調學童爲人力資本，以達到個人投資最大化爲目標，使學童成爲具有個別化或競爭力的消費者，課程則重視個別差異。雖然Dale的分析未必能包括當時所有學派的主張，不過從結論中卻表達出七十年代各學派對於教育本質觀點的歧異與爭取成爲主流思潮的努力。因此也導致後來當政治、經濟及社會情況改變時，各學派亟力打破戰後三者均衡配置的態勢。

1976-1987：配置的重組、制度的重建及理念的轉變

工黨首相卡拉漢（Callaghan）的演講與一連串的事件如一九七六年教育黃皮書、大辯論及一九七七年學校教育綠色報告書等，都是戰後教育史上的轉捩點。而一九七六年前後，正是教育權力重組的關鍵時期，中央的干預也有更明朗化的行動，對課程內容與性質的檢討亦逐漸增加。

一九七六年卡拉漢首相在牛津演講中所主張的四項論點，如教育問題應公諸大眾共同討論、學校教育與工業需求脫節、揭示教育政策的方向以及提出須研究的教育議題等，都成爲日後改革的種子，因爲每一項論點都背離了一九四四年法所制定的原則。七十年代中期時，要求政府謀求改善學校教學的呼聲時有所聞，主要是因爲英國中小學的課程長久以來都是由教師自行決定，但成效不盡理想，再加上當時英國失業率及青少年犯罪率的日漸高漲，因此英國民眾對教育水準日益低落的批評迭起，之後也引發了英國教育的大辯論（Great Debate）。

教育大辯論是一公開的教育問題討論會，亦是給予政府呈現其政策方向的機會。教育大辯論之後，英國教育改革方向也達成下列幾項共識（周淑卿，1992：30）：1.「夥伴關係的質變」——九四四以來，一直以中央政府、地方教育當局與學校爲教育事權結構的三個頂點。在大辯論後，「教育是眾人應關切之事」的觀點盛行，凡對教育問題有興趣者都可成爲教育領域的夥伴之一。2.績效責任的抬頭：面對經濟危機與財政危機，社會要求學校教育的效率，希望有限的資源發揮最大的功效，使年輕人具備工作世界所需要的基本技能，要求教師向社會負責。3.中央控制的加強——政府藉由大辯論形成民眾對教育品質的關切，而強化對課程的控制。4.共同課程的倡議：面對教育水準低落的指責，回歸

基礎能力的呼聲漸起，於是希望建立全國中小學共同的核心課程架構，以確保學生學習基礎科目的權利。而此四項共識也成為日後一九八八教育改革法訴求的重點。

一九七九年曼瑟「選擇的基礎」報告書（Manscll-a basis for choice）強調不同類學校間的課程選擇。一九八三年英國政府公佈一份名為「教學素質」（Teaching Quality）的白皮書，這段期間保守黨政府不但立法鼓勵家長與一般大眾對學校教育進行詳細的檢視，而且也鼓勵其對教師的教學工作提出批判，如一九八○年教育法規定學校董事出版有關學校課程的資料，提供給家長以供其選擇；一九八六年教育法則要求增加家長在學校董事會的名額，這也使得家長在參與學校教育上的權力大增。雖然帶動日後家長參與教育改革的風氣，但也造成學生或家長對學校教學活動的干擾與中斷，間接使教師的專業地位不受重視。再加上一九八六至一九八七年間教師的罷教活動，造成教師的地位與學生的權力深受影響，同時也削弱教師團體在教育決策的影響力。

一九八七年三月英國政府發表的「高等教育：面對挑戰」（Higher Education: Meeting the Challenge）白皮書中，內容強調為了國家整體利益考量，各類高等教育機構均應調整以配合國家經濟發展需要。因此，高等教育之宗旨或目標應符合更有效率配合經濟發展、在人文及藝術領域內進行基本的科學研究、以及與企業界密切的合作而促進企業發展三大原則。報告書也指出政府與大學教育之間未來的關係，其中便包含政府支持高等教育的方法與程度也有所改變。過去政府提供給高等教育的補助金將取消，而由各大學和有關委員會在教學與研究方面的契約來取代，其目的乃是希望公共經費的使用能顯示出其績效，並能透過市場的契約競爭來提高大學的效率，同時也鼓勵大學多吸引民間財源，以減低對公共經費的依賴程度。而這些建議在一九八八年教育改革法通過後也獲得落實，並在法案的第二部份中有詳細規定。在此十年之中，整個教育制度經歷了大變革。地方教育當局及教師這群專業人士是處於震驚的狀態，家長獲得立足之地而不再只有聲音而已，而教育部也獲得從所未有的教育控制權。

1988之後

一九八七年保守黨面對大選壓力，在大選宣言中提出四項教育改革計畫以選擇和競爭做為新教育體系的特色（Chitty, 1989；引自周淑卿，民1992：42）：1.建立全國和新課程包括課程大綱學習成就層級評量方法；2.五年內由學校董事會和校長接管學校的預算；3.增加家長的選擇權；4.公立學校皆可脫離地方教育當局的管轄直接接受中央補助。在大選獲勝後，保守黨由柴契爾夫人出任首相。右派承續一九七三年經濟蕭條以來的思想，主張恢復自由競爭市場機能以促使企業私有化，一反左派的「福利國家」走向，一九八八年教育改革法即充分展露新右派之政治理念與經濟主張。

由環境部轉任教育與科學部大臣的貝克（Kenneth Baker）在一九八七年七月提出一份諮詢文件「五歲至十六歲的國定課程標準」（The National Curriculum 5-16:A Consultation Document），此項國定課程標準後來也成為一九八八年教育改革法案的重要內容（楊瑩，1996：123）。英國地方分權的教育行政制度雖使學校具有自主性、各地區也可針對地方特色發展適合當地之教育，但卻讓各地方教育當局之經費多寡與運作效率不盡相同，而各校教材之選用、課程之安排、教學法之採用與學生成就之評量更有所差異。教育水準之低落與各地區學生成就之差距，遂成為一九八八年教育改革法案強迫施行國定課程之主要動機（沈姍姍，1994：33）。

一九八八年教育改革法又稱為貝克改革法案，早在一九八六年年底即由貝克提出，作為一九八七年大選之政見之一。八七年五月大選結束，保守黨三度蟬連，貝克的草案也就進入立法程序而付諸實行。這期間貝克屢屢出席廣播電台、電視台的各種座談節目，跟大眾面對面的直接討論其所提出的草案。報章雜誌如泰晤士報教育增刊等也熱烈評論，並接受社會大眾的投書；各校則舉行座談會向家長說明，並聽取與蒐集家長的意見。最後，本法案在國會下議院歷經二百二十小時的辯論，上議院也經過一百五十四小時的審議方獲通過，並諮請女王公佈實施（李奉儒，1996：100）。此法案引起諸多的非議，而包含於其中之教育理念與政治意識更耐人尋味。一九八八年教育改革法是保守黨贏得大選的重要黨綱之一，是一九七九年保守黨上台以來在社會政策上最重要的干預措施。基於保守黨本身的政治理念，大力提倡企業私有化，使許多公營

事業逐漸轉爲民營，倡導自由市場與鼓勵競爭，強調消費者的選擇權，藉以提升產業水準、促進經濟成長。當這些觀念引進教育體系，則形成一九八八年教育改革法（周淑卿，1992：98）。

　　從上述英國歷史背景及教育改革法案進程如（表2-1）分析中可知：英國教育改革引進市場模式主要起源是由於經濟的因素，而經濟的狀況對教育則有著兩種影響——一方面會影響提供與支持教育制度發展的經費與資源；另一方面教育的需求與經濟的好壞有著密切的關係，尤其是在經濟情況較差時。如一九四四年戰後及韓戰的二十年間，英國政府創造了持續的經濟成長與高就業率，但一九七三年石油危機發生後，不僅經濟逐漸衰退，也使教育的經費與方向受到影響，教育政策在制定時會較謹慎且比一九四四年時更具有職業取向。英國教育受市場導向的影響除此之外，還包括學校管理委員會角色的改變以及地方教育當局權責的移轉。而在一九八八年教育改革法的通過後，更造成教育結構的改變，使執政黨以強勢作爲取得教育主控權，並使家長與企業界成爲教育改革的重心，也形成了此一教育改革法的市場導向。

二、英國教育改革法之內容與解釋

　　英國一九八八年教育改革法共包含238條款，大致可分爲三個部份：第一部份著重於中小學（Schools）方面，內容包含課程、開放入學名額、財政與人事、中央補助學校以及其他五章；第二部份著重於高等及繼續教育（Higher and Further Education）方面，內容包含地方教育當局在高等及繼續教育的功能、高等及繼續教育的撥款與重組、高等及繼續教育的財政與管理以及其他四章；第三部份則著重內倫敦教育局的廢除。由於本研究以市場機制爲主要研究方向，所以僅針對法案之第一部份及第二部份重點進行內容介紹與分析。

　　一九八八年教育改革法多項措施深受自由市場原則影響，如開放了入學名額限制、設立都市技術學院等均使父母有更多權利，選擇適合其子女之學校，而父母們對地方教育當局強施於學校之措施不滿時，即可申請學校脫離地方教育當局之控制，改由國家補助等...。此法案企

表2-1 英國教育改革法案市場機制進程表

英 國 重 要 記 事	年 代
1967年 卜勞頓報告書結論中主張增進家長對學校及 其子 女教育的參與。 1969年 黑皮書主張競爭與選擇體制	六十年代
1976年 教育大辯論共識中提倡績效責任。 1977年 「學校中的教育」綠皮書強調家長參與。 1979年 「選擇的基礎」報告書強調不同類學校間的 課程 選擇。	七十年代
1980年 教育法案賦予家長參與權及出版學校課程資 料，提供家長選擇。 1983年 「教學素質」白皮書鼓勵家長與社會大眾對 學校教育進行檢視。 1986年 教育法案要求增加家長在學校董事會的名 額。 1987年 高等教育白皮書以契約取代政府補助，藉市 場契約競爭提高大學績效、吸引民間財源。 1987年 保守黨大選宣言以選擇與競爭為特色，包含 學校本位管理與增加家長選擇權。 1988年 教育改革法案藉市場理念和選擇文化，推廣 市場機能與父母選校權。	八十年代
1992年 教育白皮書著重於選擇與多樣化主題的說 明。 1997年 保守黨大選宣言繼續強調選擇與多樣化教育 及地方管理學校的本位管理與自主權。 1997年 工黨大選宣言中主張政府和企業合作，提昇 小學教育標準，增加家長權責。	九十年代

圖去建立教育市場，利用市場的差異化原則取代原本追求的公平原則。而保守黨的政策也利用市場的機能，如選擇、競爭、多樣化、經營績效和私有化來達成教育市場化。茲分析如下：

在選擇方面：父母選校權自一九七九年起即成為保守黨教育政策的基本理念，而保守黨的首相也主張家長應能為子女選擇想就讀的學校。在八十年代的法案中，地方教育當局所控制的學校數及選校權逐漸減少，而一九八八年教育改革法26-32條更以一九七九年各校入學人數為底線，允許各公立中小學在現有設備與師資之容納範圍內，盡可能開放入學名額。在此情況下，地方教育當局不能再藉平衡各校入學名額的作法來保護較劣勢的學校。此項改革目的在去除熱門學校為召募優秀學生所設定的人為限制，使家長能夠送子女進入他們所喜歡的學校。附帶利益則是透過此種類似消費者選購商品之過程，促使經營不佳之學校謀求改善或因缺乏競爭力而關閉。因為在現行制度下，地方教育當局往往為要求各校均衡發展，而平均分配新生至各個學校，使得父母們無法令其子女進入受歡迎之學校而造成莫大之遺憾，所以希望藉由開放入學名額之實施，能更擴大父母對學校之選擇權。開放入學名額，增加家長選擇機會，透過競爭提升學校品質，正是市場開放的一種型態，。

在競爭方面：競爭被視為提高學校教育品質的必要手段，早在一九八〇年法案中就已規定學校要把各校測驗結果公布，而一九八八年教育改革法14條不但同樣有此規定，更將公布範圍擴大。很多學校開始發展及保護學校的公共形象及聲譽，印製宣傳小冊子、聘請公關諮詢專家、邀請當地媒體採訪學校活動...等商業宣傳促銷方式。此法案所提供的開放入學名額升高了各校間的競爭，特別是一些偏遠或資源貧乏的地區。這些面臨裁減的學校必須努力吸收他校學生，以達到一九七九年所訂定的標準。經濟學者認為學校間的競爭能提供消費者、父母及國家最好的服務，並確保不斷的改善，並削弱生產者及教師的權力。

而由新右派主導制定的國定課程，基本上也反應了市場機能與精英取向的特質。新右派將市場機能引進教育體系，認為消費者的選擇可促進競爭，而競爭可提升學校教學品質。在此理念之下，競爭成為提高品質的主要手段，反應至國定課程中的作法則為評量成績的公佈與比較。依據國定課程四關鍵期的評量成果，家長可以選擇子女入學之學校，而學校在其資源設備容納範圍內不得拒絕學生入學，於是學校在成

績競爭的壓力下，必須致力於追求績效。凡成績欠佳的學校，入學率自然降低，所得之政府補助款將減少，為此學校必須努力提高學生學業成就。另一方面，層次分明的學科成就目標，使學生在持續不斷的評量、測驗與記錄中，明顯劃分等級，造成競爭氣氛，使學生努力向學。

法案38條有關補助公式之規定，也造成學校間相當程度的競爭效果。38條規定地方教育當局必須設計出一套合理分配學區內中小學資源的公式，此分配公式最重要之基點是各校註冊之學生數及其年齡，同時也包括其他因素如學生家庭背景、偏遠地區等。其次，地方教育當局應設計一套計畫，將財政管理之責任授與學校當局。然後配合分配公式，各校即可決定自己的經費開支與教師之聘用，以符合教育目標。而從一九九○年四月起，大部份學校的補助將依據所吸收的學生數目和種類而定。學校間的競爭將更為激烈，因為吸收學生的能力將影響到學校人事的規模與提供服務的層級。

法案第二部份第二、三章中也規範政府對高等教育補助方式與程度的改變，取消過去政府提供給高等教育的補助金，而由各大學和有關委員會在教學與研究方面的契約來取代，其目的乃是希望公共經費的使用能顯示出其績效，並能透過市場的契約競爭來提高大學的效率，同時也鼓勵大學多吸引民間財源，以減低對公共經費的依賴程度。教育市場化後，高等教育經費來源將明顯受到學術研究基金會或企業研究部門支助與否的影響，學校機構的整體發展不能再忽略社會成長變數、技術進步誘因、以及國際競爭市場等外在相關因素。換言之，教育市場化後的學校機構所提供的教學、服務、研究發展等，將會與教育生態環境的外在相關變化更加密切配合。

在多樣化方面：經濟學者Hayek特別重視此項市場原則，因為他認為要落實選擇的功能，就必須先有多樣化的產品可供選擇。若是所有學校都是綜合中學、都給予相同的服務，就無選擇可言。任何企圖一致化管理學校的規定都是違反市場原則，政府必須放棄對學校的控制與決定權，而交由市場來決定。一九八八年教育改革法52-119條中設立了中央補助學校及城市技術學院，將較多樣化的學校引進教育體系之中，並打破地方教育當局對各州教育的壟斷。而競爭與選擇的過程，又擴大地方教育當局管理學校與綜合中學學校間的差異。保守黨的政策支持和鼓勵學校間的差異，並藉此法案將多樣化引進教育市場。一九九二年教育白

皮書也著重於選擇與多樣化主題的說明。其中之選擇與專門化就是鼓勵學校選擇某些課程領域，如科學、音樂、語言、工藝或商業等科目專攻以凸顯學校特色，發展多樣化的學校以擴大父母選擇權。

在經營績效方面：從一九九○年四月起，愈來愈多學校將自主預算。人事聘用與解雇、設備購買、校園維護及水電費用由學校自理，校長負有管理之權責，而學校管理委員會負有平衡預算的責任。此種組織模式在一九八八年教育改革法中就已逐漸形成，法案33–51條規定給予學校管理委員會自行管理預算之權責，而校長如同公司總裁一般負有學校經營責任，將校長視為推動法案不可或缺的重要幫手。學校將如同企業一般經營、運作與管理，著重於利潤與損失的計算。此法案也透過第38條學校補助公式的規定，將開放入學及家長選擇與學校本位的決策概念結合一起，使家長成為主要的消費者，而學童的全國測驗成績將影響學校教學的成效，是家長在選擇學校最直接、主要的參考依據，並由於補助公式最重要之分配依據是各校註冊之學生數及其年齡，所以吸收學生的能力便成為經營績效最重要的評估標準之一。

在私有化方面：英國保守黨在經濟上採取私有化政策，反映在教育上即為支持私立學校的發展與鼓勵私人資本資助公立教育機構，以降低政府經費負擔並提供辦學效率。不過在一九八八年教育改革法中僅規定私人對教育的資助與參與，並未對鼓勵私人興學多所強調。如105條則設立城市技術學院以擴大父母對子女學校之選擇權，並為子女未來職業生涯預作準備，而其經常門經費由教育與科學部支應，資本門經費則由教育與科學部及工、商業界共同分擔；131、132及136條對新設委員會的規定，也顯示工商界與非學術人員對高等教育規畫的參與逐漸增加。

以上幾項市場原則的基本假設是將企業方法與市場力量，視為規畫和改革教育最適當的方法。在市場機能的假設之下，選擇的自由比社會正義和機會均等更重要，在犧牲後者之餘，是否即可保證品質的提升，並無確証。儘管不少人對教育商品化的假設存疑與反對，但透過一九八八年教育改革法的訂定後，此種市場機制的政治與教改理念就逐漸為人民所接受。

第四節　英國一九八八年教育改革法中市場機制之分析

一、研究面向

　　綜合第三章法案內容的解釋，本研究提出下列幾個主要的研究問題，作為進一步分析的方向。茲列出如下：

　　1.在競爭方面：探討競爭與經營績效之間是否真為正相關之關係？而應用於教育方面，如公佈測驗成績、撥款公式、選校權等措施，是否真能發揮競爭的功能？

　　2.在選擇方面：選校權是否真能賦予家長選擇的權利，而透過公佈測驗結果與成績報告單的方式是否真能發揮良性競爭，達到提昇學校辦學效率與教學品質的作用？

　　3.在經營績效方面：撥款方式的不同是否能發揮競爭的功能，而達到落實學校本位管理的作用？

　　4.在市場機制轉變方面：英國教育改革法案之市場機制在柴契爾的教育改革法案提出後達到高峰。然而在英國大選後，英國市場機制是否已面臨轉變的處境？

二、分析結果

　　效率與公平乃是影響社會福利的兩大因素，效率的概念關係到生產的數量，而公平的概念則涉及資源配置的問題。完全競爭下的自由經濟制度，可藉由價格機能的充分發揮，而達成最高的經濟效率。但在公平的問題上，價格機能是較無能為力的，必須在配合其他補救與防範措施，這也是市場機能的限制之處。因此，本研究以經濟效率與資源配置的角度分析上述問題，並輔以前面章節理念、背景、法案內容與研究發現，進行分析探討。

在競爭與經營績效方面

　　市場機制與經營績效雖具有正向關係，競爭也爲提昇經營績效的重要策略之一，但企業界在採行市場導向時都有其前提之考量，而由於教育本身特殊的性質，如「寡佔市場」與「外部性」的存在，以及是否爲準公共財的特殊定位，在應用市場機制時更應該注意個人、內部群體及組織層次三項因素的配合，教育主管單位對市場導向政策的態度與理念、學校經營者對市場機制的認同、全體職員對市場機制信念的凝聚、市場機制策略的持續性、以至於社會大眾對市場機制的瞭解與參與，都將影響市場機制在教育上的應用成效。因此，本研究認爲要在決策者與執行者充分考量市場機制的前提與凝聚共識後，這些市場機制策略如公佈測驗成績、補助公式、選校權等措施，才能眞正發揮競爭的功能，否則可能會造成負面影響，甚至是惡性競爭。

選校權與成績公佈

　　本研究提出下列考量作爲制訂選校方案之參考：1.此方案必須結合州或學區內的改革運動，才能全盤考量與評估；2.此方案應考量宗教、種族、國籍、性別因素，避免造成隔離或歧視；3.此方案必須由各地方學區自行提出，而不可由州或聯邦硬性規定；4.此方案的規畫必須確保家長的參與；5.所有社區內的父母都有公平的機會爲子女選擇學校，而所有學生也都有公平的機會從中受益；6.必須提供父母充足的資訊與建議；7.此方案必須能提供足夠的資源以確保教育的品質；8.必須發展多種學校評鑑的方法；9.選擇學生的過程要公平與公正；10.此方案要有地方教育機構或教育專業團體的參與和合作。

　　資訊的提供與獲得會影響社會大眾的預期與決策行爲，間接的也影響決策的品質與成效。而資訊技術的充分運用與提供，對市場機制教育改革趨勢中所提倡的家長選校權成效有極大的影響力。因此，本研究認爲在未充分考量市場機制前提與完全避免負面影響之下，成績公佈的措施應作爲提供家長選擇的資訊，而非出於競爭之考量。基此考量，本研究也主張成績公佈應以學生整體成績與學校評鑑結果爲主，不但作爲理性選擇之依據，也可以作爲教育經費補助的參考標準，並重視學生資料的保密，避免產生惡性競爭的負面影響。

補助公式與學校本位管理

在補助公式方面，義務教育由於學生人數眾多，其經費對地方政府是一大負擔，所以必須依賴上級政府的補助。而補助款可分為兩種類型：不限定款項用途之一般補助與限定款項用途的特定補助，此兩種補助款的分配都必須依循某種補助計畫與計算公式，而公式也攸關資源配置之公平與效率。

英國一九八八年教育改革法第38條學校補助公式最重要之基點是各校註冊之學生數及其年齡，同時也包括其他因素如各校的個別需求、學生家庭背景、偏遠地區等，並將開放入學及家長選擇與學校本位的決策概念結合一起。針對此補助公式，法案中也規定要符合「簡單、清晰、可預測結果，評估標準應根據學校客觀需求而非過去的支出，以確保資源的配置公平」的要求。Simkins（1994:8）並認為至少80%預算考量是基於各校註冊之學生數及其年齡，20%則基於學生特殊需要與環境。

在學校本位管理方面

市場機制的成功必須透過發揮選校權與補助公式的功能，並輔以學校本位的決策方式，激勵學校重視績效責任，帶動學校競爭而提昇教育品質與經營效率。本研究主張若只著重於以各種花招吸引學生、增加市場競爭力或提倡學校本位，而忽略提昇學生學業成就之基本精神，將會造成補助功能是在於鼓勵那些致力於招生之學校，而使重視培養學生能力、達成高學業成就表現的學校可能面臨關門或經費拮据的情形。因此，本研究認為補助公式應加入學生成就表現之考量，使學校能以學生優異表現吸收新生，並有充足的經費補助以落實學校本位管理，進而促進經營績效，真正發揮競爭之功能。

本研究雖贊成Simkins的主張，但基於整體目標的考量，若只著重於以各種花招吸引學生、增加市場競爭力或提倡學校本位，而忽略提昇學生學業成就之基本精神，將會造成補助功能是在於鼓勵那些致力於招生之學校，而使重視培養學生能力、達成高學業成就表現的學校可能面臨關門或經費拮据的情形。因此，本研究認為補助公式應加入學生成就表現之考量，使學校能以學生優異表現吸收新生，並有充足的經費補助以落實學校本位管理，進而促進經營績效，真正發揮競爭之功能。

市場機制的轉變

　　一九八八年教育改革法反映出對市場的信賴，而此種市場導向的教育改革也隱含著兩種意義，一方面如同Chubb和Moe（1990）的看法，此導向著重於提倡消費者主義和教育市場化，藉由供給與需求的市場調節機能，使家長可以多元化選擇學校，達到最大需求滿足；同時也透過競爭與講求品質與績效責任，刺激學校提供最好的服務與教育。另一方面，透過國定課程的控制或全國教育目標的制訂，使學生的就業準備能符合國家期望，達成提昇全球經濟競爭力的目標。儘管國定課程的制訂會強化政府對教育的控制，但一九八八年教育改革法最終都欲藉市場機能和政府品質管制雙管齊下的方式，達成提昇全球經濟競爭力的共同目標。

　　雖然英國一九九七年保守黨的大選宣言中，仍持續強調推動選擇與多樣化教育，並藉此賦予並擴大家長選擇權。宣言政見中也提及將持續推動地方管理學校的本位管理與自主權，給予更多人事聘用與入學規定之自由。但是工黨的大選宣言中則反對過去左派主張由政府控制及保守黨放任市場運作的方式，主張政府和企業的合作，藉以強化市場的動力以達成主要目標，並著重於小學教育標準的提昇，以及增加家長的權利與義務。因此，在一九九七年五月工黨大勝執政後，若真的依大選政見而落實於政策時，英國的教育市場導向也會如同美國一般，一方面以市場的選擇機能改善教育，但另一方面更重視公立機構與私人企業的夥伴關係，並藉由市場著重績效責任與標準之機能，提昇公立教育的效率。

第五節　結論

　　從市場機制在教育的應用和限制分析，可知教育環境與政治、經濟、社會互動的複雜性，而其中政府、市場與學校的關係更是學者探討的重心，特別是在政府對教育干預的正當性、政府對市場運作的監督與放任、以及學校對於政府的互動與市場的回應方面。市場就如同政府手中運用的籌碼，藉以減輕教育經費的負擔與學校要求自主的壓力，並藉

市場機制主張的競爭和效率整頓封閉的教育體系。但是當市場機能發展到脫離政府控制甚至產生失靈現象時，首當其衝的將是學校與學生受教權益，而政府要再從市場中收回教育權更非易事，僅能做事後的管制與彌補。市場機制雖能使學校走向開放、競爭體系，但是過度配合市場需求與營利導向，也將使學校教育理念與知識發展受到阻礙。因此，政府、市場與學校都應該不斷轉變的環境中尋求調整，並找出一個最適當的互動模式，甚至是動態均衡關係。

而英國近年來的教育改革，也逐漸朝向中央化與分權化雙途並進的趨勢：一方面中央政府加強對教育事務的關注，設定全國性的課程標準與教育目標；另一方面則授與學校更大的經費、人事、課程和教學上的自主管理權。因此，在教育市場化理念衝擊下，教育政策應不再侷限於過去政府一手主導的局面，而是在分權方面發揮市場機制提昇績效與競爭力的功能，但同時政府也必須針對教育市場化的限制提出完善的配套措施與監督，避免造成過度放任與彌補市場機制缺乏配置效率的缺失，並在政府、市場、學校間取得一種良好的互動關係。

我國目前的市場導向趨勢仍多以高等教育為主，由於高等教育具有較多的自主權與自由，易於發揮市場機能。但是政府若能扮演好規畫者及監督者的角色，應該也要推行至中小學階段，尤其是我國較重視的私有化策略，減少不必要的限制，讓市場的競爭機能得充分發揮。由於英國的作法中強調中小學部份，而威爾斯與英格蘭地區是由教育與就業部統籌管理，與我國情況較接近。因此，本研究建議我國在推動市場機制的教育改革時，適用範圍應推廣至中小學階段，並以參酌英國作法為主。此外，我國在教育報告書中雖有提及此種市場機制有減弱之趨勢，但是卻未指出趨勢轉變之因與方向。因此，本研究也建議教育決策者在一味推動市場機制改革時，應參考英國教育改革法中市場機制的轉變方向，除了主張以自由競爭之市場機制達到改革目的，更要重新檢視教育決策機關與學校的績效，藉由市場著重績效責任與標準之機能，提昇公立機構的效率。

參考書目

王秋絨（1997）。後現代社會衝擊下的成人教育革新。社會教育學刊，26，41-58。

行政院教育改革審議委員會（1996）。教育改革總諮議報告書。

朱敬一、葉家興（1994）。私人興學之研究，載於羊憶蓉等主編之台灣的教育改革。台北：前衛。

朱敬一（1995）。國家在教育中扮演的角色。教改通訊11期，頁24-26。

汪仲譯，Micklethwait, J. & Wooldridge, A.合著（1998）。企業巫醫-當代管理大師思想、作品、原貌。台北：商周。

李宗勳（1992）。市場機能與政府管制--我國警政工作民營化之研究。國立政治大學公共行政研究所碩士論文。

李家宗（1997）。英美教育改革法案中市場導向之比較。國立暨南國際大學比較教育研究所碩士論文。

李家宗（2000）。教育市場化對成人教育的影響與啟示。載於國立暨南國際大學成人及繼續教育研究所主辦之「二十一世紀成人教育」學術研討會。

李奉儒（1996）。英國教育改革機構、法案與報告書，載於黃政傑主編各國教育改革動向。台北：師大書苑。

沈姍姍（1989）。英國一九八八年教育改革法案之探討。比較教育19期，頁1-4。

沈姍姍（1994）。英國進入21世紀的教育改革---一九八八年以後的變革與紛擾。比較教育，34，32-40。

沈姍姍（1996）。教育選擇與控制理念的另類思考。教育資料與研究，9，14-15。

沈姍姍（2000）。國際比較教育學。台北：正中。

沈經洪（1995）。非營利機構市場導向之研究。國立政治大學企業管理研究所碩士論文。

林全、吳聰敏（1994）。教育資源的分配與管制，載於羊憶蓉等主編之台灣的教育改革。台北：前衛。

林清江（1996）。我國教育發展動向之評析，發表於中華民國比較教育學會主辦之教育改革--從傳統到後現代國際學術研討會。

林逢祺（1998）。高等教育的市場化：危機或轉機？載於中華民國比較教育學

會主辦之兩岸青年學者論壇-二十一世紀大學的管理與發展學術研討會
論文集，IX7-12。

吳明清（1996）。選擇與控制：學校教育改革的理念爭議。教育資料與研究，
9，2-10。

周淑卿（1992）。英國國定課程之研究。國立台灣師範大學教育研究所碩士論
文。

周旭華譯，Davis, S. & Botkin, J.合著（1996）。企業推手-從學習中創造
利潤。台北：天下文化。

周燦德（1996）。從教育行政決策觀點。教育資料與研究，9，16-19。

徐堂傑（1996）。兩岸企業市場導向比較--以電機電子業為例。國立交通大學
管理科學研究所碩士論文。

張清溪等（1991）。經濟學--理論與實際（二版上冊）。台北：新陸。

張德銳（1996）。美國教育改革中的學校重建運動，載於黃政傑主編各國教育
改革動向。台北：師大書苑。

黃乃熒（2000）。父母選擇的教育改革意義，載於楊思偉主編之家長學校選擇
權，1-36。台北：商鼎文化。

黃雪菲（1995）。台灣學校教育管制的經濟分析。國立台灣師範大學公民訓育
研究所碩士論文。

黃俊傑（2000）。台灣地區大學通識教育的改革：涵義的釐清與目標的展望，
載於教育部顧問室主辦之高等教育大眾化與大學改革學術研究國際學
術研討會。

楊瑩（1996）。一九八八年後英國的教育改革，載於黃政傑主編各國教育改革
動向。台北：師大書苑。

楊深坑（1999）。知識形式與比較教育。台北：揚智。

莊勝義（1996）。市場導向與教育改革。師大教育系所11月22日
演講稿。

蓋浙生（1993）。教育經濟與計劃。台北：五南。

齊思賢譯，Thurow, L.著（2000）。知識經濟時代。台北：時報文化。

戴久永譯，Deming, W. E著（1997）。戴明的新經濟觀。台北：天下文化。

戴曉霞（1998）。高等教育之大眾化及其發展趨勢，載於中華民國比較教育學
會主編之終身全民教育的展望，349-383。台北：揚智。

戴曉霞（2000）。高等教育的大眾化與市場化。台北：揚智。

湯堯（1997）。教育市場導向探討與省思--市場模型建立與研究。教育研究資
訊，5（3），74-85。

劉俊英（1995）。非營利機構市場導向之研究--以兒童癌症、兒童燙傷、早產

兒、及安寧照顧基金會為例。國立中山大學企業管理研究所碩士論
文。

魏聖忠 (1995)。我國中小企業市場導向之研究。國立政治大學國際貿易研究
所碩士論文。

蘇莉萍 (1994)。市場導向與生產效率。國立台灣大學經濟研究所博士論文。

顧昌欣 (1995)。企業市場導向行為之研究--組織學習與吸收能力的觀點。國
立交通大學管理科學研究所碩士論文。

Ball,S. J. (1994). Education markets,choice and social class: the
    market as a class strategy in the UK and the USA . In
    Education reform: a critical and post structural approach
    (pp. 103-127). Buckingham: Open University Press.

Chubb, J. E., & Moe, T. M. (1990). Politics, markets, and America'
    s schools. Washington, D.C.: The Brookings Institution.

Dale, R. (1989). The State and Education Policy. Philadelphia:
    Open university press.

DES (1987). Higher Education: Meeting the Challenge. London: HMSO.

DES (1988). Education Reform Act 1988. London: HMSO.

DES (1992). Education (Schools) Act 1992. London: HMSO.

DES (1992). Further and Higher Education Act 1992. London: HMSO.

DES (1993). Education Act 1993. London: HMSO.

DES (1994). Education Act 1994. London: HMSO.

Ehara,T. (1996). Japanese Educational Reform and its Problems.
    Paper presented in 1996 International Symposium on
    Educational Reform--From Tradition to Postmodernity, Chinese
    Comparative Education Society --Taipei.

Gewirtz, S., Bowe, R. & Ball, S. (1994). Choice, Competition and
    Equity: Lessons from Research in the U.K.. Paper presented at
    the Annual Meeting of the American Educational Research
    Association (New Orleans, LA, April 4-8, 1994).

Labour Party (1997). New Labour—because Britain deserves better.
    London: John Smith House.

Lawton, D. (1992). Problems of Choice,the Market and Educational
    Planning. In Education and Politics in the 1990s: Conflict or
    Consensus? (pp. 83-105). London: The Falmer Press.

Mitter,W. (1996). State and Market in Education: Opponents,

Competitors, Partners? A historical and Comparative Approach. Paper presented in 1996 International Symposium on Educational Reform--From Tradition to Postmodernity, Chinese Comparative Education Society --Taipei.

Raivola,R. (1996) . The Changing Framework for Academic Professions. Paper presented in 1996 International Symposium on Educational Reform--From Tradition to Postmodernity, Chinese Comparative Education Society --Taipei.

Sally,P., & Geoff,W. (1996) . Teaching New Subjects? The Hidden Curriculum of Marketised Education Systems .Paper presented in 1996 Symposium on Education, Globalization and the Nation-State: Comparative Perspectives at the World Congress of Comparative Education Societies (University of Sydney, July 1-6, 1996) .

Scott, P. (1995) . Changing Pattens of Research In British Higher Education. Paper presented in 1995 Symposium on Higher Education--Universities' Autonomy and Their Societal Responsibilities.

Simkins, T. (1993) . The Consequences of School-Based Management in England and Wales: A Review of Some Evidence from an Economic Perspective. Paper presented at the Annual Meeting of the American Educational Research Association (Atlanta, GA, April 12-16, 1993) .

Simkins, T. (1994) . Equity and Efficiency: Tensions in School-based School Management in England and Wales. Paper presented at the International Intervisitation programme in Educational Administration (8th, Toronto, Ontario, Canada, and Buffalo, NY, May 15-27, 1994) .

Wikeley, F., & Hughes, M. (1994) . Parents and Educational Reform. Paper presented at the Annual Meeting of the American Educational Research Association (New Orleans, LA, April 4-8, 1994) .

Whitty, G. (1990) . The New Right and the National Curriculum: State Control or Market forces? In Flude M., & Hammer, M. (eds.) , The Education Reform Act, 1988:its origins and implications (pp. 21-35) . Bristol: The Falmer Press.

chapter3

英國學校視導制度

■ 英國學校視導制度之演進
■ 英國學校視導組織與人員
■ 英國學校視導實施概況
■ 英國學校視導制度之評析

羅淑芬

　　世界各國近年來的教育改革常以教育視導的革新爲重點之一，尤以英國學校視導政策的改變最爲顯著，爲配合教育改革的需要，英國頒佈「一九二二年教育(學校)法」規定中小學四年一次之定期視導，並以獨立於教育部外的自主機構-教育標準署，取代舉世聞名的皇家督學處，負責處理中小學學校視導事宜。在地方視導方面，實施以學校爲本位的視導活動，著重諮詢、協助與輔導的功能，形成中央重督、地方重導之督、導並重型視導體制。以下即先說明英國學校視導制度發展的歷史，其次探討現行視導組織、人員和視導實施概況，最後分析現行視導制度之實施成效。

第一節　英國學校視導制度之演進

　　從英國學校視導制度的歷史來看，前一百年的視導活動由皇家督學(Her Majesty's Inspectors，簡稱HMIs)主導之；至1940年代起，全國對視導議題展開熱烈討論；並在1990年代受到市場化意識的影響，改採私營的視導小組定期視導學校。因此，英國學校視導制度的演進可分爲三個時期：(1)1839-1939年之皇家督學視導期；(2)1940-1991年之視導議論期；(3)1992年-至今之市場化視導期。

一、皇家督學視導期：1839-1939年

　　此時期又可分爲三個階段：(1)開始任用HMIs的萌芽期；(2)視察學生成績以決定學校補助款的「修正規章」(Revised Code)期；及(3)指派視導小組進行數天視導的「完全視導」(full inspection)期。

萌芽期：1839-1861年

　　英國學校視導制度的產生與初等教育的發展有密切關係，初等學校原由宗教會社或慈善團體所維持，1833年國會才首次通過提供二萬英

鎊的教育補助金給兩個設立初等學校的會社－國家會社(National Society)及英倫與海外教育會社(British and Foreign School Society)。經費的監督由教會人士負責，但隨著補助款的增加及荷、普等國均有視察學校的措施，1838年國會議員乃建議政府應視察接受補助款的學校(Ball, 1963:3-5；Musgrave, 1968:22-3)。

1839年英國以樞密院令(Order in Council)設立樞密院教育委員會(Committee of Privy Council for Education)負責督導補助金之分配，同年委員會以英王名義首次任命兩位HMIs，一位是牧師出身的Rev John Allen及一位是律師出身的Seymour Tremenheere，分別負責視察國教會(Anglican)與非國教會(Nonconformis)學校。1840年委員會頒佈「學校督學指示」(Instructions to Inspectors of Schools)規定HMIs的職責如下：(Maclure, 1969:51)(1)調查與協助新學校；(2)視察接受補助款的學校；(3)調查特定地區的教育情況，此外，HMIs應報告下列事項：(1)學校建築和桌椅配置；(2)教材內容和設備；(3)組織和紀律；(4)教學方法和人員任用；(5)學科表現和道德訓練。1840-41年《教育委員會會議備忘錄》(Minutes of the Committee Council on Education)特別指出：視導非控制學校而是提供協助、非抑制學校而是鼓勵發展，視導時HMIs應與學校委員會合作而非干涉，並除要求外，不提供任何建議與資料(Bone, 1968:19；Dunford, 1992:12)。

1843年樞密院教育委員會將全國劃分為5區，每區派遣一位督學視導學校，並自1844年起政府要求所有獲得補助的學校必須接受視導，否則取消補助款。鑑於當時宗教勢力強大，為避開與宗教團體的爭論，視導時HMIs不涉入宗教教育、訓練或學校管理，政府與教派之間為達成協議，由樞密院長、內政大臣和三位主教草擬「政教協定」(Concordat)，其規定如下：(1)二位總主教(Archbishops)有權否決與解散英國國教會學校的督學；(2)教會學校的督學必須是神職人員；(3)視導報告必須呈交總主教及學區主教核閱(Bishop, 1971:34-5；Blackie, 1970:5-6)。

至1846年，HMIs的職權與人員均有明顯增加，例如有權監督並考核新進見習教師(Pupil-Teacher)。同年樞密院教育委員會召集所有HMIs至樞密院辦公處開會，此發展成每年在倫敦(London)舉行定期視導會議，督學們互相交換觀念並討論視導程序的標準化(Bishop,

1971:36)。1850年隨著學校數目增加，皇家督學處(Her Majesty's Inspectorate)加以擴編，鑑於當時視導經費帶給國庫不少負擔，因此，任用只需HMIs一半薪水的助理督學(Assistant inspectors)協助視導工作，並開始雇用科學和藝術的專科督學。1853年起，補助款的多寡取決於學生人數，乃需要更多的督學視察學校，至1860年HMIs的人數已由17人增爲48人，多數HMIs是大學研究員或律師且約30%具有學校教育經驗(Dunford, 1992:12-5；Lawton & Gordon, 1987:11)。

修正規章期：1862-1898年

1862年教育委員會之「修正規章」規定學校補助款採「按績計酬」(payment by results)方式，即按照學生的讀、寫、算能力決定補助金額，因此，督學必須直接視察學生，評估學生的出席率與考試結果。1867年語文、地理和歷史亦列爲視察學科，督學人數因而快速增加，至十九世紀末已達349人(Lawton & Gordon, 1987:11)。

1870年以後，除督學人數快速增加外，視導內容及結構亦有重大改變，如「一八七〇年教育法」(Education Act 1870)規定HMIs不再視察宗教教育，且不再由具有神職人員身份的督學視導教會學校，1840年的政教協定就此結束。1871年起，督學處的組織依區域性劃分，將全國分成八個地區，各區由一位資深督學(Senior Inspector)負責管理；每區再分成八至十個學區，各由一位學區督學(District Inspector)負責視導(Dunford, 1992:22)。

1872年的教育通諭(Education Circular 1872)規定HMIs有權監控學校的時間表，1882年教育部更賦予監督學校課程的權力，同年皇家督學處增設次級督學(Subinspector)，提供助理督學晉升之管道。1884年「資深督學」更名爲「督學長」(Chief inspector)。此時期的視導，HMIs在不事先通知學校的情況下視察，與學校人員商討教學方法、時間表、學校組織等問題，並注意轄區內學校的需求及教育法對學校的影響，此外，就政策與行政問題向教育部提出報告與建議。簡言之，HMIs可說是教育部的耳目(Bishop, 1971:144；Gordon, 1977:47)。

至1886年，督學處已有12位督學長、120位學區督學、30位次級督學及125位助理督學，同年中立委員會(Cross Commission)提議任用教師爲督學，1892年開始雇用F. S. Marvin成爲第一位具有教師身份的督

學。1890年樞密院院長任命一位首席督學長(Senior chief inspector)爲督學處處長。「一八九三年初等教育法」(Elementary Education Act 1893)規定督學必須視導特殊教育學校,乃雇用第一位具有醫療資格的督學。1896年樞密院教育委員會任命第一位女性督學(Dunford, 1992:19-20;Lawton & Gordon, 1987:86)。

然而,教師甚至HMIs並不贊同「按績計酬」方式,認爲它使教學和視導變得呆板,易於過份依賴機械化的判斷而缺乏智慧的運用,此一方式沿用至1898年結束。

完全視導期:1899-1939年

十九世紀末英國只有40%的貧窮兒童在學,宗教會社並未達到普及教育的目標,政府乃開始建立地方教育機構,促進教育普及化。「一八七〇年教育法」規定組織地方「學校董事會」(School Boards),負責設立學校及監督學校效能,爲此董事會開始雇用地方督學視導學校。1872年倫敦學校董事會任用第一位地方督學;1876年Birmingham市設有組織員(Organizer)及督學,除一般視察外,並以學科專家的身份視導歌唱和針織等學科(Wilson, 1996:149;Winkley, 1982)。

「一九〇二年教育法」(Education Act 1902)規定重組教育和視導組織,要點如下:(Dunford,1992:28)(1)取消學校董事會,建立「地方教育當局」(Local Education Authorities, LEAs)以監督轄區內學校;(2)設立中等學校;(3)將皇家督學處分爲初等、中等與技術等三個單位,各由一位督學長領導。

1904年教育部鑑於中等學校的學科範圍及專業人員較多,規定以「完全視導」的方式視導中學,由數位HMIs組成視導小組,進行數天的學校視察並提出視導報告(Dunford, 1992:30)。1906年教育部根據視導結果發佈「有效率的中等學校」名單,許多學校爲了上榜而願意接受視導。然而,定期的完全視導因學校數目的增加始終未實現,加上第一次大戰爆發,此一視導方式乃告停止。此外,在初等學校方面,採行3至5年的「報告性訪視」(report visit),起初僅視察學生的算術和寫字能力,逐漸擴展到學生及教室情形,並與師生進行晤談(Lawton & Gordon, 1987:51-2)。

1900年皇家督學處取消次級督學,次年任用初級督學(Junior

Inspector)，至1912年以後，發現非所有初級督學均能晉升爲HMIs，乃再度採用助理督學的職稱，而擔任督學的資格是具有八年教學經驗的小學校長。「一九二一年教育法」(Education Act 1921)規定將督學處的初等、中等和技術等三個單位統整爲一，並由首席督學長領導之(Dunford, 1992: 25-6)。

1922年教育部《年度報告書》指出督學的四個主要任務：視導學校、與LEAs合作、實施考試及諮詢工作。1933年起，受到「研究小組制度」(panel system)的影響，視導期間督學小組必須定期討論視導結果以提出視導報告，此時HMIs的人數已達383人(DES, 1970:3；Dunford, 1992:29；Edmonds, 1962:139)。

二、視導議論期：1940-1991年

此時期受到全國重視教育議題的影響，視導成爲討論的主題之一，而地方視導工作亦開始發展。

皇家督學視導

「一九四四年教育法」(Education Act 1944)爲英國戰後的教育藍圖，其造成的影響包括：政府積極介入教育、教育議題政治化、及LEAs對學校行使直接行政權等，這些均對視導制度產生新的挑戰。此一法案建議減少HMIs的人數、確定HMIs的權力、及首相應安排定期視導甚至是特殊視導，並將HMIs所屬的機構改爲皇家教育顧問處(His Majesty's Educational Advisory Service)。1952年此一機構再改爲皇家督學處，從事視導、建議及改進教育事務之工作，主要職責有三：(DES, 1982a:7)(1)視察學校教育，提供學校必要的協助與指導並提出視導報告；(2)代表教育部處理地方行政事務，原則是激勵而非限制；(3)提供教育部長有關地方教育業務之報告(如教育經費的運用)，及教育理論與實施問題的研究與建言。

1960年代後期，英國學者Cox和Dyson等人發表一系列《黑皮書》(Black Papers)說明當時的教育情況如下：(1)對公共教育感到不安；

(2)減少教育財政；(3)重視教育績效。在此一情勢下，HMIs除利用「短期視導」處理學生事務外並調查全國教育概況，其調查結果影響後來的課程政策及LEAs與學校的實務(Wilcox & Gray, 1996:26)。1967年起，在一連串「教育水準」的辯論中，HMIs 常置身於政治外，視自身為學校參與者，主要任務為蒐集資料，例如藉由九個等級的評分方案比較20,000所小學的教育品質。1970年代，HMIs成為政府瞭解學校事務的專業知識來源，例如在中小學及課程的數個調查報告中，強烈支持訂定國定課程(Wilson, 1996:152)。

　　1980年代早期，學校績效開始受到重視，1983年政府規定出版視導報告以了解學校運作情形與聲譽，這對HMIs及視導產生重大影響，例如必須向公眾明示視導的方法與活動過程(Dunford, 1992:58)。此時期政府擬訂教育決策時，常將視導與當時議題相結合，茲列舉數個影響視導的報告與法案：

1943年Norwood報告

　　Cyril Norwood爵士所領導的委員會除探討考試和課程議題外，亦討論有關HMIs的職責，該報告指出：(Gordon, 1989:49-52)「政府應讓督學獨立判斷重要的教育問題，為此我們認為督學應繼續其職責......。HMIs應就教育事項向教育國務大臣提供忠告並向學校提供建言，確保所有學校盡其責任。」

1944年Roseveare報告

　　根據此一報告，政府大量擴充皇家督學處的HMIs員額，並取消職級差異(Gordon, 1989:53)。

1967-68年國會特別調查委員會(Parliamentary Select Committee)

　　該委員會認為教育部未善用HMIs的專家知識，建議除特殊情形外，應停止全面性的視導活動，並著重督學的諮詢而非視察功能，將視導責任留給LEAs(Lawton & Gordon, 1987:26)。

1969-70年Fulton委員會備忘錄（Memo）

此為1970年代皇家督學處的第一個內部檢討報告，其指出公共事務改革與HMIs之間關係密切：(Taylor, 1989:55-6)「視導的功能主要在向教育部門提供獨立性建議，未來應依據機構的資料配合調查技術和持續關注，或是對教師訓練等相關問題作垂直研究，強調HMIs的專家視導。」

1976年黃皮書

這是名為《英格蘭學校教育：問題與提議》的報告，為教育國務大臣回應首相James Callaghan對教育品質與基本學科的意見。此報告認為皇家督學處具有重要地位，應確保其獨立性：(Taylor, 1989:67-8)「就類型和標準來說，皇家督學處是影響學校運作最有力之機構。視導若要具有尊重和信心，必須在視導報告中呈現事實，以效率和適當方式進行視導活動，且使大眾（如家長）和教師得知視導的立場與結果。」

1983年Rayner報告書

首相Margaret Thatcher要求Derek Rayner爵士檢討政府機構的效率，皇家督學處即其中之一，Thatcher認為皇家督學處的人員太多，而實際應用在視導的時間有限。然而，該報告肯定皇家督學處和視導活動，認為它是一個小而被高度尊重的團體，長期置身於普及教育且擁有良好的專業人員，並指出皇家督學處的主要任務在評估教育水準和趨勢，依據獨立的專業判斷向中央政府提供建言，及經由下列方法改善教育水準：(1)確保和傳遞優良實務；(2)發現缺點；(3)提供建議給教育相關人員，包括教師、校長、管理委員會與LEAs。(Lawton & Gordon, 1987:141-3)

綜合上述報告，可得出三個結論：

1. 針對皇家督學的檢討報告所得結論通常比預期好，一旦檢視者瞭解皇家督學處的運作和直接觀察督學的能力後，會以正面積極的觀點看待他們。
2. 皇家督學處與教育部之間關係密切，報告中常指出其位居教育部之重要地位，並認為HMIs應獨立於官僚政治外。

3. 有些報告建議HMIs應使用更現代方法蒐集和分析資訊，均假定新
   方法是客觀且能改進視導，而甚少分析傳統視導功能的優缺點。

地方教育當局視導

十九世紀末，大都市的學校董事會開始發展地方視導，但多數視導工作仍由HMIs進行。1902年，政府以LEAs取代學校董事會，負責地方教育事務，至1939年全國LEAs的督學約500人。1960與1970年代隨著課程改革和學校重組，地方督學的人數與地位才逐漸提高。1970年起，LEAs開始提供收費性服務，如專業諮詢與訓練等(EMIE，1995)。

「一九七二年地方政府法」(Local Government Act 1972)重組地方政府並擴充視導組織與人員，1974年許多LEAs將「督學」和「督學室」更名為「顧問」和「顧問室」，強調諮詢重於視察的功能。LEAs顧問主要在協助教師和校長，其任務如下：(Pearce,1986) (1)訪視和觀察教學；(2)根據訪視結果向教育相關人員提供建議；(3)依教師需求提供或安排專業協助，包括完全視導、生涯建議或在職訓練；(4)參與教學人員的甄選與任用；(5)提供教育官員有關人事、撥款和學校建築的專業忠告；(6)提供教師個人建議和生涯忠告；(7)定期協助學校管理委員會；(8)視導和調查學校。此外，LEAs顧問必須與教育人員共同從事課程發展和改革，及研討與傳遞優良實務等。

1970年代中期，政府首次檢討LEAs顧問室，在1972-3年報告調查期間，僅少數者認為顧問應保留視導功能，至1978年報告出版時情況改變，理由有二：(1)受到石油危機的影響公共支出減少，開始強調經費效率和績效；(2)對教育的質疑和爭論，1976年工黨首相James Callaghan對教育的批評引起全國對教育水準的爭論，進而促使課程改革。1977年名為《學校教育》(Education in Schools)的諮詢文件中，政府要求LEAs視導與評估學校表現，並指出被一致認為表現不佳的學校。此時LEAs亦鼓勵學校實施自我評鑑，但非為強迫性且實施差異大，因而效果不彰(Clift et al., 1987；Wilcox & Gray, 1996:27)。

1985年保守黨政府發表白皮書《較佳學校》(Better Schools)，強調教育水準、教育多樣性選擇及LEAs視導，促使教育與科學部(Department of Education and Science)發佈草案通論，督促LEAs以正式視導取代以往的監督和評鑑，此一草案雖無定論，但LEAs開始發展

視導風氣，例如內倫敦教育當局(Inner LEA)針對William Tyndale學校(因水準不佳和教師意識型態被提出警告)事件，以改善學校教育為目的，由視導小組與學校進行補救措施，此種以學校為基礎的視導方式，即符合績效與行動要求(DES, 1985a；Wilcox & Gray, 1996:28)。

同年，教育與科學部規定LEAs顧問室的任務如下：(DES, 1985b)(1)監督和評鑑LEAs的工作；(2)協助學校及相關教育組織；(3)協助教師；(4)協助地方性活動。政府強調LEAs應發展評鑑和視導功能，但因顧問人數不足及協助多於監督的功能而少有成果。Stillman等人在1986-7年的研究中指出：平均來說，顧問的正式視導時間不及10%(Stillman et al., 1989)。

1980年起，政府規定學校組織管理委員會(governing body)負責學校運作，「一九八六年教育法」(Education Act 1986)規定LEAs顧問必須協助該委員會，同時教育與科學部提出「教育補助金」(Education Support Grant)方案，使LEAs任用諮詢教師(advisory teacher)協助顧問的業務(Pearce, 1986)。

「一九八八年教育改革法」(Education Reform Act 1988)揭示政府重視教育水準、自由和選擇，不僅評鑑成為提供資料的方法，亦促進推動地方視導，LEAs開始擴充視導與諮詢部門，並利用教育與科學部提供的額外財政經費，發展視導工作及任用顧問(Wilcox & Gray, 1996:28)。1988年後，教育與科學部續頒「1988年第七號通諭」(Circular 7/88)，將LEAs的學校財務控制權與責任下放至學校，是為「地方學校經營制」(Local Management of Schools, LMS)，依此LEAs的諮詢預算全撥給學校，由學校向LEAs或其他單位購買諮詢服務(Lawton & Gordon, 1996:139)。

1989年審計委員會(Audit Commission)認為視導人員對顧問和督學的功能認識不多，乃建議實施較複雜的監督模式，即系統地記錄和專業分析下列資訊：(Audit Commission, 1989)(1)學校(包括自我評鑑)；(2)教學與學習；(3)LEAs及教育與科學部的資料(如測驗或考試成績)。此外，視導結果必須回饋給教師及公開視導報告，受此影響LEAs將「顧問」更名為「督學」，並建立地方性的定期檢核制度(Sandbrook, 1996:10)。

綜言之，1980年代末期受到首相Callaghan的要求及William Tyndale學校事件的影響，政府開始加強學校績效責任，並由LEAs監督和評鑑學校表現。「完全視導」爲方法之一，但更強調以「所有方式」視導，包括直接觀察、記錄與分析等。在二次大戰和1992年之間，LEAs的視導地位逐漸提昇，然中央與地方並無一致性的視導計畫。

三、市場化視導期：1992年—至今

1992年以後，爲滿足中央政府和家長對績效的要求，以及協助學校改善教育水準，政府設立「教育標準署」(OFSTED)監督整個視導系統，並降低LEAs的視導責任。

教育標準署視導

1990年代HMIs已成爲重要的新進理論提倡者，他們判斷學校的優劣以是否採用新式或HMIs偏愛的教育理論與教學方法，而忽略教育品質或教育水準，因此，許多人質疑HMIs失去獨立性，無法客觀報告學校情形，地方視導亦被認爲無法彌補此項缺失，因多數LEAs督學比HMIs更極欲向學校提倡新式教育理論(Lawlor,1993:8)。有鑑於此，保守黨政府認爲視導制度應作如下改變：(1)任用非專業人員進行視導工作；(2)徵求公眾對視導工作的意見；(3)視導報告的內容應無特殊專業術語。(Brian & Gray, 1996:29)

1991年首相John Major頒佈「人民權利宣言」(Citizen's Charter)賦予人民知的權利，公共機構應公開不諱地出版內部水準報告，以利人民行使選擇權。此外，爲了維護公眾的利益及確保視導的品質，視導工作應注意三項重要原則，即獨立、外行者的參與及公開。

同年教育國務大臣Kenneth Clarke將此一宣言納入「家長權利宣言」(Parent's Charter)，並宣佈新的學校視導草案，要點包括：(1)設立由皇家督學長(Her Majesty's Chief Inspector，HMCI)所領導的新視導組織-教育標準署(Office for Standards in Education, OFSTED)；(2)減少HMIs人數；(3)原皇家督學處改爲監控視導品質和訓

練新督學的單位；（4）視導小組成員包括一位非專業督學(Lay Inspector)；（5）實施中小學四年一次之全面性定期視導；（6）出版學校視導報告，並向家長提供報告的摘要及所有學校表現情形的一覽表。

此一草案經國會激烈討論後，1992年通過成為「教育(學校)法」(Education (School) Act 1992)，要點如下：（1）皇家督學長(HMCI)負責安排中小學視導；（2）成立教育標準署(OFSTED)負責執行；（3）採私營化方式，由私人視導小組參加OFSTED競標，取得視導契約後展開視導工作；（4）受補助款維持的學校必須接受四年一次(威爾斯地區五年一次)之定期視導，中小學各從1993、1994年起實施；（5）視導活動依據《學校視導架構》進行。

「一九九三年教育法」(Education Act 1993)規定視導小組認為一所學校辦學失敗時，必須在視導報告中提出改善措施，並經HMCI批准後即具有法律效力，而表現不佳的學校，視導後應擬訂「行動計畫」(Action Plans)及接受特別措施(special measures)，若無改善國務大臣可組織教育委員會(Education Association)管理之或中止預算經費。

「一九九六年學校視導法」(School Inspection Act 1996)，除重申「一九九二年教育(學校)法」外，明確規定視導的工作與範圍。次年，「一九九七年教育法」(Education Act 1997)規定HMCI可安排HMIs或獨立的視導小組視導LEAs。1997年新政府(工黨)執政後，在提交國會的報告書《學校中的卓越》(Excellence in Schools)中亦涵蓋OFSTED視導制度，但變革不大，主要內容如下：(DfEE，1997a)（1）定期視導時間由四年改為六年，表現不佳的學校需接受更多的視導活動；（2）學校得知視導時間由五個學季(一年為三個學季)前改為二個學季，並在一個或一個半學季前確定時間；（3）視導活動著重教室實務及學校改善能力，視導報告以明確語句撰寫；（4）依據視導結果，OFSTED每年向所有學校提供全國學校的學科平均水準；（5）進行視導小組的專業發展方案，採學科或某方面的認證督學制度；（6）加強擬訂學校視導的申訴程序，並舉行視導後的家長會議。

地方教育當局視導

「一九九二年教育(學校)法」頒佈後，OFSTED負責所有中小學的視

導工作，無形中削弱LEAs的視導責任，政府並將部分比例的地方視導費用移至OFSTED，因此，地方視導的規模逐漸縮小，但LEAs可組織視導小組參與OFSTED的視導工作(Lawlor, 1993)。

1993/94年全國教育研究基金會(National Foundation for Educational Research)的調查研究認為自1992年後LEAs視導的情形如下：(EMIE, 1995:3)(1)減少督學、顧問與諮詢教師的人數；(2)增加參與OFSTED視導；(3)減少提供學校協助。此外，皇家藝術學會(Royal Society of Arts)亦指出LEAs已甚少與學校討論革新與實務、提供忠告、及協調學校與其他機構(Royal Society of Arts, 1995)。1995年國會教育委員會(House of Commons Education Committee)進一步指出過去LEAs視導單位對教師在職訓練助益良多，日後應加強提供此類訓練及協助學校發展(House of Commons Education Committee, 1995)。

1997年新政府上台後強調教育與就業部(Department of Education and Employment, DfEE)、OFSTED及LEAs三者應共同合作，提高學校教育素質。LEAs在非OFSTED視導期間，應定期監督學校表現，以協助學校改善為要務。此外，新政府一方面增加地方視導人員，另方面則減少LEAs參與OFSTED視導及減少向學校提供收費性服務。目前許多LEAs正進行改組以符合政府賦予的新職能，以Northumberland郡為例，改組後負責視導業務的部門，稱為「標準與效率室」(Standards and Effectiveness Division)，其主要任務是改善學校，協助學校提供學生更好的教育品質。

綜上所述，英國學校視導的焦點因時而異：

1. 1839年代：最初是學校補助款；「按績計酬」時期的重心是學生成就。
2. 1880年代：重心為教室和學科。
3. 1900年代：開始評鑑教學品質且焦點集中在整個學校。
4. 1970年代：關心更多超越學校內部的問題，如國定課程。
5. 1992年—至今：焦點在學校並強調學生的成就表現。

　　英國學校視導制度是政治結合公共教育所產生的，視導最初僅是督學評估初等學校的學生表現，逐漸發展成以督學小組觀察學校運作的完全視導；完全視導的趨勢和情形亦有變化，1970年代中葉強調新的視導方法，如調查資訊，現階段的完全視導則重視標準形式－OFSTED模式。

第二節　英國學校視導組織與人員

　　英國教育行政組織分為中央與地方兩級制，目前中央為教育與就業部(DfEE)，地方為地方教育當局(LEAs)。在視導組織方面，中央設立獨立於DfEE外的教育標準署(OFSTED)；各LEAs亦設視導組織，但名稱不一。

一、教育標準署

　　DfEE設一個次級機構－就業部(Employment Service)、一個非部級公共組織－OFSTED、及七個司處－學校司(Schools Directorate)、繼續、高等教育及青少年訓練司(Further and Higher Education and Youth Training Directorate)、就業與終生學習司(Employment and Lifetime Learning Directorate)、政策、國際與分析服務司(Strategy, International and Analytical Services Directorate)、事務司(Operations Directorate)、人事與支援服務司(Personnel and Support Services Directorate)及財政司(Finance Directorate)(DfEE,1997b)，其中學校司設「標準與效率小組」(Standards and Effectiveness Unit)，負責協助LEAs和學校提昇教育水準，其任務如下：(DfEE, 1997a:33)

1. 學習LEAs與學校的經驗、質疑兩者的措施及提供優良實務。
2. 與OFSTED分析相關成就資料,並提供給LEAs及學校進行改善。
3. 制定與提倡學校自我評鑑的模式與標準,並在LEAs無法協助表現不佳的學校時承擔之。

組織與任務

根據「一九九二年教育(學校)法」,1993年於英格蘭(England)及威爾斯(Wales)分別設立OFSTED及威爾斯皇家督學長辦公處(Office of Her Majesty's Chief Inspector of Schools in Wales)取代皇家督學處,負責中小學的視導工作。目前OFSTED約有五百位全職行政人員,處理視導契約、法定規約及督學登記註冊等,並約有二百位HMIs協助視導事宜(DfEE, 1997c)。

OFSTED是由HMCI所領導的非內閣部長主政,並獨立於DfEE外之政府部門,設有資深管理小組、十三個地區辦公室、訓練與評估、視導品質、監督與發展、視導契約、教育資訊系統等單位,其組織如圖3-1。

OFSTED負責規劃學校視導事宜,其主要任務如下(OFSTED,1995a;1997a):

1.發展視導計畫

1992年OFSTED出版《學校視導架構》,經1993、1994與1995年修正成為現今之視導藍圖,其詳述視導內容、規定與標準。同年出版《視導手冊》提供督學應用《學校視導架構》之指導原則,手冊共分小學與幼稚園、中學、特殊學校、及私立學校等四冊。此外,OFSTED每年提出《內部計畫》(Corporate Plan),檢討過去一年的進展與表現並說明未來目標。

2.訓練督學

OFSTED負責訓練四類督學:小組督學(Team Inspector)、註冊督學(Registered Inspector)、非專業督學(Lay Inspector),及視情況任用的額外督學(Additional Inspector)。至1997年4月,經OFSTED鑑定合格的督學包括:2,289位註冊督學、10,528位小組督學(含註冊督學)、及1,357位非專業督學,各類別的督學人數如表3-1:

皇家督學長（HMCI）

溝通、媒體
與公共關係

視導長　　　　　　　　視導長

訓練與評估	幼稚園與小學	學科顧問
視導品質、監督與發展	中學	英文
合同	義務教育後	數學
學校發展	特殊教育需求	科學
策略計畫與資源	研究、分析與國際	現代語言
人事管理	教師教育與訓練	設計與技術
行政支援與資產管理	資訊系統	資訊與科技
競爭與授與	LEA檢討、重組與計畫	歷史
特殊方案：額外督學	特殊方案：幼兒教育	地理
	（教育券確認）	音樂
		體育
		藝術
		宗教教育

圖3-1　教育標準署（OFSTED）組織圖

資料來源：OFSTED(1997a). Corporate Plan, p39.

表3-1　英國註冊或鑑定合格之督學人數

名　　稱		人　　數
中　學	註冊督學	656
	小組督學	4,567
小　學	註冊督學	1,456
	小組督學	5,091
特殊教育	註冊督學	177
	小組督學	870
非專業督學		1,357
幼教註冊督學		2,180

資料來源：OFSTED(1997a). Coporate Plan1997. p.12.

3.透過契約安排視導

OFSTED每年隨機選擇25%的中小學進行視導，並就學校視導工作向私人視導小組招標，與得標者簽定視導契約。投標前OFSTED提供學校的相關資料及所有合格督學的名冊磁片，由註冊督學代表公司、LEAs、大學或教會組織等單位進行投標，投標表格如表3-2。投標者必須提出視導小組名冊與資格履歷，以及下列保證事項：(OFSTED，1995b:11)(1)督學訓練、選擇與任用；(2)與學校保持聯絡；(3)檢討與分析視導資料；(4)合作判斷學校的教育水準；(5)明確一致的視導報告；(6)採納HMIs的回饋意見。

視導契約的取得與否基於費用與品質，非價格低者必得標，在視導費用方面，一所小型小學約5,000英鎊，大型中學約30,000英鎊。若僅有一位投標者，HMCI可決定是否授予，而無投標者的學校則由HMIs視導之(Lawlor，1993:10；OFSTED，1997b:4)。

表3-2　教育標準署投標表格

投標代號	學校名稱	最低視導天數	預定天數	視導費用	額外天數

資料來源：OFSTED(1997)提供。

4.協助視導工作

支援視導工作的進行亦是OFSTED的任務之一，主要項目如下：

1. 監督品質與水準：確保視導品質、訪視需接受特別措施的學校、監督學校擬訂的行動計畫等。
2. 處理視導資料：蒐集視導報告與資料並登上網路。
3. 提供學校相關資料：學校以往的表現、所在地區的社經情況、學校的全國性成績等。
4. HMCI年度報告書：每年出版「HMCI年度報告書」，以視導結果說明全國學校的教育情況並提供建議。
5. 出版刊物：除網路上各學校的視導報告外，1993至1998年2月，OFSTED已出版210篇研究報告，大多是HMIs針對特別議題進行調查研究，如教育水準與品質。

6.連繫教育研究單位：以視導報告的資料庫及HMIs的視導結果，向DfEE及政府部門與公共組織提供有關學校和教育議題的建議。

7.國際事務：HMIs除視導本國學校教育的實務外，亦研究他國教育制度與經驗，提供政府決策之參考，如曾視察台灣及德國的職業教育、韓國的中等教育，及義大利的小學教育等。

視導人員

OFSTED的視導人員僅HMIs為固定職，其餘是註冊督學臨時組成的視導小組，與OFSTED為契約關係，小組成員包括：一位註冊督學、數位獨立的小組督學、及一位非專業督學。1995年起，HMCI為確保實施所有的視導契約，開始任用額外督學協助處理特殊個案。

皇家督學(HMIs)

HMIs為HMCI的專業幕僚人員，他們依視導證據提供專業的判斷，有獨立的運作方式，並且不受政治因素的影響。

資格與任用

欲擔任HMIs者應向OFSTED提出申請，每位申請者需有兩位保證人推薦。OFSTED先成立HMIs甄選小組，審查申請者的年齡、學歷、教學及其他方面經驗，再由HMCI面試資格最優者並決定錄取者，最後由英國女王依法在議會任命之。HMIs必須具備的條件如下：(OFSTED, 1998a:1-2)

1.能依據證據判斷與行動。

2.能成為優秀的小組成員。

3.能在期限內採取適當決策。

4.能與他者維持良好關係。

5.具有計畫管理技能。

6.能協商及處理敵對行為。

7.具有明確和說服力的口語或撰寫能力。

8.能適應新需求與變遷。

9.能提供客觀忠告及採取堅定態度。

10.能嚴謹分析不明確的資料和概念。

11.能以專家知識取得信用及影響力。
12.能確保專業工作的品質。
13.具有中小學、師資培育及學校(機構)管理的豐富知識。

除上述資格外，申請者必須具有豐富教學經驗及優良記錄，最好擁有註冊督學的資格。此一職位若以三年期借調或兼差方式，則職稱爲「額外督學」，其聘任期限可依實際需求延長，甚至依表現擢昇爲正式HMIs。OFSTED分派一位良師(mentor)引導與提供諮詢給新進的HMI，並監督最初六個月的表現(OFSTED, 1993)。目前HMIs多數來自學校的學科主任、校長或LEAs顧問等，他們具有成功的教學經驗，平均年齡爲40歲，新進HMIs的年薪爲29,989至44,755英鎊(相當於中學校長)，且外派時有額外津貼(OFSTED, 1998a:2)。

職責

自「一九九二年教育(學校)法」後，HMIs從傳統視導的功能轉爲組織、行政與訓練的角色，負責確保新視導制度的品質，並報告和詮釋視導發現，其職責可歸納如下(OFSTED, 1998a:3；1998b)：

1.提供有關學校視導的建議及規定事宜。
2.訓練督學及擔任額外督學的指導教師。
3.監督視導小組的活動。
4.根據視導結果歸納進一步資料。
5.報告教育議題、趨勢、水準及品質並提供建議。
6.提供建議給其他單位，如DfEE、師資培育機構等。
7.視導LEAs及出版視導報告。

再則，HMIs代表DfEE視導教育機構，如師資培育機構及繼續教育機構，近年來HMIs致力於全國性調查，例如1995年《學校生涯教育與指導》、1996年《學校中男女成就表現的差異》、1997年《學校的藥物教育》等，其報告爲OFSTED的重要出版品，並常對教育決策產生重大的影響。

視導小組

　　「一九九二年教育(學校)法」授權HMCI透過廣告方式，邀請有關人士申請督學資格，並對錄取者進行培訓，合格者授予督學資格。如何成為視導小組的督學，其流程參見圖3-2。

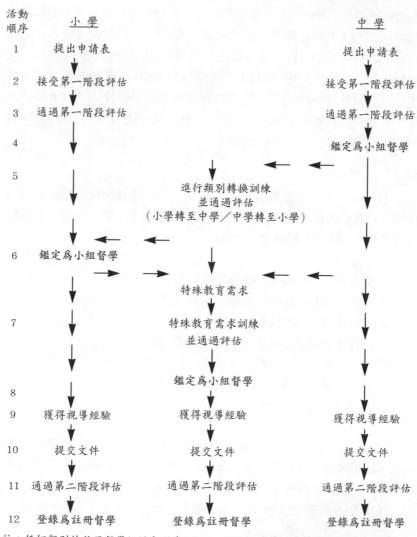

註：任何類別的註冊督學經活動順序9至12，可註冊為第二或第三類別的督學。

圖3-2　英國教育標準署認可督學的流程

資料來源：OFSTEF(1997c). OFSTED Routes to Inspector Status , p.55.

資格與任用

　　欲成為督學者應向OFSTED提出申請，申請後十二週內通知審查結果，通過者參加第一階段訓練。資格審查的考慮因素如下：（OFSTED，1997d:5）

　　1.教學經驗的範圍和程度。
　　2.豐富的學校管理經驗。
　　3.督學或顧問的經驗。
　　4.高等教育的經驗，如師資培訓。

　　除上述外，OFSTED亦考慮申請者近來的經驗及資歷是否符合視導對象的需求，目前許多督學是前皇家督學處的成員、LEAs顧問和督學或大學教育人士等（Ormston & Shaw,1994:5）。

　　通過資格審查者必須接受訓練與評估始具有督學資格，第一階段訓練的內容包括遠距教學和個別指導；重點是《學校視導架構》和《視導手冊》之應用；時間為6-8週，其中5天是個別指導，課程大綱如表3-3。

　　訓練結束後的評估項目包括：視導計畫、管理、判斷、專業知識及書面溝通能力，並由個別指導者於訓練期間評估口頭溝通能力。經評估為小組督學者，可進一步申請特殊教育、其他類別或註冊督學的資格。參加鑑定為小組督學的第一階段訓練費用為900英鎊，特殊教育需求訓練及類別轉換訓練的費用各為100英鎊。

特殊教育督學

　　欲成為特殊教育督學者，除通過第一階段評估外，必須具有特殊教育的經驗，並接受2天的特殊教育訓練課程，通過者則可取得特殊教育的督學資格。

督學類別轉換

　　完成第一階段訓練與評估者，可繼續認證為第二或三類別督學，例如具有小學教育經驗的中學督學參與類別轉換訓練並通過評估，則可取得小學督學的資格，此類別轉換訓練課程（2天）的重點是小學特別需要的專業知識與判斷能力。

表3-3　英國督學訓練的課程大綱

課程準備	準備單元：P1-5	P=準備單元
P1　簡介課程	P2　英國教育制度	D=遠距教學單元
P3　簡介視導架構與手冊	P4　視導活動和程序	A=研究課題單元
P5　記錄和報告		T=個別指導單元

個別指導：第一天	個別指導單元：T1-4
T1　訓練概述	T2　分析視導前的資料文件
T3　規劃學科視導	T4　評估學校教學品質

個別指導：第二天　　　個別指導單元：T5-8
T5　評估課堂反應、表現和活動
T6　觀察課堂—填寫課堂觀察表；研究課題1：規劃視導人事、設備及資源
T7　評估學生的作業表現
T8　製作學科側面圖；研究課題2：規劃視導特殊教育需求

遠距教學：第一階段（約四週）
A1　觀察課堂及填寫觀察表
A2　依學生作業評估成就和學習情形
D1　課程及教師評量
D2　特殊教育需求
D3　學生態度、行為和個人發展
D4　學生出席率
D5　學生精神、道德、社會和文化發展
D6　人員、設備和學習資源

個別指導：第三天　　　個別指導單元：T9-12
T9　討論會：研究課題1-2；加強遠距教學D1-6單元
T10　規劃視導人事、設備及學習資源
T11　規劃視導特殊教育需求
T12　撰寫視導報告1；簡介研究課題3-4

遠距教學：第二階段（約4週）
D7　撰寫視導報告2
A3　撰寫學科短評
D8　教育機會均等
D9　領導與管理
D10　學校效率
D11　支援、指導及學生福利
D12　學校與家長、社區的關係
D13　5歲以下的兒童教育（小學）
A4　撰寫視導發現和行動議題

個別指導：第四天　　　個別指導單元：T13-16
T13　討論會：研究課題3-4；加強遠距教學D7-12單元
T14　課程、評估及學生精神、道德、社會與文化發展
T15　支援、指導、學生福利及學校與家長、社區的關係
T16　教育水準：學生學習情形和個別發展；簡介研究課題5
A5　向學校口頭報告的事宜（星期四晚上）

個別指導：第五天　　　個別指導單元：T17-20
T17　向學校做口頭銀行
T18　領導、管理及效率
T19　視導後：行動計畫、特殊措施及行為準則
T20　討論會3：口頭報告能力及任何其他問題

資料來源：OFSTED(1996b). Training of Independent Inspectors, pp.4-5

註冊督學

欲進一步成為註冊督學者，應向OFSTED之「獨立督學訓練與評估小組」提出申請，申請者應具備的條件如下：（OFSTED，1997d:8）

1. 曾參與三次學校視導，其中兩次必須是欲申請的學校類別。
2. 曾有10天的視導經驗。
3. 曾引導視導小組中其他督學進行學科視導。
4. 在教學、課程評估、領導管理、學校效能、及學生精神、道德、社會與文化發展等五項中，至少曾有二項引導其他督學的經驗。
5. 兩位專業人士推薦。
6. 提出視導履歷、學科視導評論，及曾撰寫的視導報告。
7. 評論曾視導的一所學校，提出在該校視導報告中陳述的意見。

通過資格審查者參加第二階段評估(1天)，項目包括晤談與小組討論、視導計畫與管理、視導專業知識與判斷、口頭與書面溝通能力等。通過者則可取得註冊督學的資格，無通過者參與兩次視導工作後，可申請再評估，若無法通過再評估者，12個月後可再次申請。

申請第二或三類別註冊督學的規定與前述之類別轉換訓練相同，但若具有下列條件，則可免除評估階段：（OFSTED，1997d:9）

1. 具有第二或三類別督學的資格。
2. 具有良好記錄的註冊督學。
3. 完成第二或三類別相關訓練與評估，如特殊教育加強課程。
4. 具有豐富的第二或三類別督學的經驗，如至少參與六次視導。

通過第二階段評估者，登錄為註冊督學，期限為三年，HMCI可就登錄事宜附加條件，不遵守者予以除名，並由HMIs負責監督、評估其視導品質與能力及訪視首次視導工作。在第一次登錄結束前，OFSTED就註冊督學的視導活動、監督記錄、年齡及其他相關因素予以考慮，決定是否再次登錄。

有關視導人員的在職訓練方面，OFSTED每年與視導簽約者及督學代表研商後，發佈各類別督學的訓練重點，簽約者必須依此規劃訓練方

案，並將其列在投標的品質確保計畫中，每位督學則依需求選擇參加項目，此項訓練納入資格履歷中。註冊督學則必須參加OFSTED每年所舉辦的訓練課程(5天)，其為再次註冊的條件之一。在視導資訊方面，OFSTED每年出版四期視導通訊－《最新情報》(Update)，提供視導簽約者、督學和等待訓練者相關的視導資訊。

職責

視導時小組成員必須公正報告和判斷學生的教育水準、學校的教育品質、及學校的管理與效能等。從《視導手冊》、《學校視導架構》及《視導資源檔案》(Inspection Resource Pack)等相關文件，歸納註冊督學、獨立督學及非專業督學的職責如下(OFSTED，1995b；1995c；1995d)：

註冊督學

註冊督學負責投標及組成視導小組，並在整個視導活動中負完全之責，其主要職責如下：

1. 擬訂投標合約。
2. 與學校協商視導日期。
3. 向視導小組簡報及分配任務。
4. 舉行視導前的家長會議。
5. 處理視導前的資料文件。
6. 計畫和安排視導時間表與事宜。
7. 聯絡校長及協調視導場所。
8. 整理組員的視導報告及保存證據記錄。
9. 與視導小組討論視導證據及發現。
10. 草擬視導報告。
11. 與校長及管理委員會討論視導發現。
12. 向OFSTED和學校提出視導報告和摘要性報告。

獨立督學

他們是OFSTED訓練的小組督學，其主要職責如下：

1.負責註冊督學分配的課程與學校議題。

2.分析與整理視導前的文件。

3.蒐集學校證據。

4.記錄觀察。

5.與小組成員討論視導證據及發現。

6.草擬部分的視導報告。

7.協助註冊督學向學校回饋視導報告的內容。

非專業督學

　　每一視導小組必須有一位無學校管理或教育相關經驗的督學，以外行人的觀點提供不同角度的意見，調節專業督學可能的偏見。非專業督學為視導小組的正式成員，參與整個視導活動及過程，其工作內容配合自身的興趣和專家知識並與註冊督學商議之，非僅提供財政或商業知識意見。

　　綜言之，視導時所有視導小組成員應維持專業，並遵守下列行為準則：(OFSTED, 1995b:18-9)(1)以專業、正直與禮貌進行視導；(2)客觀評鑑學校；(3)真誠與公正報告；(4)明確與坦白溝通；(5)重視學生意見與資訊；(6)重視個人資料的機密性。

二、地方教育當局

　　英國地方教育行政機關稱為地方教育當局(LEAs)，「一九四四年教育法」規定以地方郡市議會(County & County Borough Council)為LEA，負責處理教育行政事宜；並設置教育委員會(Education Committee)負決策之責；執行及事務工作則由教育委員會遴選一位教育局長(Chief Education Office or Director of Education)組成教育局(Education Department or Education Office)負責辦理，故LEAs包括郡市議會、教育委員會及教育局。

　　各LEAs負責視導工作的部門名稱不一，例如「諮詢室」、「諮詢與視導室」、「諮詢與協助室」、「視導與諮詢室」、「視導、忠告與訓練

室」等。1997年6月以後，受到工黨新政策的影響，許多LEAs開始進行改組，以實現新政府要求的支持與忠告功能，茲以改組完成的Northumberland郡為例，說明現階段的教育局組織（如圖3-3），其設教育局長1人，主任2人–分別是「教育協助室」及「標準與效率室」，前者負責學校財政、建築、管理、薪資及其他行政事務等；後者負責視導、課程、教學、學校表現、在職訓練、校長任用、學校管理協助、特殊教育需求等。

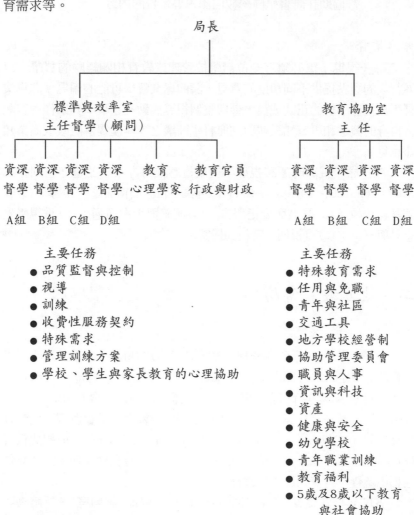

圖3-3　英國Northumberland郡教育局組織圖

資料來源：Northumberland Education Department(1998)提供。

組織與任務

　　LEAs的視導單位通常設有主任顧問、資深顧問、學校顧問及諮詢教師等職位。以Northumberland郡教育局的「標準與效率室」為例(如圖3-4)，其設有主任顧問1人、管理財政的教育官員1人、資深顧問4人、學校顧問15人、及諮詢教師7人，前6人組成管理小組，負決策之責(Northumberland County Council，1997a:2)。

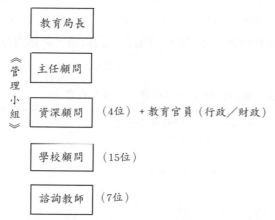

　　圖3-4　英國Northumberland郡教育局「標準與效率室」組織圖
資料來源：Northumberland Country Council(1998)提供。

　　LEAs視導的功能旨在協助學校改善教學與學習品質，並非在建立另一種形式的視導監督體系，其主要任務如下(DfEE，1997a:27；Rotherham Metropolitan Borough Council, 1998)：

　　1.督促學校提昇水準並充當家長的發言者。
　　2.提供明確的成就資料以利學校使用。
　　3.提供學校需要的教育服務。
　　4.針對表現不佳的學校提供特別協助。
　　5.致力於發展全國列為重點的項目，如文學與算術。
　　6.與DfEE及其他LEAs共同追求卓越並傳遞優良實務。

視導人員

　　地方視導人員的名稱因地而異，通常稱為「督學」或「顧問」，但以後者居多。

資格與任用

　　地方視導人員出缺時，LEAs教育委員會透過廣告邀請有意者前來面試，廣告內容如表3-4。以Northumberland郡教育局為例，小學視導人員的必備條件包括：健康、興趣、特質、技能、專門知識、成功經驗與資格等，此外，最好具備碩士及OFSTED合格督學的資格，詳細內容如表3-5。

表3-4　英國Northumberland郡督學之廣告內容

```
                Northumberland郡教育委員會
                     標準與效率室


                一般顧問/督學：初等教育


              徵兩位督學(自1998年1月起)


                 薪水等級 10-13


             年薪：29,241-31,515(英鎊)


新就任者將在本郡的學校發展策略中擔任重要角色，其職責與資格如下：
●協助本單位致力使兒童獲得高品質教育。
●具專任教師資格及熟悉與熱愛小學教育，並能協助他人發展教學實務。
●對學習、教學和學校管理有興趣，並能使其更有效率。
●熱烈參與本單位的相關教育工作。

提供搬遷費用及汽車租賃方案。

如需相關資訊和申請表請洽：Maureen Ternent, Education Development
Centre, Hepscott Park, Stannington, Morpeth, Northumberland,
NE61 6NF. Tel: 01670 533522 Fax: 01670 533591.
截止日期：14.00, 29 09 1997        面談：6/7 10 1997
```

資料來源：Northumberland County Council(1998)提供。

表3-5　英國Northumberland郡任用小學督學之資格規定

條件 資格	必　備	期　待
健　康	·健康良好及耐力 ·精力充沛 ·能維持高品質的工作	
興　趣	·小學各年齡的學習和教學 ·初等教育 ·學校運作與改善 ·發展教師的信心、知識和技能	
特　質	·對視導工作具有熱忱 ·持續學習 ·領導及激勵的能力 ·洞察力、創造力和樂觀 ·專業、正直、可靠和一致性	
技　能	·迅速建立與他人的關係 ·書面與口頭溝通技巧 ·分類、分析和評估資訊 ·應用規準作判斷 ·綜合策略和問題解決能力 ·組織和行政技巧 ·指揮人員、預算和工作計畫的管理技巧 ·共同合作能力	·能使用資訊科技提昇個人的效率
專門知識	·兒童發展、學習及教學藝術 ·與他人共同工作：建立小組、決策、監督和改善、問題解決 ·評鑑、設定目標、計畫和實施的過程 ·教育法令、課程評論、學校改善和發展 ·對某一特殊領域具有豐富知識、專家經驗、想法與熱忱	·讀寫/算術發展 ·一或多科國定課程學科的標準和方法論
成功經驗	·豐富及成功的教學經驗(至少5年) ·幫助同儕改善教學實務 ·具有學校、諮詢部門、職前師資訓練的管理經驗	·資深管理經驗 ·曾為諮詢教師或實習輔導教師 ·具有中小學的領導經驗
資　格	·合格教師 ·大學學位或相當的專業資格 ·正式駕照	·具備教育管理的資格及持續專業發展的證明 ·合格的OFSTED督學 ·碩士資格 ·汽車違規記點最多3個

資料來源：Northumberland County Council(1998)提供。

在視導人員的任用方面，由LEAs教育委員會和資深官員負責甄選，內容包括提出資料、正式和非正式晤談。在薪資方面，若以十年教學年資計算，顧問的薪水優於學校人員，約略數字如表3-6。LEAs顧問新上任的一年試用期內，由一位資深督學協助與監督，並指導《視導手冊》之應用。地方教育學院亦舉辦視導人員培訓班，開設管理課程介紹視導知識及專業經驗，例如Manchester Metropolitan大學設「學校視導與改善的碩士學位」職責

表3-6　地方督學、校長及教師薪資之比較

職　稱　＼　職　薪	職　等	年薪（英鎊）
主任督學	23-26(Soulbury)	約42,000
資深督學	16-19(Soulbury)	約36,000
督學	10-13(Soulbury)	約32,000
諮詢教師	12-15(CPS)	約26,000
中型學校校長	31-44(CPS)	約42,000
中型學校副校長	15-26(CPS)	約32,000
教師	10-13(CPS)	約23,000

註：督學採用Soulbury職等，最高為30；諮詢教師、校長和教師採用
　　CPS(Common Professional Scale)，前二者最高為51，教師為17。

資料來源：Northumberland County Council(1998)提供。

從Bury、Durham、Herefor & Worcester 、Northumberland 、Rochdale 、Rotherham 、Salford 等郡市視導單位之《部門發展計畫》(Service Development Plan)來看，地方視導人員的主要職責包括：提昇學校教育水準、策劃學校發展方案，及定期監督與評估學校的改善情形。主任顧問負責整個部門的運作；資深顧問負責評估與監督學校顧問及諮詢教師，並與他們共同進行特殊任務，如學校表現資料的研究、校長訓練及學校自我評鑑等。至於學校顧問與諮詢教師的職責如下：

學校顧問

　　學校顧問是LEAs與學校之間的橋樑，提供有關校務及教學的專業意見與協助，主要職責如下：

1. 報告學校情形。
2. 監督學校。
3. 提供課程建議與協助。
4. 提供在職訓練。
5. 協助學校管理委員會。
6. 協助任用學校人員。
7. 提供生涯指導。
8. 與校長及管理委員會共同監督學校表現。
9. 建議學校發展計畫及與學校共同設定目標。
10. 代表郡教育官員處理學校相關問題，如協助與評估新進見習教師。

諮詢教師

　　諮詢教師與學校顧問以夥伴關係，共同協助學校改善教學與學習的品質，主要職責如下：

1. 提供學科與評量的建議。
2. 協助教師進行教室實務。
3. 參加學校家長會議和校務會議。
4. 協助LEAs實施關鍵期結束的評量。
5. 與學校規劃師資培育日的進修方案(每年5天)。
6. 透過課程計畫提供在職訓練。
7. 向學校提供DfEE指定的課程方案。
8. 提供課程和校內訓練的資料。
9. 參與全國性發展計畫。
10. 協助學校進行檢討。

第三節　英國學校視導實施概況

　　英國中央與地方視導爲合作性關係，OFSTED著重爲決策者提供訊息，監督整個教育工作；LEAs則以輔導及協助學校進行改善爲要務，因此，兩者是互助與互補的關係。在視導實施情形方面，OFSTED的《學校視導架構》與《視導手冊》明確規範視導的任務與活動，例如視導前舉行家長會議、視導期間注重課堂觀察、及視導後提出視導報告等。LEAs視導則主要在向學校提供一般性支持、專家協助、在職訓練與課程發展等。

一、教育標準署視導

　　從「一九九二年教育(學校)法」、「一九九六年學校視導法」及《學校視導架構》的內容與精神來看，OFSTED的視導目標主要有二：(1)實現績效責任及爲決策者提供相關資訊：視導人員代表納稅者和官員監督學校的經費運用，並透過公開出版視導報告使大眾了解全國學校的教育素質，以及學校之間的差異；(2)藉由視導改善學校：OFSTED視導長Millett(1993)曾指出OFSTED的目標是「透過視導改善學校」，視導的焦點是學生的成就表現及如何提昇學生的教育水準。

　　根據上述的目標，OFSTED視導的內容包括：學生的教育水準、學校的教育品質、及學校的管理與校能等三方面，視導的重點如下：(OFSTED, 1996b:9)

1. 學生的教育水準：(1)學生成就與進步情形；(2)學生態度、行爲與個人發展；(3)出席率。
2. 學校的教育品質：(1)教師教學；(2)課程與評量；(3)學生精神、道德、社會與文化發展；(4)學校提供的支持、指導與學生福利等；(5)學校與家長及社區的連繫。
3. 學校的管理與效能：(1)學校領導與管理；(2)人事、設備與學習資源；(3)學校效能等情形。

　　除上述重點外，視導人員尚須探討如教學品質、課程品質與範圍、特殊教育需求、管理與行政等相關因素，有關視導的內容、重點、細目與判斷依據，參見表3-7。

　　在視導日數與視導小組方面，兩者端視學校規模與性質而定，註冊督學申請視導契約時，必須說明時間與人員之分配，大多數視導時間超過一星期，其規定如表3-8。至於視導小組的督學數目則取決於專業，每一小組必須有均衡的學科專家及學校管理經驗者，且整體的能力能視導規定的事項及學校的特殊要求項目，視導期間並非所有督學均到校，舉例說明如下：(Clegg & Billington, 1994a:8；Clegg & Billington, 1994b:8)

例1. 小型初等學校：101-200人		例2. 大型中等學校：1500人以上	
視導日數：15		視導日數：60	
2位督學在校4日	8日	10位督學在校4日	40日
1位督學在校3日	3日	4位督學在校3日	12日
2位督學在校2日	4日	3位督學在校2日	6 日
		2位督學在校1日	2 日
總督學人數	5	總督學人數	19
總視導日數	15	總視導日數	60

　　在視導實施情形方面，整個OFSTED視導活動可分成視導前、視導期間、及視導後等三個階段(OFSTED, 1994a；1995b；1995c；1995d)：

視導前
　　在HMCI發佈學校視導契約前，學校校長透過「校長聲明」(Headteacher's Statement)說明學校情況並提出意見，例如擁有高比率的特殊教育需求學生時，可要求視導小組具有此方面的專家。假設將於秋季視導某一學校，表3-9為概略的視導時間安排。

表3-7　英國教育標準署視導內容、要點、細目與判斷依據

	重點	細　目	判　斷　依　據
學生的教育水準	成就與進步情形	● 依全國水準評定全校學生的教育成就；強調不同性別、種族或背景的學習成就差異 ● 英文、數學、科學及其他學科或領域的表現 ● 評論學校達成整體成就的目標 ● 依先前成就比較進步情形	● 學生成就符合或超過全國水準 ● 不同程度學生的進步情形是否比預期理想 ● 與他校比較少數民族學生的成就和進步 ● 學校保持水準或改善
	態度與個別、行為發展	● 學生學習態度 ● 學生行為，例如退學率 ● 學生人際關係，包括種族和諧 ● 個別發展，例如參與社區生活	● 學生學習興趣、注意力及獨自研究能力 ● 禮貌、誠實和尊重財產等行為 ● 與他人維持良好關係 ● 尊重他人感覺、價值和信仰 ● 樂意主動承擔責任
	出席率	● 評估和報告學生出席率；分析缺席因素	● 學生出席率超過90%且準時到校
學校的教育品質	教師教學	● 教學品質對學生成就與進步的影響 ● 在關鍵期、學科或學習領域中整體教學的優缺點 ● 影響教學效率的因素 ● 教學符合所有學生需求	● 學科或領域的理解知識 ● 對學生設定適當期望 ● 有效計畫 ● 教學方法和策略符合課程目標與學生需求 ● 善管理學生，維持良好紀律 ● 有效利用時間與資源 ● 積極評量並回饋教學 ● 有效利用家庭作業加強或擴展學習
	課程與評量	● 課程計畫內容對學生教育水準的影響，及教師評量學生成就的程序。課程範圍如下： ・學習領域及學科 ・個人和社會教育：健康教育、性教育等 ・中學的生涯指導教育 ・課外活動，例如運動	● 均衡提昇學生智性、精神和個人發展，並準備下一階段教育、訓練或就業(中學) ● 依規定教導國定課程、宗教教育和性教育 ● 提供學生均等學習機會 ● 有效計畫提供連續和漸進性學習 ● 藉課外活動豐富課程，例如運動 ● 提供中學生生涯指導教育 ● 有效評量學生成就 ● 使用評量資料改善課程計畫

（續）表3-7　英國教育標準署視導內容、要點、細目與判斷依據

	重點	細　目	判斷依據
學校的教育品質	學生社會與文化精神、道德發展	● 從課程和學校生活，評估學生精神、道德、社會與文化發展，及實施集體禮拜的品質	● 提供學生有關價值和信仰的知識見解，並融入學習經驗中 ● 教導學生分辨是非 ● 鼓勵學生積極與他人相處、承擔責任、踴躍參與社區及認識公民權 ● 教導學生珍視自身文化傳統和他種文化
	學校的學生支持、福利、指導與	● 學校的教育和支持對學生教育水準的影響 ● 提供個別需求和學生福利 ● 學生保護措施 ● 危害學生健康和安全的事項	● 觀察學生學業、個人發展、行為和出席率，瞭解學校是否提供學生適當的支持和忠告 ● 實施有效措施維持規律和良好行為 ● 實施有效的兒童保護 ● 維護兒童健康、安全和福利
	與家長和社區的聯繫	● 評估學校與家長及社區的連繫對學生成就和個人發展的影響 ● 透過年度報告和家長會議提供有關學校和學生學習的情形 ● 家長參與及學生在家學習情形	● 學校與家長的連繫對學生學習的影響 ● 藉社區豐富學校工作，如雇主提供工作機會
學校管理與效率	學校領導與管理	● 校長和行政人員對教育品質與學生教育水準的影響，及學校遵守法規的情形	● 領導者對學校工作提供明確指導方針 ● 監督、評鑑和支持教學與課程發展 ● 學校目標、價值和政策融入所有工作中 ● 透過發展計畫確定優先順序和目標，並監督和評估實施情形 ● 在工作效率、學習環境、人際關係及均等學習機會等方面均有積極行動 ● 符合法定要求
	人員設備、學習資源	● 學校人員、設備和學習資源對教育品質和水準的影響	● 教師人數、資格和經驗符合課程要求 ● 任用適當人員，並評估和協助專業發展 ● 為課程教導提供充足設備 ● 提供適合課程和學生年齡的學習資源
	學校效率	● 學校資源管理，包括專用基金及特殊教育基金的使用	● 透過適當的財政計畫支持教育發展 ● 有效利用人員、設備和學習資源 ● 有效率的財政管理和學校行政 ● 依學校財源情況評定學校教育品質和學生學習水準的經濟效益

資料來源：OFSTED (1995c). The OFSTED Hankbook: Gulidance on the Inspection of Nursery & Primary/Secondary/Special Schools, pp.12-26.

表3-8　英國教育標準數得學校視導日數

幼稚園，幼兒學校		初等學校		特殊學校		中間學校		中等學校	
班級	視導日數	班級	視導日數	班級	視導日數	班級	視導日數	班級	視導日數
1	4	1	4	1	5	100	12	100	16
2	6	2	6	2	7	101–150	15	101–150	18
3	7	3	7	3	10	151–200	19	151–200	22
4–5	9	4–5	10	4–5	13	201–300	22	201–300	26
6–8	12	6–8	14	6–8	18	301–400	26	301–400	33
9–12	16	9–12	19	9–12	22	401–600	30	401–600	41
13–18	20	13–18	24	13–18	28	601+	24	601–900	45
19+	24	19+	28	19+	32			901–1200	49
								1201–1500	53
								1501–1800	57
								1800+	60

資料來源：OFSTED(1994b).Handbook for the Inspection of Schools.

表3-9　英國教育標準署的視導時間安排

三月	—HMCI通知下學年視導的學校
	—徵詢學校在視導架構外的特殊要求
四月	—HMCI發佈個別學校或一些特殊學校的視導契約
	—註冊督學提出申請
六月	—HMCI授予合同
七月	—註冊督學與學校協商視導時間
九月	—視導前六星期，註冊督學要求學校提供相關資料；
	視導前三、四個星期，安排初次訪視
十月中旬	—進行視導
十一月	—提交報告給學校與HMCI；HMCI回收視導的證據記錄。

資料來源：Clegg & Billington (1994). Making the Most of Your Inspection, p.4.

　　註冊督學與OFSTED訂約後，應與學校連繫、進行初次訪視、安排視導小組、並與學生家長舉行會談，其活動內容如下：

與學校連繫

　　在與OFSTED訂約後40天內，註冊督學除向學校提供視導小組名冊外，應與學校溝通下列事宜：(1)視導時間，若無法達成協議則由OFSTED居間協調；(2)視導內容與重點；(3)初次訪視時間；(4)與學校人員會面事宜；(5)學校應提供的資料等。

　　在註冊督學初次訪視學校前，校長應提供「校長記錄」(Headteacher's Form)說明學校組織、學生結構、測驗成績、設備、人事及預算等資料；註冊督學則提供該校的《視導前學校脈絡和指標報告》(Pre-Inspection Context and School Indicators)說明學校早期的表現資料、所在地區的社經情況、學校的全國性比較成績等；學校應提供的文件包括：學校簡介、發展計畫或相關計畫文件、致家長的年度報告書、過去一年的會議記錄、學校人員手冊、現行課程政策和與計畫方案、視導期間學校的時間表、及學校自我評鑑的文件與結果等資料。此外，學校應將視導活動告知學區家長和校外團體(如地方商業團體)，以利註冊督學徵求他們對學校及視導的意見。

初次訪視

　　初次訪視學校時，註冊督學應進行的活動如下：

1.與校長討論視導過程，如課堂觀察程序與方法等。
2.確定視導小組成員。
3.與校長檢視該校的《視導前學校脈絡和指標報告》。
4.蒐集資料與文件。
5.與校長、學校人員和管理委員會代表討論，蒐集有關視導報告之「學校概況」(School Profile)資料。
6.安排學校、學科或班級的視導時間表。
7.向學校人員說明視導實施過程。
8.與校長討論如何進行視導後的口頭報告。
9.與學校當局討論家長會議的時間。

視導小組的準備

　　視導小組的準備活動主要有二：(1)分析：註冊督學應完成視導報告中「學校概況」的視導前資料且將摘要提供給小組成員，並與他們共同分析學校提供的資料；(2)作簡報：註冊督學向成員簡報學校情形，及提供有關學校的評論與資訊。

家長會議

　　學校管理委員必須為註冊督學安排家長會議，並在會議三週前將通知書及問卷寄予家長，其內容如表3-10及表3-11。學校和主管當局的人員除非有子女在學才可參加該會議，會中註冊督學向家長說明視導活動，並就下列問題徵求家長的意見：學生成就與進步、學校倡導的態度與價值、學校提供的家長資訊、學校對學生的協助與指導、家庭作業對學生進步的影響、學生行為與出席率、家長在學校中的角色、及學校對家長意見的回應等。會中註冊督學不就家長意見作出評論，但在視導期間會列入考量，且視導報告中提及家長意見時必須說明與視導發現是否相符。

視導期間

　　註冊督學與校長定期會面、商議行政細節、澄清視導議題及解決遭遇的困難，並與小組成員進行合作性判斷，將下列資料編輯為「證據記錄」(Record of Evidence)：

　　1.OFSTED的資料：主要是《視導前學校脈絡和指標報告》。
　　2.校長記錄和說明：校長以標準格式說明學校量方面資料。
　　3.觀察表：課堂和其他視導活動的記錄與判斷。
　　4.學科概況：摘要每學科的視導證據並評定等級與優劣。
　　5.學校概況：摘要蒐集的學校證據並評定等級與優劣。
　　6.其他證據：視導期間蒐集的其他工作記錄。

　　此外，註冊督學應整理和分析視導小組蒐集的資料，並監督視導範圍確實涵蓋各學科、年級、關鍵期和各能力組別的學生等。視導期間的活動內容如下：

表3-10 英國學校管理委員會的家長會議通知書

管理委員會的名稱與地址

致家長或監護人：

學校名稱：

會議時間、日期、地點：

依據定期學校視導計畫，本校將於近期內由皇家督學長安排視導活動。

視導小組由　　　　　　　　(註冊督學)帶領。

本委員會邀請您參加在視導前與註冊督學的會面，會議開放給所有在學學生的家長，學校人員除非有子女在學，否則不會出席會議。會議旨在聽取您對學校的意見，以瞭解本校運作情形，並向您解釋視導活動的程序。註冊督學不會就家長的意見作出評論，但會在視導時加以考慮。

本委員會檢附一份註冊督學的家長問卷，不論您是否出席會議，敬請填寫。問卷屬機密文件，學校不會得知個別答案，而問卷結果將陳述於視導報告中。註冊督學懇請您閱讀附上的議程和填妥家長回條，並歡迎您在會議前就議程或其他事項，提出書面意見。問卷與意見寄往：

(註冊督學的姓名與地址)

希望您能參加此會議

(謝謝您的合作)

資料來源：OFSTED (1995d). Inspection Resource Pack: Letter of the Appropriate Authority to Send to Parents to Notify them of the Meeting for Parents.

表3-11　家長問卷

學校名稱

此問卷致本校所有的學生家長，敬請填寫，以利註冊督學視導時能參考您的意見。

您的答案和意見僅有視導小組得知，而問卷調查結果將納入視導報告中。

請將問卷寄往：

(註冊督學的地址)

請在最能反應您意見的空格內打「ˇ」。

	非常同意	同意	沒意見	不同意	非常不同意
1.我認為學校鼓勵家長積極參與校園生活。	☐	☐	☐	☐	☐
2.我認為易與學校討論有關孩子的問題。	☐	☐	☐	☐	☐
3.這個學校慎重處理家長的意見。	☐	☐	☐	☐	☐
4.這個學校讓我清楚瞭解教學內容。	☐	☐	☐	☐	☐
5.這個學校讓我充分得知孩子的進步情形。	☐	☐	☐	☐	☐
6.這個學校使學生達到良好的學習品質。	☐	☐	☐	☐	☐
7.這個學校鼓勵學生參與課外活動，而非只是每日的課堂活動。	☐	☐	☐	☐	☐
8.我對這個學校給孩子的家庭作業感到滿意。	☐	☐	☐	☐	☐
9.這個學校的價值觀和態度對孩子有積極影響。	☐	☐	☐	☐	☐
10.這個學校樹立良好的行為標準。	☐	☐	☐	☐	☐
11.我的孩子喜歡這個學校。	☐	☐	☐	☐	☐

若您欲對任何一項回答提出進一步意見，或您對學校的其他意見，不論是優缺點，請書寫在本頁背面。

家長簽名　　　　　　　　　　　　　　日期

謝謝您的協助！

資料來源：OFSTED (1995f).Inspection Resource Pack: Parents' Questionnaire.

蒐集視導證據

視導小組作判斷前應蒐集的證據包括：教學與學習情形、與學生晤談、學生作業的抽查、與學校人員晤談、工作方案和教師計畫等，蒐集方式如下：

檢討證據文件

檢視學生的記錄與報告，並評估學校工作計畫的落實情形。

觀察課堂和其他活動

課堂中所蒐集的資料是判斷學習品質與成就水準的主要依據，《視導手冊》規定60%視導時間用來觀察課堂教學與學習情形，課堂發現應記錄於課堂觀察表，格式如表3-12，觀察重點包括：教師的教學、學生的言談與評論、問題回應、發問情形、意見表達等。此外，亦須觀察課堂外的學生行為和態度，如集會、課外活動、教育訪視等。

表3-12　課程觀察表

註冊督學的 OFSTED號碼		教育與就業部 的學校號碼		觀察活動 (課程、課外活動等)	
年級		分組 (依年齡、能力等)		學生人數	
學科		認證課程		觀察時間	
教師現況 (合格、代課等)		課程活動類型 (小組、個別學習)		助理教師/人員	
觀察的情境 脈絡					
等級 0-7	證據與評鑑				
教學　□ 反應　□ 成就　□ 進展　□ 其他明顯證據					
使用0或1-7等級： 0=不充分證據　2=非常好/平均以上　4=滿意/等於平均　6=粗劣/平均以下					

資料來源：OFSTED(1995d).Inspection Resource Pack:Observation Form.

與學生晤談

視導人員必須在課堂或課堂外與學生進行結構式交談，重點包括學習能力、學習經驗的連結、認知程度、興趣與動機、專注力及與他人合作的能力等。

抽樣學生作業

學生作業、教師計畫與記錄是判斷成就與進步的重要證據，作業抽樣範圍每學年至少三位學生，並涵蓋上、中、下三個成就等級，作業檢視要點包括：學生的進步情形、學習進度、學習範圍、教師的評分方法等。

與學校相關人員交談

視導小組會晤學校相關人員，瞭解其在學校中的角色，晤談重點為個人職務，例如詢問專科教師：(1)最近是否參加在職訓練？(2)是否有機會發揮專業？(3)是否得到外部機構或諮詢人員的支持？(4)是否有領導課程發展的機會？

口頭報告

視導工作結束時，視導小組向學校有關人員口頭報告學科或學校事務的發現，並私下向校長報告所觀察到特別好或差的教學。

視導小組會議

視導小組定期舉行會議討論對學校的觀點，並就學生成就與進步情形、學校表現不佳的因素、學校的辦學績效等，達成正確且合作性的意見。

作判斷

專業判斷為視導小組最重要的特性，《學校視導架構》說明判斷時應遵循下列要點：具體證據、第一手資料、可靠、正確、綜合及合作。有些判斷由個別督學執行(如學科)，但有關整個學校的意見必須由全體成員共同合作。

決定學校是否需要特別措施

「一九九三年教育法」規定視導小組必須判斷學校是否能提供學生可接受的教育水準，判斷依據如表3-13，若認定一所學校辦學績效不佳時，則該校必須接受「特別措施」，註冊督學在向OFSTED報告後，必須口頭告知校長並說明理由。

表3-13　視導小組判斷學校需要特別措施之參考依據

一、視導人員應就下列標準判斷學校是否能提供學生可接受的教育水準，決定學校是否需要特別措施：

1.學生的教育水準
- 課程方面，多數或特殊團體學生有低成就或缺乏進步情形，例如測驗及全國性課程評估成績不佳
- 經常行為不當、破壞紀律或高退學率
- 明顯的種族對立或困擾
- 多數或特殊團體學生的出席率低或曠課率高

2.學校的教育品質
- 不良教學的比率高，包括對學生的期望低
- 無法實施國定課程
- 無提供學生在精神、道德、社會和文化方面的良好發展
- 學生在學校中對他人造成生理或情感上的威脅
- 學校人員和學生之間有對立情形

3.學校的管理和效率
- 校長或學校管理人員的效率低
- 學校人員與家長對校長的信心不足
- 學校人員的士氣低落和人員的調職率高或缺席率高
- 學校資源缺乏管理和效率
- 學校的經濟效益偏低

二、非單一因素可決定學校是否需要特別措施，必須具有廣泛和明顯的低成就，且學生有危害或可能破壞規律的情形等。
三、註冊督學判斷學校辦學績效不佳時，必須告知皇家督學長，並在視導報告中說明皇家督學長的意見。

資料來源：OFSTED (1997d). From Failure to Success, pp.30-31.

視導後

視導活動結束後，視導小組、學校及OFSTED 必須針對視導結果採取相關措施：

向學校提出口頭報告

視導小組向學校人員說明視導的主要發現及關鍵議題，並就視導報告中「學校特徵」的部分徵詢學校意見，草稿報告必須先提交學校以檢查內容的正確性，但並非協商視導的評論。

書面與摘要報告

在視導結束後35天內，視導小組提出書面及摘要報告，其內容大綱如表3-14，報告的焦點是學校的教育水準及影響水準之因素，該報告以日常用語撰寫避免專業術語，使家長、主管當局和地方人士易清楚瞭解學校的優缺點。

行動計畫

在收到視導報告後40天內，學校管理委員會針對報告中的關鍵議題擬訂「行動計畫」，並在完成的5天內呈交學校人員、家長與OFSTED，且在日後知會家長有關行動計畫的實施情形。行動計畫的要項如下：(1)優先項目：OFSTED的關鍵議題；(2)明確目標：欲達到程度？(3)成功標準：如何知道達成？(4)具體措施：如何做？(5)評鑑方法：如何檢視？

學校需要特別措施

視導小組認定一所學校無法提供可接受的教育水準時，HMCI則命HMIs視察該校，一經確定後學校即必須接受特別措施及HMIs的定期訪視，並由LEAs提供必要的協助。此外，當HMIs確認學校明顯改善後，則可免除特別措施；若無改善時政府可接管甚至關閉之。視導小組判斷學校辦學績效不佳的程序如圖3-5。

綜觀以上的活動，OFSTED視導的流程可歸納如圖3-6。

表3-14　視導報告之格式

```
1.主要發現
2.重要的行動議題
3.前言
    3.1學校特徵
    3.2關鍵指標

第一部分：學校方面
4.學生的教育水準
    4.1成就和進步
    4.2態度、行爲和個人發展
    4.3出席
5.學校的教育品質
    5.1教學
    5.2課程與評估
    5.3學生精神、道德、社會和文化發展
    5.4協助、指導和學生福利
    5.5學校與家長和社區之關係
6.學校的管理和效率
    6.1領導和管理
    6.2人事、環境和學習資源
    6.3學校效率

第二部分
7.五歲以下學生的學習範圍(特殊與幼兒學校)
8.英文、數學和科學
9.其他學科和課程

第三部分
10.視導證據的摘要
11.資料和指標
```

資料來源：OFSTED (1995c). Framework for the Inspection of Schools.

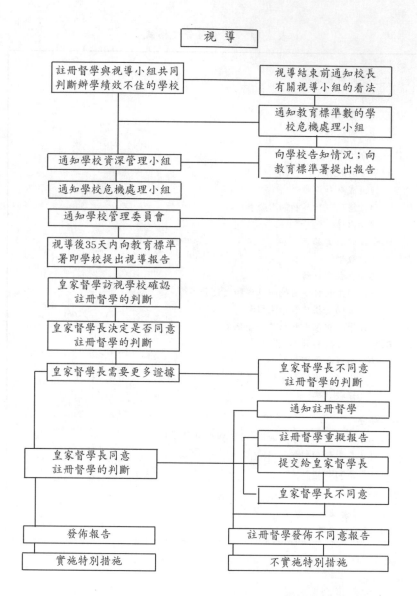

圖3-5　視導小組判斷學校辦學績效不佳之流程圖

資料來源：OFSTED(1994b). Handbook for the Inspection of Schools：Part 5, p.102.

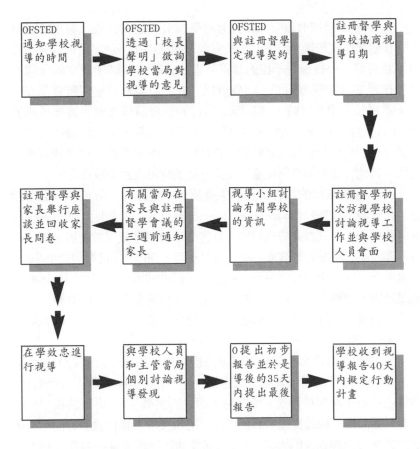

圖3-6 英國教育標準署之視導流程圖

二、地方教育當局視導

自「一九九二年教育（學校）法」後，OFSTED開始實施定期視導，並逐步削弱地方視導的職責，因此，地方視導單位重新檢討協助學校的方式，其角色轉變為與學校共同評估與監督水準，並向學校提供忠告與支持以協助改善教育素質(Rotherhan Metroploitan Borough Council, 1998:1；Salford City Council, 1997:1)。

LEAs協助學校改善時，首先分析學校最近的測驗成績與視導資料及與其他學校比較後，再參照家長與地方關注事項，決定是否同意學校的年度目標，最後檢視學校的改善計畫是否符合DfEE所設定的全國標準。在非OFSTED視導期間，LEAs依據客觀的成就資料定期監督學校表現，當學校表現良好時，LEAs僅是例行的監督關鍵指標；當學校處於「能做得更好」階段，LEAs則與之討論所需的協助，如在職訓練與專家建議等，若學校無法採取有效的改善行動，LEAs可要求OFSTED視導該校或任用其他管理者領導學校進行改善，必要時可收回學校預算。

1997年新政府的教育白皮書中提及1999年以前，所有LEAs必須擬訂《教育發展計畫》(Education Development Plan)說明如何促進學校改善及與學校共同設定成就目標，計畫起草時應考量學校安置計畫、地方管理方案、特殊教育需求、及諮詢服務等。在DfEE「標準與效率小組」的協助下，LEAs與學校討論計畫內容後，向DfEE國務大臣提出三年期的草案計畫，國務大臣徵詢OFSTED的意見後，決定是否同意該計畫，不同意時可要求LEAs修改之，若無法與LEAs達成共識，則指示OFSTED視導該LEAs。

為達到上述任務，LEAs視導單位根據學校的表現與能力，加強或改善學校的教育品質，實施方式包括：(1)接觸學校：以「重要朋友」的角色持續了解學校背景、優缺點及面臨的挑戰；(2)專家訪視學校：如學科顧問檢視課程實施情形，提供現階段及未來課程發展方向，及確認影響學校課程表現的因素；(3)內部評估：學校先進行內部檢討，再由視導人員複評；(4)經常前往學校：定期監督學校工作(如學校發展計畫)，並注意細部問題及發展方向。

LEAs通常將視導人員分成四個區域小組，每一小組負責向區內學校提供協助，每一位顧問分配8-12個學校，以Northumberland郡為例，目前21位顧問負責向區內213所學校、2,700位教師，提供有關課程、學校管理及各級學校教育的專業知識，並有15位諮詢教師提供進一步的特殊指導及課程協助(Northumberland, 1997b:1-2)。從數個郡市視導單位之《部門發展計畫》來看， LEAs視導的活動內容，通常包括一般性支持、專家協助、在職訓練與課程發展等三項：

一般性支持

　　LEAs分配每所學校一位資深顧問或學校顧問，其每年至少花2天的時間向學校提供一般性支持，學校顧問訪視時主要在與學校討論下列議題：

　　1.整體教學、學習品質及成就水準：主要是利用顧問平時的訪視證據、OFSTED視導資料及測驗結果等。

　　2.「學校發展計畫」及OFSTED視導後「行動計畫」之關聯性。

　　3.學校有關品質、水準與改善的整體政策(學科課程除外)。

　　4.OFSTED視導期間及結束後的優先協助方案。

　　5.學校在監督、評鑑、品質控制及改善等方面的方法。

　　6.安排特殊教育需求的提供。

　　7.安排5天的學校人員教育日及其他訓練。

　　8.人員雇用、班級組織及整體課程的規劃。

　　若學校即將接受OFSTED視導時，LEAs則安排更多的一般性支持時間，例如向學校相關人員簡報OFSTED視導活動、協助準備OFSTED視導、及擬訂視導結束後的「行動計畫」等。

專家協助

　　LEAs顧問為某方面或學科的專家，他們就其專業監督所有學校，協助檢視教學、學習與成就的品質，並提供學校需要的且有助於提昇水準的協助、專業建議與訓練，例如由資深顧問提供有關學校管理與一般事務的忠告，及由資深顧問或學校顧問提供課程方面的專業諮詢。專家顧問主要透過下列方式瞭解學校教育水準：(1)訪視學校及教室；(2)OFSTED視導報告；(3)集體檢視及LEAs的學校檢視；(4)學校在測驗、評估及考試的成績；(5)學校要求的訪視活動。

　　專家顧問的訪視時機及時間長短，由提供一般性支持的顧問與視導單位協調。以Salford市為例，四年之內每所小、中學至少各有20、28天的專家協助視導日數，其時間分配如表3-15，在OFSTED視導前後，或學校有嚴重缺失及需要實施「特別措施」時，LEAs會安排更多的專家協助時間。顧問訪視結束時，必須向校長提出「訪視摘要」(note of visit)，說明評估的結果與建議及學校應採取的行動，至於專家協助的方式舉例如下：(City of Salford, 1997)

1. 學科/課程專家訪視(1天)：檢視和評論教學方案、觀察教室、與學科主任討論、回饋訪視結果、及提出訪視後的行動要點。
2. 學科/課程專家訪視(2天)：依《學校視導架構》實施課程視導。
3. 半天至2天訪視：確認學校的自我評鑑結果。
4. 半天至2天訪視：設定標準以利學校實施評鑑及確認評鑑結果。
5. 半天至1天訪視：觀察和報告課程方面的教學、學習與成就水準的品質。

此外，LEAs每年分別召開兩次校長、副校長、及學校管理與學科會議，由各學校的部門主管及學科領導者分別與各專家顧問進行討論，會議的目的旨在：(1)交換資訊、意見與資料；(2)反映學校管理與課程組織的問題及應持續改善的議題；(3)提供有關在職訓練和其他活動的意見；(4)學習新方法與發展趨勢；(5)聆聽專家的意見；(6)認識新規定與法令。非視導3年中每年時間

表3-15　專家協助之視導日數

時間　　日數　　級別	小　學	中　學
OFSTED視導前、後	12	13
4年內其他分配時間	8	15
非視導3年中每年時間	3	5

資料來源：City of Salford(1997). Inspection and Advisory Service：Service to Schools 1997/98, p.7.

在職訓練與課程發展

學校可向LEAs視導單位要求提供在職訓練與課程發展二項活動，其所提供的服務有些是固定且免費(如特殊教育需求的協助)，若學校需要額外的服務與指導時(如專業諮詢)，LEAs可向使用者(學校)收費，約有30%的LEAs財政資源即來自於此(EMIE, 1995:9)。以Salford市為例，學校向LEAs購買服務與指導的方式，可分下列二種：

全套式

　　LEAs與學校簽訂契約，學校支出部分比例的「教育支持與訓練經費」，LEAs則提供在職訓練、課程發展與個別學校需要的額外協助。全套式的服務內容包括：(1)額外顧問時間；(2)免費且無限制地參加在職訓練；(3)免費參加課程發展活動；(4)可要求另外的視導諮詢時間(每天200英鎊)；(4)參加在職訓練與課程活動時，可獲得免費或減價的材料；(5)免費訓練人員參加教師和校長的檢定；(6)免費的管理訓練、閱讀教學課程等；(7)免費提供改善學校的訓練。

單項式

　　學校亦可購買單一活動，顧問費為每天280英鎊，在職訓練為每人每天90英鎊，一些費用較高的活動則另計。

　　根據上述，LEAs視導的角色已非傳統的視察功能，而是督促所有學校改善教育品質，以及協助需要幫助的學校提昇教育水準。綜言之，LEAs、OFSTED及DfEE三者的關係為：LEAs協助學校設定和達成目標；OFSTED視導學校與LEAs的表現；DfEE制定政策架構並監督與協助LEAs改善學校，三者共同致力於提昇學校的教育水準，其關係為互相制衡。

第四節　英國學校視導制度之評析

　　英國現行學校視導制度乃基於整個社會制度背景的需要，特別是為了滿足中央政府及家長對績效責任的要求，以及協助學校改善與發展。

一、影響學校視導制度之因素

　　1980年後，在「自由」、「水準」、與「選擇」的呼聲下，以市場為導向的學校制度於是產生，視學校為市場而家長與學生為市場消費

者，為了提供有關學校的資訊及藉由市場機制控制視導品質，乃建立私營化的視導制度。政府對教育的加強控制具有三種意識型態－政治、官僚體制及專業意識型態，亦即在購買者自由選擇的市場中，存在一股強烈的政治信念；在教育與科學部中強調官僚體制，特別追求行政效率，偏好測驗的成就指標；同時HMIs追求專業化與品質，強調以評鑑方式確保學校教育品質。茲說明三種意識型態對學校視導制度的影響：

政治意識型態

1979至1994年保守黨執政期間，政府強調市場與自由選擇，並在教育方面逐漸增加中央的力量，降低LEAs的權力與自主性。在中小學教育方面，主要是實施1988年教育改革法確立的國定課程，此表明英國政府加強對中小學教育質量控制的決心，而學校視導即是監督學校教育水準的方法，為此保守黨政府將學校視導列入教育改革的一部分，不僅採私營化視導且為了朝向中央控制，更由OFSTED監督整個視導系統，降低LEAs的視導責任。政府將更多責任和權力下放到家長與學校，故學校可對視導小組提出額外要求、視導小組中加入非教育人士的參與、及視導報告乃是提供消費者(家長)有關學校的資訊等。因此，受到中央教育權的擴大及政府將市場觀念導入教育體系的影響，政府乃鼓勵教育界以外的私立機構參與視導工作，促進競爭從而建立一個市場化視導制度。

官僚體制意識型態

為了提昇經濟競爭力，英國於八十年代後致力於進行教育與商業的連繫，使教學配合社會經濟需求及學校課程朝向實際運用。行政官員為使大眾得知各學校教育是否達到全國一致的標準，乃設立OFSTED監督學生的教育水準、學校的教育品質及學校的管理與效能，而為了達到對「效率」的要求，視導小組必須判斷學校的辦學績效，並對學校經費是否有效運用作總結評估。OFSTED視導長Millett指出《學校視導架構》實際上是一種以結果為導向的視導模式，視導人員的判斷與評估是根據教學結果而非教學本身，重視目的而非方法，此乃官僚體制重視量化資料、成就指標與測驗的情形下所造成的，因此，以視導結果為導向的學校視導制度乃因應而生。

專業意識型識

追溯自1979年來保守黨政府所強調的管理化主義,即可發現學校視導逐漸朝向專業化的管理,加上八十年代後政治的重心轉移至市場意識型態,在教育方面,視導單位若能提供更多有關學校的資訊,將有助於家長選擇學校及去除教育的神秘性,因此,視導人員進行以「客觀視導與成就分析」為基礎的定期獨立視導,視導小組成員包括非專業人員。此外,家長成為學校市場的消費者時,乃間接影響與控制教師的教學內容與方式,教師的專業雖受到監督,但有些教師認為視導有助於他們明確界定專業任務,而視導人員本身亦受到「專業工作」概念的影響,察覺對其他視導小組成員、教師和其他委託者的責任,使得他們更注意視導的專業性,因而客觀與專業化的視導制度得以發展。

二、現行學校視導制度的成效與困難

英國學校人員對於目前的學校視導制度,多數持正面肯定的態度,但仍有些人持相反意見甚至認為應廢除OFSTED。茲將OFSTED視導的實施成效與困難說明如下:

制度演進方面

英國學校視導制度從早期的監督,發展為中央與地方均重視察與指導;在1992年後有極大的轉變,為促進競爭採行市場化視導制度,LEAs亦可投標OFSTED的視導契約;1997年工黨上台後,LEAs減少參與OFSTED視導並著重指導與協助的功能,亦即視導制度從傳統的視察,發展成中央重督、地方重導之體制。

然而,Wilson(1996)指出現行學校視導制度其實是1862年「按績計酬」制度的翻版,政府擬以績效控制學校改革,此一措施並不符合學校的民主價值,只是再次分散學校、教師和學生對教學與學習的注意力。

組織與人員方面

OFSTED為獨立於DfEE外的自主機構，不受一般行政之左右，較能進行獨立的專業判斷，且OFSTED的視導人員眾多，包括HMIs及簽約的視導小組，而視導小組中的非專業督學亦是特殊之處。過去督學的職責主要是提出批評及建議，自實施OFSTED視導後，督學的法定權力明顯增加，他們有權判定一所學校辦學失敗。再就HMIs的任務來看，不僅視導本國教育實務亦研究他國教育制度和經驗，歷年出版的教育報告書對各項教育改革法案有相當的實質影響，故HMIs積極發揮應有功能而非消極的監督。

Ouston等人(1996)認為註冊督學所領導的視導小組，普遍具有高品質的視導水準，但仍有人質疑視導人員的視導品質，認為判斷不夠專業化、專業資格與經驗不足等。

實施概況方面

根據1993年OFSTED的調查顯示：多數校長滿意視導的規定與要求，認為學校人員能從中得到效益；1993/94 HMCI年度報告指出OFSTED視導的品質與服務，有助於實現教育改革工作；1996/97 HMCI年度報告亦說明自1993年來，評定需要特別措施的427個學校，除了23個學校關閉外，其餘在LEAs的協助及HMIs的監督下，多數已獲得改善。

OFSTED視導的特色，包括學生家長的參與、注意教室內部情形及學校生活情況、視導結果回饋給家長、學校與政府等，這些都值得肯定。然而，實施過程中仍存在著一些問題，例如視導的本質是「描述與判斷」而非「發展與研究」、視導的回饋既非建議亦非支持、在視導過程中教師是無聲的、以及間歇性的視導等，均可能無法達成改善學校的目的。

此外，從首次視導契約的簽訂情形來看，獲得視導契約的大多是原皇家督學處的成員及LEAs的顧問，私立機構只獲得不到10%的契約。申請契約的情形亦不踴躍，OFSTED表示有118個視導契約只收到一個申請，另有11個沒有收到任何申請，需進行第二次招標。這些說明了市場化制度的缺陷，因此，中小學視導制度改革如要達到預期的目標，仍須進一步的努力。

　　追溯英國過去一百五十年來的學校視導制度，顯示視導機能逐漸朝向績效制度。九十年代初期，隨著「一九九二年(學校)教育法」的產生，英國對傳統的學校視導體制進行了重大改革，逐步削弱以致取消地方督導的職責，而加強中央學校視導機構的監督職能，但是其督、導相結合的基本體制仍然得到了保留，並且有所發展與完善。

參考書目

Audit Commission (1989). Assuring Quality in Education, The Role of Local Education Authority Inspectors and Advisers. London: HMSO.

Ball, N. (1963). Her Majesty's Inspectorate, 1839-49. Birmingham: Oliver & Boyd.

Bishop, A. S. (1971). The Rise of a Central Authority for English Education. London: Cambridge University Press.

Blackie, John (1970). Inspection and Inspectorate. London: RKP.

Bone, T. R. (1968). School Inspection in Scotland. London: London University Press.

Bringhouse, T. (1995). The History of Inspection, In Bringhouse , T. & Moon, B. (Eds), School Inspection(pp. 1-14). London: Pitman.

Bury Metropolitan Borough Council (1997). Education Advisory Service: Development Plan.

Cabinet Office (1991). The Citizen's Charter: Raising the Standard, Cmnd. 1599. London: HMSO.

City of Newcastle up on Type Education Committee (1997). Annual Report: 1996.

City of Salford (1997). Inspection and Advisory Service: Service to Schools-1997/98.

City of York (1997). Education Services Annual Report: 1996.

Clegg David & Billington Shirley (1994a). Making the Most of Your Inspection: Primary. London: The Falmer Press.

Clegg David & Billington Shirley (1994b). Making the Most of Your Inspection: Secondary. London: The Falmer Press.

Clift, P. S., Nuttall, D. L. & McCormick, R. (1987). Studies in School Self-Evaluation. London: Falmer Press.

Coventry Support and Advisory Service (1996). OFSTED Inspection of Primary Schools. London: Coventry City Council.

DES (1970). HMI Today and Tomorrow. London: HMSO.

DES (1977). Education in Schools: A Consultative Document. London: HMSO.

DES (1982a). Study of HMI Inspectorate in England and Wales. London: HMSO.

DES (1982b). Assuring Quality in Education: the role of Local Education Authority Inspectors and Advisers. London: HMSO.

DES (1985a). White Paper Better School. London: HMSO.

DES (1985b). Draft Statement on the Role of Local Education Authority Advisory Services. London: HMSO.

DES (1991). The Parent's Charter: You and Your Child's Education. London: DES.

DFE (1993a). Circular 7/93: Inspecting Schools. London: HMSO.

DFE (1993b). The Education (School Inspection)(No 2) Regulations 1993. London: HMSO.

DfEE (1996). Department for Education and Employment and Office for Standards in Education: Departmental Report. London: HMSO.

DfEE (1997a). Excellence in Schools. London: The Stationery Office.

DfEE (1997b). Department for Education and Employment: Business Plan 1997-98. London: DfEE.

DfEE (1997c). Civil Service Staff in Post. London: HMSO.

Docking, Jim (1997). National School Policy. London: David Fulton Publishers.

Dunford, J. E. (1992). The Modern Inspectorate: A Study of Her Majesty's pectorate of Schools in England and Wales, 1944-1991. Ph D. dissertation, University of Durham.

Dunford, J. (1993). Managing the School for Inspection. London: MAPS, SHA.

Durham County Council (1997a). Induction of New Inspectors.

Durham County Council (1997b). Education Department: Job Description.

Durham County Council (1997c). Local Education Authority Development Plan: 1997-2000.

Edmonds, E. L. (1962). The School Inspector. London: Routledge & Kegan Paul.

Education (Schools) Act. (1992). London: HMSO.

Education Act (1997). London: HMSO.

Education Act. (1044). London: HMSO.

Education Act. (1993). London: HMSO.

Education Management Information Exchange (EMIE)(1995). Third

Survey of LEA Advisory and Inspection Services. London: NFER.

Education Reform Act. (1988). London: HMSO.

Gordon, P. (1977). Commitments and Developments in the Elementary School Curriculum 1870-1902, History of Education, vi, no.1, p47.

Gordon, P. (1989). Watchdogs and Missionaries: The first hundred years. In 1839-1989. Public Education in England -150th Anniversary. London: DES.

Hereford & Worcester County Council (1997). Inspection, Advice and Training Service: Service Development Plan.

Horn, Pamela (1981). Robert Lowe and HM Inspectorate, 1859-1864, Oxford Review of Education, 7(2),pp 131-143.

House of Commons Education Committee (1995). Science and Technology in Schools. London: House of Commons Education Committee.

Kennedy, James (1990). Inspection and Advice within the Wider Local Education Authority, Head Teachers Review, Spring.

King, D. S. (1987). The New Right: Plitics, Markets, and Citizenship. London: Macmillan Press.

Knighton, David (1997). The Inspection of Schools in England. 發表於台灣師大教育系舉辦之專題演講講稿(未出版)。

Lawlor, Sheila (1993). Inspecting the School Inspectors. London: Centre for Policy Studies.

Lawton D.(1994). The Tory Mind on Education 1979-94. London: The Falmer Press.

Lawton, D. & Gordon, P. (1987). HMI. London: Routledge & Kegan Paul.

Lawton, D. & Gordon, P. (1996). Dictionary of Education. London: Hodder & Stoughton.

Lawton, D. (1988). The Contemporary Role of HMI in England, Journal of Educational Policy, 3(2): 191-6.

Learmonth, J. (1996). OFSTED: A Registered Inspector's View, In Ouston J., Earley P. & Fidler B. (eds), OFSTED Inspection(pp. 53-60). London: David Fulton Publishers.

Lewis, A. & Miel, A. (1972). Supervision for Improved Instruction-New Challenge. New Responses. Blemont, Ca.: Wads Worth.

Local Government Act (1972). London: HMSO.

Maclure, J. S. (1969). Education Documents: England and Wales, 1816-1968. London: Methuen.

Manchester Metropolitan University (1997). Certificate in Professional Studies Stage I(School Inspection)/MA Schools Inspection and Improvement, http://www.mmu.ac.uk/.

Matthews, P. & Smith, G. (1995). OFSTED: Inspection Schools and Improvement through Inspection. Cambridge Journal of Education, 25(1), 23-34.

Maw, J. (1996). The Handbook for the Inspection of Schools: Models, Outcomes and Effects, In Ouston J., Earley P. & Fidler B. (Eds), OFSTED Inspection(pp. 23-32). London: David Fulton Publishers.

Metropolitan Borough of Rochdale Education Department(1997). Advisory and Inspection Service.

Millett. A. (1993). How Inspectors can actually Help, Times Educational Supplement, 25, June.

Musgrave, P. W.(1968). Society and Education in England since 1800. London: Butler and Tanner Ltd.

Northamptonshire County Council-Education & Libraries (1997a). Inspection and Advisory Service: Job Description.

Northamptonshire County Council-Education & Libaries (1997b). Inspection and Advisory Service: Service to Schools-1997/98.

Northumberland County Council (1997a). Standard and Effectiveness Unit: Service to Schools.

Northumberland County Council (1997b). Education Department: Job Description.

Northumberland County Council (1997c). Education Department-Appointment of General Adviser/Inspector Primary: Information.

Northumberland County Council (1997d). Appointment of General Adviser/Inspector.

Office of Her Majesty's Chief Inspector of Schools in Wales (OHMCI) (1996a). Framework for the Inspection of Schools. Llanishen: OHMCI.

Office of Her Majesty's Chief Inspector of Schools in Wales (OHMCI) (1996b). Success in Secondary Schools. Llanishen: OHMCI.

Office of Her Majesty's Chief Inspector of Schools in Wales (OHMCI) (1997). The Inspection of Educational Provision for Four Year Old Children. Llanishen: OHMCI.

Office of Her Majesty's Chief Inspector of Schools in Wales (OHMCI) (1998). The Corporate Plan 1997-98 To 1999-2000. Llanishen: OHMCI.

OFSTED (1992). The Framework for the Inspection of Schools. London: OFSTED.

OFSTED (1993). The Place of HMI within OFSTED. London: OFSTED.

OFSTED (1994a). Handbook for the Inspection of Schools. London: HMSO.

OFSTED (1994b). A Focus on Quality. London: OFSTED.

OFSTED (1994c). Framework for the Inspection of Schools. London: The Stationery Office.

OFSTED (1994d). Update no.7, March 1994. London: OFSTED.

OFSTED (1995a). Four Main Tasks for OFSTED. London: OFSTED.

OFSTED (1995b) The OFSTED Handbook: Guidance on the Inspection of Nursery & Primary/Secondary/Special Schools(3 version). London: HMSO.

OFSTED (1995c) Framework for the Inspection of Schools. London: The Stationery Office.

OFSTED (1995d). Inspection Resource Pack. London: HMSO.

OFSTED (1995e). The Annual Report of Her Majesty's Chief Inspector of Schools: 1993/94. London: HMSO.

OFSTED (1995f). Planning Improvement Schools' Post-inspection Action Plans. London: HMSO.

OFSTED (1996a). Training of Independent Inspectors. London: OFSTED.

OFSTED (1996b). Making the Most of Inspection: A guide to inspection for schools and governors. London: OFSTED.

OFSTED (1996c). OFSTED Publication Catalogue. London: OFSTED.

OFSTED (1996d). Reporting on particularly Good or Poor Teaching.

OFSTED (1996e). School Inspections: A guide for parents. London: OFSTED.

OFSTED (1996f). Setting Targets to Raise Standards: A Survey of Good Practice. London: OFSTED.

OFSTED (1996g). Subjects & Standards: Issues for school development arising from OFSTED inspection findings 1994-5. London: OFSTED.

OFSTED (1997a). Corporate Plan 1997: 1997-98 to 1999-2000. London: OFSTED.

OFSTED (1997b). Instructions for Tendering for School Inspection Contracts. London: OFSTED.

OFSTED (1997c). OFSTED Routes to Inspector Status. London: OFSTED.

OFSTED (1997d). So You Want to Be an OFSTED Accredited Inspector. London: OFSTED.

OFSTED (1997e). From Failure to Success. London: OFSTED.

OFSTED (1997f). Specification for School Inspection Contracts. London: OFSTED.

OFSTED (1997g). Standard Conditions of Contract for School Inspection. London: OFSTED.

OFSTED (1997h). The Annual Report of Her Majesty's Chief Inspector of Schools: 1995/96. London: HMSO.

OFSTED (1997i). The OFSTED Handbook: Guidance on the Inspection of Nursery Education Provision in the Private, Voluntary and Independent Sectors. London: The Stationery Office.

OFSTED (1998a). HM Inspectors of Schools in England. London: OFSTED.

OFSTED (1998b). Background Briefing on OFSTED. London: OFSTED.

OFSTED (1998c). The Annual Report of Her Majesty's Chief Inspector of Schools: 1996/7. London: HMSO.

OFSTED (1998d). OFSTED Publications 1996/1997/1998. London: OFSTED.

Oliva, P. F. (1976). Supervision for Today's Schools. N.Y.: Harper & Row.

Ormston, Michael & Shaw, Marian (1994). Inspection: A Preparation Guide for Schools. London: Longman.

Ouston, J., Earley, P. & Fidler, B. (1996a). OFSTED Inspection: The Early Experience. London: DFP.

Ouston, J., Earley, P. & Fidler, B. (1996b) Improvement Through Inspection? London: DFP.

Oxfordshire County Council (1997). Advisory and Inspection Service: Monitoring Quality 1997/98.

Pearce, J. (1986). School Oversight in England and Wales. European Journal of Education, 21(4), 331-343.

Richards, C. (1997). Inspectors measured against own criteria, Times Educational Supplement, 6, June.

Rochdale Metropolitan Borough Council (1997a). Advisory and Inspection Service Service Specification.

Rochdale Metropolitan Borough Council (1997b). Rochdale Local Education Authority General Information.

Rotherham Metropolitan Borough Council (1998). Assuring Excellence: The Future Roles and Structure of the Advisory Service.

Royal Society of Arts (1995). Guaranteeing an Entitlement to the Arts in School.

Sandbrook, Ian (1996). Making Sense of Primary Inspection. London: Philadeiphia.

School Inspections Act. (1996). London: HMSO.

Sharp, Paul & Dunford, John (1990). The Education System in England and Wales. London: Longman.

Stillman, A. B. (1989). Institutional Evaluation and LEA Advisory Service. Research Paper in Education, 42(2), pp3-27.

Stillman, A. B. & Grant, M. (1989). The LEA Adviser-A Change Role. Windsor: NFER Nelson.

Stockport Metropolitan Borough Council (1997). Inspection of Schools.

Taylor, W. (1989). Continuity and Change: HMI 1945-1989. In 1839-1989 Public Education in England: 150th Anniversary, pp57-80. London: DES.

Wilcox, B. & Gray, J. (1996) Inspecting Schools. London: Open University Press.

Wilson, Thomas A. (1996). Reaching for a Better Standard English School Inspection and the Dilemma of Accountability for American Schools. New York: Teachers College.

Winkley, David (1982). LEA Inspectors and Advisers: a developmental analysis, Oxford Review of Education, 8(2), pp121-137.

Woodhead, C. (1997). Preface by Her Majesty's Chief Inspector of Schools, in OFSTED, Coporate Plan(p1). London: OFSTED.

Woods, David & Orlik, Susan (1994) School Review and Inspection. London: Kongan.

chapter4

英國英格蘭與威爾斯地方教育
委員會的組織與運作

- ■ 教育行政機構
- ■ 地方教育決策與行政組織
- ■ 學校管理委員會
- ■ 結論

李奉儒

　　我國教育改革標竿之一的〈教育基本法〉於民國八十八年六月四日經立法院三讀通過，為我國的教育改革與發展開創新頁。〈教育基本法〉全文十七條將作為今後教育指導之總綱，且未來教育體制、行政結構、學校組織和教育資源的分配與法律的修訂也將依循來整修。其中，〈教育基本法〉第十條在民主化、權力下放的教育改革理念下，規定設立「地方教育審議委員會」。然而，必須衡量的是該組織要有那些具體職責？又要如何組成？跟中央和地方原有的教育行政機關的關係該為如何？這些問題恐有待學者立即深入探討。

　　多元民主發展的社會中，教育決策必須有民主化與專業化的過程以免受質疑。因此，推敲地方教育審議委員會設置的目的，應是希望透過審議、諮詢的過程來提昇教育決策的品質。鑑諸我國教育政策往往缺乏延續性，且教育受到政治的干擾，特別是民意機構對教育行政機關施加壓力，扭曲整體性的教育規畫。所以，如何適當組成地方教育審議委員會，明確其職權範圍與運作方式，可說是關心教育改革的學者必須探討、關心的重要議題。

　　本文嘗試以英國教育行政機構、地方教育決策組織、組織與成員、職權與運作，以及學校管理委員會為例來進行分析，提供他山之石的措施及做法，作為我國實施地方教育審議委員會的參考，以避免立法精神和原則受到扭曲，並積極地發揮立法理念，適當地引導教育改革之良善發展，迎接新世紀的教育挑戰。

第一節　教育行政機構

　　英格蘭的教育行政組織分為中央與地方兩級制，在中央稱為「教育與就業部」（Department for Education and Employment，簡稱DfEE），地方為「地方教育當局」（Local Education Authorities，簡稱LEAs）。分述如下：

一、中央教育行政機構—教育與就業部

　　英國中央教育行政組織歷經多次變革。1839年設有樞密院教育委員會，至一九四四年教育法方才簡化教育組織，改名為教育部（Ministry of Education），並建立一種行政責任制度。惟教育部並不直接管理任何學校，其主要功能乃在訂定政策、督導國家教育的實施。教育部在1964年改組為教育與科學部（Department of Education and Science，簡稱DES）。1991年國會大選之後，保守黨重組內閣時改組為教育部（Department for Education）；自1995年7月5日起又改名為「教育與就業部」。

　　1997年七月，新上台的工黨政府立即發表一份教育白皮書《學校中的卓越》（DfEE, 1997），說明工黨政府的新教育政策，並陸續透過各項立法來付諸實踐。工黨政府近四年來在教育政策與行政、學校制度與組織、教師培育與進修等方面均有激烈的改革措施，但均能以《學校中的卓越》白皮書中所宣示的政策原則為依據，來逐步實施，故有必要扼要說明如下，主要有六項：（DfEE, 1997: 11-12）

1. 教育將是政府的核心。
2. 政策的設計將是為了多數人而不是少數人的福利。
3. 教育水準比結構更為重要。
4. 政府介入跟學校成功的比例成反比。
5. 對於表現不佳的學校沒有任何寬容。
6. 政府將和那些關心學校水準提升者成為工作伙伴。

　　白皮書中說明政府的政策核心之一是「將家長和地方社區完全地與有效地包含進兒童的教育中」，並將發展在地方層級的有效之伙伴關係，以協助學校朝向較高水準的共同目標。（DfEE, 1997:13）這是繼「一九八八年教育改革法」之後，英國再一次強調中央政府的教育權限，而勢必影響中央與地方之間的行政關係，使得不同於以往的中央和地方均權的作法。

二、地方教育行政機關—地方教育當局

地方政治組織

英格蘭原先地方政府的結構包括四種單位：第一是郡（county），這是英國數百年前即已根據其地理區域所建立的地方行政單位。第二是郡自治市（county borough），這是足以擔負全部地方政府功能的自治市，不附屬於郡，而為一獨立行政單位。在一個郡中可能有一個或多個郡自治市，在行政上與郡平行。第三是市鎮（borough），較郡自治市為小，是郡行政單位的一部份。第四是行政區（district），又分為都市行政區和鄉鎮行政區，這是市鎮之外，人口較為稠密或稀疏的地方。（林清江，民61）根據「一九四四年教育法」第六節規定，各地方之郡和郡自治市議會作為地方教育行政當局。

近30年後的「一九七二年地方政府法」，將英格蘭（含威爾斯，下同）在中央層級之下的行政區域劃分為三類：都會郡（Metropolitan Counties），非都會郡（Non-Metropolitan counties）以及大倫敦（Great London）。首先，都會郡是人口稠密的郡（均位於英格蘭，分為Great Manchester, Merseyside, West Midlands, South Yorkshire, West Yorkshire, Tyne and Wear等6個郡），每個都會郡之下再分設都會區（Metropolitan Districts），總計36個。其次，非都會郡是人口較少之郡，總計有47個，其中39個位於英格蘭，8個位於威爾斯，非都會郡底下分設若干的「區」（Districts）。最後，大倫敦地區則包含33個「市」（borough）。

地方教育行政組織

英格蘭地方政府採取一元制，立法機關和行政機關合而為一，地方議會既是民意機關，也是行政機關，故基本上各地方議會即為該地的「地方教育當局」（Local Education Authorities，簡稱LEAs）。但必須說明的是，上述的都會郡議會並無教育行政權，而是由其下的每個都會區議會作為地方教育當局；非都會郡議會均為地方教育當局，其下之區議會則不具有教育行政權；大倫敦的每一個市議會均為地方教育當局。（Dent, 1984: 65；謝文全，民84：118-119）

　　從1944年至1964年，英格蘭和威爾斯地區總計有164個地方教育當局，位於英格蘭的有129個，威爾斯的有17個；其中，郡議會的地方教育當局有62個，郡自治市議會的有83個，1個是由郡議會和郡自治市議會聯合組成，其他則位於外倫敦和內倫敦；這中間由於倫敦地方政府的重組而有不同，但直至1970年，地方教育當局的數目一直保持164個。

　　一九七二年的地方政府法廢除1944年中郡自治市作為地方教育當局的規定，使得地方教育當局數目減少至105個，97個在英格蘭，8個在威爾斯。（Dent, 1982: 64-65）其中有39個非都會郡議會位於英格蘭，8個非都會郡議會在威爾斯，英格蘭另有36個都會區議會，20個外倫敦市議會，一個內倫敦市議會，和一個Isles of Scilly議會。

　　至1995年止，英格蘭有109個地方教育當局，包括39個郡議會，36個都會區議會，20個外倫敦市議會，12個內倫敦市議會，以及倫敦市議會；威爾斯則有8個郡議會的地方教育當局。（Mackinnonet al., 1995: 98-99）

第二節　地方教育決策與行政組織

一、歷史與沿革

　　英格蘭（含威爾斯，下同）的地方教育行政機構稱為「地方教育當局」。這是根據一九○二年Balfour 教育法的規定，取代1871年以來所設置的「學校董事會」（School Boards）；以郡和郡自治市議會作為「地方教育當局」，地方教育當局雖須向中央教育部負責，但仍握有實權，負責其該管地區之經常性教育工作如學校的設立，以提供充分的教育機會。而為專門處理教育行政事宜，地方教育當局另行設置「教育委員會」（education committee）以從事教育決策工作。（但直至「一九七二年地方政府法」第101條才明訂每個地方教育當局要成立一個教育委員會）。跟先前「學校董事會」最大的不同是，「教育委員會」不再由地方納稅人直接選舉產生，而是由郡市長、市鎮議員和委員們另行選出的教育專業人員擔任。

　　此外，「教育委員會」的職權增加，原先的「學校董事會」只能處理初等教育階段事宜，而「教育委員會」則是增加對於中等教育和技術職業教育，以及「自願學校」（voluntary school，這是教會或其他非教會團體所辦的獨立學校）等的相關事務。再如，地方教育當局的督學可以進入自願學校視導，並向教育委員會提出視導報告。（Seaborne,1967:37-39）但是，由於教育委員會的大多數委員仍由地方議會的議員擔任，所以，被批評無法全心全力來處理教育事務。特別是「一九〇〇年基本教育法」（Elementary Education Act）將強迫教育的年齡由十二歲提升至十四歲，使得初等教育階段的學生人數增加，教育委員會的職權和工作範圍也隨之擴增，而另外成立「教育局」來執行教育委員會的決策。

　　「一九四四年教育法」第六節再次規定各地方之郡和郡自治市議會（local councils）作為地方教育行政當局，由選舉出的議員和議長組成。英國的郡和郡自治市議會是兼有決策和執行的合議制機關，作為地方教育當局，具有行使本地區初等教育、中等教育和繼續教育的行政權責和義務，但實際上委由「教育委員會」和「教育局」來決策與處理教育事宜，其法源根據是「一九四四年教育法」的施行細則第一條（Schedule I）。該條規定：1.每個地方教育當局的教育委員會成員必須有一半以上是教育當局的成員。2.每個地方教育當局必須包括有教育經驗和熟悉當地教育情形的成員。3.每個地方教育當局可授權給該地方教育委員會職責來處理除了借貸和增稅之外的教育事務。

　　郡議會（或1972年之後新的都會區議會）是由該地選民直接選出的議員所組成，負責所有地方政府的事務；因此，並不是所有議員都能夠處理教育的相關事宜，而由議會所代表的地方教育當局乃有必要透過教育委員會的設置來運作。「一九七二年教育法」仍保留教育委員會作為法定機關之一，規定每個地方教育當局必須「建立教育委員會以有效地負起教育工作」。

　　教育委員會的執行機關是教育局（一般而言，郡議會之下的為education department，而區議會或市議會所屬稱為education office），由教育委員會遴選一位教育局長（Chief Education Officer，CEO又稱為Director of Education），並由議會任命來組成教育局以執行教育決策，處理各種教育行政事務。

二、組織與成員

各地方教育當局的組織大小不一，有的地方教育當局所轄人口不及十萬，有的則超過百萬；最大的地方教育當局所負責的學校超過500所，而最小的地方教育當局所負責的學校只有一所。

廣義上，地方教育當局包括三個部份：郡或郡自治市議會、教育委員會及教育局。「教育委員會」的大部份委員由議會的議員組成，具有政治影響力量，而不一定具有教育專業知識與經驗；因此，各地議會也可任命其他具有教育經驗、熟悉當地教育情況的教育專業人員加入教育委員會，約佔全部委員的三分之一。各個地方對於教育委員會的授權程度不一，有些地方教育當局幾乎將所有決策權都交給教育委員會，有些則是讓教育委員會提出建議，再由郡和郡市議會批准後實施。教育委員會根據「一九七二年地方政府法」的規定，以當地議會中多數黨的議員擔任主席。教育委員會之下可分設次級委員會（sub-committees），以討論更專門的教育事務，並向教育委員會提出計畫或建議。

以Cambridge郡議會爲例，其教育委員會之正式名稱是「教育、圖書館與文化遺產委員會」（Education, Libraries and Heritage Committee），成員包括由當地選民所直接選舉出的18位議員，3位由議員所選出的成員（分別爲英國國教會、天主教會和非特定教會的代表，其中前兩者才有投票權），以及3位來自學校管理委員會的家長代表。教育委員會下又分設了五種次級委員會：交通運輸申訴委員會（3位議員），（學校管理委員會的）管理委員之甄選委員會（5位議員），教師任用委員會（3位議員），教師申訴委員會（3位議員），以及教育申訴委員會（5位議員）。（Cambridge County Council, 2000）

教育局作爲教育委員會所決議之執行單位，其組織因時因地而異，大致上可區分爲（參見Mackinnonet al., 1995；李奉儒，民87）：

1. 教育局長一人，對地方教育制度的經營負有完全的管理責任，向地方教育委員會負責。
2. 教育副局長（Deputy chief education officer）數人，具有大部份的主導權，處理大部份的教育方案如中學的組織。

3. 助理教育長（Assistant education officer）（即課長）數人，主管教育業務工作的分支，例如中等教育或繼續教育。

4. 在助理教育長底下設有專業助理（Professional assistant），是教育部門內第一層級的行政職位，協助一位助理教育長，經常是有經驗的教師來擔任。

5. 督學（Inspector或Advisor），其職責在為地方教育局視導課程的內容及品質、教師的招募和任用、教師在職訓練之組織，或是學校及學院的視導。督學沒有齊一的數量（一個地方教育局多則有五十名，少則沒有）。

6. 每個地方教育局擁有具備心理學學位、教學證書、教學經驗或生涯專業的教育心理學者團隊，其工作對象是有學習及行為問題的在學學生，並與教師合作以給予治療。

7. 教育福利官員，與社會福利部共同致力於學童的福利，不僅確保學童的規律就學，也致力於他們所需的補助、津貼及服務（如交通、免費的學校餐飲）。

8. 生涯輔導員數人，職責乃巡迴於社區，部份為諮詢，部份為訊息提供。

9. 青年及社區工作員，由地方教育局雇用，但是以志願者居多，針對失業的各項計畫進行研究。

10. 學校－企業聯絡員，為地方教育局指派，以連結區域內的學校及企業。

三、職權與運作

首先，地方教育當局基本上是一種「委員會」（council）的型態，負責提供當地的學齡兒童之教育，其職責在激勵所有的中小學進行改善，支持學校提升教育水準，職權在於服務而不是控制學校。（DfEE, 1997: 67）地方教育當局的職權可分為主要的四類：1.學校的改善，2.學生的入學（入學機會的提供，學校的設立等），3.特殊教育的提供，以及4.策略的經營，包括規畫、財務和稽核等。2000年新的政

府政策（DfEE，2000b：9）則是再多加上5.「中輟學生」的教育和學生福利一項。

根據「一九九六年教育法」第527條，以及一九九八年第一號通諭（Circular 1/98）的具體規定，每個地方教育當局要提出針對有行為問題的學生之「行為支持計畫」（Behaviour Support Plans），包括處理的建議與可獲得的資源，以協助有行為問題的學生。

根據「一九九八年學校標準與架構法」（School Standards and Framework Act）（DfEE，1998a）規定，從1999年四月開始，每個地方教育當局必須向中央的教育與就業部提出為期三年的「教育發展計畫」（Education Development Plan），作為提升、改善當地公立學校和教育水準的依據。每份「教育發展計畫」必須包含六個主要部份：（DfEE，2000a）

1.地方教育當局收集和分析當地學校表現情形的相關資料之計畫書。
2.地方教育當局如何協助學校設定具有挑戰性且又合乎現實的目標。
3.地方教育當局如何協助學校來進行自我評鑑。
4.地方教育當局對於有嚴重缺點的學校要如何協助其改善的計畫書。
5.地方教育當局對於提供學校改善所需之資源和撥款機制的計畫書。
6.地方教育當局對於每一所學校所設定之改善目標的摘要分析。

雖然「教育發展計畫」不需要涵蓋所有地方教育當局的活動範圍，但必須跟教育當局的其他計畫如「學校組織計畫」（School Organization Plan）密切配合。

英國地方政府自1997年六月後進行改組，教育局的組織和職權也有所改變。以Northumberland郡為例，新改組的教育局除了設局長一人之外，另外還有「教育協助室」和「標準與效率室」主任兩位。「教育協助室」（education support unit）負責處理學校財政、建築、管理、教師薪水及其他行政事務；「標準與效率室」（standards and effectiveness unit) 負責處理課程、教學、學校表現、視導、在職訓練、校長任用、學校管理協助、特殊教育需求等（Northumberland County Council, 2000）；像是上述的「教育發展計畫」就是由「標準與效率室」負責擬定的。

其次，教育委員會一般透過下列組織來發揮其決策、諮詢和顧問的功能，以Cambridge郡議會為例，分成如下小組或團隊，各小組或團對均設有小組長一名，包括：（Cambridge County Council, 2000）

1. 「（學校）表現」之評鑑常設小組（Standing Panel）
2. 「學校工作」諮詢團隊（Advisory Group）
3. 「社區教育工作」諮詢團隊
4. 「學生支援工作」諮詢團隊
5. 「圖書館與文化遺產」諮詢團隊
6. 「教育資源之提供」諮詢團隊
7. 「教育品質確認」諮詢團隊
8. 「教育與社會聯合服務」諮詢團隊
9. 「郡之公文檔案」諮詢團隊
10. 「郡立圖書館」諮詢團隊
11. 「宗教教育」常設諮詢委員會（Standing Advisory Council）
12. 「圖書館經營」諮詢團隊
13. 「教育課程」投訴小組（Complaints Panel）

第三節　學校管理委員會

一、沿革

學校管理委員會（school governing body）是由中小學所服務社區的代表人士所組成，其歷史可追溯至1833年英國的初等教育首次接受政府的公款補助。其後一八七〇年、一九〇二年和一九四四年教育法等逐步健全其組織，特別是「一九四四年教育法」要求所有中小學校都要

成立一個「管理董事會」(a board of governors)。(在小學稱為 managers，直至「一九八○年教育法」才跟中學一樣稱為管理委員 governors)。

二、組成

管理委員並不一定需要具備教育方面的專長，只要能「高度投入、對教育事務有興趣，並願意以小組成員的方式來運作」，即可擔任管理委員。早期的管理委員會成員不能包含家長或教師代表，以避免個人的利益影響到學校的決策。但是，1975年Tom Taylor委員會的調查報告書建議，每個學校要有自己的管理委員會（之前可能是數個學校共有一個委員會），且家長必須有更多的代表加入。(Leonard,1989: 4-5)管理委員的任期一般為四年，委員會的家長委員不用因為其子弟畢業離開學校而不再擔任，但教師代表若是離開該校的教職就自動喪失委員身份。

「一九八○年教育法」落實了Taylor委員會的建議，使得學校的管理成為地方教育當局代表、家長、教師和社區人士共同組成的伙伴關係。1986年教育法和1987年學校管理規程中對學校管理委員會有更進一步的明確規定，奠下「一九八八年教育改革法」對家長參與學校管理的基礎。(Leonard,1989: 5)

管理委員會的組成因為學校的學生數目和型態之不同，以及學校資金的來源而有不同的組成方式。1995年的教育白皮書《多樣與卓越》(Diversity and Excellence)將英國的中小學重新改組為三類的學校型態：「社區學校」(Community Schools)、「補助學校」(Aided Schools)和「基金學校」(Foundation Schools)。「社區學校」即先前的「郡立學校」，而「補助學校」和「基金學校」則為先前的自願補助學校和中央津貼補助學校，「補助學校」必須負擔15%的學校資本門支出經費，「基金學校」則不用負擔任何資本門的支出。

底下根據一九九八年第十五號通諭「學校管理委員會的新架構」，分別以社區學校，補助學校和基金學校為例來說明其管理委員會的組成人員。如表4-1、表4-2和表4-3

表4-1 社區學校管理委員會的組成

管理委員會	中學		小學			
	a	b	c	d	e	f
家長	6	5	5	4	3	3
地方教育當局	5	4	4	3	2	2
教師	2	2	2	1	1	1
職員	1	1	1	1	1	0
委員選出	5	4	4	3	2	2
校長	1	1	1	1	1	1

註：六百人以上的中學（a類），六百人以下的中學（a或b類）
    一百人以上的小學（c或d類），一百人以下的小學（c，d，e或f類）
資料來源：1998年第十五號通諭 （DfEE，1998b）

表4-2 補助學校管理委員會的組成

管理委員會	中學		小學		
	a	b	c	d	e
家長	3	2	2	1	1
地方教育當局	2	1	2	1	1
教師	2	2	1	1	1
職員	1	1	1	1	0
基金會	12	9	9	7	6
校長	1	1	1	1	1

註：六百人以上的中學（a類），六百人以下的中學（a或b類）
    一百人以上的小學（c或d類），一百人以下的小學（c,d或e類）
資料來源：1998年第十五號通諭 （DfEE，1998b）

表4-3　基金學校管理委員會的組成

管理委員會	中學		小學			
	a	b	c	d	e	f
家長	7	6	6	5	4	4
地方教育當局	2	2	2	2	2	2
教師	2	2	1	1	1	1
職員	1	1	1	1	1	0
基金會	5	4	4	3	2	2
委員選出	3	2	1	1	1	1
校長	1	1	1	1	1	1

註：六百人以上的中學（a類），六百人以下的中學（a或b類）
　　一百人以上的小學（c或d類），一百人以下的小學（c d,e或f類）
資料來源：1998年第十五號通諭 （DfEE, 1998b）

三、職權與運作

　　管理委員會主要是跟地方教育當局的行政部門（教育局）直接聯繫，且其委員會中的書記大部份是由地方教育當局所直接指派。前已述及，地方教育當局的運作分為兩個層級，一個是委員會和次級委員會負責決定政策，另一個層級是公務人員所組成，負責執行委員會所決議的政策。如果管理委員所處理的事務會涉及到政策層面，則跟教育委員會直接接觸是有必要的，並由行政官員建議最好的遵行程序。（Leonard, 1989: 31-32）

　　一般而言，教育局關心學童的需求如交通、學費、免費午餐、出席情形、課程和特殊教育需求等，這些提供了學校管理委員會所有行政事務的基礎，如教師和職員的薪資，對學校的預算分配，學校的設備和資源的採購等。管理委員可主導學校的運作和課程，實際上則由校長來控制學校之內部組織、管理和紀律。

　　此外，自1945年起，學校管理委員會開始跟地方教育當局分享學校的人事任命權，尤其是校長（head teacher）和教師的任用，由管理委員、教育委員會代表，以及地方教育當局和學校的專業人士共同來決

定。而「一九八八年教育改革法」大幅刪除地方教育當局的權力，實施「地方學校經營制」（Scheme of Local Management of Schools），進一步要求地方教育當局將公立學校的預算、經費優先事項之設定、人員的雇用與解聘等責任，交由各校校長與管理委員會負責，以提升學校的效率與教育水準。

第四節　結論

英國前工黨首相James Callaghan指出：「很明顯地，近十年來對於教育的最多挑戰是來自於政府的意識型態——對於地方政府的厭惡、對於公共服務部門人員的不尊重、所有問題都可透過民營化來解決的僵化念頭」。（李奉儒，民87）這使得近來英國的教育改革走向一方面是採取中央集權的作法，一方面則是下放權力給學校，進而架空地方教育當局的諸多教育權責。這種中央政府、地方政府和學校之伙伴關係的重組，是分析英國教育政策走向所必須先行掌握的。

其次，就英國脈絡而言，「教育委員會」與「教育審議委員會」（Advisory Council for Education）的分際必須釐清，因為各為不同的組織和功能。英格蘭的教育委員會是由地方議會所代表的地方教育當局所另外設立的教育決策單位，而教育審議委員會則是設立在「中央」層級，自1944年後開始運作，而至1968年就不再設立。教育審議委員會的功能如李奉儒（民85）所指出的：「承教育首長之命，針對各類重要教育問題組成各種委員會，進行深入的分析、研究和討論，然後提出報告書，成為政府從事教育決策和推動教育改革的依據。」亦即教育審議委員會扮演中立的教育專業諮詢的角色，而非如教育委員會是教育決策的權責單位。

第三，英格蘭的地方教育行政機構稱為「地方教育當局」。地方教育當局另行設置「教育委員會」以從事教育決策工作。「教育委員會」是由郡市長、市鎮議員和委員們另行選出的教育專業人員擔任，權責範圍包括初等教育、中等教育和技術職業教育等教育階段的相關事務。由於教育委員會的大多數委員仍由地方議會的議員擔任，所以，另外成立

「教育局」來執行教育委員會的決策。換言之,由地方上選民直接選出的議會,同時也是地方教育當局,而其運作則分為兩個層級,一個層級是透過教育委員會和次級委員會來決定政策,另一個層級則是藉由教育局長所領導之公務人員組成的教育局之運作,執行教育委員會所決議的教育政策。故教育委員會的決策權責,代表地方政府在辦理學校教育事務時的重要民主機制。然而,我國之教育審議委員會,觀其成員之規定,包含「教育學者專家、家長會、教師會、教師、社區、弱勢族群、教育及學校行政人員等代表」,職責是「教育事務之審議、諮詢、協調及評鑑等事宜」,可知並非是教育決策單位,而較類似英國於1969年之前所設立的中央教育諮詢委員會之性質,如此,或可參考該委員會的運作,以作為未來我國地方教育審議委員會運作之借鑑。

最後,「一九四四年教育法」規定所有中小學校都要成立一個「管理董事會」,「一九八〇年教育法」將其改名為「管理委員會」,管理委員會的組成因為學校的學生數目和型態之不同,以及學校資金的來源而有不同的組成方式,但均包括地方教育當局的代表、家長、教師、職員和校長等成員。其委員並不限制需要具備教育方面的專長,只要能高度投入、對教育事務有興趣,並願意以小組成員的方式來運作,即可擔任管理委員。各校管理委員會的職權範圍包含教師和職員的薪資,對學校的預算分配,學校的設備和資源的採購等,而隨著中央政府的教育集權,部份原屬於地方教育當局的人事任用和預算分配的權力等,也已逐漸轉移至學校管理委員會身上,如「一九九三年教育法」規定分別在英格蘭成立「學校撥款署」(the Funding Agency for Schools),在威爾斯成立「威爾斯撥款委員會」(the Funding Council for Wales),跳過地方教育當局來直接撥款給「中央津貼補助學校」(Grant-Maintained Schools),這使得地方教育委員會的決策功能與範圍也日益受到限制,但也具體例證學校自主性的增加,以及學生家長在學校事務參與的角色上日益重要,實值得我國今後推動學校本位管理與發展之借鑑。

參考書目

李奉儒（民85）。「英國教育改革機構、法案與報告書」，載於黃政傑主編，
　　各國教育改革動向。台北：師大書苑，77-105。

李奉儒（民87）。「英國教育研究」，載於楊思偉主編，教育學入門。台北：
　　商鼎，195-207。

林清江（民61）。英國教育。台北：台灣商務印書館。

謝文全（民84）。比較教育行政。台北：五南。

Cambridge County Council (2000). Local Education Authority.
　　http://www.camcnty.gov.uk/ （線上查詢）

Dent, H.C. (1958). The Education Act, 1944: Provisions,
　　Regulations, Circulars, Later Acts. London: University of
　　London Press.

Dent, H.C. (1982). Education in England and Wales (2nd
　　edition). London: Hodder & Stoughton.

DfEE (1997). Excellence in Schools. London: SO.

DfEE (1998a). School Standards and Framework Act. London: SO.

DfEE (1998b). New Framework: Governing Bodies. London: SO.

DfEE (2000a). Framework for the organisation of schools. London:
　　SO.

DfEE (2000b). The Role of the Local Education Authority in School
　　Education. London: SO.

Leonard, Martin (1989). The School Governor's Handbook.
　　Oxford: Blackwell.

Mackinnon, Donald & Statham, June with Hales, Margaret (1995).
　　Education in the UK: Facts & Figures. Buckingham: Open
　　University Press.

Ministry of Education (1944). Education Act, 1944. London:
　　HMSO.

Northumberland County Council (2000). Education Department: Job
　　Description. http://www.northumberland.gov.uk/ （線上查詢）

Seaborne, Malcolm (1967). Recent Education from Local Sources.
　　London: Rourledge & Kegan Paul.

chapter5

英國幼兒教育的義務化發展

- ■ 前言
- ■ 歷史背景
- ■ 實際運作
- ■ 未來發展趨勢

謝美慧

前言

英國從六世紀到十九世紀初，中央政府不過問教育，學校的開辦、教育的領導和管理完全由教會控制，其時間長達一千兩百年之久，所以教育在英國早期一向被認為是宗教慈善事業或私人的事。一直要到1833年，英國政府才開始取得教育上的領導權，英國的公共教育事業也從此興起。「一九四四年教育法」將教會納入國家教育體制，從此英國漸漸確定了公共教育制度，也可以看出：英國政府取得國家的教育領導權是該國公共教育事業發展的基礎（吳文侃、楊漢清主編，民81）。

從英國教育的發展歷史中可探知，英國的幼兒教育原多為私人或教會慈善事業，直到政府取得國家的教育領導權之後，英國的公共教育事業始獲得發展；由於社會階級分明因素的影響，英國至今是仍保留獨立學校系統的雙軌學制，顯示其在教育改革上的保守性；也因此英國教育制度改革的特色一直都是在協調與衝突中謀求改進，既不損及各方面所代表的利益，也不放棄傳統制度的特徵。

英國幼兒教育的發展先後是受到「社會福利國家」概念、「教育機會均等」理念、強調「教育效能」觀念的影響，其中影響幼兒教育義務化發展最深者應屬「教育機會均等」的理念。受到「社會福利國家」的概念的影響，英國為改善十八世紀童工悲慘的工作狀況，而訂定五歲幼兒的義務教育。此外，保育學校、國小附設保育班與日間托育中心也都是英國政府為勞動婦女及貧困家庭中缺乏保育的幼兒所設置的。其次，由於「教育機會均等」理念的倡導，而有1967年的「卜勞頓報告書」與「1989的兒童法」的公佈，為使更多、更需要教育與保育的幼兒都能夠接受到政府的照顧，積極的擴充保育學校與國小附設保育班。

「一九八八年教育法」規定了全國中小學的國定課程，整個國家的教育方向以「教育的效能」為主要的訴求，連幼兒教育也不例外。因為近年來英國政府不但積極的視察各地方幼兒教育的施行成效，也大量的提供幼兒家長「幼兒教育券」補助就學學費，以鼓勵幼兒的入學。再者，多數的地方教育當局均允許讓四歲的幼兒提前進入國民小學接受義務的幼兒教育。這不但是意味著英國義務教育就學年齡有往下降低一年到四歲的趨勢，並且也徹底建立了幼兒教育獨立性的認識，提供所有幼兒接受團體式幼兒教育的機會。

第一節　歷史背景

一、英國幼兒教育制度之歷史演進

　　英國幼兒教育的發展可以溯及英國教會團體所辦的平民教育。幼兒學校運動是其中較著名的教會平民教育，英國的幼兒教育制度歷史也從此開始。

保育學校和保育班之演進（學校教育系統）

1.歐文創辦的幼兒學校

　　在英國首先發起幼兒教育運動的是歐文(R. Owen)，他於1816年在蘇格蘭新蘭納克(New Lanark)的一間工廠附近創立第一所免學費的「幼兒學校」。成立的原因是因同情在他所開工廠工作的五歲小工人，乃決定設立幼兒學校，收容在其工廠婦女二至六歲的幼兒。歐文辦校的主要信念是以自由、新鮮空氣及遊戲為教育的基礎，目的是讓貧窮的童工能在良好的環境中接受教育（Deasey, 1978）。這所幼兒學校的特色在於：

　　第一、幼兒的入學年齡很低：主張凡是一歲或能走路的幼兒都可以入學，其用意主要是希望幼兒能避免當時惡劣環境的影響。他認為幼兒如果能愈早實施品格的陶冶與知識的教學，就愈能早些免除不良善成人的影響，也愈能塑造成一個有用及良善的人，此論點頗能與盧梭(J.J.Rousseau)自然教育的論點相呼應。

　　第二、教學的方法由採用原來貝爾—蘭開斯特(Bell- Lancast)的導生制轉為學習裴斯塔洛齊（J. H. Pestalozzi）。教育措施中注重遊戲與玩具的教育功能，因為歐文特別衷心喜愛裴斯塔洛齊特重幼兒自動自發學習的教育精神，所以他將裴氏的教學方法施行於他所創設幼兒學校中。

　　當時遠近來參觀歐文幼兒學校的人士，曾為數不少。1836年，幼兒學校為了要培養師資，又設立了「英國殖民地幼兒學校協會」（The

Home and Colonial Infant School Society)（熊光義編著，民61）。
繼歐文之後，幾位學者繼續推動幼兒學校與有關學會的設置，使進入幼
兒學校的幼兒數大幅增加。同時期也出現另一種專為中產階層家庭而設
的福祿貝爾(F.Froebel)式幼稚園。

2.一八七○年初等教育法

英國在十九世紀下半葉工業革命之後，資本主義經濟更加蓬勃發
展，並處於與其他國家的激烈競爭之中。當時競爭者美國、德國都很重
視初等教育的發展，因為它對工人的培訓有很大好處，這給英國很大壓
力，促使統治階級認識到初等教育在國家社會生活中的重要性，政府如
果不立即直接控制，將會對統治者不利。於是，於1870年由國會正式頒
佈了「初等教育法」，此法案奠定了英國國民教育制度的最初基礎，並
且結束了以往國家忽略教育的情況（王天一等編，民84）。

在1870年通過的「初等教育法」中，政府第一次考慮到五歲以下
幼兒的教育問題。即該法案規定五歲以下的幼兒並不包括在義務教育的
年限，但實行之初，仍有43%（約一百五十萬人）的三至五歲幼兒進入
英格蘭與威爾斯的小學中就讀(Smith, 1994)。雖然此法在英國初等教
育發展中具有重要意義，可惜的是它只適用於勞動人民子女，上層社會
子弟仍主要在家或在預備學校中接受進入中等學校的預備教育。後來英
國政府又對這一法令進行了各種補充修正，事實上這一法令經過相當長
的時間才逐步實現。如：1870年規定預計五至十年內實施初等義務教
育；1876年規定家長送子女入初等學校是一種義務，凡十歲以下幼兒如
未受過教育不能當童工；1880年正式規定初等教育強迫就學；1891年實
現免費初等教育；1893年規定凡十一歲以下的幼兒必須入學；1899年強
迫教育的年齡才確實提高到十二歲等。至此，實施初等教育已成為國家
職責，教育國家化的制度終於在英國形成。

3.1918年的費休法

第一次世界大戰結束後，英國經濟的衰落使國內階級鬥爭更加激
化，勞動人民在教育領域中爭取受教育權的情形有增無減。特別在戰爭
過程中，英國統治者進一步了解了德國廣泛實施國民教育的成果，從而
考慮應針對英國國民教育的不足予以改革。所以在1918年國會又一次頒

佈了初等教育法令，即以當時的文教大臣費休(H. L.Fisher)的名字命名的「費休法」(The Fisher Act)。該法規定：二至五歲幼兒的教育留待地方政府自行管理。首先，地方當局有權決定設立保育學校和保育班，並且提供保育學校和保育班補助，保育學校可以接受公共資金的補助（經費補助的保育學校所佔的比例為15.3%）。再者，為維護身體的健康與心智的健全發展，幼兒是有必要到幼兒學校中接受教育的。此法對幼兒教育的貢獻在於：使得野外保育學校的數量大增且風行一時，以便能更妥善照顧在戰爭中出生的幼兒。後來由於戰後經濟不景氣，政府在1922年取消對保育學校的公共補助經費。

　　一群英國保育學校的支持者再度極力爭取政府對於幼兒教育的補助，於是在1923年成立了「保育學校協會」(Nursery Schools Association)，積極推動保育學校的發展，促使政府提供五歲以下幼兒的教育機會。因並無顯著的成效，所以至1930年止，只有二十六個地方當局承擔推動保育學校的責任，地方教育當局維持的保育學校也只有40所、教育委員會贊助志願性保育學校4所。1933年，在教育委員會(Board of Education)的報告書中，對於招收二至五歲幼兒的保育學校和保育班之功能和教育目標有明確的說明。

4.1944年的巴特勒教育法
　　1944年教育科學部公佈「巴特勒教育法」(Butler Education Act)，該法案的第一部份建議立法以發展幼兒教育，由教育部視實際需求要求地方教育行政機關增設保育學校及幼兒班，各地方教育行政機關應該設法滿足幼兒教育的需要。凡某一地區的幼兒人數達四十人左右者，得幼先設置保育學校，如地方教育行政機關認為情況適宜者，得於國民小學中附設保育班（雷國鼎，民71）。英國的幼兒教育制度也依據該法案分為兩個階段：第一階段為保育學校或保育班，以二至五歲幼兒為對象，不在於義務教育範圍之內，前者單獨設立，後者附設於小學；第二階段為幼兒學校，以五至七歲幼兒為對象，屬於義務教育之範圍，有單獨設立者，也有附設於小學者。一般而言，英國五至七歲的幼兒多進入幼兒學校中就讀（雷國鼎，民71）。

　　1944年「巴特勒教育法」雖曾要求地方教育當局大量增設保育學校或保育班，然因受到1960年代戰後經濟不景氣之影響，政府將教育的

發展目標集中於初等和中等教育的擴充。幼兒教育在物質、師資的缺乏下，不但未形成具體實施方案，反而大量縮減，所以公立之保育學校並不多，仍多依賴私人機構。也因此1962年政府維持和補助的保育學校或幼兒班比1950年還少，反而在以中產階層爲主的區域中，獨立性的私人保育學校數量卻顯著增加。此時，雖然幼兒教育機構擴充的成效良好，幼兒教育機構的就學機會仍是供不應求。

5.1967年的卜勞頓報告書

受到教育機會均等民主教育思潮的影響，幼兒教育發展的遲滯至1967年《卜勞頓報告書》公佈後才有顯著的改進。該報告書除了建議改進現有保育學校、幼兒學校的設備、師資、教學的問題，也特別強調五歲以下教育措施之重要性，建議儘早擴充幼兒教育，使年滿三歲的幼兒隨時可接受幼兒教育。其次英國政府在推動幼兒義務教育與面臨國家經濟困難的限制之下，建議劃定「教育優先區域」（Educational Priority Areas），爲能優先補助家庭和社會環境不良的貧苦地區幼兒教育的發展，以提升該地幼兒教育的水準。一九六九年，在都市補助計劃下(Urban Aid Programme)，對於「優先區域」提供更多的幼兒教育用地。這是自戰後政府首次地擴充幼兒教育，因此幼兒教育機構明顯地增加。

《卜勞頓報告書》的內容主要是希望大幅擴充幼兒教育，並優先補助文化不利地區幼兒教育的發展（DES,1967）。該報告書因爲建議優先改善貧民地區的幼兒教育普受歡迎，國家投入大量的人力與物力，採取「積極差別待遇」的措施，優先改善文化不利地區學校的教育，爲使條件最劣地區的學校也能變成全國最完善、最優秀的學校。這些促進教育機會均等實質化的各種措施，乃是希望保障現代社會所有幼兒均能得到充分的發展。雖然教育科學部的幼兒教育發展計劃具體可行，且督促地方教育當局擬定計劃、確實執行。但由於經費的短絀，發展速度仍甚緩慢。

依據1967年《卜勞頓報告書》上的建議：至1982年90%的四歲幼兒及50%的三歲幼兒均得接受幼兒教育，在1972年英國政府公佈之柴契爾白皮書(Thatcher's White Paper)中被接納，政府並預定在十年內（即至1981年時），凡父母願意送五歲以下子女入學者，都將予以免費之

優待。爲達成此一目標，凡是一切有關中央經費的補助、地方的責任、志願團體的參與、父母的任務、師資的培養和供應、資源的利用以及研究發展的進行，均在白皮書中有明確的指示。在國家政策以及地方政府的努力下，保育學校雖仍有賴於私立學校之力，但其設施的確已經大爲改善。雖然在1972年的白皮書主張擴充幼兒教育的部分，大多是偏重擴增國小附設保育班，但事實上在1975年只有55%的幼兒進入新增加的保育學校或國小附設保育班中，仍有將近50%的幼兒未能進入公立幼兒教育機關就讀（Bruner, 1980）。

遊戲團體的演進

在1950年代，由於英國受到二次世界大戰經濟不景氣的影響，國家教育經費短缺，保育學校未能普設，因此幼兒家長有鑑於幼兒教育機構的缺乏，嘗試組織不同類型的私人幼兒教育機構。其中最成功的就是幼兒遊戲團體協會(Pre-School Playgroup Association)所設立的遊戲團體。該協會在1962年設立第一個遊戲團體，自此以後遊戲團體就蓬勃發展。

遊戲團體在成立之初就受教育系統和福利系統的肯定支持，如自1967年起三年間，教育科學部每年編列三千英磅以發展遊戲團體，並設立研究和調查組織，提供母親和支持遊戲團體成立者有關的訊息。在地方上，不但各地方當局也紛紛補助這種自願性的遊戲團體，各地方的幼兒遊戲團體協會也紛紛的成立。

1968年公佈的政府都市補助計劃，對於不利或貧民地區提供空地，設置幼兒遊戲團體，此法案對於遊戲團體的發展貢獻很大。教育部長建議，在保育學校和保育班未能大量擴充之前，宜積極推動幼兒遊戲團體之發展，以代替保育學校和保育班。因此，遊戲團體的發展速度更形快速（簡明忠，民76）。

托育中心之演進（社會福利系統）

第二次世界大戰期間托兒所需求急速增加，目的在收托參與戰爭婦女之幼兒，此熱潮至1944年發展到最高峰。由於托育中心快速增加，1948年健康和社會安全部頒佈托育中心法規，該法規詳列托兒的宗旨、人員編製、設備及經費標準。在戰後，由於職業婦女減少，戰爭期間擴

增的托育中心也因此逐漸減少。再者，37/68通諭於1968年指出：較年幼的幼兒應留在家中，由父母照顧；年齡較大的幼兒應該進入保育學校或幼兒學校就讀。托育中心服務對象以五歲以下、有特殊、健康和福利需求的幼兒為主。例如：受意外傷害、問題家庭、單親家庭及文化剝奪地區的幼兒。由於托育中心服務對象有所限制。自1956年來，雖然職業婦女增加，但是公立托育中心機構並沒有增加。此時，實際的需求超過現有收容量的一倍以上。因此，在公立機構缺乏情況下，私立托育中心乃快速地成長（簡明忠，民76）。

綜上所述，從歐文於1816年所發起的幼兒學校運動開始，經過1870年的「初等教育法」、1918年的「費休法」、1944年的「巴特勒教育法」，到1967年的《卜勞頓報告書》、「一九八八年教育法」與1989年「兒童法」，可發現英國政府致力於五歲以下幼兒教育之普及，以回應社會及家長對於幼兒教育之迫切需求，使英國幼兒教育制度日趨完備。但值得注意的一點是，在英國幼兒教育的發展歷史上，第一次世界大展與第二次世界大戰所造成英國國家的經濟不景氣、教育經費短缺，連帶的抑制了幼兒教育的發展與進步，所以說，參考英國幼兒教育發展的經驗，可得知國家經濟的發展對於幼兒教育義務化的發展有著決定性的影響。

二、英國幼兒教育史上對於幼兒教育義務化的討論

在英國1870年所通過「初等教育法」使義務教育從五歲開始，不過，為五歲以下幼兒建立教育制度的說法仍止於建議，並沒有成為事實。由於受到歷史傳統的影響，大家對於「幼兒學校是義務教育起始階段」的看法也非常分歧。早在一百年以前，英國就決定幼兒應該五歲入學。這個作法並不是當時學術研究討論出來的論點，而是由於想改善當時童工的悲慘狀況。

義務制幼兒學校是長期受到傳統主智主義影響的形式教育，因受批評而逐漸改善，現在是實施適應五至七歲幼兒發展階段以健康的、知識的、精神的、以及道德的發展為目標的教育。一般而言，幼兒在六歲就可以開始接受讀、寫、算的系統學習。然而，雖然英國的幼兒學校是

公立義務教育機構，但是自1963年以來，由於英國教育界有著「嚴重教師不足」的問題，於是開始有「義務教育就學年齡從五歲提升至六歲」的主張出現（胡清根編著，民77）。

雖然英國現行是以五歲為接受義務教育的開始，但也曾經重新檢討入學年齡問題。在1963年自由黨（英國的第三黨）召開的黨員大會上，有提案主張將入學年齡提高至六歲。原因是：（1）五歲就開始實施學校教育，似乎過早，外國亦無先例；（2）如在六歲入學，可以緩和當前小學師資不足的情況；（3）五歲的幼兒只要擴充現今的保育學校即可大量收容。贊成此案者的意見是：目前將五歲幼兒放進大班級中和六歲以上幼兒一起接受半天以上的學校教育，對五歲幼兒來說毫無助益。反對此案者的意見是：延遲入學年齡至六歲，並無確實可靠的學理依據，只不過是緩和當前師資不足的方便之道而已。討論的結果，延遲入學案終遭否決。

在1964年全國男教師協會的會員大會中，也主張將義務教育的入學年齡延緩一年，所持之理由是：（1）五歲入學是十九世紀為了用低工資使婦女從事勞動為目的產生的，在教育上無任何依據；（2）五歲入學本與婦女或幼兒的勞動所產生的，乃對保護幼兒所產生的制度，因此目的現已達成，現今似無可取之處。在英國這次對入學年齡的爭論中，相反的有人提出將入學年齡降至四歲的議案。主張此案者的說法是：將四歲至六歲的三年期間，縮短每日的教學時間至半天，將有助於幼兒的學習（雷國鼎等譯，民61）。

若就英國現行的學制而言，幼兒教育受教對象應該是指零至五歲的幼兒。但從其幼兒教育機構的設置來看，附設在幼兒學校中的幼兒班雖屬幼兒教育機構，仍是有招收五至七歲的幼兒就讀。除此之外，幼兒學校的教學型式與內容也多與保育學校相同。因此，五至七歲的幼兒仍然是有接受幼兒教育型態，所以也有英國幼兒教育是從二歲至七歲的說法存在。近幾年有延遲至六歲入學的爭議，也有人建議四歲入學，但1967年的《卜勞頓報告書》仍然把入學年齡定為五歲，尚無變動或更改。

第二節　實際運作

一、英國幼兒教育之現況

　　英國幼兒教育的中央主管單位包括有：教育與就業部、社會安全部、健康部；地方的主管單位有是：地方教育當局、社會福利局、衛生局與休閒局。英國的幼兒教育多爲地方當局所負責。幼兒教育機構分屬於三個主管機關系統：公立學校系統（政府補助爲主）、志願學校系統（部分政府補助，部分自費）與私立學校系統（自費爲主）（Smith,1994），主要包括有：公、私立與志願保育學校與國小附設保育班、遊戲團體、日間托育中心、幼兒學校（相當於英國國小的一、二年級）與公私立國小附設預收班，幼兒學校、保育學校、國小附設保育班與預收班多爲公立性質，且較強調教育方面的功能；遊戲團體與日間托育中心多屬私人性質，且較強調保育照護的功能。茲列表說明英國幼兒教育機構種類、招收年齡與管理如表5-1，再重點說明英國目前幼兒教育機構的現況。

保育學校與保育班（Nursery School/Class）

　　英國的保育學校隸屬於教育與就業部，其教師的資格與待遇和初級學校的教師相同。幼兒在校的時間，有的爲二部制只有上午或下午，也有的爲順應職業婦女的就業要求，而採取全日制學習。保育教育是英國教育中最快樂、最具有啓蒙特色的階段。該階段的教學並沒有正式課程，在專門爲幼兒室內與戶外遊戲的空間中自由學習。此外，該階段也是幼兒習慣與養成的重要階段，爲了能對國小智識上的學習能有較佳的準備，所以保育教育特別注重培養幼兒社會行爲與保持幼兒身體健康。一個保育學校通常爲一個有執照的管理者所負責，每班的學生數不得超過三十人，比幼兒學校、初級學校每班少十個人。所有的保育學校都提供牛奶與午餐（Dent,1983）。

　　保育學校與保育班因其設立單位性質而有所不同，通常有以下的分類：

表5-1　英國幼兒教育機構的種類、年齡與管理

	學校種類	年齡	管理
地方公立	1.保育學校(nursery school) 2.國小附設保育班(nursery class with primary school) 3.國小附設幼兒班(infant class with primary school) 4.國小附設預收班(reception class with primary school)	2~5歲 3~5歲 3~7歲(4歲為主) 4~5歲多	保育學校由地方當局社會福利部設立，社會安全局管理。
私立	1.登記立案的保育學校(registered nursery school) 2.遊戲團體(playgroup) 3.托育中心(care center)	2~5歲 3~5歲 2~5歲	遊戲團體與托育中心必須向地方當局社會福利部登記立案。
獨立學校系統	1.預備學校幼稚園(preparatory school) 2.公立補助保育學校(maintained nursery school)	3~8歲	自1979年起，這兩種機構都要向地方當局社會福利部登記立案，且不列入官方教育統計資料。

附註：
1.「預備學校幼稚園」是為進入獨立學校做準備；「公立補助保育學校」的設立或成為公立學校有兩種原因：(1)幼兒教育機構短缺；(2)採用特殊的教學法，例如蒙特梭利教學法。

資料來源：Mackinnon, D. & Statham, J. (1995). Education in the UK-Facts and Figures.

1.保育學校：為地方教育當局所設立的（maintained）單獨保育學校。
2.保育班：地方教育當局所維持，且附屬於幼兒學校或初等學校。其實，小學和幼兒學校附設的班級有兩種：一種是保育班；一種是幼兒班。「保育班」是單獨設置於保育學校和附屬小學之學前幼兒班級，招收三至五歲的幼兒；一種是「幼兒班」為小學幼兒部或幼兒學校的一個班級，招收三至七歲的幼兒，實際上是以招收四歲的幼兒為主（Weber, 1971）。
3.獨立學校（preparatory schools）：以營利為目的，財政獨立且不接受公款的補助。

地方教育當局所維持的公立保育學校和保育班以附屬於小學的班級為主、較強調教育方面的功能。三歲公立保育學校和保育班的學生數佔全部三歲幼兒數的符30%；四歲的學生數佔全部四歲幼兒數的70%；三至四歲的學生數佔全部三至四歲幼兒數的40%。幼兒在公立保育學校和保育班的在學率增加快速，從1986的43%增加至1995的53%。目前保育學校與國小附設保育班多為半天制。國小附設保育班也沒有正式的課程，強調統整的學習（Dent, 1983）。三歲保育學校與國小附設保育班的幼兒數從1986年到1995年減少了20%；四歲的幼兒數從1986年到1995年卻增加了32%，而三、四歲保育學校與國小附設保育班幼兒學生數的增減情形正好與國小附設幼兒班相反（DfEE, 1996）。

英國保育學校目前又一些改變，這些改變可以從三方面看出：第一、因為日間托育中心與其它保育學校或保育班之間有一些共同的準則與實務，所以保育助理教師（nursery assistant）通常要接受教育這兩種型態的幼兒教育訓練；第二、政府有時候也會不清楚保育學校與日間托育中心之間有什麼不同，所以常常會將這兩個機構都當作是照顧小孩的組織，而不是教育機關，除非當日間托育中心發展出自己的特色時，政府才較能清楚的確知保育學校是教育機構；第三、因幼兒學校的幼兒只有少數是曾經有保育學校的教育經驗，這些幼兒比其他同年齡的幼兒學校幼兒較能忍長時間離開母親，並能較快適應學校的團體生活（Blyth, 1968）。

英國保育學校的設施雖然極端令人讚嘆，但此等學校之設置為數甚少。其主要原因是由於經費的缺乏，故未能普設保育學校。二次世界大戰後英國學校人口激增，再加上經費短缺，各地方教育行政機關已經用盡全力使義務教育範圍之內的幼兒均能受到適當的教育，便無力顧及學前幼兒的教育（雷國鼎，民71）。

遊戲團體（Playgroups）

由於幼兒教育機構的缺乏，所以遊戲團體的發展快速，至今已成為數量最多的幼兒教育機構。遊戲團體是由少數、有興趣的家長領導一組約二十位三至五歲的幼兒有規律的玩耍，每日給幼兒一節（三小時）以上的保育，地點可能是在家或教堂（教堂的遊戲團體是免費的），一般被稱為「自助式的保育學校」。遊戲團體的領導者是社會福利部所認

可的合格教師，設立之初是因爲地方的需要，是以中產階級爲主的志願團體。然而，家長參與的遊戲團體與志願教育系統的遊戲團體是不同的，因爲志願教育系統遊戲團體的教師有較嚴格的資格限制與專業訓練。最近幾年，家長參與遊戲團體教學的情形較爲明顯（Bruner, 1980）。

遊戲團體與保育學校、保育班同爲滿足家庭托育需求所設的半天制幼兒教育機構，這兩個性質相似的幼兒教育機構在幼兒教育經費、指導的團體與幼兒學習表現上有如下的不同。

1. 在「幼兒教育經費」上：在1975-6年，保育學校、保育班每位幼兒每年的教育經費要花費460英鎊；同樣的情形，遊戲團體只要花費140英鎊。可見在保育學校、保育班就讀的幼兒要比在遊戲團體就讀的幼兒享有較多的教育資源。
2. 在「指導的團體」上：保育學校與保育班是由有証照的專家所指導；學前遊戲團體協會（Preschool playgroup Association, PPA）因爲經費的考量，成員多爲幼兒的家長。
3. 在「幼兒學習表現」上：遊戲團體與保育學校、保育班一樣能激發幼兒語言的發展、培養幼兒的社會情緒與重視幼兒一般智識能力的培養（Bruner, 1980）。

日間托育中心（Day Care Center）

英國的托育中心是隸屬社會安全部所管轄，以保護或保健五歲以下嬰、幼兒爲主要目的。托育中心可分日間和住宿的日間托育中心兩種，托育中心大多由各地方的衛生所及民間團體所主辦，亦有一些私立托育中心與工廠附設的托育中心。英國所有的托育中心均需向各地的保健機關登記立案，收費亦有一定的標準。此外，各地方衛生局也會隨時派員指導公私立住宿托育中心（李增祿等，民71）。傳統上，日間托育中心招收○至五歲的幼兒，因爲37/68通諭規定：二歲以下的幼兒最好由父母照顧，所以目前的日間托育中心多招收二至五歲的幼兒。近年來的發展趨勢爲：

1. 社會安全部、健康部與教育部共同發展聯合性的保育托兒單位，其方式有以日間托育中心為主體的聯合保育班；也有以保育學校為主體的聯合托兒所。
2. 日間托育中心依社會不利的優先程度選擇服務的對象。

　　然而由於英國重視家庭與家庭保育之故，日間保育所不僅未見增設，反而日漸減少，其設置數和幼兒人數均較保育學校少，日間托育中心的幼兒人數尚不及保育學校幼兒的十分之一。由此可見，英國日間托育中心已經成為少數特殊需要幼兒的特殊設施機構（雷國鼎等譯，民61）。

幼兒學校（Infant Schools）

　　英國的學校制度在初等教育(Primary Education)分為兩個階段：五至七歲的幼兒就讀於「幼兒學校」（Infant School）；七至十一歲的幼兒就讀於「初級學校」（Junior School）。一般幼兒學校，大都男女同校，祇有少數學校例外。幼兒學校與小學可能是並設，也可能是分設，惟大多數是合校。一般而言，英國五至七歲的幼兒多進入幼兒學校中就讀，此類學校多附設保育學校（雷國鼎，民71）。

　　幼兒學校教育的目的在於發現幼兒學習的時機，開始基本讀、寫、算練習；讓幼兒從團體生活的學習中，以刺激其語言的發展；鍛練幼兒體力，培養良好習慣和認識各種生活中的事物以擴大生活的經驗與增進知識。幼兒學校所關心的是幼兒的身心發展，為使學校的課程能夠滿足幼兒的需要。在促進幼兒語言能力的發展上，學校採「家庭式分組」(Lall, G. R. & Lall, B. M., 1983)，所以會要求五歲的幼兒要與六歲、七歲的幼兒談話，以練習語言表達的能力。這種以不同學習程度或能力幼兒的同儕語言互相學習的方式，其效果比在傳統年級式分班幼兒的語言學習效果來的好，因為在傳統年級式分班，幼兒只能和同年齡幼兒一起學習，學習機會較少。

　　英國幼兒在幼兒學校與保育學校的學習生活大致沒有太大的差別，有些幼兒學校仍是與保育學校一樣非常強調統整的學習，只是幼兒學校的教材教法較有組織、幼兒的學習也較有系統。幼兒學校是較屬於「幼兒中心」型態的教育。在幼兒學校中，教師重視個別的輔導與學習

環境的提供，而無正式的教學或管理。自70年代以來，更開展了「開放式教學」，幼兒主要在開放教室中學，根據教學內容的不同，由幼兒在具有各種設備的活動至中自由地進行有趣的活動，從而使他們得到身心的自由發展，以利於發展幼兒的潛在的創造性和獨立學習能力（王天一等編，民84）。

幼兒學校的另一任務，是在具有探索及愉快的氣氛中，引導幼兒接受正式學習。至於幼兒學校的課程，包括宗教教育、自然活動（體育、戶外活動、休息及遊戲），發表訓練（說話、唱歌、舞蹈、手工、及繪畫）以及讀、寫、算的正式教學。此外，尚須提供團體及個別活動的機會（林朝鳳，民77）。茲列表說明英國幼兒學校與保育學校教保目標與內容如表5-2，以說明兩種幼兒教育機構的異同處：

表5-2　英國幼兒學校與保育學校教保目標與內容之比較表

	幼兒學校	保育學校
學齡	五至七歲	二至五歲
教育目標	1.鍛練幼兒體格。 2.培養良好習慣。 3.發展幼兒個性。 4.訓練談話與聽話能力。 5.供給活動與遊戲機會，認識較多事物，增進生活知能。	1.供給嬰兒需要的養護。 2.養成嬰兒良好的生活習慣，訓練正當的行為與操作能力。 3.供給適宜環境，使獲得身心健全發展。
教學內容	自由活動、唱歌、遊戲、說話練習、故事、圖畫、舞蹈、自然研究、手工。	洗臉刷牙、唱聖詩、晨間活動、遊戲、唱歌、繪圖、故事、舞蹈、學習社交與生活習慣。

雖然幼兒學校最初教育目標是開放的、教學型態是以「幼兒為中心」的；教學的方式也是開放式的，但時至今日，因為幼兒學校的幼兒在七歲時要參加全國國定課程的考試，實際上是因學校與家長都希望能夠及早加強讀、寫、算正式教學與練習，為使幼兒在七歲的國家考試中能有較好的成績表現，所以幼兒學校對於讀、寫、算正式教學的重視程度要比遊戲教學大出許多，甚至幼兒的家長多希望讓未滿義務教育年齡的四歲幼兒都能先進入幼兒學校附設的幼兒班、預收班接受教育。家長

對在幼兒學校就讀與對其在保育學校受托的子女所施與的壓力與所付出的支持差別甚大。家長視送子女到幼兒學校爲特權且極願意與學校合作，要求幼兒學校就讀的子女要學習認字與算術，而在保育學校中的子女就不必承受這樣的壓力（簡紅珠、任秀媚等譯，民76）因此，英國的五歲幼兒教育日益流於形式教育之弊，英國政府也有意改變這種情形。

國小附設預收班（Reception Class）

在英國的小學教育，包括幼兒學校（5至7歲）與初級學校（7至11歲）兩大部分。其中，幼兒教育機關計分三類：（一）單獨設立的幼兒學校；（二）小學附設幼兒班（Infant Class）；（三）幼兒部與初級部合設的學校（Combined Infant and Junior School）。一般幼兒學校的第一學年通稱爲「預收班」（Reception Class），其教學活動與保育學校（Nersury School，1至5歲）相似，屬學前保育教育與初級小學教育的銜接或過渡教育制度。

目前國小附設幼兒班多爲全天制，總學生數從1986年到1995年增加了46%；從1994年到1995年增加了5%（DfEE，1996）。英國教育標準局考察報告書（OFSTED Report）關於國小附設預收班的部分，包括有下列五個部分的介紹。茲說明如下：

1.「入學準備」部分

幼兒四歲或四歲半就可以入學，沒有國定課程（National Curriculum）的規定、但關心國定課程第一關鍵階段(Key stage 1)的學習內容（即幼兒學校課程標準），以作爲幼兒入初級學校的準備。幼兒在入學前，所受之保育教育、家庭和社區教育均有很大的不同。所以教師應考慮幼兒不同的入學前背景、評量出每一個幼兒的學習起點行爲，以做好保育學校與小學教育的銜接。再者，學校教師與家長溝通與保持良好關係也是重要的，學校若有計劃的讓家長了解學校課程內容與教學方法，不但有助於幼兒的入學適應，也使預收班的設置更能符合幼兒與家長的需要。

2.「預收班的教學」部分

國定課程第一關鍵階段的學習內容，包括有：「語文」科–聽、

說、讀、寫與「數學」科。預收班為關心國定課程的內容與發展幼兒的能力，而有聽、說、讀、寫的語文教學與數學的教學活動。雖然良好的語文教學有助於發展學生的興趣與創造力。然而事實上，由於缺乏有計劃教學方案與有效學習策略的讀、寫教學，並未有讓幼兒有太大的進步；同時，相對於對於讀、寫方面的教學的重視，聽、說方面教學似乎並未受到足夠的重視。同時，有3/4的預收班能建立幼兒數學的良好基礎。其原因主要是由於教師透過大範圍的數學教學活動、介紹數學活動所致。

預收班的教學方法富多樣性，常以數個教學方法混合使用的方式來進行教學，並非只單用一種教學方法。不但較能吸引幼兒的注意力，也較能符合幼兒不同學習方式的需要，因而增加幼兒的學習效率，故也能呈現較好的教學效果。然而因為預收班因缺乏戶外活動空間，不但限制幼兒接觸大自然、陽光的機會，也無法藉由遊戲器材玩耍與在草地上運動。所以戶外活動的規劃，如：沙和水果等有意義的學習活動、幼兒動作技能的學習與多餘精力的發洩，只能透過室內體育課來學習與發展。

3.「師生角色」部分

學校的組織策略和教師教學的技巧，會受到班級師生人數的影響。通常較佳的標準是：一個預收班中，有兩位成人與符合5～7歲年齡範圍的預收班幼兒。而現在一般的班級人數，有三分之一是20～25人；有三分之一是26～30人；另三分之一是31～35人。班級的成人數也由一人到三人不等。因此師生比例的變化，可由最低的6:13到最高的35:1，比例懸殊可見一般、其影響性也隨之而異。通常在一個班上會有兩位教師，助理教師（assistant）並非負責主要教學，但可在主教教師指導小組幼兒個別學習時，支援班上其它小組的教學，對教學水準和品質的提昇有不小的貢獻。

好的教學課程是在教師決定和幼兒自由選擇之間取得平衡。其中更重要的是，在這些選擇中，教師需注意到幼兒是如何使用他們的時間與幼兒如何選擇所興趣的活動。可惜的是，因為預收班以聽、說、讀、寫和數學能力的發展為教學的重點，所以預收班的教師必能充分善用「遊戲」來引導幼兒學習、激發學習潛能。

4.「課程」部分

國家對於預收班課程目標少有明確規定，預收班以聽、說、讀、寫和數學能力的發展為教學重點，其中有4/5的預收班能有效、廣博的介紹國定課程所有學科內容。其課程通常以流程圖的方式表示，屬於綜合性質，助要是希望不但和國定課程有所聯接，又不會過度注重學科分化教學。可惜的是，只有少數的學校發展計畫會明白論及預收班幼兒的需要。如果計劃中能認知到幼兒的需要，如果建議學校不要受國定課程要求影響，只規劃課程內容時，將其作為參考即可，通常都會有好的效果出現。再者，雖然多數老師都認知到國定課程在課程計劃中的重要性，但只有少數老師會感受到國定課程成就評量（Standard Assessment Tasks, SATs）的壓力。

5.「學校管理」部分

校長對幼兒教育的投入程度，常決定預收班的教育品質。假使校長有教導幼兒的經驗，就比較能了解幼兒教育資源分配和有效運用教師專門知識的重要性。另外，地方學校管理單位（Local Management of Schools, LMS）在估算在小學中設立預收班時，會有成本考量上的問題。雖然大多數的LMS對於小學中預收班的設置與發展已有進一步規定，但少數的學校仍有財政運作上的困難，而引起經費使用的赤字與導致班級師生比增加。（謝美慧，民85）

綜而言之，英國的幼兒教育機構以保育學校（保育班）與遊戲團體為多數。幼兒學校因為是義務教育，所有五至七歲的幼兒都得入小學就讀，其入學率自不在話下。比較值得注意的是：幼兒學校、保育學校、國小附設保育班與預收班多為公立性質，且較強調教育方面的功能；遊戲團體與日間托育中心多屬私人性質，且較強調保育照護的功能。雖然幼兒學校與國小附設預收班原先的教育目的都與保育學校一樣是「以幼兒為中心」的開放教育理念出發，但後來都因為七歲國家考試的壓力而日漸強調讀、寫、算的教學，有落入形式教育之虞。可喜的是，雖然現今的英國非常強調教育的效能，但也開始注意與檢討「考試領導教學」對於幼兒身心發展與學習興趣的戕害，有助於再次確立幼兒教育的主體性、特殊性與重要性。

二、英國幼兒教育義務化之運作與爭議

除了英國和荷蘭法律規定五歲幼兒得進入小學接受全天、義務教育外，其地如中歐、南歐（如法國、奧地利、德國）、美國皆規定幼兒六歲入學，接受義務教育，甚至斯堪地那維亞國家國小的法定入學年齡爲七歲。

英國也是個極重視幼兒教育的國家，近幾年來許多地方教育機構甚至准許未滿五歲的小孩提早入學，許多學者針對這項措施提出建議。關於幼兒提早在學校學習與適應不良情形的探究，已經引起對於小學教育入學年齡政策良窳的討論。「一九四四年教育法」要求幼兒在五歲生日以前的那個學期進入小學接受全天的教育，但是仍現在有許多地方教育當局允許幼兒在四歲生日以後的那個學年就進入小學就讀。這個趨勢打破了長久以來所建立的共識，即應該要給予法定入學年齡（五歲）以上及以下的幼兒不同適合其發展的教育環境。

之所以會產生這樣的趨勢，是因爲幼兒的家長認爲目前學校日益減少的招生數並不能滿足家長要讓幼兒接受教育的需求。但是如果小學的教育資源、教學與課程並不能針對提早一年入學的幼兒而有所修正的話，讓這些幼兒提早入小學是否眞的有這個必要嗎？幼兒的學習效果眞的會比較好嗎？茲檢視英格蘭與威爾斯兩地區在實施這個提早入學許可政策背後的理論基礎如下：

關於六歲入小學

義務教育年齡的決定往往與氣候有關，英國比較教育學者漢斯（N.Hance）就曾經以北歐各國就學年齡的始期與南歐地中海諸國比較，說明北歐國家諸國，例如：丹麥、芬蘭、挪威、瑞典等，其小學的入學年齡多爲七歲；而在南歐國家，例如：法國、希臘、義大利、西班牙等國則均爲六歲入小學（熊光義編著，民61）。

大部分國家都是將幼兒入小學的年齡定在六歲，其原因主要是反應幼兒身心的發展階段。就皮亞傑的幼兒認知理論而言，幼兒是從六歲開始才開始能專注的操作性思考。Moore,R.S.& Moore,D.R.（1990）在「延後入學並不等於延宕學習」（When Delay Isn't Procrastination）

一文中也指出：正式學校的學習最好到七歲、八歲、甚至更長再開始，因爲晚一點開始接受正式的學校教育，讓幼兒的身心發展都到了可以不受外在環境的影響時在接受正式學校教育，將可以保護幼兒較不會受到不適當教育經驗與有害學習壓力的影響。所以有些學者會認爲幼兒五歲就入小學就讀，年齡實在太小，六歲才是入小學接受正式學校教育最適當的年齡。

關於五歲入學

在英國教育法案中，五歲入小學的概念最早是從1870年的教育法開始。然而，此時並未形成一個國家統一的規定，只是W.E.Forster提出以五歲做爲義務教育的最低年齡，以十三歲做爲義務教育的最高年齡，其目的主要是爲能給與地方學校委員會有在教學年齡上有明確的政策指引。1867年的Lord Sandon法案更強化了五歲入小學的規定，因爲該法案中規定：「讓每一個五歲至十四歲的幼兒到小學接受讀、寫、算的教育是幼兒父母的責任。」同時，Dixon在工廠法中也贊成五歲入小學。一般都會誤以爲五歲入小學的決定是多數的家長所期望的，並經過議會討論制定而成的，事實上，此時並沒有很多關於爲什麼要選擇這個五歲爲入小學年齡的討論。但是也有人主張不可以完全依照家長的需求訂定入學的年齡，因爲有些家長根本認爲學齡前的幼兒不需要接受任何學校教育。雖然英國1870年與1876年訂定五歲爲強迫入小學年齡，但志願學校系統（如教會學校）並不在此限，所以家長仍然是有自由選擇的空間。

英國當初之所以會在1870年的初等教育法中訂定五歲爲入小學的年齡，主要的原因是因爲「經濟考量」。首先是因爲學校是較好的學習環境，而且國家也較能照顧到貧窮的幼兒。因爲幼兒有一定的生產力，國家爲了要保護童工、照顧幼兒的福利，防止他們因爲家庭經濟困難、需要出外謀生而受到剝削；另一方面也是因爲幼兒的家長多需要出外工作，無暇照顧幼兒，再加上當時小學的入學年齡非常模糊，的確需要訂出一個明確的入小學年齡，政府也就因此訂定了五歲爲強迫入小學的年齡。不管五歲進入小學所代表的意義如爲何，政府主要是只要是希望幼兒只要到五歲都入能夠入小學就讀，並且希望12歲以下的男女童儘可能都待在學校。

按照英國目前的教育制度，幼兒滿五歲生日之後的學期開始就必須進入國小的幼兒學校就讀，因此每年有三次的入學時間（九月、一月、四月），隨著學期的開始即有新生入學。另一方面，國小中的初級學校又將入學的日期定為幼兒滿七歲生日後的九月，因此，幼兒學校的在學時間便隨著兒童的出生日期而有所不同，例如：在五月至八月出生的幼兒，在幼兒學校的在學時間為兩年；一月至三月出生的幼兒，在幼兒學校的在學時間為兩年一個學期；九月至十二月出生的幼兒，在幼兒學校的在學時間為兩年兩個學期。有鑑於這種情形，《卜勞頓報告書》曾經建議將幼兒入小學幼兒學校的年齡固定為幼兒滿五歲以後的新學年（九月）（熊光義編著，民61）。

關於提早至四歲入小學

「一九八八年教育改革法」（Education Reform Act 1988），不僅訂出了英國小學5至16歲的國定課程與7歲、11歲、14歲的國家考試，對於幼兒教育更有廣泛的擴充計劃，並主張「區分幼兒教育機構教育與保育的功能」，因為這樣將更有利於高品質的幼兒教育（HMI, 1989）。一般而言，英國的幼兒教育法令是將幼兒教育機構的教育與保育功能區分開來的，例如日間托育中心的教學內容就是較偏重保育的部分。但也有學者主張：教保合一的幼兒教育機構才是好學校，強行區分幼兒教育機構教育與保育的功能是有害於幼兒身心的發展。

「一九八八年教育改革法」的提出激起世人的一些反思，首先是：如果讓四歲的幼兒提前進入國小就讀，真的有助於幼兒將來在國小7歲的國家考試嗎？那麼那些在幼兒階段進入品質較差或公立的學前教育機構的幼兒，在國小的學習不是比較吃虧與吃力嗎？再者，國小會不會就因此訂出四歲或五歲進入小學的基本能力標準？國小入學基本能力標準的訂定是否也會影響幼兒教育教育的本質？幼兒教育課程到底是為國小學科本位的課程作準備，還是要回歸幼兒教育本位的教學理念？

如果以後英國的幼兒教育市場開放自由競爭，受到教育市場自由競爭驅力與專業的影響，幼兒的家長自然會傾向盡可能選擇辦學成效較好的幼兒教育機構。如此一來，幼兒教育機構為求生存，有可能與國小聯結，以便能爭取更多的教育經費，以致於迫使幼兒教育法令朝向讓幼兒追求未來較好成績的方向修改，這是否有違幼兒教育的本質呢？要不

就是比較受家長歡迎、品質較好的幼兒教育機構可能會藉此提高學費，那麼低收入家庭的幼兒限於家庭經濟的考量，豈不是只能就讀二流的幼兒教育機構？這樣不是更加深貧富教育成就的不平等？（Smith, 1976）所以說，讓四歲的幼兒提前進入國小就讀並不一定有助於幼兒將來在國小7歲的國家考試，但該現象的風行對於幼兒教育未來的發展卻不見得是件好事。

　　雖然英國政府規定五歲爲法定進入小學就讀的年齡，但實際上已經有很多的地方教育當局同意讓四歲的幼兒提早入小學就讀。由於這個比例愈來愈高，要不了幾年，英國入小學的年齡就有可能降至四歲。影響提早到四歲入小學國家政策做主要的因素是滿足家長的需求，但是將入小學年齡提早到四歲最大的問題在於：幼兒適應的困難—夏天出生的四歲的幼兒身心發展成熟度、入學準備度、教師的期望、在同年齡團體中的地位等都不及秋天出生的五歲幼兒，且比秋天出生的五歲幼兒少讀兩個學期的課程如圖5-1。主張將入學年齡調整至四歲的學者爲避免這個弊病，也隨之主張：小學每年只讓幼兒入學一次就好（Audit Commission, 1996）。

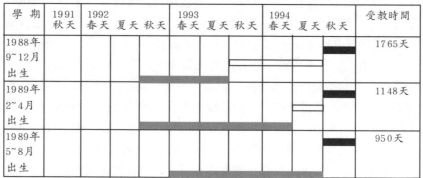

學期	1991 秋天	1992 春天	夏天	秋天	1993 春天	夏天	秋天	1994 春天	夏天	秋天	受教時間
1988年 9~12月 出生											1765天
1989年 2~4月 出生											1148天
1989年 5~8月 出生											950天

符號意義：　　　　　　　　保育教育（半天制）

　　　　　　　　　　　　　國小附設預收班

　　　　　　　　　　　　　小學一年級

資料來源：Audit Commission (1996).Counting to Five.

圖5-1　英國不同出生時間幼兒所接受的幼兒教育時間

　　但很矛盾的是：政府既然主張降低幼兒入小學的年齡至四歲呢，在考慮要儘量給幼兒做好的學習環境時，應該是多為四歲的幼兒設保育學校或保育班才對，因為國小幼兒班與保育學校或保育班在學校設備、教師、課程目標、教學方法之間仍是有所差距。若就本文的討論而言，英國如果真的要提早入小學年齡至四歲，宜審慎的考慮什麼樣的教學與學習方法、師生關係、課程優先程度是最適合四歲幼兒的。就如克萊維（Kleave）所呼籲的：幼兒提早四歲入學應仔細考慮如何因應年齡差異來維持幼兒教育的品質，避免造成教育機會不公平。

　　莫提莫等（Mortimore et.al）於1988年探討英國倫敦五十所小學學生年齡對學業成就的影響，發現同一團體中，年紀小的比年紀大的行為困擾多、學業成就低（包括閱讀、寫作及數學成績）。該研究提出老師應多注意年齡團體的差異。此外，許多研究如：羅素（Russell）於1986年的研究結果指出：五至八月出生的幼兒學業成就低於一至四月生的，而以九至十二月出生的學業成就最高，這是因為九至十二月出生屬於團體年齡中年紀最大的，這研究說明團體中年齡位置對幼兒的影響（謝雅茹，民80）。

　　另外，幼兒的入學受到其它許多因素的影響，凡舉幼兒的生活、幼兒出生日期的早晚、父母是否有關於幼兒入學方面足夠的知識、以及父母是否有能力提供非公立幼兒教育機構所要求的幼兒學費皆是。政府政策是鼓勵地方上幼兒教育機構的豐富性與多樣性，以增加幼兒家長的選校權。事實上，統計資料指出：幼兒教育機構的多樣性是舉目可見的，但是許多地區幼兒家長的選校權仍是很小的（DES，1990）。

　　綜而言之，英國幼兒教育義務化的問題是入學機會、效率品質與花費的不均等。幼兒因為「幼兒教育機構的數量」、「幼兒教育機構的地點」、「入學許可的程序」、「家長的需求」、「幼兒的入學年齡」等原因，而造成進入幼兒教育機構機會的不均等。此外，英國政府以為有良好的幼兒師資與課程能創造出高效率與高品質的幼兒教育，所以對於保育學校與國小附設保育班有較高的評價。但是，雖然保育學校、國小附設保育班與遊戲團體均為英國數量最多的幼兒教育團體，但保育學校、國小附設保育班所花費的幼兒教育費用要比遊戲團體高出許多，顯示英國幼兒教育資源分配的公平性也仍需加強。

第三節　未來發展趨勢

一、英國四歲幼兒入小學的趨勢

保育學校與遊戲團體的學習經驗對幼兒未來的學習的確有教育的成效。從教師的評價與各科的成績表現來看，有接受過幼兒教育的幼兒明顯的有較高的分數。尤其以高家庭社經地位與年齡較大的幼兒為最。保育學校的幼兒教育對文化不利地區或低社經地位的幼兒較有利；而遊戲團體的幼兒教育因為是私人教育性質，所以對於高社經地位的幼兒較為有利。該研究指出：希望整合保育學校與遊戲團體的幼兒教育規定，以滿足不同地區的幼兒接受教育需求（Daniels,1995）。

雖然英國政府規定五歲為法定進入小學就讀的年齡，但實際上已經有很多的地方教育當局同意讓四歲的幼兒提早入小學就讀。由於這個比例愈來愈高，要不了幾年，英國入小學的年齡就有可能降至四歲。影響提早到四歲入小學國家政策做主要的因素是滿足家長的需求，但是將入小學年齡提早到四歲最大的問題在於：幼兒適應的困難—夏天出生的四歲的幼兒身心發展成熟度、入學準備度、教師的期望、在同年齡團體中的地位等都不及秋天出生的五歲幼兒，且比秋天出生的五歲幼兒少讀兩個學期的課程。主張將入學年齡調整至四歲的學者為避免這個弊病，也隨之主張：小學每年只讓幼兒入學一次就好。

但很矛盾的是：政府既然主張降低幼兒入小學的年齡至四歲呢，在考慮要儘量給幼兒做好的學習環境時，應該是多為四歲的幼兒設保育學校或保育班才對，因為國小幼兒班與保育學校或保育班在學校設備、教師、課程目標、教學方法之間仍是有所差距。

國際成就評量學會（IEA）測量十二個國家十三歲兒童是否會因為五歲、六歲、七歲入學而影響其日後的學業成就。結果顯是示：六歲入學的幼兒有比五歲、七歲入學的幼兒日後的學業成就來得高。但是因為這個測驗的指標主要是根據正式課程的教學內容，所以並不能顯示出英國提早入學是否真得比較好或者是比較不好（Woodhead,1989）。

事實上，有意義的國際幼兒教育比較是有困難的，因為：第一、各國對於教育與保育強調的重點不一；第二、各國小學的入學年齡不

一；第三、各國對於公私立幼兒教育機構的規定非常混淆。遊戲團體是幼兒入學率最高的幼兒教育團體，但是幼兒每週參與校外幼兒教育組織的時間差異性很大。如果只是考慮大多數的歐洲國家都是以六歲或七歲爲入小學年齡的，爲什麼英國是五歲入小學呢？如果只是這樣單純的比較，沒有考慮到有些國家的幼兒照顧系統的差異或有些國家幼兒教育品質與成效的良窳，容易造成無意義的比較與造成誤解。

　　若就本文所討論的改變入學年齡的理論而言，英國如果眞的要提早入小學年齡至四歲，宜審愼的考慮什麼樣的教學與學習方法、師生的關係、課程的優先度是最適合四歲幼兒的。

二、英國幼兒教育義務化之相關問題探討

在「政策」方面

　　英國1944年的教育法案要求幼兒在其五歲生日之後就要接受小學的教育，這規定主要源自於英國每年有三次入學機會的傳統。Stretzer（1964）與Woodhead（1989）主張：事實上，歐洲小學的最低入學年齡是沒有明確的教育學或心理學理論基礎，就因爲社會大眾對小學的最低入學年齡本來就普遍不太關心，議會也匆匆的通過這個制度的制定程序。然而，雖然歐洲已經習慣他們的小學入學年齡，但是英國的地方教育當局卻漸漸的允許小學降低入學年齡至四歲。到目前爲止，國小附設預收班中的四歲幼兒已經要以保育學校中的四歲幼兒來的多，可見英國確實有降低小學的入學年齡之趨勢。

　　英國有些地方教育當局所轄之小學每年只有一次入學機會；有些有兩次；有些則是三次。不論地方教育當局的作法爲何，與幼兒的經驗都沒有太大的關係；也就是說，各地方教育當局所訂定的入學年齡，並非依幼兒的發展成熟度而定的。1975年英國教育部就促請地方教育當局，除非提早讓幼兒在五歲以前入小學不會增加教育資源的特別支出且不排除重新安排教育資源，否則不應允許該地的幼兒在五歲以前入小學。影響教育部做此決定的重要的因素首先是：家長認爲幼兒學校的教育較能促進幼兒在潛能上與智識上的進步，而且是全天、免費的。第二個因素是：認爲保育學校所需要的的幼兒教師薪資支出與教育資源都較貴，可充份利用一些幼兒數漸漸減少小學的空間與教師資源。

在「學習適應」方面

　　一般而言，提早入學幼兒的學業成就表現較差、對於學校環境的適應也較困難、繼而教師對於他們的態度也會有所差異（Peck & McCaig & Sapp, 1988）。所以學者Plowden女士於1982年在遊戲團體協會的談話中主張：堅持四歲的幼兒不應該進入小學中的預收班，現在英國政府藉由送四歲的幼兒入國小附設預收班，以扼阻保育學校與遊戲團體發展的作法，只是為了填補國小空下來的空間、以維持學校中一定的幼兒數而已。事實上，大多數的四歲幼兒的身心發展都未準備好要適應限制較多、沒有體能與想像遊戲的擁擠教室學習生活。

　　英國教育部在「較好的學校」白皮書（DES, 1985）中提到：學校的教師教學、幼兒的成熟度、準備度、與適應度都應該符合該年齡的需求，但報告書也同時指出：顯然的，目前國小附設預收班的課程並不適合四歲幼兒的需求，因為他們太早就教孩子正式的語言學習和數字技巧，忽視了基本的探索與實物學習。

在「教育資源與設備」方面

　　在英國皇家督學的視導報告書指出：如果比較國小附設預收班與日間托育中心的教育資源，可以發現國小附設預收班的教學設備與教學資源對四歲幼兒明顯的不適當，例如：寫字專用的課桌椅、因為教室太小而無法提供合適的課程、廁所不是專門為幼兒設計的、地板的設計不適當、也沒有足夠的室外活動空間。

在「師資」方面

　　一般的規定是：保育學校每班有要有助理教師的編制，但大多數的地方教育當局都沒有提供國小附設預收班中的四歲幼兒助理教師。即使國小附設幼兒班要求要有全天班的助理教師，通常地方教育當局也只會給與半天助理教師的編制。可見大部份國小附設預收班的助理教師的支援度與品質都要比保育學校或保育班來得差。

　　Clark在1988年與Barrett在1986年的研究質疑：即使小學教師已經接受適合該年齡的幼兒教育在職訓練課程，但是他們真的具備教導現今國小附設預收班幼兒的能力嗎？地方教育當局也開始覺察此種訓練課程與經驗的缺乏，所以嘗試提供訓練課程的教學指引，以改善這個情形。

在「實務」方面

　　雖然英國國小附設預收班的課程目標主要有兩項：協助幼兒建立自信與安全感，以及協助幼兒經驗自我成就的概念。但是可以發現到國小附設預收班的課程目標與實際教學上確實是有不連續的地方，實際的教學仍然是以班級管理與讀、寫、算的教學爲主。若比較國小附設預收班與保育班的教學內容，Cleave在1982年的研究認爲兩者的差異可分爲四方面來說明：

1. 在保育班的幼兒沒有工作的時間是在國小附設預收班幼兒的三倍。
2. 保育班自由選擇活動的機會較多。
3. 在預收班中，工作與遊戲之間有較爲清楚的區分。
4. 保育班幼兒與教師直接接觸的機會較多。

　　哈特等人（Hutt et.al）在1984年的研究中批評說：預收班與保育班的幼兒都需要遊戲以幫助其學習，但是幼兒所需要遊戲並不是像保育班一樣總是嬉鬧的，幼兒學習的內容應該多一些知識理解的部份，並且要配合較低的師生比例，以便能做良好的師生溝通。

　　或許是因爲學校與家長觀念溝通不夠，以致於三分之二的國小附設預收班家長仍然希望學校教師提供幼兒更多的正式課程。所以國小附設預收班的教師雖然有適合幼兒發展的教學理念，但是沒有足夠的教學經驗、教學資源與家長的支持來配合，所以也未必能夠教的好。Clark在1988年的研究則認爲：假設幼兒提早進入小學就能讓小學生有好的開始，基本上是會有問題的。

　　綜上所述，並沒有足夠的證據來支持五歲以前的幼兒提早進國小附設預收班在教育上或行爲上有什麼太大的好處或壞處。英國皇家督學Weir在1988年試圖轉換討論的角度，他認爲可以不必那麼關心幼兒應該幾歲入學的問題，應該多注意該如何設計出滿足幼兒不同個別需要的高品質課程內容；此外，教師的訓練也重要的。Weir的主張到是個可以參考的方向（Bennett & Kell, 1989）。

參考書目

王天一、夏之蓮、朱美玉（民82）。外國教育史（上）（下）。北京：北京師範大學。

林朝鳳（民77）。幼兒教育原理。高雄：復文。

吳文侃、楊漢清主編（民81）。比較教育學。台北：五南。

雷國鼎（民61）。各國教育制度。台北：三民。

雷國鼎（民71）。歐美教育制度。台北：教育文物。

熊光義 編著（民61）。各國小學教育。台灣省教育廳。

謝雅茹（民80）。幾歲入學重要嗎？，師友，294期，29-32。

謝美慧（民85）。英國初等教育-國小附設預收班簡介，比較教育通訊40期，17-20。

簡明忠（民76）。學前教育制度比較研究。高雄：復文。

簡紅珠、任秀媚等譯，Lall, G. R. & Lall, B. M. 著（民76）。各國幼兒教育。高雄：復文。

Audit Commission (1996). Counting to Five. London: HMSO.

Bennett, N. and Kell, J. (1989). A Good Start?- Four Year Olds in Infant Schools. Oxford: Blackwell.

Blyth, W. A. L. (1968). English Primary Education- a sociological description. London: Routledge & Kegan Paul.

Bruner, J. (1980). Under Five in Britain. Ypsilanti: The High/Scope.

Daniels, S. (1995). Can Pre-school Education Affect Children's Achievement in Primary School?, Oxford Review of Education, 21 (2), 163-178.

Deasy, D. (1978). Education under Six. London.

Dent, H. E. (1983). Education in England and Wales. (2nd ed.).London: Hodder and Stoughton.

DES (1967). Children and Their Primary Schools. Vol., London: HMSO.

DES (1985). Better Schools (Chaper 4：The Education of the Under Fives). London: HMSO.

DES (1990). Starting with Quality. London: HMSO.

DfEE (1996). Pupils Under Five Years of Age in Schools in England- January 1995, UK:DFEE.

Lall, G. R. & Lall, B. M. (Ed.) (1983). Comparative Early Childhood Education. Springfield, Ill: Thomas.

Mackinnon, D. & Statham, J. (1995). Education in the UK-Facts and Figures, Buckingham: The Open University.

Peck, J. T. & McCaig, G. & Sapp, M. E. (1988). How does Kindergarten entry age affect children's school success? in "Kindergarten Policies: What Is Best For Children?" Washington,D.C.: NAEYC.

Smith, E. A. (1994). Educating the Under-Fives, London: Cassell.

Weber, L. (1971). The English Infant School and Informal Education, Englewood Cliffs, N.J. : Prentice Hall.

Woodhead, M (1989). 'School starts at five...or four years old?' The Rationale for Changing Admission Policies in England and Wales in Gill Barrett (Ed.) "Disaffection from School?- The Early Years". London: the Farmer Press.

chapter6

英國綜合中學

吳敏華

　　英國的中等教育制度是逐漸發展形成的。「一九○二年教育法」確立中等教育制度後，中等教育逐漸由地方教育當局（LEAs）主辦。然而這個公立中等教育制度並不完善，它並未與初等教育建立相互銜接的關係，而是與之平行的機構。中等學校不是初等教育之後的延續學校，而是為7或8歲至15歲或15歲以上的兒童所提供的收費教育，絕大多數的兒童被排除在中學大門之外。二次大戰後英國進行教育重建，「一九四四年教育法」頒佈後，免費的中等教育才出現。此時大部分的地方教育當局採行中學鼎立制度（tripartite system），開辦文法、技術、和現代等三類中學。

第一節　綜合中學的萌芽

　　二次戰後初期，在人口稀少的農村地區，英國地方當局基於經濟因素考量，將人力和物力集中於較大型的學校內，以求校內設備和師資能發揮最佳經濟效益（Rubinstein & Simon，1973:44）。而在一些遭戰火破壞的都市裡，中等教育發展計畫則著重於快速重建遭損壞的學校，於是將教育與都市重建計畫相結合。前述這兩類地區的教育當局設立綜合中學（Comprehensive Schools）均著眼於經濟效益，力求於戰後教育重建中能有效利用有限教育資源。此外，亦有因應該區人民教育需求而建立綜合中學者，其中以萊斯特郡（Leicestershire）的經驗最具關鍵性。自二次戰後，多數地方教育局改組綜合中學的方式不外是合併殘存的學校，將其設備納入新的綜合中學裡，或是另外建立新的學校，此類綜合中學雖有新的建築和教育內容，但與文法中學有明顯的差異，許多文法中學的教職員不希望加入改組行列。1957年當萊斯特郡縣議會決定在該郡的兩個地區實行「兩級制」綜合學校試驗時，綜合中學的發展進入了新的階段，在這之前建立的綜合中學大都採取11至18歲一貫制的形式，學校規模較大，均達到教育部所要求的1600名學生，此類中學涉及關閉舊學校和新建校舍等多項問題。而萊斯特郡縣提出的實驗計畫則在不涉及關閉舊學校和新建校舍的情況下實行綜合中學改組，其作法是改現代中學為「中學」，招收本地所

有11歲兒童；改文法中學爲「高中」，招收14歲兒童。家長可在子女14
歲時作出選擇，或讓子女進高中，或讓子女繼續留在中學直到義務教
育結束年齡（15歲）。但選擇子女進高中的家長必須保證其子女在高中
的學習至少維持至16歲（Rubinstein ＆ Simon，1973:83-84；
Griffths，1971：41-42）。萊斯特郡縣改組在規畫下循序漸進地完
成，進展相當緩慢，共花了12年的時間。

由於這個計畫不涉及關閉任何現有學校，且儘快在試驗地區廢除
「11歲足」甄選考試，引來多方注意，實施該計畫的地區後來成爲英格
蘭最早廢除「11歲足」考試的地區。1960年萊斯特郡縣把該計畫推廣
到郡內的其他三個地區，並由此逐漸在全郡推廣實行，萊斯特郡成爲
英格蘭地區第一個完成改組的地區（Griffths，1971：37），該項計畫
成功地實踐，擺脫建立綜合中學可能的限制，爲改組地方中等教育提
供了新的前景。

大體而言早期綜合中學的改組約可分爲兩類，一爲部份改組，即
開設綜合中學的同時保留部份原有學校；另一類則是全面改組如萊斯
特郡。二次戰後推展綜合中學的地區，均是基於權宜及效率上的考
量，很少是基於政治因素或教育理論而設立綜合中學。英國從1950年
代至1960年代初鼎立制度已逐漸動搖，而綜合中學已有152所，若再加
上近似綜合中學的多邊學校，則約有1/10的中學生是就讀這類型學校
（Rubinstein ＆ Simon，1973:85）。

第二節　改組綜合中學的歷程

1959年，克羅色委員會發表報告（Crowther Report）指出：選
拔制度造成社會不平等及學校浪費人才的事實後，1964年的羅賓斯報
告（Robbins Report）又有大量的統計資料再次證實類似問題存在，
種種此類事實不斷被揭露，使得「11歲足」甄選考試聲名狼籍。從
1960年代起，英格蘭北部和中部許多地區的地方教育局已逐漸表明願
意廢除「11歲足」考試及全面改革中等教育的決心。根據全國教育研
究基金會（NFER）的調查，1960至1964年間約有四分之一的地方當局

對選拔制度進行重大改革，1964年時已經設立部份綜合中學或具開設此類學校意願的地方教育局已達71%（Rubinstein & Simon，1973：88-91）。此後英國境內情勢與輿論皆傾向日益有利於改組綜合中學運動的展開，1964年工黨於大選中獲得勝利，更有助於綜合中學的推展。

一、工黨逐步建立改組綜合中學的共識

戰後初期1945至1951年間，工黨獲得執政的權力，當時在工黨的內部，包括首相、教育部長、及許多議員都明顯傾向於按鼎立制組織中等學校。由於工黨許多成員畢業於文法中學，得益於文法中學的教育，是以均視文法中學爲勞工階級子女進階和成功之道，因此對文法中學廢除一事均持謹慎的態度。1947年的工黨大會上，工黨教育部長湯林森強調迅速發展共同學校，並批准了一些個別綜合中學的計畫；1950年工黨年會再度通過決議要求工黨政府貫徹既定政策，教育部並應盡可能協助已將綜合中學列入發展計畫的地方教育局，並能顧及各區的環境和條件，使綜合中學的發展不致因範圍太小而遭受阻礙（伍振鷟，民68）。

然而此一時期工黨發表的聲明不代表教育部已贊成廢除文法中學，並準備擺脫佔優勢的鼎立制度；相反地，工黨並未反對發展選拔性中等學校，甚而阻止部份綜合中學的設立，在戰後初期多數工黨所管轄的郡自治市地方當局，在其教育重建的計畫中，都未就開設綜合中學提出實質性的建議，而只是作了象徵性的首肯（Bellaby，1977：55-56）。

1951年，工黨內部支持綜合中學的人數漸增，結果當年的全國執行委員會提出「中等教育政策」。該政策對三類學校的需要性提出質疑，同時以設立綜合中學的計畫來取代三類學校，工黨致力於徹底改組綜合中學的政策乃得到進一步的肯定。然卻爲時已晚，當年10月工黨政府下台，新上任的保守黨政府繼續推行鼎立制度。工黨下台後，內部成員對於綜合中學的改組逐漸形成共識，在1952年和1953年工黨的大會上，該黨教育政策表明反對鼎立制度，決心致力於改組綜合中學。此後推展綜合中學逐漸成爲工黨的中等教育政策。

二、不同政黨輪番執政下改組綜合中學政策的更迭

　　1951年上台執政的保守黨政府日益走向全盤反對綜合中學的教育，堅決維護鼎立制的存在，特別是維護文法中學的設立。在保守黨政府執政13年期間，歷任教育部長均不遺餘力保衛文法中學，任何可能觸動文法中學的改組計畫都遭到拒絕，努力阻止綜合中學的設立。1964年的政治選戰中，全國民意測驗（National Opinion Polls）顯示：教育是僅次於生活費用為民眾所關注的第二項重要問題；顯然地，對中學進行改組的承諾不會失去民眾的選票（Weeks，1986：14），於是工黨的競選宣言中即指出該黨的領導中心將會加速中等學校的改組。隨後工黨獲得執政權，新的工黨教育國務大臣斯德渥特（Michael Stewart）是綜合中學堅定的擁護者。後繼者克羅斯蘭（Antony Crosland）亦是綜合中學的支持者，聲稱五年內綜合中學將是中等教育的正常型態。於是，在和地方當局教師聯盟（teachers union）經過漫長的諮商後，發佈10/65通諭（Circular 10/65）給地方當局，六個月後又頒佈「中等教育組織」（The Organisation of Secondary Education），要求地方當局提出重組計畫。基於各地的差異，克羅斯蘭尊重各地當局的觀點及該地人口分佈和現存學校型態，同意在原有的基礎和成就上，各地可建立一個包括一或六個類型的綜合中學制度（Weeks，1986：14）。

　　1968和1969年英國進行選舉地方政府後，工黨決意強迫改組綜合中學，當時的教育部長薛特（Edward Short）於1970年提出改組綜合中學的法案，強迫地方當局重視綜合中學的改組。然而法案尚未通過前，工黨政府即已下臺（Weeks，1986：21）。是年保守黨政府執政柴契爾（M.Thatcher）出任教育大臣，立即發佈10/70通諭，取消10/65改組綜合中學之要求，允許地方教育當局可自由決定該區的中等教育型態，並公開推薦綜合中學和鼎立制並存的二元制度（Weeks，1986：21）。直至1972年為止，柴契爾維護了92所文法中學免於改組，200所學校的改組計畫暫停實施，400所學校因缺錢而停止進行改組。儘管柴契爾保衛文法中學不遺餘力，但在任時關閉的文法中學卻也是歷任部長中最多的；改組綜合中學來勢洶洶，柴契爾亦只能稍加抑制而已（Tomlinson，1991：109）。

173

1974年工黨重新執政，直接介入改組工作的進行。工黨先要求區內仍保留選拔制度的地方教育當局交出改組的計畫，此一舉動引發許多地方政府的反彈；隨後工黨取消援助「直接補助文法中學」（direct grant grammar school），停止對100所「直接補助文法中學」撥款，並強迫在地方教育當局管轄的公立綜合中學與獨立學校間作一抉擇，多數的直接補助文法中學選擇成為獨立學校系統（公學和私立學校稱為獨立學校），成為綜合中學者由政府繼續提供經費補助，但改為獨立中學者政府即取消補助，故當時許多直接補助之中學已紛紛改組。最後119所學校決定成為獨立學校，52所成為綜合中學（Tomlinson，1991：109）。此一結果促使工黨政府更是堅定改組的決心，「一九七六年教育法」的通過即代表工黨尋求法律強迫改組的決心，該法授權給教育部長，要求地方當局和志願機構提出改組綜合中學的計畫方案，這些方案在五年內要付諸實現；部長若不滿意各區方案，可退回並要求重提，並且不允許任何選拔型式的公立教育存在，有效終結直接補助學校系統。

「一九七六年教育法」保障綜合中學合法地位，有助於強制地方當局進行改組綜合中學。但好景不常，隨著1979年大選結束，保守黨取得執政權力，首相柴契爾（前任保守黨教育國務大臣）迅速撤消「一九七六年教育法」限期改組的命令與中等學校綜合制的原則，允許當時未改組的學校保留原有之教學型態。並於1979年競選中制定了一項改革計畫—「輔助學額計畫」（The Assisted Place Scheme），意在建立一個資助私立學校學額的新制度，期能資助有能力但無法負擔獨立學校學費的兒童，擴大這類兒童受教的機會。因此，該計畫的主要內容即為向部份私立學校撥款，為一些聰明學生提供部份或全部免費的學額。1979年保守黨勝選上臺後便開始迅速實施這項計畫，該項計畫被寫入當年通過的教育法。1981年9月被正式付諸實施（Harland & Lawton，1988：467-468）。

儘管柴契爾力圖回復鼎立的學校制度，維護文法中學存在，但直至1981年以前，對許多地方當局而言，要慎重考慮的不是改組學校的問題，反而是入學人數降低的衝擊。工黨政府成立全國教育研究基金會（NFER），著手進行入學人數降低的研究，並於1980年提出建議，要求政府採取關閉學校的政策。保守黨政府接納此項建議，並於1981年

發佈通諭，聲稱至1986年以前中學的空額將會超出一百萬名，要求地方教育計畫必須降低中學的收容量（Weeks，1986：26）。正當中等教育進入萎縮階段時，1980年就讀綜合中學的學生已超過83％，同年英格蘭和威爾斯的文法中學就讀人數已降低至4％，中等學校制度的改革動盪已逐漸平息下來。

三、教育人員及社會大眾對綜合中學的支持程度不一

　　各方對改組綜合中學的意見真正尖銳化始於1950年代中期。1951年曼徹斯特文法中學（Manchester Grammar School）校長詹姆斯（Eric James）以其早期著作《領導的教育》（Education for Leadership）描繪柏拉圖的哲學，強烈支持文法中學，尖銳地批評綜合中學，認為對聰明的孩子而言，綜合中學是一項災難（disastrous），因為有天賦的孩子無法得到保障，而英國所需要的是超級選拔（super-selective）的學校，如曼徹斯特文法中學一般。依據此項主張，必須提早選出聰明的孩童，教育他們成為現代社會中領導者的角色（Rubinstein & Simon，1973:67）。詹姆斯校長之後，同為反對改組綜合中學而支持文法中學存在的渥特福德文法中學（Watford Grammar School）校長雷（Harry Ree），在其著作《精粹的文法中學》（The Essential Grammar School）（1956年）中強調：必須保留文法中學做為分開教育學生的中學之一。他認為文法中學提供勞工階層孩童與公學學生競爭的機會，而選拔意味著聰明的孩子可以和相等聰明的孩子一起工作，並且在一個有助於其努力學習和謹慎應用的氣氛下追求所學。另一學者貝恩塔克（G.H. Bantock）在其1954年著作《教育的自由與權威》（Freedom and Authority in Education）中強力主張：傳統的學術教育是適應有修養的少數人。這種暗示給少數人隔離教育的想法仍具影響力，且未受社會學、心理學、和行政考量的相對影響（Rubinstein & Simon，1973:67）。

　　此外，文法中學教師協會（Association of Grammar School Teachers）則愈來愈公開反對綜合中學。1955年四個中等教育協會的

聯合委員會（the Joint Committee of the Four Secondary Associations，包括headmasters、headmistresses、assistant headmasters、assistant headmistresses）發表反對改組綜合中學的聲明，指出大規模地開始實施一項未嘗試過的方案，是既不科學也非常危險（Rubinstein & Simon，1973:68）。因此，堅持保留文法中學和現代中學成為中等教育並行的學校，現代中學的任務是教育智力中庸的孩童，文法中學則是盡國家最大職責來教育無論社經狀況為何的聰明孩童，使其能力發揮至極限。1958年助理校長協會（Assistant Masters Association）發出一本小冊子強調國家必須堅決抵制任何可能破壞或損傷文法中學的發展（Rubinstein &Simon，1973:68）。

　　在一片反對綜合中學改組的聲浪中，以數名大學學者、中學校長、專業作家、及保守黨議員集結撰寫的小冊子—《黑皮書》（*Black Paper*）最引人注目。它代表傳統學術和菁英對改組綜合中學的一種反抗，黑皮書將學生學業水平下降、紀律不良情況、反社會行為的增加、以及少年犯罪的增加統統歸咎於綜合中學教育的結果。此書為捍衛英國傳統教育者提供有利於支持文法中學繼續存在的藉口（周淑卿，民81：24）。繼黑皮書公開責難綜合中學後，一些中產階級家長也強力抵制取消文法中學，以聯名抗議或舉行示威遊行等方式，要求尊重家長選擇學校的權利。1960年代是反對廢除文法中學的家長最吵鬧的時期。1964年底布里斯多的家長和學生因反對取消文法中學於倫敦遊行示威，類似情形也發生於利物浦。1965年10月全國教育聯盟（The National Education Association；NEA）正式成立，支持家長在中等教育中具選擇權，該聯盟具有豐富的財政和法律資源，其組織勢力之龐大可透過在依林（Ealing）和依非德（Enfied）兩地集結家長從事反對綜合中學的活動予以充分說明。依林地區的家長尋求高等法院命令停止進行改組，他們依「一九四四年教育法」第76條款中教育必須和家長的願望一致，而保留文法中學即是保住家長的期望，但判決駁回其訴求。而依非德地區的家長也在1967年的法律訴訟中敗戰下來，這兩項判決均有助於改組綜合中學繼續進行（Weeks，1986：41）。

　　儘管反對綜合中學的阻力不少，但亦有堅持綜合中學理念而努力推展的團體。1960年劍橋成立「推進公立教育協會」（Association for the Advancement of State Education），此乃第一個贊成綜合

中學的壓力團體，該團體促成雷辛希爾（Risinghill）綜合中學在倫敦成立。而自1965年始，一連串支持綜合中學的團體開始運作，綜合中學委員會（The Comprehensive Schools Committee）於1965至1970年間發布統計資料，由貝恩（Caroline Benn）帶頭寫下綜合中學年度回顧及小冊子，並持續批評教育與科學部評量綜合中學改組的進展，指出政府發布的評量只談論設立綜合中學或呈交改組計畫的地方當局數目，未論及綜合中學就讀學生的比例。貝恩的批評指出當局提出完成改組的日期很少被實現，有些從未實現。貝恩亦明白指出被延遲的計畫及綜合中學被選拔性學校選走聰明學生的比例。此外，因為改組的速度緩慢，再加上柴契爾夫人努力保住文法中學，綜合中學委員會在1970年改為綜合教育運動（Campaign For Comprehensive Education）繼續提出有關改組綜合中學的資料，並攻擊政府的無為。

雖然有些地方當局經常以家長支持作為保留文法中學的藉口，但亦有贊成綜合中學的家長經常以小團體的方式在一些地區為改組綜合中學而奮鬥，例如雷德布里吉（Redbridge）的家長為了終止「11歲足」考試而戰（Stop the 11-Plus Campaugn），及金斯頓支持綜合中學的家長協會（Kinston Parents' Association for Comprehensive Schools）等，均是支持綜合中學的家長團體。

中學教師的態度是另一影響綜合中學改組的關鍵。依據方未克（I.G.K.Fenwick）於1976年就教師聯盟對綜合中學改組的態度進行研究，1950年代全國教師聯盟（National Union of Teachers，NUT）中，有些支持綜合中學是對其自身學校不滿的文法中學教師，不過這只占極少數，其目的多半是為保障他們在鼎立制學校中自身的利益，只要其地位和薪給受到保障並不反對一些實驗的進行。其他的聯盟大都敵視綜合中學的改組，尤其是那些代表文法中學的教師。全國教師聯盟在工黨執政的1966至1977年間，努力促使改組工作的進行，例如1969年全國教師聯盟大會中，呼籲政府制定法律廢除選拔性學校，1970年公開對柴契爾夫人的10/70通諭採取敵對的態度，全國校長協會（National Association of Schoolmasters，NAS）與女教師聯盟（Union of Woman Teachers，UWT）都在隨後跟進（Weeks，1986：41-44）。

四、少數原有類型學校仍與綜合中學並存

　　自「一九四四年教育法」頒布以來，英格蘭和威爾斯地區以鼎立的中等學校制度提供學生免費的中等教育，其中文法中學招收11至18歲學生爲主，旨在爲升學作準備，文法中學除由地方教育當局維持辦理外，少數直接接受教育與科學部補助，稱爲直接補助文法中學。教育科學部依學生需要，分發若干學生至直接補助文法中學就讀，然後依其所招收學生數給予學費補貼。依據全國教育研究基金會於1968年的調查指出，有42％11至18歲一貫制綜合中學承認直接補助文法中學選走成績較優的學生的事實（Griffiths，1971：75）。唐尼森（Donnison）於1970年針對178所直接補助文法中學進行調查，這些學校均存在選拔制，且極具學術聲望，這類學校學生數共10萬1仟人佔中等學校總學生數的3％，60％就學學生中其費用的80％都由公立政府供給（Griffiths，1971：76）。此外，多數獨立學校是屬於貴族化、且升大學比率極高的私立中等學校，此即英國聞名於世的公學（但公學一詞並非泛指所有的私立中學），其入學均須經嚴格篩選或激烈競爭的入學考試。公學和直接補助文法中學選走成績較優的學生一直是不爭的事實，但公學因學費昂貴非一般中產階級家庭能供應得起，直接補助學校因有來自中央的津貼，學生學費尙能得中央的補助。

　　因此，綜合中學與文法中學共存的現象一直都沒有消除，綜合中學在60年代的發展基本上是以廢除現代中學爲代價進行的，文法中學直到1970年代尙未納入改組計畫中。1961至1970年綜合中學的學生比例從4％增加到29％，其中增加的25％學生主要是來自現代中學；而現代中學學生在同期下降約17％，公立文法中學學生數則下降還不到3％，即使是把獨立學校和直接補助文法中學下降的人數算在內，文法中學部分的學生人數也才下降至5％左右。儘管綜合中學的校數增多，文法中學實際上並未受到多大的影響，這種共存現象在許多大城市都可見到（Rubinstein & Simon，1973:110–112）。1976年，105個新地方教育局中，完全實行綜合中學者僅有27個，但許多地區的綜合中學因該區最有才能的兒童流向鄰近的選拔學校，和以往的現代中學比較之下，相差無幾。

　　儘管工黨政府在1974年上臺後對直接補助文法中學採取停止撥款的措施，並要求在綜合中學及獨立學校間作一抉擇，但多數的直接補助文法中學選擇成為獨立學校，反而擴大了獨立學校的教育系統。至1975年時，大約有12萬2仟個學生分佈在171個直接補助文法中學中，仍佔全中等學校學生的3％（Weeks，1986：24）。獨立學校的師生比例高於任何公立學校，在師資、設備和設施等方面的優勢依然存在，而最重要的生存理由是家長的支持。

第三節　綜合中學成為中等教育的主流

　　根據全國教育研究基金會（NFER）的調查，1960至1964年間，約1/4的地方教育當局對選拔制度做了重大的改革。1964年時，已經設立了部份的綜合中學或打算開設此類中學的地方教育當局已達到70％（Rubinstein ＆ Simon，1973:88）。因此，從1960年代起英國國內的情勢與輿論傾向日益有利於改組綜合中學的運動。適時正逢工黨在大選中獲勝，更有利於綜合中學的推展，但自1965年後綜合中學的改組，可說經歷一段漫長時日的擱延，若不是工黨於1965至1969年執政期間加速綜合中學的改組，影響力逐漸擴展至各地，綜合中學改組的完成恐怕又得往後拖延。1965年後的五年內，地方教育當局改組的計畫穩定地成長，至1967年2月底，162個地方當局中，30個已針對該區整個或部份區域提出改組的方案，1969年2月，129個地方當局中，只有六個正式拒絕提出任何改組方案（DES，1977）。

　　1970年，保守黨政府取消中央政府對改組綜合中學的支持，但已形成的綜合中學改組運動仍未放慢腳步，各地繼續不斷地設立綜合中學，陸續有地方教育當局遞交改組計畫。在希思（Heath）政府當政期間英格蘭和威爾斯的綜合中學從1250所增加到2677所（DES，1977）。1974年，工黨政府重新執政後，立即頒佈了第四號通諭，重申中央政府支持改組綜合中學政策。是年亦逢英國地方政府改選，最後105個新的地方教育當局中，僅7個表示拒絕改組綜合中學，除非通過立法要求他們進行改組綜合中學；至1976年105個新地方教育當局中，僅有1個

地方教育當局未設綜合中學，27個地方教育當局已進行全面改組綜合中學，其餘77個地方教育當局已完成局部改組綜合中學，是年綜合中學的校數增至3387所，學生數佔中學生總數的69.7％（DES，1977）。

隨後於1977年，全國就學校問題展開大辯論時，綜合中學學生數佔中學生總數將近80％。當年教育和科學大臣威廉姆斯（Shirley Williams）在總結教育大辯論中宣稱：「在我們3/4的學校中，甄選制度已成為過去事。」1979年保守黨再次上臺，首相柴契爾夫人廢除「一九七六年教育法」中有關強制改組綜合中學的規定，但此時改組的運動已無法制止，綜合中學的改組以其預期的速度向前推進。1980年英格蘭和威爾斯就讀綜合中學的學生已達83％，同年就讀於文法中學及現代中學學生比例分別是4％及7％（Shaw，1983：112）。至此，綜合中學的改組基本上已告完成。

第四節　綜合中學的規劃與運作

1965年，工黨政府發布10/65通諭後，每一個地方教育當局可依當地人口及需求來決定學校規模與型態，中央並未給予任何的限制。大致上來說，綜合中學不是由舊的學校改制而成，便是完全新設立的學校。而綜合中學修業年限依學校類型不同而有差異，有11歲（或銜接中間學校由12歲、13歲、或14歲開始）至18歲（或19歲）的，也有些則僅招收11至16歲的學生。大體上，綜合中學的規劃與運作各地不盡相同，必須適應所在地區的環境，並向該地區主管機關負責（伍振鷟，民68：105-106）。

一、多類型與較大規模的學校設置

早期綜合中學定義為招收11歲學生及提供第六學級教育的完全一貫制中學，1965年，工黨發布的10/65通諭提供地方教育局6種綜合中

學的形式（DES，Circular NO10/65），各地可依據其資源和需求來加以採行，這六種方式為：

1. 一貫制綜合中學，招收11至18歲學生。
2. 兩級制（two-tier system）綜合中學，分初級中學（junior comprehensive school）和高級中學（senior comprehensive school）。所有學生在11歲時入初級中學，13、14歲時自然進入高級中學。
3. 兩級制綜合中學，亦由初級和高級綜合中學組成。所有學生於11歲時入初級中學，但於13、14、歲時，部分學生升入高級綜合中學，其餘仍就讀初級綜合中學。高級綜合中學提供普通教育證書和中等教育證書的課程，至少讓學生留到16歲，並且鼓勵學生在合適的階段轉入高中的第六學級；而仍就讀初級綜合中學者，學校不提供與公開考試相關的課程，並且一般只讓學生留到15歲。
4. 兩級制綜合中學，由初級中學和13或14歲至16歲與13或14歲至18歲兩類高級中學所組成。所有學生在13或14歲從初級中學畢業時，可就兩類高中做一選擇。
5. 由11至16歲綜合中學和16至18歲第六學級學院（sixth form college）組成。
6. 跨越小學和中學年齡的中間學校（middle school）制。學生在8或9歲從小學轉入招收8至12歲或9至13歲學生的綜合中學，之後從中間學校再進入招收12或13歲至18歲的綜合中學。

上述六種學校型態是中央為加速地方改組綜合中學之進行，提供地方教育局擇取採行，其中，11至18歲一貫制的學校在1965至1985年間維持最高的優勢，差不多佔了一半，其他類型的學校佔少數。在1970年代的早期，兩級制的系統是第二種最平常的類型，但至1976年，分開或兼有的第六學級制度和中間學校取代了兩級制的學校，而第六級制度在1980年勝過中間學校系統，隨後有逐漸增加的趨勢，當中擴充最快的是11至16歲的綜合中學（Weeks，1986：65）。直至1977年為止，綜合中學的型態若以年齡範圍予以區分，則共有23種不同類

型的綜合中學，但其中只有三個形式的綜合中學是被廣泛地採行
（DES，1977）：

1. 11至18歲一貫制的綜合中學。
2. 介於8至14歲的「中間學校」，依其招收學生的年齡層區分，則
   包括8至12歲、9至13歲、和10至14歲（較少數）三類學校。學
   生在12或13歲（少數是在14歲）時轉入直至18或19歲的高中
   （upper school）。
3. 11至16歲的綜合中學，學生畢業後就讀16至18或19歲的第六級
   學院。

　　至於學校規模方面，在鼎立制度時期學校的規模是相當小的，現
代中學約為300人左右，文法中學則約400人（Berverly Shaw，1983：
85）；此種規模的學校其組織相對地非常簡單。而早期設立的綜合中
學規模都超過上述的人數，多則高達2000人左右。根據蒙克斯（Monks）
於1966年的調查，所有的綜合中學中有58%的學校，學生人數是少於
1000人，有13%的學校人數是多於1,600人，有兩所學校超過2,000人。
分級制學校（tiered school）人數大多為400到600人，而所有綜合中
學平均人數為865人（Weeks，1986：110），至1977年時，綜合中學平
均學生數則約為950人（DES，1977）。

二、劃定學區為主的入學方式

　　學區（catchment area）入學是多數地方當局採取的綜合中學招
生方式，但如何劃定適當的學區是困難的。如果學區很大，雖然易於
容納各種能力及不同社經背景的學生，但可能引起交通運輸上的困
難，且家長也會抱怨住家離校過遠；若學區過小，則可能招不到各類
型的學生。因此，多數地方當局選擇實施包含幾個不同學校的學區制
度，力求平衡招收各類智識及社會階級的學生。
　　儘管學區制是多數地方教育局採行的入學方式，但各地中學的招
生也採行其他方式。1970年代早期的招生方式有：1.學區制：依據地

理或行政區域劃分，學區內有一所學校供所有學生入學，或有數所學校供家長選擇或隨機抽選（ramdom draw）入學。2.供應學校制：附近地區一所或數所初等學校的學生，全部進入指定的綜合中學。3.家長選擇制（parental choice）：在綜合中學較多的地區家長可以自由選擇子女進入那一所學校；在文法中學與綜合中學並存的地區的家長則在地方當局的協助下，爲子女選擇合適的學校。

根據1973年綜合中學委員會（Comprehensive Schools Committe）的調查顯示：有1/3地區是屬於學區制，但研究未明確指出共有多少學區；15%地區是學區和家長選擇制，7%是供應小學制，8%是供應小學和家長選擇制，19%是採有或沒有學區的家長選擇制，10%是家長接受地方黨局指導爲子女選擇入學。劃定學區的入學制度在當時佔多數的比例（Weeks，1983：103－104）。

三、校內實施不同形式的學生編組

綜合中學的規模較以往三類中學擴大，爲求教學與管理學生方便，綜合中學在這兩方面都實施了不同形式的學生編組。

教學方面

早期因受傳統觀念及與文法中學競爭的影響，多數採取某種形式的能力分班。當時能力分班或分組有各種名稱，而實際上大同小異的能力分班或分組計有：（1）能力分班（traming）：這是一種傳統的分班形式，於學生入學時施予智力測驗，然後案照其智力的高低，予以分班授課；（2）科目分組（setting）：即學生按照其各科學習能力的不同，不同的科目到不同班級去上課；（3）廣泛能力分群（broad ability banding）：是介於能力分班到混合編組之間的一種分班型態，係將學生廣泛地分爲數群，然後案照其能力分各班，因此一校能力相同的班級不止一班而是數班。（4）分班兼分組（combiation of streams and sets）：是既採能力分班又實施科目分組，可說是一種較爲複雜而又更爲嚴格的能力分班形式（DES，1977）。

　　貝恩（Caroline Benn）和西蒙（Brian Simon）於1970年曾探討了89所綜合中學學生第一年的編班情況發現：當中19.5%的班級實施能力分班，5.5%班級實施學科能力分組，而能力分班配合學科能力分組的占14.5%，混合能力分組的占所有班級22%，兩門科目以上分組教學者占6%，4%完全以混合能力分班。全國教育研究基金會（NFER）曾在1974至1975年間研究1100所的綜合中學，其中54%學校中學前幾年均採混核能力分組，第一、二年採取混合能力分組者占37%，前三年者占24%。而91%的學校針對某些學科採分組教學方式。而皇家督學在1975年到1978年對10%的中等學校進行研究亦發現：大部分學科採混合能力編班的，在第一年中占35%，在一、二年級中占23%，前三年中占11%，五個年級的占2%。威克斯（Allan Weeks）在1983年研究中指出：第一年到第三年中，學科能力分組比混合能力分組更為流行，固定能力分班較少見；而在第四和第五年裡，學科能力分組更達70%。為了幫助學生準備16或18歲的考試，幾乎沒有教師相信採取混合能力分班對學生的考試是有幫助的，多數的教師和家長不贊同混核能力編班（Shaw，1983：147）。總之，這些中學一年級到三年級最常見的類型是學科能力和混合能力的混合式分組，至於四或五年級時則變成學科能力分組，在選樣的學校中有一半以上是這種類型。1983年蕭（Beverly Shaw）也指出類似的情況，儘管半數以上的綜合中學在一、二年級實行能力混合編組，但大多數綜合中學是出於「診斷」的目的，即方便學生從14歲起實施分組教學。並且證據顯示大多數綜合中學教學即使在混合能力分組中，仍將學生分為上、中、下三種不同能力組，並且只對中間能力學生進行教學，此與個別化教學原則相互牴觸（Shaw，1983：147）。此外，哈格里夫斯（David Hargreaves）於1982年指出，部分學校從13歲起便以13＋校內考試，將學生分為普通級普通教育證書、中等教育證書、及不參加校外考試三組，分別授課（Shaw，1983：114）。但亦有研究指出混合能力分組有時是受制於該科教師的意願。1981年國家教育研究基金會（NFER）所做調查顯示有47%的數學教師和56%的現代英語教師認為其所任教班級學生能力差異不適合太大，科學教師也同樣不樂意任教能力差異過大的班級（Weeks，1986：83－86）。

一般說來，採取能力分班的綜合中學從1970年代中期起正日漸減少，而由廣泛能力分群過渡到少數科目分組的混合編班，則逐漸增加。

生活與管理方面

生活管理方面的分組，有採取年級制的，同年級的各班組成一個單位；有採取分段制的，將學校分為低年級（lower）、中年級（middle）與高年級（upper）的管理單位；亦有採取寄宿制（或家庭制house system）的，同一宿舍或家庭的學生為一單位。各校視其規模、校舍和設備、與學生人數等因素，各自採取最適合其需要與條件的分組型式，並無一定的成規必須遵循（DES，1977）。根據貝恩及西蒙的研究指出：1968年起，許多學校放棄宿舍制改採年級制的管理，主要理由是因很多學校的校地分隔，寄宿的方式並不適當；再則，管理宿舍的教師（head of house）對學生日增的問題備感壓力，各年級的橫向分段（能力分班或廣泛能力分群）有其規定與期望，破壞寄宿制度。1970年代至1980年代，年級制已取代寄宿制成為最受學校歡迎的學生管理分組方式（Benn & Chitty，1996：230-233）。

四、教師自主下的課程安排

1944年至1960年代初期是英國教師自主的黃金時期。依據1944年巴特勒法的規定，除宗教教學外，其他所有的世俗課程均由地方教育局長掌理支配，而地方教育局往往將課程權力下放給各校校長，由校長與該校的教師共同協商，中央教育與科學部並不介入。但事實上，只要宗教教育符合規範，則各校教師對課程內容、各科教學時數、教學方法及評量標準等皆擁有完全自主權（黃光雄，民79：379-380）。自1960年始，保守黨教育部長艾克利斯希望增加控制學校課程的權力，於1962年成立「課程研究小組」。然而這項企圖要控制學校課程的計畫遭到各種教師組織和地方當局的敵視。因此，教育部放棄這項計畫，而在1964年與地方教育局聯合資助成立「學校委員會」（School

Council）。該委員會成員大都為學校的教師，屬一獨立單位，執行「研究並監督學校課程、教學方法及考試以改善教育」的工作，而其信念為：每一個學校都應根據該校學生的需求，由學校全體教師全權負責其課程與教學方法；其功能並非生產課程規定，而是擴展教師課程自主的可能性，並提供教師最詳盡的研究證據，以證明專業判斷之可行（周淑卿，民82：20－21）。由此信念可知英國當時對教師的充分支持。

然而教師的自主性並非絕對不受其他因素的影響，中學校外考試、大學入學之要求、地方及皇家督學的建議等，均對綜合中學課程的決定，具有相當的營響力（黃光雄，民79：380）。綜合中學教師為協助學生進大學，仍不得不以學術性課程為重點，教育內容深受考試大綱左右，考試之影響力可見一般。因此，各綜合中學之間的課程內容事實上均無太大的差異。

綜合中學前幾年的課程大都是屬於「共同課程」，是為所有學生開設的，大都以英語、數學、藝術、工藝、家政、音樂、法文、歷史、地理、宗教、體育、和合科或普通科學（combined or general science）等，但不論是1976年倫敦市所做的調查或1972年班恩或西蒙所發問卷回收的資料，均發現英國有80%以上的綜合中學為所有學生提供「科目相同而進度與程度有異的基本課程」，此即所謂的「共同課程」。至於共同課程實施的年限，長短不一，1年至5年均有，而以三年者為多。除此之外，絕大多數的綜合中學，均於一年級時開設外國語科目及拉丁語，不同的是少數學校並未將之列為必修科目（Benn & Chitty,1996：261）。

關於共同課程實施的年限，各校並不一致。因為英國的教育年齡，原為5至15歲，1973年延至16歲。由於義務教育年齡至16歲為止，因而產生超過義務教育年齡後是否繼續留校（stay on）的問題；而是否繼續留校，又引起參加何種考試的問題。因此，中學5年級的課程開設配合學生不同的需求，有為升學作準備的，有為就業所需的，有為僅受完此一階段教育證明的。為了適應這些要求，基本上所有學生仍必須修習包含：英文、數學、宗教、生涯教育和體育的核心課程（core course），而準備參加校外考試的學生必須選修五門應考科目，多數學生選擇歷史、地理、化學、物理、生物、法文等；而不準備考

試的學生則多選擇藝術與工藝（art and craft）、汽車修護（motor vehicle maintenance）、打字（typing）、木工（woodwork）、家政（home economics）、金工（metalwork）和裁縫（needle work）等（Burgess,1983：22）。

14至16歲階段（中學的第四和第五年）的課程安排，根據貝恩和奇第（Benn & Chitty）指出，有以下幾種的方式：（1）必修之外，另加選修科目（required subjects plus options）；（2）全部選修科目（complete course choice）；（3）分組的自由選修科目（free choice from option groups）；（4）其他或混合採取上述幾種方式的兩種併用。下表爲貝恩和奇第兩人於1970年針對613所學校14至16歲學生選課權所得結果；由表6-1中可知採取第一種課程安排方式的學校數最多，佔68.5%。

表6-1　英國中學14至16歲階段學生課程安排方式

課程安排	學校數	比例
必修之外，另加選修	420	68.5
全部選修科目	84	13.5
分組自由選修科目	53	8.5
其他或綜合前述方式	48	8.0
未知	8	1.5
全部校數	613	100

資料來源：Benn & Chitty,1996　；　p.269

但事實上研究者指出：即使是實施全部選修科目的學校，仍要求學生必須選擇英文、數學，有些學校尚且包括宗教、生涯和體育等列爲必修科目（Benn & Chitty,1996　：　268-269）。

第五節 綜合中學初期發展至1980年代的教育問題

改組後的綜合中學仍出現許多的問題，例如一貫制中學（這類學校在1972年佔所有綜合中學的56％）因規模過大，往往造成組織和管理上的困難，因而學生的紀律和逃課問題較嚴重。此外，廢除分化甄選考試是綜合中學組的主要訴求之一；然而，1970年代綜合中學校內以學業成就為依據進行分化甄選仍普遍存在。在教學內容和課程設置方面也存在問題，學校制度的改革並未帶來教學內容和課程設置上相應的改革。而種種問題為改組綜合中學增加新的議題。1976年，首相卡拉漢（J.Callaghan）在牛津的拉金斯學院（Ruskin College）發表演說，號召家長、雇主、工會、地方教育局和教師就教育與工業和農業的關係、課程與教學的方法、評量與標準、及教師培訓等問題展開全國性的教育大辯論。1977年7月，教育大臣雪莉威廉姆斯（S.Williams）負責總結大辯論的諮詢文件《學校教育》（Education in Schools）呈交英國議會。從此，有關中等教育的研究焦點逐漸由制度轉向學校教育的內部。

一、無法達成平衡招收各類學生

綜合中學最重要的原則之一即是希望能平衡招收各類學生，最理想的情況是25％的新生是通過11歲選拔測驗者，50％是具平均能力者，另25％則是平均能力以下的學生。然而，實際狀況則是綜合中學與文法中學及公學並存，致使成績優秀學生被這些學校挑走。全國教育研究基金會（NFER）於1968年就全部1966所綜合中學中抽出13所進行研究，發現綜合中學學生具有全部中學生平均能力以上的少於5％。1966所的綜合中學中有42％的學校必須和文法中學競爭學生，而70％的學校招到當地平均能力以上的學生不到5％，又全部的綜合中學中有五分之一說他們比當地擁有更多平均能力以下的學生，有34％的學校

招到比原先預期更多的平均能力程度的學生，且學生來自半技術或非技術工人的家庭是這些綜合中學的特色。1970年全國教育研究基金會（NFER）的抽樣研究中，綜合中學包括了28％平均能力以下的學生，而其中20％是因當地的社經背景使然。1978年教育與科學部的報告顯示：綜合中學所招收學生智商超過115的由6.1％到25％不等，而智商在85或以下的從6.6％到31.3％。皇家督學於1975至1978年間研究了384所中等學校，顯示有五分之一的綜合中學學生沒有排名在全部中學學生前20％以內（Allan，1986：103-105）。選拔性學校的存在使得多數成績優秀的學生不原意進入綜合中學就讀。

此外，綜合中學校際間亦存在差異，1966年，內倫敦教育局（ILEA）開始實施平衡式的入學政策，想讓每所學校的學生在五種能力分類中各佔20％。但直至1972年仍難達成這個分配比率，於是該區教育局宣布將一些聰明的學生轉到較多低能力學生的學校，但遭家長強烈抗議，以致內倫敦教育局立刻放棄這個想法。因此，儘管學區的劃分仍存在，但區內的綜合中學並未達成平衡招生。

家長選校是造成不平衡招生的緣由之一，有勢力及關係的家長使用壓力來確保其子女能夠進入喜愛的學校，破壞綜合中學平衡招生的理想。又如1967年，曼徹斯特地區的家長可就28所學校中選出3所，讓子女進入其中一所就讀。1973年選擇成功的占77.4％，1977年為82.3％，此乃拜入學人數下降之賜。至1975年時，當地有六所學校登記入學的人數過多，270個名額卻有546個申請者，使得熱門學校的入學競爭更加激烈。

再則，改制而來的綜合中學其前身為何種類型學校亦是造成綜合中學校際間的主要差異。根據貝雷（P.Bellay）於1977年研究某地區的三所綜合中學指出：其中一所以前是文法中學，該校教師都留在改組後的新學校裡，且大都是研究所畢業，多數這類學校學生獲得牛津（Oxford）及劍橋（Cambridge）的獎學金；另一所則是技術中學改制而來，許多教師都非研究所畢業。這兩類學校的教師流動性均低，且平均年齡較高；第三所綜合中學的前身是現代中學，位於有多數勞工階級的區域內，教師不斷地變動，年輕的教職員比前兩所多，當中許多是非研究所畢業。貝雷對三所學校的描述和以前的鼎立制時三類學校沒什麼不同（Bellaby，1977：80-82）。

二、學術導向的課程脫離工商需求

　　1970年代中期，國家教育研究基金會提出有關共同課程的三年研究計劃報告《課程架構》（A Famework for the Curriculum），研究者威斯頓（Pamelope Weston）指出：共同課程被多數綜合中學視爲「美德」（virtue），是學校欲達成的目標。事實上，多數綜合中學只於前兩年提供共同課程，第三年的共同課程通常被犧牲，改爲第四和第五級考試導向的預備課程（Benn & Chitty，1996：271）。因此，考試內容決定學校開設課程的內容，這些內容多爲學術導向課程。在學術教育普遍受重視下，職業教育未得到應有的重視。綜合中學的支持者福特（Julienne Ford）於1969年指出：沒有任何的證據顯示綜合中學提昇了職業教育水準。貝恩和西蒙亦於1970年指出：許多學校把職業準備課程安排給想提早離校的學生或是補修學生。威克斯於1983年的研究亦指出：職業教育不夠完善，只有少數的學校提供教育機會給學生，而訂有職業教育進度表者只佔全部學校57%。威克斯原以爲未訂定職業教育進度計畫的學校，是經由個別的諮商達成職業教育的準備工作，於是查看學校發出的輔導手冊是否論及獲得職業或是就業相關訊息、或由專家諮商室與學校的職業中心提供諮詢服務。然而在169所學校中有描述此類聯繫或服務的輔導手冊共有110個，其中97個是前述已具有職業教育的課程表者，其餘72所學校連輔導手冊也未提及任何有關職業教育的訊息（Weeks，1986：92－94）。從1970年代起，來自企業界對中學畢業生缺乏工作基本知能亦發出怨言。根據「全國青年就業委員會（National Youth Employment Council）」的調查，學生進入工作環境後，多不尊重權威，厭惡他人的引導，產生許多問題。企業界批評學校未能爲學生作好進入工作世界的準備，質問教師和教育家對社會績效責任。絕大多數的雇主，特別是工業部門，批評教育制度中長期存在的學術導向課程造成英國在產業和經濟方面落後於其他工業化國家。然而，消除學術導向的學校教育不僅是困難的，而且也無法從根本上解決問題，欲使英國恢復經濟大國的地位，積極的作法是發展職業技術教育（王承緒等，民81：244）。因此，在雇主所提的綠皮書（即後來經由教育國務大臣整理而成的）《學校教育》中，希望

協助學校進行職業教育方案。而1976年首相卡拉漢所引發的大辯論
（Great Debate）亦對綜合中學職業教育不足提出討論，他們要求中學
與職業教育應更密切的配合。呼籲學校要面對經濟危機與財政困難，
希望在有限的資源下發揮最大的教育功效，並主張加強基本學科能
力，同時提議建立全國中小學共同的核心課程架構，並使年輕人具備
工作世界所需的基本技能，而教師應向社會負責（周淑卿，1992：24
－31）。

三、校內師生及學生同儕關係疏離

　　1960年代多數綜合中學以學科能力為依據分化學生，並以為學生
準備校外考試的方式辦理教育，試圖和文法中學競爭（Ball，1981：
9）。部分綜合中學以校內13＋考試將學生分為普通教育證書、中等教
育證書及不參加校外證書考試三組，分別授課（Shaw，1983：121）。
　　1964年基德布魯克（Kidbrooke）綜合中學的教師指出：一旦能
力分班建立後，就很少有異動的機會了。1970年，奈兒森（Nailsen）
綜合中學的里察森（Elizabeth Richardson）也提出相同的論點。
1981年國家教育研究基金會指出有1/3的校長（headteachers）未能與
他們的教職員或家長們就混合能力的情形加以諮商。此項調查報告建
議混合能力編組需要請教特別的專家，而後再作努力及尋求資源，以
符合學生的需求。國家教育研究基金會指出諮商及準備工作的不足，
以至於在教學方法上和班級與教師關係上未能適應長期的實質需要。
教師們通常以中等能力學生的程度來作教學基礎，他們很難去分析聰
明和不聰明學生的需求。而在處理不同層次水準學生的教學上，最常
用的方法是利用不同能力等級的個別教學測驗。但這些標準常被包括
皇家督學在內的批評家所指責。1978年皇家督學指出：這些個別的教
學測驗不只是呈現的方式、內容和結構不佳，更重要的是有過多的個
別測驗。皇家督學呼籲在整個教學和個別測驗之間要有更多的平衡，
同時迫切需要的是更詳盡和有效的記錄和評估（Weeks，1986：87－
88）。

　　承上所述，多數家長和教師均不贊成混合能力編班教學，而幾乎所有的中學自一年級起，部分科目即實施學科能力分組教學，少數學校仍堅持採取能力分班方式實施教學。哈格里夫斯（David Hargreaves）曾在其1967年研究《中等學校的社會關係》（Social Relations in a Secondary School）中指出：高成就班級學生良好行為不斷地得到增強，而低成就班級學生卻遭受失敗和拒絕。低成就組、中等教育證書組或不參加校外考試的學生，選修課程被嚴格限制在實務和職業方面，學校僅額外提供外語和科學（和升學組分開上課）（Benn & Chitty，1996：271）。在綜合中學的前兩年，低成就班級的學生對學校未有敵意，隨後敵意的產生乃因他們不被認為具有能力參加校外公共考試（Taylor，1993：14）。因而逐漸於高年級發展出反學校（anti-school）次文化，試圖從中得到某種程度的補償（Benn & Chitty，1996：252）。根據1970年前後的研究調查顯示：來自勞工階級的學生在能力組群中佔大多數，按學科能力分組或分班不但傷害個人的自尊及潛力的發展，且來自貧困社經背景的學生發現他們在低層次的編組中，也會造成不利於社會和諧的結果（Weeks，1986：145-146）。1969年，綜合中學的支持者福特（Julienne Ford）指出，能力分班和科目分組限制了社會互動及加強階級的差異（Benn & Chitty，1996：185　）。1974年，瓦特斯（Janet Watts）於「守護者」（Guardian）發表文章指出綜合中學的學生漸現的輕視感。1977年貝勒比（Bellaby）也察覺到學生高度的敵意及近乎死沉的冷漠，在其調查的三所綜合中學中，兩所學校學生對其師長懷有敵意，且其敵意通常深藏不露（Weeks，1986：167-169）。哈格里夫斯於1982年認為學生的疏離感來源是：勞工階級社會的崩潰以及繼之而來的尊嚴的消失，為重建個人的地位，因而產生反學校的態度和行為。該項研究同時指出：只有少部分的學生認同綜合中學的目標，大多數的學生則否，對學校所提供的內容表現得漠不關心。其他人雖不認同，但卻試圖從學校得到好處。此外，有些反對者（oppositionals）則積極地尋找新的幫派，這些人都是一些體力好、頑劣的、頭腦靈光和愛找麻煩的。1987年，瓦特金斯（C.Watkins）和威納（P.Wagner）也指出，能力分班和科目分組造成學校對立的氣氛，學校的組織和發出的訊息只幫助少數人成功，卻忽略其他人的失敗（Taylor，1993：14）。

四、教師素質與學校教育的品質遭受質疑

　　1965年進行的綜合中學改組需更多的教師來配合新增的學生，然而10/65改組綜合中學通諭卻表示無法保證有額外的教職員配合改組的要求。1965年，大學中的科學和技藝學尚有1萬7仟學生個缺額，當時的教育部長克羅斯蘭要求訓練師資的學院要多加訓練人員，甚至還建議技術學院也加入訓練的行伍。1967年，教師不足人數估計達4萬人，於是政府發動已婚婦女回到教室，即使是兼課也可以。1968年全國教育研究基金會（NFER）的調查顯示：1/5的中學女教師是兼課教師，而短缺最嚴重的是數學和科學教師；另外法文和工藝教師亦有類似情形。1973年，部分學校教師每年的流動率達到25%，當時有4萬個新進教師，其中許多並未受過嚴格的甄選程序（Weeks，1986：116－117），引發其後社會大眾質疑綜合中學教師之素質。

　　1976年首相卡拉漢引發教育「大辯論」，當時民眾對教師的批評此起彼落，許多人把教育制度的失敗歸咎於教師，主因在於戰後以來形成的教師課程自主。1979年大選後保守黨執政，挾雜著家長對學校教育普遍的不滿，1982年教育與科學部大臣約瑟夫（Sir Keith Joseph）開始以「無效率教師」（ineffective teacher）為題對學校教學展開嚴厲攻擊，約瑟夫堅決地認為，綜合中學會辦得這麼差就是因為一大堆無效率的教師在中學執教之後，他試著去說服教師協會（teachers association）對教師進行定期的評鑑（Weeks，1986：101）。1983年英國政府公布一份題為《教學素質》（Teaching Quality）的白皮書，不但鼓勵家長與一般大眾對學校教育進行詳細的檢查，而且對教師的教學工作提出批判。當時學生或家長對學校教學活動干擾或中斷，甚至教師被媒體描述為教學的無能，無法適當地掌控教育活動。教師地位自此一落千丈，不但教育專業的學術領域不被重視，而且政府中央層級有關課程、考試和決策過程也漸將教育人員排除在外，對教育政策的制定，教師本身幾乎毫無說話的餘地（楊瑩，民84：14）。

　　綜合中學除了教師素質遭受嚴格批評外，其教育品質也成為眾所矚目的焦點。有關綜合中學教育品質的問題，從1969年起，《黑皮書》即對改組綜合中學運動加以批評，視之為教育水準低落的禍根，力圖

恢復傳統的選拔制度與嚴格的學術訓練。然而亦有持相左論調者，主張教育水準低落之說並無確據。兩派各執一詞，相互對抗。但同時期城內的綜合中學學生犯罪率於1970年代中期達到高峰。而1973年到1975年間，倫敦的強盜罪增加37％，其中一半以上是由11歲到15歲的中學生所犯的。1974年，一所倫敦的綜合中學每天花50英磅來修補破損的窗戶。1973年到1977年間，學校內處理特殊行為單位快速擴充，據皇家督學於1978年的調查顯示：這段時期增加83％處理特殊行為的單位。1978年，宋伯利（Thornbury）的研究報告指出：21％綜合中學的男生和16％的女生出現了侵略和不正常的行為，如濫用藥物、吸食強力膠、午間喝酒、攻擊、自殺、偷竊。格容梭（Rob Grunsell）亦指出1975至1978年間某一地方當局停學的學生（suspending pupils）急速增加。

此外，逃課的學生也逐漸增多，1982年內倫敦教育局所屬學校的逃課率是16.4％，此為提高離校年齡（1973年提高至16歲）後的最高比例。十分之六內倫敦地區綜合中學的逃學比例接近25％，而169所中等學中，有32所的逃學率是20％。1983年東密德蘭（East Midlands）地區綜合中學的研究將學生分成「勤學者」（swotters）和「吊兒郎當型」（dossers），那些吊兒郎當的學生很聰明，但在學校不讀書，而在私下很用功。哈格瑞夫斯評論說：此不足為奇，這種現象不是只有綜合中學才有，真正麻煩的是許多學生處於道德淪喪之中，結黨結夥找學校的麻煩（Weeks，1986：99-101）。

第六節　1980年代以來綜合中學的發展

1970年代初期人口出生率下降，引發往後幾年小學入學人數減少，教師由原本短缺出現過剩的情況。此外，1973年的石油危機造成英國經濟成長受限，公共支出超過經濟成長，迫使英國重擬公共支出計畫，政府已無多餘的錢撥給綜合中學使用。此時期政府所發出的通報的共同點都是呼籲地方教育局善用資源，刪減教育經費，勢在必然。1979年保守黨上臺，該黨向來秉持重視學術水準的理念，促使黨

內成員依然偏愛選拔性的中等教育。因此，保守黨政府從未在改進綜合中學的教育現狀方面採取任何措施或提出實質性的建議；相反地，正黨80年代中等教育因受到經濟衰退引起的教育經費刪減與中學學齡人口下降的兩大衝擊時，保守黨政府還採取了一系列的措施，加重地方教育局的困境及綜合中學存在的困難。

一、1980年代以來與綜合中學相關的教育改革措施

1969年，黑皮書攻擊綜合中學，視之為教育的災難，聲稱教育水準已下降。之間又有來自企業界對綜合中學畢業生缺乏工作基本知能的怨言，延續至1976年教育大辯論，政府乃亟思建立全國教育標準與共同核心課程，企圖提昇基礎教育水準，並培養學生未來就業所需的基本知能。此後，由於大眾對教育品質的質疑，相對地使教師專業能力受到前所未有的挑戰，政府不再置身於學校教育之外，而採取積極主動之態勢逐步干預。自1979年以來，政府的政策都匯集在「一九八八年教育改革法」中，有關中等教育政策包括以下幾個方向對綜合中學有影響：首先，政府正加強中央對課程的控制；其次，開放家長對學校教育的選擇權。

中央加強對課程的控制

1980年後，趨於穩定的中學制度為改組綜合中學提供了反省的機會與條件，同時也使中等教育的課程和考試方面長期存在的問題日益突顯。自「一九四四年教育法」（該法未在課程方面做具體的規定）頒布以來，名義上是由地方教育局和學校委員會負責中學課程的相關事宜，實則由中學教師決定。該項決定具有很大的隨意性，且缺乏一定的計畫，致使中學課程的改革與創新缺乏統一指導與協調性。因此，課程改革的進展一直十分的緩慢。1950至1960年代，當綜合中學改組運動興起並蓬勃發展時，中等學校制度改革成為普遍注目的焦點，然而中學課程的改革卻未能得到相對的重視。1970年代下半期，當綜合中學改組接近尾聲之際，輿論對學校的批評日益尖銳，首相卡拉漢點燃1976年教育大辨論之火，並在牛津的拉金斯學院演講中提及改革中學課程的迫切性，從此政府開始重視中學課程改革的問題。

　　英國自1976年以來，中央控制課程方式可分為三階段（周淑卿，民82：40）：第一階段由1976年至1981年透過教育與科學部和皇家督學的課程文件，試圖建立共同課程架構，包括1980年教育與科學部發表的文件《學校課程架構》（A Framwork for the School Curriculum）及1981年再次發表該文件的修改本《學校課程》（The School Curriculum），表明政府改革普通學校課程的決心。與此同時，皇家督學處也採取了積極的行動，發表《11至16歲課程》和《關於課程的看法》等一系列的文件，對課程設改革提出具體的意件，主張中學的共同課程應涉及一些基本的領域，包括九個方面：審美、創造、倫理、語言、數學、物理、科學、社會和政治。

　　第二階段是1981年至1986年藉著新的16歲考試制度與課程計畫，監督學校課程。由於普通級普通教育證書與中等教育證書兩項考試的成績分級方式有異，而各地的考試委員會所據以評分的標準艱亦有別，於是希望透過16歲考試的統一，齊一全國的教育標準，而政府亦可藉此監督教育品質，根本上仍帶有中央控制的意圖。

　　第三階段是1986年後，經由國定課程與教育改革法的措施，直接干預課程。1987年教育與科學部發表紅皮書《5至16歲的國定課程：一份諮議文件》（The National Curriculum 5-16:A Consultation Document），明確規定全國性的課程考試制度，將課程的控制權轉至中央政府的手中；1988年，有關5至16歲學生的課程改革被政府視為重要內容列入該年制頒的教育法，是為「一九八八年教育改革法」，國定課程成為該法的第一部分，長久以來的國家控課程的意圖，至此實現。

　　「一九八八年教育改革法」公布後，規定各公立學校提供給學生的課程應包括「基本課程」（basic curriculum）在內。而所謂的基本課程，又可分為宗教教育和國定課程。國定課程由三門核心科目及其他基礎科目構成；這三門核科目是數學、英語、和科學；基礎科目則是歷史、地理、科技（technology）、音樂、美術、和體育，並要求在國定課程標準內，所有的科目都有確定完成的目標，但對每門課的具體時數不做統一規定。大多數學生的學習包括核心科目在內的七至八門基礎課，全國統一在7歲、11歲、14歲、和16歲四個階段，分別對學生作出成績的評定（Harland & Lawton，1988：468-469）。

開放家長對學校教育的選擇權

「一九八八年教育改革法」規定家長有權選擇子女就讀的學校，英國政府趨於市場理論的原則，期使消費者（如學生家長）在學校事務中有更多的影響。依據「一九八八年教育改革法」規定，願意成為中央津貼學校（the grant maintainted school）者，都可以就該問題舉行學生家長投票。在取得大多數贊成票後，須由該校的管理委員會向教育國務大臣遞交成為中央津貼學校所提之建議。這些建議經教育國務大臣批准後，即可組織學校管理委員會，成為中央津貼學校的法人團體，直接接受教育國務大臣下撥的辦學經費。中央津貼學校可獨立招生，處置學校所有合法財產，及簽訂教職員僱用合同等（Harland & Lawton，1988：469）。

此外，「一九八八年教育改革法」規定所有公立中小學必須公布關鍵期的考試結果（中學包含14和16二階段考試），使家長了解學校辦學成效。家長可就考試結果和學校在當地的聲譽作為選擇子女就讀學校的依據。「好」學校將可招收更多的學生，也有錢聘更多的教師及購買更多的教科書；反之，「差」學校將更衰微。「一九九三年教育法」進一步規定教育與科學部成立教育協會（Education Association）接手管理辦學成效不彰、低水準、或處於「危機」（at risk）狀況下的學校，以提昇教育品質（DfEE，1995）。因此，學校將直接受到教育消費者觀念的影響，促使學校提「更好」的教育。

二、1988年後綜合中學概況

「一九八八年教育改革法」實施後，一方面，政府根據學生應有接受共同知識的權利及達到某種水準成績的原則，對課程及考試進行集權的控制；另一面，政府亦利用國定課程及公布考試結果的制，使學校之間依市場競爭原理「爭奪」學生。如此一來，政府將中央控制結合自由經濟競爭原理成為辦學政策。在市場機能的假設下，選擇的自由比社會正義及機會均等更重要，是否開放教育的選擇權就能保證品質的提昇，而學校間相互競爭就能導向教育進步，並無進一步的確證。

招生額滿是多數學校欲達成之主要目標

國定課程標準適用範圍僅以公立學校為限，私立學校並未涵蓋在內，因而造成另一形式不公平的待遇，使得公私立學校間的差距加大。另一方面，中央津貼學校的出現，則正好幫助部分學校，尤其是比較好的學校脫離地方教育局的控制。再加上自1980年後，中學處於萎縮時期，造成地方教育局在調整中學數量上執行的困難。此外，在入學的政策方面，中央津貼學校由管理委員（governors）辦理甄選或開放家長選校為招生之依據，根據貝恩和奇第的研究指出，1994年中央津貼學校新生的成就水準高於地方教育局辦理的中學新生的成就，同時也擁有較多比例的中產階級背景的學生（Benn & Chitty，1996：475-476）。開放家長選校後，學校公布的關鍵期考試成績成為家長選校的依據，公學與中央津貼學校選走成績優秀的學生，加重綜合中學招生的困難。黑登（T.A.Haydn）於1994年針對綜合中學校際間表現差異的研究指出：任何嘗試建立綜合中學在社會階級及智識達成平衡招生的政策是很難執行的，一位教育局長指出，家長沒興趣討論制度的問題，他們只在乎子女就讀那所學校（Haydn，1994：5）。在強調市場機能的運作下，入學變成一種類似商品的選購的過程，造成熱門學校更嚴重的入學競爭。招生額滿的學校是家長心目中最好的學校，「招生額滿」是多數綜合中學（尤基是都會區）的主要目標。根據貝恩和奇第的研究指出，招生不足原因除學生被文法中學、中央津貼學校、及私立學校選走外，該區交通不便亦是招生不足的主因；而招生額滿學校除了給家長好印象是首因外，還有當地未設立文法中學或中央津貼學校，或人口正處於成長期等因素（Benn & Chitty，1996：206-208）。

學術導向的課程設置仍居優勢

國定課程反映了政府對有才能兒童的關心及對傳統學術課程的強調，「一九八八年教育改革法」所勾劃出的國定課程結構，除一門科技（technology）外，全都是傳統的科目，課程重點仍放在英文、數學、和科學三個核心科目，而教育與科學部也承認，諸如生涯教育、公民教育、健康教育、多元文化、社會科學（如政治、經濟）等內容甚為重要，但也僅希望以統合課程方式教學，將這些主題納入，或列

入選修課程（周淑卿，民82：116）。因此，在本質上，國定課程程仍是忽略大部分不準備進大學學生的需要。此外，1988年的教育改革法對國定課程結構的強調，仍可得知以單門學科為基礎的課程顯然仍將在目前的學校課程中佔優勢。再則，國定課程標準並未規定各科授課時數，其特點是留給各校較大的彈性，但因科目競爭的結果，反而增加學生的課業負擔，使學生負荷過重。表6-2為貝恩和奇第於1993所做調查，第四個關鍵期（16歲）國定課程授課時數的比例：

表6-2　英國1993年綜合中學第四關鍵期國定課程授課時數比

科　目	授課時數比
英文	12.5
數學	12.5
科學	12.5 (20)
科技	5或10
現代外語	5或10
歷史 和/或 地理	10
體育	5
宗教	5
總計	67.5或85.0

資料來源：Benn & Chitty ,1996： 284

　　許多學生接受校方的建議加倍選修科學、技術、和現代外語（後兩科選修以單科或為合科一部分出現），使得國定課程佔總授課時數比達67.5%－85.0%間；1994年的德林報告書（Dearing Report）建議學生16歲後的三種進路－欲就業者參加國家職業資格（NVQ）證書考試、職業升學導向學生參加一般國家職業資格（GNVQ）證書考試、學術導向學生則參加精進級（GCE A level）或精進補充級（AS－level）考試，並且建議處於第四關鍵期學生國定課程科目最低必修及擴充必修比例，如表6-3。

　　此項建議得到多數教師支持，中學高年級的課程授課時數比例逐漸固定，學生的選修空間佔總授課時數20%至40%。根據兩位學者調查學校開設選修科目情況：1218所學校中，開設學術科目選修課者占90.1%，開設職業選修科目者占49.6%，開設藝術和音樂者占70.9%，開設運動選修課程占41.5%，開設語言選修課者占68.3%。學術科目依舊是學校的最愛。

表6-3　1994年德林報告書建議第四關期學生最低及擴充國定課程必修百分比

	建議最低必修百分比	建議擴充必修百分比
英　文	12.5	12.5
數　學	12.5	12.5
科　學	12.5	20.5
科　技	5.0	10.5
現代外語	5.0	10.5
体　育	5.0	5.0
宗教教育	5.0	5.0
性及生涯教育	2.5	5.0
總　　計	60.0	80.0

資料來源：Benn & Chitty，1996：285

學科能力分組仍為主要的教學編組方式

　　1989年教育與科學部的艾爾登報告（Elton Report）指出：約有5%的學校仍實施能力分班教學，當中許多學校分派校內教學效率最差的教師及提供最爛的教室給那些低成就班級（Taylor，1993：15）。而根據貝恩和奇第於1994年的調查，實施能力分班和廣泛能力分群只有14%，學術性的科目多以能力分組進行授課，直至16歲探完全混合能力分班教學的學校不超過1%，這類學校中多數為早期即已實施混合能力制度的學校（Benn & Chitty，1996：466）。泰勒（Neil Taylor）於1993年就愛爾蒙伍德（Elmwood）綜合中學學術性科目能力教學分組情況作一分析表6-4，一年級至五年級幾乎以科目分組方式授課者為多。

表6-4 英國艾蒙伍德綜合中學一至五年級各科教學編組方式

	科學	數學	英文	地理	歷史	法文	工藝設計和科技
一年級	m/a	s	m/a	s	s	s	m/a
二年級	m/a	s	m/a	s	s	s	s
三年級	b	s	b	s	s	s	s
四年級	s	s	s	s	s	s	s
五年級	s	s	s	s	s	s	s

資料來源：Taylor,1993：15
　　　m/a：混合能力（mixed ability）
　　　　b：廣泛能力分群（banding）
　　　　s.：科目分組（setting）

泰勒的研究同時指出：在10年級（中學第4年）的科目分組教學中，前三個高成就組中，沒有低收入（lower-income）家庭子女，此項研究結果暗示該校依社經背景將學生分組，而許多科目是自中學第一年即分組教學，過早分組降低低社經背景青少年的自我尊重（self-esteem），亦有可能增加校內的疏離感，造成往後幾年偏差行為的發生。許多教師指出高年級低能力組群的學生已有許多紀律上的問題，非常難教，教師必須時常提高警覺；亦有教師反應，教低能力組學生的教師的心情是沮喪的，因為學生的進步很有限，並非其缺乏能力，而是都將精力用在偏差行為上，而且低能力組學生有很強的同儕壓力，反對順從的行為（Taylor，1993：16-17）。泰勒指出，儘管教師明知承認學生有更多非學術成就的能力可以幫助他們恢復自重（self-respect），且可避免偏差行為的產生，但國定課程追求正式的學習為優先的目標，且學生的學習成就攸關教師的教育效能及學校的辦學績效，進一步可能影響學校的招生，因而犧牲了潛在課程（hidden curriculum），欲作改變似乎不可能發生。黑登於1994年針對校際表現差異所做的研究指出：目前的中學制度，學習困難與行為偏差學生有集中於少數學校的傾向（此因開放家長選校結果），即使是最敬業和最具耐性的教師仍無法阻止此類學生打斷其他學生上課，如果能將這類學生分散至各校，則幫助或保護其他學生學習環境始有可能。如此一來，才能降低未達學習成就目標校數與校際水準差異，而受教機會均等與否的關鍵在於教師在教室中是否有充分的掌控能力，以及學生能否在安靜及有目標的環境下學習（Haydn，1994：7）。

教師承受過重的負荷與苛責

「一九八八年教育改革法」取消教師課程自主的傳統，以法規要求教師的教學內容。教師們多已習慣於（根據大學或其他考試的要求）決定課程學科內容與教學方式，多數學校也習於決定測試學生的妨式，而在這些傳統自由被取消後，教師只被期望執行政府規定的課程，其專業性無法發揮。教師除日常教學工作外，考試的評估亦佔去不少的時間，致使教師疲於應付（Chitty & Lawn，1995：141）。在如此沈重負擔之下，教師能否顧及學生的全人發展，是一堪憂的問題。此外，許多有經驗的教師均不願成為他人所訂定教學計畫的代理人，或只是教育「生產線」上的機械操作員。

　　若以法規要求教師教學內容，有兩個意涵：其一，除非法律要求，否則教學不會有效率；其二，在教學內容決定上，教師是不可以信任的（周淑卿，民82：118）。即使教師的素質受到質疑，解決之道是改善教師的能力，而非只是增加法令的規定，因為任何的良法美意皆需由教師付諸實施，況且若教師不值得信賴，又如何冀望他們能理解並執行繁複的新措施。如果專業的事務可經由立法或行政命令決定，又豈堪稱專業？

　　另一方面，多數家長以學校粉布的考試成績作選擇子女就學之依據，學校在成績競爭的壓力之下，必須致力 於追求績效，競爭之下必有失敗者，但失敗卻不能完全歸咎於努力不足。就學校而言，受學區素質、學校規模、教師能力等因素影響，就學生而言，影響其學業 成就的因素又更複雜得多，社會的、生理的、心理的原因皆足以左右。考試成較學校的教師，往往成教學不利的代罪羔羊，事實上，很可能是學校與學生家庭所處的社會經濟竟是導致學生成績不佳的直接原因。而學生的成績若一直未見起色，教師遭到解聘的可能性很大；當考試成績不佳的學校一直處於不利的社會經濟環境中，解聘這類教師是否在道義上能接受，爭議性頗大（瞿葆奎，民82：777）。

第七節　結論

　　英國近十年中進行教育改革代表二次戰後以來教育重點的轉移。在二次戰後初期，政府關心的是教育機會均等與社會階級的流動，旨在減少社會階級之間的屏障，增加某些被排除在教育體制之外（尤其是工人階級和來自某些地區的孩子）接受學校教育的機會，並能經由更長的學校教育階段而獲益。而最近十幾年中，政府愈來愈關心學校教育的「效益」及其對英國經濟增長所能作出的貢獻。因此，1980年代中期以後進行的教育改革，部分雖和綜合中學相關，但均非針對已存在的綜合中學教育問題痛下針砭。保守黨政府企圖透過監督、競爭與選擇等方式，達成提昇教育品質的目的，而中小學評量的結果被當成作教育「市場」上的消費資訊，提供消費者選擇的依據，進而帶動

學校的競爭。倘若評量只在促成競爭，卻缺乏進一步的協助措施，則監督與控制並不能提昇教育品質，卻可能在競爭的氣氛中，犧牲了教育的實質意義。英國從1980年代以來的教育改革，不僅未能改善綜合中學原有的教育問題，反而衍生新的教育議題。

參考書目

王承緒等編（民81）。戰後英國教育研究。江西新華書店。

伍振鷟（民68）英國綜合中學。載於中華民國比較教育學會主編，世界中等教育改革動向。臺北：幼獅。

伍振鷟（民71）英國的高中教育。載於師大學術研究委員會主編，明日的高中教育，頁95-119。臺北：幼獅。

周淑卿（民81）。英國國定課程之研究。國立臺灣師範大學碩士論文。

黃光雄（民79）。英國國定課程評析。載於中華民國比較教育學會主編，各國中小學課程比較研究。臺北：師大書苑。

楊瑩（民83）。教育社會學。臺北：師大書苑。

瞿葆奎主編（民82）。英國教育改革。人民教育出版社。

Bellaby,P. (1977) .The sociology of comprehensive schooling. London:Metheun.

Benn,C. & Chitty,C. (1996) .Thirty years on:Is comprehensive education alive and well or struggling to survive? London:David Fulton Publishers Ltd.

Chitty,C. & Lawn,M. (1995) .Introduction:Redefining the teacher and the Curriculum.Education Review,47, (2) ,139-142.

DES (1965) (Circular NO 10/65) .The organization of secondary education.

DES (1967) .Comprehensive schools research.

DES (1977) .The growth of comprehensive education.

DfEE (1995) .The English education system-Overview of structure and policy.

Dunford,J. & Sharp,P. (1990) .The education system in England and Wales. London:Longman.

Fenwick,I.G.K. (1976) .The comprehensive school 1944-1970.London:Metheun.

Griffiths,A. (1971) .Secondary school reorganization in England and Wales. London:Routledge & Kegan Paul.

Harland,J. & Lawton,D. (1988) .The development of comprehensivr education for the 11-16 age proup 1944-1987.International Journal of Education Research,12, (5) ,461-470.

Haydn,T.A. (1994) .Flaws in the market in education.Education Today,44, (4) ,3-7.

Pedley,R. (1963) .The comprehensive school.Middlesex:Penguin.

Rubinstein,D. & Simon,B. (1973) .The evolution of comprehensive schools,1926-1972. London:Routledge & Kegan Paul.

Shaw,B. (1983) .Is comprehensive schooling the impossible dream？ Oxford:Basil Blackwell.

Simon,B. (1992) .The policies of comprehensive reorganization:A retrospective analysis.History of Education,21, (4) ,355-362.

Taylor,N. (1993) .Ability grouping and its effect on pupil behavior.Education Today,43, (2) ,14-17.

Tolinson,J.R.G. (1991) .Comprehensive education in England and Wales,1944-1991.European Journal of Education,26, (2) ,103-117.

Weeks,A. (1986) .Comprehensive school:Past,present and futer.London: Metheun.

chapter7

英國大學入學制度解析與運作

■ 大學入學制度之演進
■ 大學入學制度現況

謝美慧

第一節　大學入學制度之演進

　　即使在19世紀末到1950年代之間，英國的高等教育仍呈現相當穩定的狀態，此時人民對高等教育的需求尚少，故無一般性的選拔，亦談不上入學考試的競爭。直到近來的三十餘年間，受到政治、經濟、社會與國際間多重因素的影響下，才開始大幅地增加大學機構的數量和就學人口，從此大學的入學申請也就因而具有競爭性的色彩。（Anderson, 1992：59）

　　英國大學入學制度從一開始的各校單獨申請到後來成立集中化申請機構，本質上皆是採用申請制度，而綜合歸納其演進的歷程包括兩大主要元素：一是中學校外考試的變革；另一個則是負責機構的設立與招生方式的訂定。且英國的入學制度一直皆是採取考試與招生分離的方式，即由地方的考試委員會負責辦理校外會考，由大學共同決定招生的共同程序，並保留各校系的自主權。以下即分成考試制度以及招生機構與方式兩個部分，來說明英國大學入學制度之演進。

一、考試制度

　　即使英國高等教育的入學許可申請制度採計了多種資料，其中學課程修畢後的校外會考制度與大學入學許可之間仍有相當密切的關係。英國的中學校外會考由來已久，學生參加校外考試的成績不僅是作為其進入高等教育機構繼續進修之申請衡量依據，並已成為英國工商業界晉用人才或中學畢業後離校謀職之憑證。英國考試種類的多樣化加上地區的差異性造就了英國校外考試制度的複雜性，而且在地區差異性方面，蘇格蘭地區的教育制度往往與英格蘭、威爾斯以及北愛爾蘭地區有較大的不同：首先在中等教育部分，蘇格蘭地區的兒童在12歲時就讀中學一年級，四年級畢業後再決定是否選擇一年或兩年的職業訓練課程，抑或是準備進入高等教育的學術取向課程，而其他地區之兒童則通常在11歲時進入中學，修業年限為五年，因此在中學校外會考制度的實施上也有

差異；此外，在高等教育部分，蘇格蘭地區的大學必須先修習三年的普通學位（Ordinary Degree）課程後，才能攻讀第四年的榮譽學位（Honour Degree）課程，而其他地區的大學除了白金漢大學（the Buckingham University）以兩年密集課程修習學士學位（the first degree）外，其餘大學第一個學位的一般修業年限皆為三年。

因此，以下乃先就英格蘭、威爾斯和北愛爾蘭地區內與大學入學許可相關之考試制度的沿革作一番整體的瞭解，最後再介紹蘇格蘭地區之規定。

英格蘭、威爾斯與北愛爾蘭

英國中學的校外考試種類繁多，但大致上可分為16歲學童中學畢業後所參加的考試，以及學童在繼續修習兩年第六學級學院或繼續教育學院的課程後（18歲）所參加的證書考試兩大類。整體而言，雖然這些考試原初設計的出發點只是對學童過去所學的總結性評量，但在長期發展之下，英國中學校外會考的功能可歸納為（林清江，民61：46）：1. 學業成就之記錄；2.謀職的學力憑證；以及3.升入大學就讀的成績根據。此制度之雛形創始於1917年「中等學校考試委員會」（The Secondary School Examination Council）的設立。

1917年中等學校考試委員會的設置

英國於1917年設立「中等學校考試委員會」，同年開始舉辦「學校證書」（the School Certificate）及「高級學校證書」（the Higher School Certificate）兩種考試。前一考試乃用以測量學生通才教育的基礎，觀察其人格發展、升學傾向、或就業準備的能力；後一考試則用以測量學生在獲得學校證書之後，某些特別科目的成就。這類考試採全部及格制，學生必須通過所有科目才能獲得證書。然而，如此要求的結果，嚴重影響學校正常的教學和活動，故遭到廣泛的批評。

1947年英國的義務教育年齡提高至15歲，中等學校考試委員會亦在此同時提出兩個具體的改革原則：一是維持既有學校證書的全國通用性質和水準；另一是改變考試科目的組合方式，並延緩考試的年限，賦予學生較大的考試決定權。該委員會希望將考試的功能導向為學生未來發展的準備，而非僅為學生過去成就之評量。這樣的改革原則之提出，

促使1951年「普通教育證書」（General Certificate of Education, GCE）考試制度的誕生。（林清江，民61：46-47）

1951年的普通教育證書考試

1951年英國政府將「學校證書」與「高級學校證書」考試加以合併，稱之為「普通教育證書考試」；考試分為普通級（O-level）和進階級（A-level），由英格蘭和威爾斯地區八個不同的考試委員會，以及北愛爾蘭學校考試委員會（Northern Ireland Schools Examinations Council, NISEC）各自舉辦。此制度的特色與原則為（林清江，民61：47）：

1. 各類型中學的學生均可參加相同的考試。
2. 學生依其及格之科別獲取證書。
3. 考試等級分為普通級和進階級。
4. 兼顧升學與就業兩方面之需要。
5. 維持制度的一致性，其他類型的考試均不受鼓勵。

然而，此考試制度施行的結果，仍無法避免地造成考試領導教學的現象，影響校內的課程和安排，因此不免引發普通教育證書考試是否適合於所有的中學生的質疑，以及畢業考試和大學入學考試是否應予分開的種種爭論。於是促成了下列另外一種考試制度的誕生。

1965年的中等教育證書考試

大部分的教育學者仍贊同普通教育證書考試應維持傳統，兼具畢業考試和大學入學選擇的兩種功能，但為了顧及不繼續升學的學生之需要，英國政府於1965年開始實施「中等教育證書」（Certificate of Secondary Education, CSE）考試制度。即16歲的中學畢業生若不參加普通級的普通教育證書考試，還可以參加中等教育證書考試。換言之，普通教育證書考試因為兼具畢業評鑑與升學資格兩種功能，對於成績較差而不準備升學的學生較不適用，故有中等教育證書考試的設立。此種考試的內容賦予教師較大的決定權，以避免教育目的與考試需要相違背的現象。（林清江，民61：48）

　　前述之普通教育證書考試分爲O-level1與A-level1，前者以15-16歲學生爲對象，乃專爲學校排名在前20%的學生而設，其成績則依報考個別科目來評定，分爲五等級（A、B、C、D、E）；後者的對象爲修畢中學、第六學級學院以及繼續教育學院（Further Education colleges）二科以上A-level1全時課程的學生，成績亦分爲A至E五個等級，且其課程內容傾向於學術能力之培養。而中等教育證書考試則專爲學校成績排名60%的學生而設，考試年齡亦爲15-16歲，成績的分級則爲1、2、3、4、5級。（Mackinnon, Statham & Hale. 1995:151-152）

　　然而，隨著學校行政與教學內在需要的改變、家長對教育期望的提升，以及執政黨教育政策對行政集中的要求，使得這兩種實施已達30年的並行考試制度，必須面臨整合與改革的命運。

1986年的中等教育普通證書考試

　　英國保守黨政府在新右派教育理念的影響下，中央對地方教育的監督、管理與參與都有逐漸增強的趨勢，其中考試制度的統一就是中央教育權力集中的一項有利機制；加上綜合中學的迅速發展與義務教育年限的延長，傳統的兩種並行的考試制度，已經無法符合學校的需要以及家長較高的要求。因此，配合1988年全面實施的「國定課程」（National Curriculum），英國政府於1986年合併了中等教育證書與普通教育證書的O-level1考試，成爲「中等教育普通證書」（General Certificate of Secondary Education, GCSE）考試制度。其對象爲16歲以上的學生，成績計算共分爲七等（A～G），獲A～C三等級成績者，視同通過普通教育證書O-level1的考試；獲得後四個等級成績（D～G）者，則其程度視同普通教育證書O-level1後二等級成績，或中等教育證書第2級以下的程度，其關係如**表7-1**：

表7-1 GCSE與GCE O-level1和CSE成績等級的相互對照表

考試種類	等級						
GCSE	A	B	C	D	E	F	G
GCE O-level1	A	B	C	D	E	F	G
CSE			1	2	3	4	5

　　此種新的考試制度在英格蘭和威爾斯共有五個考試委員會負責實際行政業務的推展（北愛爾蘭則仍由NISEC負責），而這些新的考試委員會則是由原有的GCE與CSE考試委員會混合組織而成，且仍由中等學校考試委員會負責監督。GCSE考試制度的特性可以歸納出三點（陳伯璋，民76）：

1. 建立全國性的統一標準，而不是地區性的標準（如CSE制度）；
2. 採取標準效標而非常模參照的評量，並希望有80%-90%的學生可以通過最低標準；
3. 考試的方法增加了口試、實驗，以及對學生平時學習所做的評鑑分數，使考試結果更具合理性。

1987年的普通教育證書進階補充級考試

　　自1987年起，英國政府另外引進一種普通教育證書制度下的進階補充級（Advanced Supplementary level, AS-level）考試，此項考試主要以16-19歲的學生為對象，其程度相當於普通證書考試進階級的成績。然而，此類課程在教學時間上只有A-level課程的一半，加上大學副校長委員會（CVCP）針對1989年正式舉辦的進階補充級證書考試所做的研究報告提出後，雖然教育與科學部強調AS-level的程度與GCE A-level相近，但是由於AS-level考試的課程時數較短、內容難度較低，因此在申請高等教育入學許可的資格方面，大多數的學校將以性質相近的兩科AS-level的證書來替代一科A-level證書。（詹火生、楊瑩，民78：17；104）

1993年的國家普通職業證照

　　1980年代之前，英國境內約有600個團體在頒發6000種左右的職業性證書，直到80年代中期，政府才開始進行全國證照統一化的工作。此時期在英格蘭、威爾斯和北愛爾蘭地區設置的「國家職業證照委員會」（National Council for Vocational Qualifications, NCVQ）以及在蘇格蘭地區設置的「蘇格蘭職業教育委員會」（Scottish Vocational Educational Council, SCOTVEC）即為負責職業訓練之職類發展、推動與審查發證機構與團體的組織，其目的乃在於將全國的職業證照制度統整為一個完整的架構。（Mackinnon, Statham & Hales, 1995:153-155）

　　1993年國家職業證照委員會引進一種「國家普通職業證照」(General National Vocational Qualifications, GNVQ)的考試制度，其目的在於讓16歲以上的中學畢業生，在未決定是否繼續升學或選擇就業之前，有更多職業試探的機會；同時並可舒緩他們參加A-level考試的壓力，提供另一個全新的管道，使其有機會繼續升學，或取得某種技職資格，便於未來的就業。趙中建（民84）認為雖然英國以往的各種職業資格證書都是以面向勞動力市場為主的，但是儘管GNVQ的第三個等級（進階級）是雙向的，但它並不直接導向職業能力。也就是說，GNVQ的獲得並不意味著學生在畢業之後就能立即勝任工作；相反的，升入高等教育機構已經成為促進實施GNVQ考試制度的重要機制，或者說是GNVQ的重要特徵之一。

　　GNVQ資格證書原本的設計是分為五個等級，但一開始只實施前三個等級，而1995年NCVQ提出一份有關是否加設第四級和第五級的諮詢報告時，有鑑於職業教育證書在高等教育部分已經有多種的選擇，因此不需再擴充。故目前GNVQ資格證書可分為基礎級（Foundation）、中級（Intermediate）、進階級（Advanced）三級，茲簡介如下（姜麗娟，民87）：

1. 基礎級：基礎級課程是為GCSE考試成績在E或F等級或以下者所設的一年全時制職訓課程，修畢後可被認定相當於GCSE成績之D或E等級，並可進入中級課程。
2. 中級：中級課程是為GCSE考試成績在D或E等級或以下者所設置的一年全時制職訓課程，及格者相當於GCSE之C等級，並可進入進階級課程。其成績等第分為優異（distinction）、良好（merit）和及格（pass）。
3. 進階級：進階級是為GCSE考試成績在C等級以上者所開設的兩年全時制職訓課程。其成績同樣分為優異、良好和及格三種。

蘇格蘭

　　由於蘇格蘭地區的學校制度自成一個體系，因此其中學校外會考的制度也自成一個獨立的系統，傳統上蘇格蘭的會考制度包含了蘇格蘭教育證書（Scottish Certificate of Education, SCE）考試普通級

(Ordinary grade)、高級（Higher grade），以及第六學級證書（Certificate of Sixth Year Studies, CSYS）等，但從1980年代中期開始，蘇格蘭教育當局便逐漸進行證書制度的改革計畫，如1986年以SCE標準級（Standard grade）證書取代普通級證書，以及1992年引進蘇格蘭普通職業證照（General Scottish Vocational Qualifications, GSVQ）制度等。茲分別介紹如下：

蘇格蘭教育證書考試

1.蘇格蘭教育證書標準級

蘇格蘭教育證書標準級考試在1984年引入，1986年首次舉行考試。其對象為約16歲的中學生，是中學生在第四學年結束時參加。其成績等級則分為基礎級（Foundation）、一般級（General）與榮譽級（Credit）等三級。

2.高級蘇格蘭教育證書

高級蘇格蘭教育證書考試的對象為16-18歲之中學生，可說是蘇格蘭地區替代普通教育證書A-level的考試，但應考者通常在取得標準級證書後一年即可參加，除非其標準級證書考試之成績太差，否則不需經過二年。此制度之設計可能是與蘇格蘭地區攻讀大學學位的年限（比其他地區多出一年）設計相配合，也因此在集中化申請機構發展出來的各類考試證書積分制度中，高級蘇格蘭教育證書的積分仍比A-level證書稍低，且應考者通常必須選擇多達4-6個科目。

第六學級證書

第六學級證書乃是蘇格蘭地區的學生在獲得高級證書一年後所報考，因為除非蘇格蘭的中學生的每一科高級證書考試都獲得很好的成績，而隨即進入高等教育，否則往往會回中學就讀第六學級學院；通常報考此證書者必須呈現其有獨立研究之能力，此證書考試最多可以報考三科，通過者可憑此資格作為申請大學入學許可的參考。（詹火生、楊瑩，民78：26-28）但此課程將逐漸被為期兩年，一共320個小時的高級進階課程（Advanced Higher course）所取代。（Mackinnon, Statham & Hales, 1995:153）

蘇格蘭普通職業證照

1985年蘇格蘭商業教育委員會（the Scottish Business Education Council）和蘇格蘭技術教育委員會（the Scottish Technical Education Council）合併成為蘇格蘭職業教育委員會（SCOTVEC）並開始承辦國家資格考試，其考試之資格標準為學生需獲得40個小時以上的單元學習學分。SCOTVEC所施行的考試與皇家工藝學會（Royal Society of Arts, RSA）和倫敦城市與行業協會（City and Guilds of London Institute, CGLI）的水準是相等的，並在蘇格蘭地區取代這兩項機構承辦的考試。（Mackinnon, Statham & Hales, 1995:155）SCOTVEC亦在蘇格蘭地區代理並頒授與NVQ和GNVQ具有相同地位之蘇格蘭職業證照（Scottish Vocational Qualifications, SVQ）和蘇格蘭普通職業證照（GSVQ）制度。

此外，為了使蘇格蘭地區的證照制度能夠再進一步統整於一個單一的架構中，蘇格蘭教育當局已經在1997年4月將SCOTVEC與蘇格蘭考試委員會（the Scottish Examination Board, SEB）合併為蘇格蘭證照局（the Scottish Qualifications Authority, SQA），並著手發展新的證書制度。（UCAS,1999d）

二、招生機構與方式

1960年代以前，英國的學生要進入大學就讀通常是個別向志願學校申請，但是往往會出現一位申請者同時被多所大學接受，或反之，申請者有不錯的A-level成績卻沒有得到任何一所大學的入學許可等情形。而且隨著高等教育人口的不斷增加，設立一個統一招生機構之需求的迫切性亦不斷提高，而集中化申請機構必然伴隨著共同的申請程序和步驟，所以這個屬於招生方式的訂定與招生機構的成立有密切的關係，此亦是英國高等教育的入學方式邁向制度化的開始。本文在歸納分析下，將分為50年代的萌芽期、60年代的發展擴張期、70-80年代的穩定修正期，以及90年代的改革擴張期等，從此機構在1990年代以前所經歷之籌備、誕生到成型的演變歷程，及招生方式的訂定過程做一完整的介紹。

萌芽期（1950年代）

1950年代影響英國大學入學措施的兩個主要的因素爲：離校年齡的提高以及人口膨脹。從申請進大學的學生逐年增加的趨勢可以看出離校年齡提高的現象。其原因很多：如教育制度的改善鼓舞了更多年輕人進入第六學級學院就讀；補助金的大幅提供也使每一個合格的學生進入大學的可能性提高。此外，受到戰後嬰兒潮的影響，已經可以預見進大學的適齡人口必定急遽地增加。事實上，從1955年起許多大學的入學人數已經開始了逐步的成長，如諾丁罕（Nottingham）大學在五年內成長了一倍半，而里茲（Leeds）大學在此期間也增加了130%。然而，幾乎所有合格的申請者都可以佔有大學的一席之地，所以各大學的報告中關於申請者期望改善其必須個別申請進入大學的方式，並不明顯。但是戰後許多退役軍人接受政府的補償金，可無限制的進入英國任何一所大學，開始增加了大學入學的競爭性。（Kay, 1985: 7）

申請數量的不斷增加也提高了處理程序受到的關注，各大學處理申請案的方式，即使在同一所大學中不同的部門或學院也時常有不同的規定，然而在大原則上與目前並無多大差別，且其最主要的問題也持續到現今：

1. 在申請者過多的情形下找出一種公正的選拔方法；
2. 申請者在中學校外考試的表現雖然是最客觀的依據，但其成績卻在申請後很久才公佈，如GCE A-level考試的成績遲至八月中旬公佈，距離大學開學只有七、八個星期。

如此數量龐大的選擇工作並非暑假期間的任務，且面談方式需耗費較長的時間，亦不能遲至九月才開始進行。而在暑假之前，學生和招生人員皆忙於校外考試的準備或批改工作，加上招生人員也要教書，因此挑選工作勢必成爲分散在春季到秋季之前的一段持續過程。

大多數的入學許可在校外成績公佈前已經做出決定，惟仍以校外考試的表現爲附加條件，招生人員大多依據申請者的學校報告資料來做決定，資料的蒐集來自申請者的自述（可能是書面資料或面談），其內容包括：候選者的智識興趣的深度和廣度、學習動機、中學主修課程、課餘活動以及相關的實際或工作經驗、選擇特定的大學課程之原因等等相當廣泛的資訊。

採取這種評量方式的用意是希望將每一位候選者視爲"人"，而不是考試的機器，以免錯失英才。這些1950年代選擇過程的特徵，至今仍爲大學入學許可的主要模式。主要的差別則在於當時缺乏集中協調的機構，不同的大學有不同的申請表格和程序，且沒有共通的用語來敘述提供與接受許可的不同形式，時常造成招生人員和申請者間不確定語意的困擾。

事實上早在1950年代初期，即有中等學校要求大學入學許可程序更加標準化。譬如1951年九月，由「中學四協會聯合委員會」（the Joint Committee of the Four Secondary Associations）向大學副校長委員會（CVCP）提出有關各大學公佈入學許可名單辦法各不相同造成中學的困擾來看，大學招生的問題確實受到相當大的關注。因此聯合委員會強烈要求CVCP應訂出統一的日子（5月1日）通知確定的錄取者；並應考量設立一個申請機構，幫助申請者依照順序申請各大學。CVCP雖沒有對此建議採取立即的回應，但將此議題在1951年12月的大學會議（the Home Universities' Conference）中提出討論。（Kay，1985：9-11）

1951年大學會議

中學校長協會（the Incorporated Association of Headmasters）代表在會議中要求成立一個大學招生委員會時認爲，此機構可以提供中學校需要的建議，並可處理大量的入學申請案。其書面報告中更指出現行入學許可過程上的一些問題，如1.中學校在幫學生處理各個申請大學回函中所要求的問題，作業上的負荷太大；2.當申請者具備的資格都只是中等時，大學在選擇上的困難；以及3.大學要求申請者必須在短時間內做出接受入學與否的決定，或必須拒絕其他大學的壓力等等。

之後在CVCP的同意下，委託R．K．Kelsall教授對下列問題進行研究：

1.有多少合格的申請者無法獲得任何一所大學的入學許可；
2.大學中共有多少缺額是因爲申請者拒絕接受入學許可卻無其他遞補者而剩下。

在1956年五月大學副校長委員會代表和中學校長協會成員的非正式會議中，已經同意大學應避免要求未確定入學許可的申請者放棄其他大學的申請；而另一方面，若申請者已經接受大學確定的入學許可時，應盡快撤回其他大學的申請。（Kay, 1985: 11-12）

1957年的大學會議

大學招生程序在1957年的大學會議再次成為討論的議題，利物浦大學（the University of Liverpool）副校長James Mountford指出，由Kelsall教授調查之結果來看，每位候選者提出的申請表平均數並沒有想像中得多（利物浦大學的新生中有24％申請其他三所大學，31％申請三所以上），但每所大學和學院的首長多依其個人的判斷或行政型態作決策之情況，卻無可否認的造成相當混亂的結果。

James認為此時不明確的狀況令每個人都感受到困擾：招生人員往往要等到八月中旬GCE考試結果公佈後才能做出決策；中學常常會受各大學的要求寄送同一位候選者的一些資料，且資料的型式又因不同的大學而有不同的要求；至於候選者則像是受到不可知的規則所擺佈，又或許根本沒有規則可循。因此，當大學必須面對人口膨脹的事實時，現行這種混雜的招生程序將完全崩潰，而使大學招生陷入既不公正又無效率的混亂中。

然而，James並不贊同以「資料交換處」（a clearing house）的制度來解決問題，因為在這種方式下申請者和招生人員並無直接的接觸，他希望各大學能從本身的便利加上中學校與申請者三方面兼顧的考量出發，重新檢視招生程序。

此次會議CVCP獲得下列三點共識：

1. 現行大學招生程序上的瑕疵確實有嚴重關切的必要；
2. 雖然目前許多的缺失並不在大學可以控制的範圍內，但大學仍有改善此狀況的能力；
3. 大學至少應使自己的部份合於規則，而非等待或期待中學校與校外考試團體能採取行動。（Kay, 1995: 12-14）

特別委員會

　　這三點共識很快就付諸於行動，CVCP在1958年2月28日的會議中決定成立關於大學入學許可程序的特別委員會（The Ad Hoc Committee），由大學校院的首長共12位成員所組成。（從此以後直到1961年「大學入學許可中央委員會」（the Universities Central Council on Admissions, UCCA）成立之前，有關入學許可程序的主題便不斷在CVCP的會議中出現。）

　　此特別委員會非常積極且稱職地發揮其功能：1958年5月、1960年6月、1961年1月分別出版第一、第二、第三報告書，前兩份有關入學程序的建議大多被各大學接受，其促成大學間的合作亦為第三報告書中較激烈的改革鋪路－即UCCA的成立。（Kay, 1985: 14-15）

特別委員會的改革建議

　　「第一報告書」（the First Report）中主要的改革建議有：

1. 申請表格：仍由各大學自行設計並發行，但要求形式應簡化，且其中的問題必須與招生密切相關。
2. 中學報告書：提出標準化的格式，以減低學校在各式各樣的報告型式中造成的不便。（通常學校的報告書與申請者的申請表格並非同時寄達大學招生處，因此要將同一位候選者的資料集合在一起就是一件相當困難的工作。）
3. 申請截止日期：英格蘭和威爾斯地區的大學首次統一其申請截止日期為1月31日（其中醫學、牙科或獸醫科學等熱門科系的申請截止日期則為11月30日）。
4. 入學許可的標準化型式（standardized forms of offer）：在校外考試成績尚未公佈前，候選者往往只能得到「暫時性」（provisional）的名額提供，即一種附帶條件的入學許可，因此報告書中指出，這種情況充其量只是表示候選者尚未被大學拒絕且尚具有與他人競爭的能力罷了，不應稱之為一種入學許可。

　　第一報告書中的其他建議尚有：取消申請表格的費用；簡化並標準化各大學申請表格的內容；停辦特殊的入學考試並開辦獎學金制度；拒絕申請的通知書應盡快寄給候選者；應訂出一個日期（4月30日）使候選者得在此時間之後再對是否接受大學的名額提供做出回應等等。

　　特別委員會的「第二報告書」（the Second Report）則提供了申請者和獲得入學許可者的統計資料，並檢討第一報告書建議事項的施行狀況。資料中顯示在4月30日前，英格蘭和威爾斯地區的大學幾乎皆於GCE成績結果公布之前寄出入學許可的通知，而各校中約有15%的申請者可能因考慮接受其他大學的名額提供而在此期限前撤回申請。但仍然有大多數的申請者陷於不確定的狀態中，因為各大學將申請者列為保留考慮的人數往往是大學名額提供數量的三倍左右，因此報告書建議，各校應盡量減低保留考慮的人數，並盡早告知機會渺茫的申請者，如此將可降低八、九月的選拔過程的複雜性。

　　CVCP在大學招生的議題上承受了來自各界的壓力，1958年5月全國學生會（the National Union of Students）要求大學入學申請能有一個標準化的辦法，以及統一錄取名單的公佈日期，並成立一個合適的資料交換處以避免錄取名額不足的情況。特別委員會的成立受到各個中學協會與教育部（the Ministry of Education）的熱烈歡迎，1960年1月全國教師會（the National Union of Teachers）更主動組成了資料交換處。同年二月教育國務大臣寫信給CVCP，希望其留意克羅色報告書（the Crowther Report）中的幾點意見。

　　信中特別指出有關第六學級學院的課程以及大學入學引發的問題，CVCP認為其用意乃是希望各大學進一步考量本身的招生程序所引起中等學校的不便之處。種種議題包含：由於符合資格的申請者人數遠超過於大學名額的提供量所引起的入學競爭；入學許可程序的複雜；由各大學或學院各自舉辦的特別入學考試問題；以及A-level考試做為大學入學考試之用的壓力增大（而此用途並非原來考試之目的）等等，愈來愈甚囂塵上。（Kay, 1985: 17-18）

發展擴張期（1960年代）

集中化處理方案的各項研究計畫

1.大學副校長研究委員會

　　在1960年1月的「第二報告書」問世後已經可以見到對較激烈改革的需求，同年六月，CVCP即成立了一個處理下列事項的研究委員會（The CVCP Working Party），希望藉由大學間的共同合作來簡化大學入學許可的程序，研究小組必須在下列事項上進行研究並對特別委員會提出報告（Kay, 1985: 19）：

1.使申請表格的繁複與候選者的顧慮減低的方法。
2.可以使用的技術以及作法。
3.主要組織的類型為何，並預估組織的規模和花費。
4.在申請入學許可上，候選者與大學之間關係的基本原則是否有所改變。

2.研究委員會的建議事項

　　特別委員會的主席Philip Morris在1960年10月31日給研究委員會主席A. W. Chapman的信中指出：「研究小組的成立是為了解決大學入學程序上的問題，因為所有討論中的因應之道都太過複雜，希望研究小組能夠研發出明確又快速的簡化方案，提供未來政策的普遍性基礎。研究小組正承擔一項艱鉅的任務，因為它要提出一套既不妨害大學與申請者在入學程序上的自由而又有效的技術。研究小組提出的任何方案都應該是設計來去除各大學非必要的入學程序，並盡可能減輕這項工作的負擔。」

　　研究委員會開始對各大學的入學許可程序與方式進行研究：首先，劍橋與牛津大學不論對一般生或領取獎學金的學生，都另外舉行入學考試，因此集中化的共同申請方式對他們而言並非必要。

　　其次，在討論蘇格蘭大學時則必須區分為兩部份，一為Glasgow & Aberdeen系統，其學生幾乎完全是蘇格蘭人；另一為Edinburgh & St. Andrews系統，其學生約40％至50％是來自蘇格蘭以外的地區。且蘇格

蘭大學與英格蘭大學體系招生最主要的差異在於其學生必須經過學院的許可，才能攻讀榮譽課程（honours courses）。

至於倫敦大學（London University）的入學程序則與其他英格蘭地區大學或威爾斯大學（the University of Wales）無多大差異，因此顯現出主張集中申請的強烈要求，並認為若牛津和劍橋大學無法順從此決定，則他們必須在較早的期限之前決定其入學許可的名單。此項要求已經被工作小組接受並列為建議事項之一。

然而，若現行的入學方式繼續下去，即每位候選者可以自由申請任何一所大學，目前複雜多樣的申請表格依然存在，大學各自發行其入學的要求與表格，候選者可以依其喜愛同時申請多所大學，也可以同時接受多所大學的入學許可，那麼當此候選者不盡快做出抉擇而撤回其他許可時，入學程序的流弊就產生了。

因此研究小組建議應該設立一個代表大學機構的組織，其任務為：

1. 控制候選者申請學校的數量。
2. 記錄每位候選者接受許可的情況。
3. 根據前項結果儘速刪除多餘的申請。然而，大學間入學的競爭變化非常大，有些學校不得不拒絕大量的優秀申請者，此機構限制了申請學校的數量，則許多優秀申請者將可能沒有學校可唸。所以此時制度的規劃必須具備下列此項未來性的功能。
4. 使合於資格但申請入學失敗的候選者能與尚未額滿的大學保持聯繫。

這些主要原則受到特別委員會在「第三報告書」（the Third Report）中的支持，並成為委員會的最終建議事項，也是後來英國UCCA方案成立的基礎。

研究小組認為有需要盡早由此集中化機構辦理申請表格的接受、處理並分發至各大學，而每位候選者將使用同一種申請表格，其中可以列出一定數目的志願就讀的大學或課程，由中央機構分別將複本資料送至申請者所填的志願學校。但應該按照志願的順序依序寄送申請表，或同時將各個志願的申請表一起寄出，則又引起了一些討論。（Kay, 1985：21-24）

3. X方案、Y方案和Z方案

「X方案」：中央處理機構將申請表分三次、每次兩個志願的循環寄出，大學招生人員必須在一個特定的日子做出決定（第一輪的決定日期爲2月28日），並將結果寄達中央機構，其結果可能是確定的入學許可或有條件的入學許可，即視候選者的校外考試成績是否高於各校院規定的要求而定。

當候選者接受大學確定的入學許可時，此機構將會取消此位候選者其他的申請資料，但仍允許他保留兩個有條件的入學許可。並在每次巡迴申請結束時，候選者都會被詢問是否接受此回合的名額提供，或是希望進行下一回合的申請。

此方案展現出降低申請表格數量的最大可能性，且不至於剝奪候選者選擇學校的自由，因而被特別委員會列爲優先的解決方案。但是許多大學卻認爲此方案將使其所接受到的申請表數量太少而持反對的意見（因爲多數候選者可能會滿足於他們填的前一、兩個志願），大學主張此方案過於強調候選者在對大學缺乏足夠資訊下做的志願順序，應該給予候選者有改變主意的可能。此外大學亦應有立即的管道來改善自己受歡迎的程度，吸引更多的候選者。

基於上述理由，工作小組提出了「Y方案」。Y方案的基本元素亦來自X方案，並形成後來UCCA方案的基礎。此方案的不同在於集中化機構初步處理申請表後，是立即並同時將複本寄送至各大學（候選者可以選填的志願當時爲六個，後改爲五個，現又改回六個）。

究竟同時申請方案與序列申請方案何者爲優？在UCCA舉辦的中學會議中反映出一個主要的難題，即如何協助申請者列出他們的優先選擇。而序列分發的方式將會強化申請者志願排列的重要，並將使隨後在選擇上的變動更加不易。

Y方案與後來的UCCA設置方案最顯著的差異在於前案認爲招生人員可以在校外會考的結果公佈後再決定是否提供名額，而特別委員會在其第三報告書的評論則認爲招生人員不應延遲太久。此項議題也成爲UCCA方案實行之前中央委員會的主要爭議之一。

於是研究小組又提出了另一個可能性方案—「Z方案」，方案並沒有獲得特別委員會的贊同，其對集中化處理機構的功能限制在於：必須整理從大學寄來的申請表格與所做的決定；公告候選者對大學回覆的結

果；以及在每一個申請年度末進行資料交換工作。根據特別委員會的判斷，Z方案不能有效地處理人口膨脹的壓力，並可能會阻礙X方案與Y方案的及時進行。由後來UCCA方案進行的經驗看來似乎沒有理由懷疑此判斷。

在1961年1月「第三報告書」的序言中將X方案和Y方案列為優先的考慮，Philip Morris寫道：「在時間的壓力下，特別委員會必須做出結論—是大學必須考慮建立集中化組織以處理入學許可之申請業務的時候了。」因為，如果集中化處理機構要在1963—64入學年度（即1964年10月，預估此時人口膨脹的壓力將對大學產生影響）完全進入營運狀況，則最慢在1962年就必須在設備及人員上做準備。（Kay，1985：24-26）

4.1961年3月的大學聯合會議

在CVCP的同意下，下一個步驟則是召集全國各大學的代表開會討論X方案與Y方案的適用性。

大學聯合會議（Universities' Conference）參加的人員尚有大學教師協會（the Association of University Teachers）、中學校長會議（the Headmasters' Conference）、中學四協會聯合委員會（the Joint Committee of the Four Secondary Associations）、特別委員會成員、研究委員會，以及當時由一些工作人員在每個暑假期間提供部份科目資訊的資料交換處等等。

事實上，並非所有的大學都支持集中化組織的成立，他們另外提出了幾個計畫：譬如變更中學校外會考或大學學年的日期；引進一個統一的大學入學考試；或結合Z方案使候選者的申請表可以在其喜愛的學校間一個個傳遞等等。所有計畫的目標都是基於實務的考量。

在1961年4月的CVCP會議上，他們收到了特別委員會的第三報告書和此次大學聯合會議的記錄，以及來自中學校長會議與教育委員會協會（the Association of Education Committees）的意見書，而後兩者皆支持集中化組織的設立和X方案。在各大學的評論方面，不論是會議期間或會議之後，亦確實顯示了大學對設立集中化組織的大力支持。根據CVCP秘書長J．F．Foster所擬的會議結論以及英格蘭、威爾斯地區大學暨學院之共同意見歸納下可以看出：

1. 處理大學入學許可的中央機構應讓候選者能自由依其志願提出申請,大學亦應維持其選擇學生的學術考量,而其另一個功能則是蒐集全國性的統計資料,且此機構將由一個中央委員會負管理之責。

2. 此機構成立需要以下幾個步驟:

   1. 設立一個中央委員會代表所有加入會員的大學機構。
   2. 中央委員會任命一個執行委員會(executive committee—由英格蘭地區大學、倫敦大學以及牛津和劍橋大學等代表共有九個委員擁有選舉新委員的權力。
   3. 中央委員會的首要責任是在眾多方案中做考量,並提出一個管理入學申請的機制。
   4. 其餘的準備主要是財務方面(經常門的花費將由參與會員的大學機構分攤),且由CVCP任命第一任為期三年的主席,期滿後的任命將由中央委員會採執行委員的建議為之。

   在調查蘇格蘭地區的大學是否有同樣的意願加入此集中化組織之後,發現他們相當支持中央委員會的設立,因此蘇格蘭的大學皆被邀請加入此方案。而中央委員會也緊接著在1961年7月召開第一次會議。(Kay, 1985: 26-29)

5.中央委員會的第一次會議

   A. W. Chapman表示X、Y、Z三個方案的特色分別是循環申請制、同時申請制以及登記制,而除了這三個特別委員會討論出來的方案外,還有下列幾個由不同的個人所提出的方案:

1. Exeter大學A. G. Bartlett提出一個簡易的循環申請制:使用單獨一份申請表,依照申請者所填的志願順序輪流提出申請。此方案並不需要集中化的申請組織。(但中央委員會並不喜歡此建議,因為它並不能掌握申請表的流向,若在其中一所大學延遲太久則將可能影響此候選者在其他大學的機會。)

2. 倫敦大學的教授C. A. Rogers提出一個類似Y方案的建議。只是較少的機械化。

3. 由W. D. Furneaux獨立發展出的方案，其與X方案類似，並發表於其著作「被選擇的少數」(The Chosen Few) 一書中。

4. 諾丁罕大學的H. R. Pitt教授從X方案中進一步發展出來的方案，乃是由電腦在大學與候選者雙方的志願去分配其適當的位置。

5. 南安普敦 (Southampton) 大學的B.Thwaites教授提出類似Bartlett的循環申請制，但當目前的校外考試的日期或大學學年的起始日期尚未加以修改前，他認為應該要求候選者在申請大學前必須另外接受一個考試。

　　中央委員會的討論大多集中在X方案和Y方案的優缺點，並提及不同科系的不同程序需求、學校保留備取名額的自由，以及在招生方式上維持彈性的重要等等。由中央委員會任命的執行委員會在1961年8月的會議中認為由Y方案的優點開始逐漸發展為X方案的計畫較為可行。11月執行委員會發表其初步討論的結果：「大學入學許可計畫報告書」(Report on a Scheme for University Admissions)，並隨即分送至各大學；1962年5月更參考各大學需求而修訂出版「大學入學許可中心」(A Central Office for University Admission)，真正確定了整個大學招生方式的輪廓。其中兼顧了各大學的特別需求以及1963年大學入學方法的詳細規定，譬如從1962到1963年一年間的入學許可程序安排等。且中央委員會於1962年10月首度出版非常完整詳細的1962-3年度入學許可程序的指導手冊 (Admission Procedure 1962-3)，並在每一年加以修訂重新出版。

　　此外，中央委員會在1962年5月出版檢討集中化處理中心設立之決定過程的報告書中提到，一個更有條理的入學許可方案應該：

1. 降低候選者與招生人員的不確定性。

2. 提供一種方法使招生程序結束後申請失敗的候選者可以和尚有缺額的大學取得聯繫。

3. 可以減輕中學校長、學生本身以及大學招生人員等的工作負擔。

4. 提供有關候選者數量、大學招生人數以及每個研究領域的招生結果等等的統計數據。

中央委員會在多重地考慮之後決定選擇同時申請制的入學許可方案，而此決定亦受到大學與中學校代表的支持。然而，新方案再好也無法創造出更多的入學許可名額，如果想要抒解過量的候選者就學問題，則必須另外想辦法。（Kay，1985：29-33）

採行方案的輪廓

1962年採用的入學許可方案之大要，除了少部份的修正外，大多與1980年代大學的招生方式無多大差異，茲將申請方式之重點概述如下：

1. 候選者若要於1963年10月入學，則他要在1962年的9月1日至12月15日之間透過UCCA提出申請。

2. 候選者可以在申請表上填四個志願，UCCA將自動為候選者提出申請；且可依候選者的期望保留額外的兩個選擇。1964年曾將這兩部份融合使每位候選者可填六個志願，又於'69年起減為五個志願。（目前則又修正為以六個志願為上限）

3. 候選者可以依照自己的喜好列出志願的優先順序，也可以聲明自己並無偏好。後來則採用將各大學賦以代號，依編號順序填寫志願的方式，無法顯示個人的偏好。

4. UCCA會將個人申請表的複本加上來自中學可信賴的書面資料一起寄給所要申請的每一所大學。

5. 大學方面則在處理申請表後決定是否需要與候選者面談，或與中學做進一步的接觸。

6. 大學將其所做的決定寄至UCCA，大學所做的決定包含：

    1. 無條件入學許可（an unconditional offer, U）。

    2. 資格取得的入學許可（a qualifying offer, Q）—譬如系所要求候選者在特定科目的考試成績達到特定標準，此項決定在1964年與有條件的入學許可合併為同一範疇。

    3. 有條件的入學許可（a conditional offer, C）—譬如需在校外考試中達到特定的標準。

    4. 列為備取名單（a waiting list, W）—於1969年廢除。

    5. 退回申請（a rejection, R）。

7. 各大學將會收到志願表中所列之其他大學與其申請者所做決定的通知。

8. 候選者對大學決定的回應則有下列兩種：

    1. 確定接受入學許可（accept firmly, F）。

    2. 暫時性的接受（accept provisionally, P）—因其增加不必要的複雜性而廢除。

9. 若候選者的第一個志願得到無條件的入學許可時，則不開放給候選者回應的規定（因為如果候選者給予暫時性接受的回應，則大學可以取消其名額提供），因為其增加程序的複雜性而被廢除了。

10. UCCA將提供給各大學一張候選者回應結果的「六月清單」（June lists），而候選者可能的情況有：

    1. 確定接受大學的無條件入學許可（UF）。

    2. 確定接受大學有條件的入學許可（QF或CF）。

    3. 暫時接受大學有條件的入學許可（QP或CP）—此乃基於申請者期望的部分。

    4. 暫時接受無條件或有條件的入學許可（UP或QP或CP）—此乃申請者基於保險起見的理由。

    5. 列為被取名單中（W）。

    以上分類在廢除資格取得的名額提供（Q）、暫時性接受（P）以及備取名單（W）的作法後變的更簡易明瞭，這種分類方法使大學在七、八月接到校外考試結果後的工作大大的簡化了，可說是此方案相當有價值的功能。

11. 大學做出最後的決定不管是接受或不接受都必須在9月1日前寄達UCCA。

12. 在第一年的入學許可程序手冊中曾提及：當大學提供名額給備取名單中的候選者時，會寄給他們名次上的順序表。但此程序在次年即予廢除。

13.清點餘額的程序則從九月開始：集中處理中心收到大學中仍有
缺額的清單後來比對申請失敗的候選者名單，再盡可能提供大
學最後考量的參考。

以上所有程序的細節在施行前都經過相當仔細的討論，其餘個別
學校採用特殊的程序則另做說明如下：

1.牛津和劍橋大學

雖然牛津和劍橋大學在1965年9月才加入UCCA的系統，但他們從一
開始就對中央委員會的要求有善意的回應，而重新安排其入學許可程
序。因此他們的招生工作早在1月31日前即結束，並將其入學許可的名
單告知UCCA。

2.杜倫大學院、倫敦大學院以及聖安得魯大學院

杜倫大學院、倫敦大學院以及聖安得魯大學院（The Durham
Colleges, London and St. Andrews）等由各獨立學院組合而成的大
學，其招生程序與採行方案有些微不同之處，譬如各學院都必須單獨成
為一個志願的選擇等。

3.蘇格蘭

聖安得魯、格拉斯哥（Glasgow）和亞伯丁（Aberdeen）等大學除
了居住在蘇格蘭以外地區的候選者可透過UCCA系統提出申請外，對於蘇
格蘭本地學生則仍然繼續以直接接受申請表的方式招生。這樣兩制並行
的情況一直持續到1984年所有的蘇格蘭大學才全部加入成為UCCA的會
員。

4.威爾斯

威爾斯地區的所有大學院校從一開始皆同意加入UCCA系統。

5.北愛爾蘭

北愛爾蘭地區的大學在早期並無參與方案的討論，直到1966年10
月開始有貝法斯特（Belfast）大學的UCCA會議代表，1967年10月則出
現柯萊瑞新大學（the new University of Coleraine）的代表。
(Kay, 1985: 33-37)

UCCA制度的運作情形

早期UCCA並無明確界定之合法地位，故對各項業務之處理均係以「大英國協大學協會」(the Association of Universities of the British Commonwealth後來改稱為the Association of Commonwealth Universities) 的委託為基礎，其工作人員亦由大學協會聘僱。中央委員會的成員大多是經由正式的諮詢程序後就任，因為此委員會必須是一個有力的組織，足以平衡各大學間的主要利益團體。許多細節上的問題是經由私下與各委員通信來解決，而只有時間和經驗的累積來改善一些申請程序上非必要且複雜的部份。

在草創初期此委員會設址於倫敦，會內僅有一個製作圖表的機器、一位速記員、兩位校勘者和兩台打孔卡片翻譯機。由於使用屬於倫敦大學的場地，因此直到倫敦大學同意成為中央委員會的代表後，這些設備的購買與辦公地點的轉移所需的費用才得到大學撥款委員會 (University Grants Committee, UGC) 的贊助。也由於是草創階段又加上無前例可循，因此UCCA的人員任用進行得相當緩慢，在1962年9月的工作人員有25名，1963年1月增加為40名，至1964年1月包含27位臨時任命的工作人員則達61名。(Kay, 1985: 38-40)

1.1962年12月的危機

1962年11月底共有超過三萬份申請表格寄達UCCA，但是卻只有七千份經過處理後送達各個大學。機構中的工作人員太少加上經驗不足是造成此現象的主因，因此許多學校和團體便提供其人力、經驗或其他資源予以協助，終於在次年1月中旬將五萬餘份的申請表格順利寄出。

因而在一位財政部官員的建議下，UCCA的工作人員在組織強化的努力下，其工作分派在秘書長的領導下可分成兩個部份：一是助理秘書 (the Assistant Secretary)，負責委員會的工作、宣傳、與中學和大學的關係、與各個候選者的通訊以及一般的秘書性工作；另一是主計員 (the Controller)，負責計畫的施行、使申請流程順暢以及一般性服務的提供，包括建築物的變更與維持等。此外，委員會在1963年將辦公地點擴建，工程結束後，對UCCA的工作效率有極大的改善。(Kay, 1985: 42-43)

2.1962～1963學年的試辦期

在試辦期間UCCA應將所收到全部的申請表格分發到每一個候選者想申請的大學院中,但當此機構正式運作時,即包含傳遞或記錄大學所做的決定以及候選者的回應,則應該先限制申請者申請的科系類別。而約佔申請者十分之一的科技類科就被選為全程運作的示範。在此期間對UCCA的功能作此限制是明智之舉,畢竟此入學機制尚需時間來考驗其功能,因為只有先從小範圍的運作開始,才能觀察此制度的效果與候選者和中學的反應等等,並有充裕的時間來研究其可行性。

1964年3月委員會首次出版年度報告書中,主席在序言中寫道:「雖然經歷一段令人擔憂的時期,但我們仍可以肯定的宣稱,無論在將來可能有需要修正的部份,此方案確實可行,並且已經在運作中。」報告書中也指出三個從試辦期間得到的教訓:

1. 候選者、大學與UCCA的行動都應與訂定的時間表密切配合。
2. 入學許可方案中設計較繁複之處應在1964-5年度人口膨脹的現象開始前加以簡化。
3. 有關校外考試成績公佈至大學學期開始間的時間距離太短所造成的問題亟需試法解決。

申請程序時間表的規劃一直都是UCCA所有討論中重要的限制因素,而隨著經驗的增加與設備的改善,UCCA已經使其工作更為流暢,並降低截止日期的壓力。委員會中並設有由執行委員會設立的技術委員會 (the Technical Committee)、招生人員年會 (the annual Conference of Admissions Officers) 以及特別研究委員會不斷檢討入學許可過程以求適度的簡化。然而必須滿足候選者、中等學校和大學三方面的要求則使申請制度無法避免其複雜性。此外,上述第三個問題乃牽涉整個教育制度的改革,已非中央委員會管轄的範圍。(Kay, 1985: 43-45)

3.入學許可方案的擴大實施

受到1963年發表的《羅賓斯報告書》的影響,英國政府接受學院 (College) 擁有與大學相同的高等教育地位,因此至1964年所有的學院

皆加入中央委員會的會員，並於1965年10月開始採用中央處理入學申請的方式招生。

雖然牛津和劍橋兩所大學在早期並沒有加入UCCA，但他們一開始即出席了中央委員會的會議，並著手檢視其內部的作業程序以及設置集中化行政系統以協調申請者與各個學院。最後他們在1965年亦加入了UCCA。但是牛津和劍橋以額外入學考試招生的傳統仍將維持，因為其他學校既無法跟進（如此第六學級學院的課程將會超過學生的負荷）亦無理由要求他們取消此方式，因此將此二校的申請截止日期提前為10月15日，而二校對候選者做的決定則不能遲於1月31日（這樣的安排亦廣受其他學校的贊同）。

事實上，在1967年10月Belfast和 Stirling兩所大學的入學申請亦加入UCCA系統後，中央委員會宣稱除了少部分蘇格蘭地區的大學之外，全英國的大學都已經成為UCCA的會員。蘇格蘭境內的部份大學，如Aberdeen, Dundee, Glagow, St.Andrews等大學，在1984年以前對蘇格蘭境內居民的入學申請案仍允許其逕向各該大學直接申請，無須透過UCCA轉交。

以下表格乃呈現出60年代中期開始出現申請者數量與加入UCCA申請系統的大學機構數大幅增加的趨勢，勢必對UCCA人員工作負荷量造成影響：

表7-2　60年代加入UCCA機構數量的增加情形

時間	候選者人數	申請表數量	加入UCCA的機構數量
1963年10月	51,600	255,600	44
1964年10月	58,400	297,200	48
1965年10月	80,000	418,000	62
1966年10月	91,000	450,000	63
1967年10月	101,600	542,600	78
1968年10月	110,400	592,100	80

申請者數量的大量增加使工作人員的負荷量太大，且原來的機器也已經無力處理所有的資料，因此於1964年2月決定更新電腦系統，以便能夠快速地完成工作。而1960年代中期對UCCA的功能是否要做重大的擴張出現許多的討論，如教育與科學部（Department of Education and Science，DES）和大學撥款委員會（UGC）認爲UCCA應該提供全國性的統計資料給大學和學生們做參考。

　　此外，UCCA設置的地點位於首都倫敦也是另一項引人詬病的問題，因此開始進行合適遷移位置的調查，包含倫敦周圍的郡邑，甚至更遠的北方或西南方。最後在多方考量之後決定於1968年遷移Cheltenham辦公。（Kay，1985：45-50）

穩定修正期（1970~80年代）

　　1970年代前半期，中央委員會討論的三項議題爲：1.可否在申請表格上註明候選者在就讀大學是否會住在家裡；2.收取申請費用的計畫；3.各種有關統計資料公佈的問題，包含比較各大學中預估的缺額與實際招生人數間符合的困難。

大學的住宿問題

　　大學爲了要提供住宿的設備已經造成其財政上的困難，加上教育與科學部希望鼓勵學生就近就讀住家附近的大學，CVCP不得不開始討論此項議題。執行委員會在1972年的會議中表示此項提議將可能造成入學許可計畫的重大改變，有些反對的會員認爲這樣要求候選者在申請表格中註明在就讀哪些大學時會住家裡的作法，一則悖離了選擇學校應以學術適合性爲考量的基礎，再則候選者無法確知其註明居住在家與否是否會影響申請結果，況且這樣的作法並非必要，因爲若候選者希望居住在家則他將以附近的大學爲第一志願。然而贊成此方案的人認爲這種作法使都市地區的大學可以不受宿舍數量的限制，招收更多的學生，因此可以增加就讀大學的名額。後來贊成者以大多數的投票通過這項提議，之後並要求大學副校長委員會應調查大學是否因此新的措施招收更多的居家學生。（Kay，1985：62-63）

申請費用

　　UCCA的收入主要來自參加會員的大學以他們所錄取的學生人數來計算而繳交的費用，至於向申請者收取費用的議題則屢遭CVCP和大學撥款委員會否決。直到1973年春天UCCA因爲財務吃緊需要另闢財源，此項可說是UCCA制度施行以來最受爭論的建議才又被提出來。持反對意見者

認爲收取費用的作法一方面增加申請者額外的負擔，一方面則不願UCCA對大學的經費來源依賴因此減弱。經過執行委員會對正反意見的徹底檢討後，決定提出每人收取2英鎊的費用的建議。

而1974年的會議主席G．Templeman卻對UCCA此項決定的合法性議題發出警告，因爲當時成立UCCA的前提之一就是此機構的全部資金都由參與會員的大學供給，並且此方式必須在中央委員會達成協議以及CVCP討論過後才得以改變。所以1975年中央委員會在經過大多數委員的同意後提出此議題，而決定權就落在CVCP上了。

於是CVCP邀請UCCA加入它和大學撥款委員會共同對申請系統經費問題的研究，而由此三個組織共同研究的結果發現任何經濟來源的削減都可能影響到UCCA的服務量，加上UCCA對每位申請者的支出成長率尚低於通貨膨脹的情況來看，甚至可以說，如果沒有更多的收入將意味UCCA無法繼續提供原有的功能。

因此這個研究工作的重點成爲如何確保UCCA在未來能有穩定的財源，而不再是贊成或反對向申請者收取費用，並且不論最後所做的決定爲何，都應使大學得以控制UCCA--不只是在預算上的控制，而且是在入學許可的選擇過程上。因此任何財政上的決定都應該反應這項責任。他們的研究結論爲：

1.鑑於對申請費用的衝突觀點，各大學校內應該有進一步的調查機會，希望UCCA能對此做進一步的研究。
2.此研究小組堅決反對UCCA接受大學撥款委員會的撥款或任何其他公共的基金，以避免受到任何團體的干涉，妨礙UCCA中立的立場，但他們贊成從1976年8月起增加每年大學所繳交的費用。

最後在1976年的會議上中央委員會決定諮詢各大學對此研究結論的意見，以及是否收取申請者費用的看法，以郵寄投票的方式做爲中央委員會決議之參考，投票結果以壓倒性的多數贊成收取申請者費用。因此中央委員會決定從1977-8學年起收取2英鎊的申請費用，並在1980年進行檢討，而是否增加費用則視通貨膨脹結果而定。（Kay，1985：63-66）（至1985年增加爲4英鎊；目前的規定則爲申請單一志願者需付費4英鎊，申請兩個志願以上者則收費12英鎊）

統計資料

　　另一項UCCA與CVCP意見不一致的議題則是有關統計資訊的公告，譬如大學實際錄取人數與其預估許可人數之比較。這些資訊原本都會出現在UCCA出版的年報中，直到CVCP在1970年代初期對此提出質疑。他們反對UCCA將大學中各主要科系的名額供需公布出來，而影響申請者的決定。

　　事實上，1973年招生結果出現工程與科技類別的人數短缺，就是因為上述資訊影響申請此科別的候選者人數短缺所造成。終於在第十三號報告書中UCCA的主席H. R. Pitt在其序言中寫到不再公告各科系預估與實際錄取人數的圖表，兩個主要的理由是：一為各大學招生的程序和要求都有很大的差異，因此想要找出通用的調查推估模式確實有相當大的困難；另一個根本的理由則是大學名額本身就充滿了不確定性。一所大學的招生能力往往受到很多方面的限制，尤其是空間、師資、職員、設備以及經常門的財源等等。所以要用一種簡單的算數方式精確又適當地描述出大學的招生情形是不可能的。

　　此外，提供任何對入學許可方案有利的資訊給CVCP和大學撥款委員會是UCCA的義務，但是對這些資訊進行研究調查的主要負責單位是大學撥款委員會而非中央委員會。1976年撥款委員會開始要求各大學自行評估其招生能力，然而大學間的歧異性明顯過大，從此決定UCCA將不再公告此參考數據。（Kay, 1985: 66-67）

地位合法性議題

　　1974年UCCA和CVCP的聯合委員會（the Joint UCCA/CVCP Committee）成立雖然使兩個組織間的聯繫更加緊密，但仍有部份成員認為應進一步澄清彼此的關係，特別是在一些重要的議題上。中央委員會的成員亦認為任命執行委員會代表的方法太過專斷、不民主，此外，入學許可方案所涵蓋的範圍亦有劃清界線的必要。

　　經過由R. P. Tong所領導的研究委員會在1975年提出的報告書（中央委員會在1976、1977年的會議中做小幅修改）後，中央委員會的設立草案終於誕生了。

　　在新的組織章程中開宗明義即表示「大學入學許可中央委員會乃是由聯合王國的大學共同設立並為它負責」，其主要的原則如下：

2.2.所謂的大學機構必須是：
　　（1）接受大學撥款委員會的經費補助或建議。
　　（2）其執行負責人必須是CVCP的成員。
2.3.UCCA方案中此機構所承辦的課程仍限定在UCCA手冊中所列出的項目。
2.4.UCCA手冊中所列的課程都必須限制為取得大學或同等地位的學院之學士學位或證書的全時課程。

而在說明中央委員會與CVCP間的關係上，研究小組的報告書中提到下列幾點：

1.中央委員會應在與CVCP討論過後決定出適當的經費來源方式，以確保大學仍可掌控UCCA之運作。
2.中央委員會在達成有關大學入學許可程序事件的決議之前，應該諮詢CVCP的意見。
3.中央委員會出版其每年運作的相關統計資料，亦需受制於CVCP事先的同意。

組織章程中亦規定除了中央委員會的主席應該是CVCP的成員之外，中央委員會以及其執行委員會的委員皆需至少一位（之後改為兩位）代表CVCP。此外，組織章程使UCCA與CVCP聯合常設委員會擁有正式的地位，解決兩個組織間需要相互諮詢的問題。（Kay, 1985: 68-71）

成立法人團體

早期認為UCCA不應有獨立的法定地位是一種共識，其職員的薪水和津貼的發放等業務都是以大英國協大學協會（ACU）為其法定代理（give legal cover），但是ACU在簽署一些大型的契約時卻產生了代表性的問題。1966年起就有法律顧問建議UCCA註冊為一個公司團體來解決其地位問題，然而，此改組行動將可能使UCCA輕易脫離大學的控制，所以出現些許反對的聲浪。直到1970年代鑑於對申請案糾紛的法律訴訟處理事宜，中央委員會欠缺適當的法律依據，且為使其財產之處理與電腦

機器之購置能順利的解決，此委員會成立一獨立法人團體的需求再次地浮現。

一項由R．P．Tong領導的研究小組在1980年的報告中提出讓UCCA成為一個公司性質之財團法人之計畫，報告書中並附有一份根據公司法草擬的章程，即後來稍加修正後所施行的文件。其造成的影響有下列幾點：

1. 將1976年的組織章程之主要條款結合為公司法的架構。
2. 仍保留此「公司」的成員與經營管理者在法定形式上對大學的依賴。
3. 設一合法的負責人，得以順利承擔契約與財政上的責任。
4. 中央委員會除了繼續進行1976年組織章程架構下的例行事務外，同時包含註冊為公司法人必須處理的業務。

以上設立法人團體的計畫乃是經過中央委員會、CVCP、ACU以及各個大學之意見討論過後的結果，然而CVCP開始抱持遲疑的態度，因其考量到UCCA將可能擁有與大學同等的地位，干預大學或政府對學生的選拔政策，並且他們認為1976年組織章程中對大學權益的保證將會受到影響。直到1980年6月3日，由當時擔任中央委員會主席的Harry Kay具書保證，UCCA可以經由任何一種CVCP認為適合的方式來表示絕對尊重各大學選擇學生的決策，不加干預；並嚴格遵守其執行者的角色，確保大學入學申請案能在有秩序及有效率的情況下順利完成。自此，委員會改組之計畫方獲各大學的支持，終於在1981年11月26日正式註冊成為一財團法人，並賦予教育慈善事業（非營利事業）團體的身份。（Kay，1985：71-75）

此外，由於並未強迫各大學加入這個申請組織，所以雖然英國的CVCP早在1961年成立，但其功能之充分發揮則是在1984年蘇格蘭取消對境內居民的優待措施後才達到完善的境界。一直到「一九九二年繼續與高等教育法」頒佈後，此申請機制的組織和範圍才又起變化。

改革擴張期（1990年代）

一九九二年繼續與高等教育法

　　「一九九二年繼續與高等教育法」乃是英國繼「一九八八年教育改革法」將多科技術學院及其他學院從地方教育當局（Local Education Authorities, LEAs）的管理控制中脫離出來，成為獨立的法人組織後，更進一步允許多科技術學院改制為大學，從此廢除了英國聞名的高等教育雙軌制。所謂「雙軌制」是指英國的高等教育體制可分為兩個部分：一是大學，另一則是多科技術學院以及一般學院。兩者不但所屬機構不同、經費的來源不同、學位頒授的方式不同，入學的機制也有所不同。而在「一九九二年繼續與高等教育法」頒佈之後，大學與多科技術學院的雙軌制度就消失了，也就是說現在的多科技術學院和一般學院可以在符合一定標準的情況下改制為大學，也有授予學位的能力，更可以和大學使用同一種招生方式。而它們共同的招生中介機構就是「大學院校入學許可服務中心」（Universities and Colleges Admissions Service, UCAS）。

大學院校入學許可服務中心

　　大學院校入學許可服務中心（UCAS）成立於1993年八月，乃是根據「一九九二年繼續與高等教育法」的規定，由原來的多科技術學院入學許可系統（Polytechnic Central Admissions System, PCAS）和大學入學許可中央委員會（UCCA）以及大學入學常設委員會（the Standing Conference on University Entrance, SCUE）合併而成。概略而言，UCAS與之前UCCA的主要任務並沒有很大的差異。

第二節　大學入學制度現況

　　本文在上一節中乃針對英國大學入學制度演進的歷程加以描述，俾使讀者對現行的大學入學制度之背景以及相關機構之起源有所瞭解；本節則將焦點集中於探討入學制度的現況，並將探討的內容分為考試制度、招生機構、以及招生方式等三個部分。

一、考試制

　　在進入英國的大學入學申請系統前，一般的申請者必須具備三個部分的資料，一是每位申請者都要寫的個人學習計畫，說明為什麼要選擇此類課程的理由，以及在過去或在學校以外有哪些特別的個人經驗，更重要的是申請者對將來職業、生涯的計畫，與其他可以幫助招生人員判斷該生是否適合就讀此學系的佐證；其次是一份來自中學的保密推薦函，即中學根據學生過去的學習狀況來撰寫，可能會提及申請者如何適合申請此學校，他過去的學習困難為何，會不會影響其未來的學習，並預期申請者未來會考的成績等；最後就是申請者在16歲中學畢業時所參加的校外會考成績，以及在第六學級學院或繼續教育學院等畢業後將會選考何種考試的哪幾個科目等等。（大考中心，民85）其中會考成績雖不能稱之為影響入學與否的絕對因素，卻可說是招生人員決定入學許可客觀的判斷標準，但隨著英國校外考試制度的幾經變革，考試證書的種類相當的複雜多樣，以下乃就較為常見的類別予以整理。

考試證書種類

普通教育證書進階級（GCE A-level）

　　此乃最多數申請者參加的考試種類。各科目達到基本程度之標準者，均分別標以「及格」（Pass）等級，但其成績再依優劣分為A至E五個等級。此外，若學生接近於及格邊緣，將會獲得一個N等級，因為有些高等教育機構仍有可能接受N等級之會考成績。

　　一般而言，英國大學入學對申請者資格的基本要求為兩科A-level及格，不過申請者通常會選擇三至四科以上的A-level課程以防萬一。（詹火生、楊瑩，民78：15）

普通教育證書進階補充級（GCE AS-level）

　　此項考試引進的目的是使學生在報考普通中等教育證書考試（GCSE）之後，以及報考A-level考試之前，能有更多的機會選擇報考其他科目。雖然在入學申請資格中，AS-level證書所代表的積分只有Alevel證書的一半，但因為此類課程內容之設計較A-level簡單，學習時間亦較短，因此在實施之後頗受歡迎，尤其對於興趣較廣或性向未定的學生而言有較為寬闊的選擇空間。

國家職業證照（NVQ）和國家普通職業證照（GNVQ）

國家普通職業證照相對於國家職業證照，雖然兩者皆為技職類的考試證書，但後者主要是以工作者或接受職業訓練的青年為對象，偏向就業取向，其成績分為1至5個等級；前者的主要對象則是16-18歲接受全時教育的學生，以廣泛的職業領域而非特定的工作為取向，較偏向於升學取向，其成績目前可分為三級－基礎級、中級與進階級。（Mackinnon, Statham & Hales, 1995:154-156）茲將兩者的等級與其他證書考試對照如下表7-3：

表7-3　NVQ與GNVQ的等級與其他證書之對照表

NVQ	GNVQ	GCE A－level＆GCSE
LEVEL 1	基礎級	4科GCSE考試成績D至E等級
LEVEL 2	中級	5科GCSE考試成績A至C等級
LEVEL 3	進階級	（1）2科GCE A－level及格
		（2）4科GCE AS－level及格
		（3）1科GCE A－level加上兩科AS－level
LEVEL 4		
LEVEL 5		

蘇格蘭職業證照（SVQ）和普通職業證照（GSVQ）

此兩項證照為蘇格蘭地區所舉辦，其地位完全相等於國家職業證照委員會（NCVQ）所舉辦之國家職業證書與普通國家職業證書。

蘇格蘭教育證書（SCE）與第六學級證書（CSYS）

蘇格蘭教育證書又可分為標準級證書和高級證書兩種，分別相當於GCSE和GCE A-level考試證書，但在成績等級的計算上則有所不同，如GCSE分成五個等級，蘇格蘭教育證書標準級則分成三級；而GCE A-level證書的報考科目通常在四科以內，高級蘇格蘭教育證書考試的報

考科目最多可達六科。（詹火生、楊瑩，民78：26）因此在申請大學入學許可資格之考試證書的積分計算上有些差距。此外，第六學級證書乃是蘇格蘭地區的學生在獲得高級證書一年後再報考，此項資格雖非每位學生均必須應考，但通常亦被視為申請大學之基本條件。學生最多可報考三科，目前已逐漸被高級進階課程所取代。

申請資格取得條件

一般條件

　　就英國學生而言，大學入學許可之資格是以其中學校外考試證書為客觀的衡量依據。英國中學之校外考試近年來歷經多次變革已如前所述，至於大學申請的條件，除牛津、劍橋等校另有各自的入學考試作為審核標準外，一般大學入學申請資格可略分為一般條件（General Requirements）與特定條件（Specific Requirements）兩種。所謂一般條件，通常泛指各校所規定的資格考試類別與及格科目數；而特定條件則由各科系自行視需要而特定之及格科目類別。關於英國各大學申請資格之基本規定已如上述，但實際上僅具基本條件的學生獲錄取的機會不大。若將各大學所規定之一般條件加以歸納，可綜合為：（註：以下所稱之一科GCE A-level皆可代換成兩科AS- levels）

　　1.共有五科（5 subjects）及格者，其中至少有兩科GCE A-level；三科GCSE，且其成績需在C級以上者。
　　2.共有四科（4 subjects）及格者，其中至少要有三科為GCE A-level；另一科為GCSE成績在C級以上者。
　　3.共有三科（3 subjects）及格者，此三科均需為GCE A-level程度，且必須是在同一次考試中通過者。

　　以上所述乃指英格蘭、威爾斯和北愛爾蘭地區之情形，至於蘇格蘭教育證書（SCE）認可之情形，仍然依校院或科系而略異。根據蘇格蘭大學之說明，其境內大學入學之一般條件，除了上述三種申請資格外，若以SCE資格申請，則有兩種基本模式：

1. 蘇格蘭教育證書考試五科及格者，此五科中英文為必備科目，且其中必須要有三科是屬於SCE的高級證書，兩科為標準級證書。

2. 蘇格蘭教育證書考試四科及格，英文亦為必備科目，且均需為高級證書者。

此外，英國的學生從1994年起又多了一項新的考試選擇，那就是國家普通職業證照（GNVQ），以及蘇格蘭普通職業證照（GSVQ）。且UCAS為了綜合以上繁雜的考試文憑種類，發展出一套分數（points scores）的計算方法如下：（行政院研考會，民86；Higgins,1996：18）

表7-4 各種考試證書的積分對照表

（Points）	A levels	AS levels	SCE Highers	GNVQ（進階級）
Grade A	10	5	6	12（完整授與）
Grade B	8	4	4	6（單科授與）
Grade C	6	3	2	3（部份授與）
Grade D	4	2		
Grade E	2	1		

（註：1.分數累計最大值不得超過30分；2.同一科目通過兩種不同的考試者，得選擇分數較高的文憑證書來計算，但不得重複計算。）

除了考試文憑的資格規定外，各大學對申請案之考慮，亦依申請者之年齡區分為一般申請者和成熟學生（Mature Student）兩類，而後者若未具備前述之一般條件，則得以其工作經驗酌予採計。各大學校院對申請者年齡的限制不一，規定一般申請者的最低年齡大多為17或18歲，有的學校則無規定；而對成熟學生的最低年齡限制則較為分歧，從25歲、23歲、21歲到19歲都有。（詹火生、楊瑩，民78：105-106）根據一項1997年的統計顯示（CVCP,1997），成熟的學生在高等教育的第一年新生中佔了54％，即使是在全時課程的修讀部分亦佔了36％（部分時制課程佔了89％）。可見英國接受高等教育者的年齡有向後延伸的趨勢，正是邁向終身學習社會之象徵。

通常當應屆的中學畢業生在大學入學申請程序結束後，仍然沒有接到任何一所學校之入學許可時，可以回去諮詢原就讀學校的老師或生涯輔導員的建議。其可能的結果可能有下列四種（Higgins, 1998:45）：

1. 再次修習中學第六學級、繼續教育學院之課程，或在家自修、或修習函授課程後，於次年重新申請入學許可。
2. 選擇修習各種專業課程，將來並可憑此相關經驗直接進入高等教育課程的第二年級就讀。
3. 就業。不論是有經過訓練或直接就業，甚至自己經營事業者，將來皆可以工作經驗來申請進入高等教育。（此即成熟學生）
4. 休息一年後再次申請進入大學。

特定條件

各大學所謂的特定申請條件，通常是指考試及格科目的性質。在蘇格蘭地區，英語是必備科目；對理工科系之申請者而言，數學則通常是必備科目；也有許多文法科系規定拉丁文為必備科目；而醫科申請者之特定條件則為生物學等。諸此，皆由各校各科系視需要自行決定。

然而，具備以上這些申請資格的申請者，只是擁有了申請進入英國大學的必要條件，卻不一定具備了充分條件。也就是說，事實上大學在做選擇時，有很大的決定因素在於學校報告書和來自候選者自己的陳述，他們經由書面資料或面談的方式，蒐集有關候選者智識興趣的深度和廣度、學習動機、中學主修課程、課餘活動以及相關的實際或工作經驗、選擇特定的大學課程之原因等等相當廣泛的資訊。相對的，也有少部份的人或許並不具備進入大學的必要條件，但其申請案亦可能被接受。（Kay,1985：10）

二、招生機構

英國大學除了採遠距教學的開放大學（the Open University）之外，包括國內唯一一所私立大學－白金漢大學（the Buckingham University）在內，所有大學的入學申請程序都是透過一個全國性的財團法人機構來處理，即「大學院校入學許可服務中心」，簡稱UCAS。UCAS成立於1993年八月，乃是根據「一九九二年繼續與高等教育法」的規定，由原來的「多科技術學院入學許可系統」（PCAS）和「大學入學許可中央委員會」（UCCA）以及「大學入學常設會議」（SCUE）合併而成。

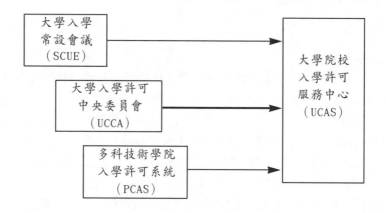

此外，英國各大學所設立的招生處當然亦為英國大學入學制度中重要的負責機構，但由於各校獨立作業，無法一一說明其運作情形，本研究僅在部分大學的招生處有較為特殊的規定時，再提出說明。

機構任務

UCAS的主要任務為「提昇申請者與大學校院的伙伴關係，以便提供彼此平等的高等教育機會，使申請者可以充分發揮其潛能，亦使學校可以招收到它們想要的學生，達到適才適所的目的。」為了達成此任務，UCAS將致力於（UCAS，1997a：82）：

1. 保持大學院校選擇它們想要的學生之權利；
2. 給予所有的申請者，不論其性別、年齡、宗教、種族或是教育背景，能在具有充足資訊的情形下，選擇想要學習的課程之機會；
3. 以關懷和強調個人重要性的態度來支持申請者；
4. 致力於研究、諮詢與出版等業務，以及其他建議活動，俾使所有的團體皆能充分利用此申請制度；
5. 提升人們對高等教育機會之覺察；
6. 擔負中等教育、擴充教育與高等教育之變遷的責任，並對社會的需求負責；
7. 扮演好中介者合適的角色；
8. 全力貢獻於地方性與全國性的文化、商業和教育環境；
9. 提升UCAS全體員工的福利與成長，激勵其士氣以及對UCAS任務之認同。

　　以上乃UCAS對其本身任務之宣稱。綜合言之，UCAS和原來的UCCA之職責並無多大的差異，主要皆為確保英國各大學入學申請案，使之能在有秩序和有效率的情況下順利完成。同時這個機構有責任確保下列兩種自由權：一為每一位申請者均能享有做合理決定的自由；另一為每一所大學校院均得享有依其各自需要選擇學生的自由。換句話說，UCAS雖負責統籌辦理各大學的入學申請案，但對各大學入學許可之是否授與方面，不能有絲毫之干預。且為使其不當的影響力減至最低，UCAS不能為申請者提供哪所學校較好，或哪類課程較佳等建議；也不能對大學施加壓力，影響各大學獨立自主行政運作的過程。事實上，大學與申請者皆為UCAS的顧客，且其地位平等，因此UCAS只需在其中間扮演一個中立公平的角色，無須偏袒任何一方。

組織運作

　　UCAS自1993年設立以來，不但在申請者數量以及順利進入高等教育機構就讀的人數有逐步成長的趨勢，亦在整個申請制度的設計與規劃上更加地健全；具體而言，UCAS所提供的服務在申請入學方面，主要有下列五項：

1. 在收到申請者寄來的申請表後，先查核其所欲攻讀的課程是否為相當於大學學士學位（first degree）之全時課程。若符合前述範圍，則UCAS會寄發個人申請確認號碼。

2. 將申請表影印，轉送至申請表上所列之大學（申請者至多可列出六個志願）。

3. 定期告知各申請者與大學校院，彼此對申請案所做之決定。

4. 對未獲入學許可之申請者，UCAS會寄予空缺計畫的說明書，告知其繼續申請之程序。

5. 每年七、八月進行清點餘額作業，將各所大學在此時尚有招生名額的詳細資料整理公布，使尚未獲得入學許可的申請者仍有再一次申請的機會。

　　由於申請工作的複雜繁重，UCAS亦不斷改進其電腦化申請的作業，譬如1997年發展的網路選填志願的方式，以及空缺制度（clearing system）的清點餘額作業網路化就是申請程序的一大革新。〔附註：所謂「空缺制度」乃是由UCAS操作，在主要的入學許可程序結束後，清點各大學院校中尚有餘額者，再次地尋求合適的申請者。〕此制度可說是UCAS很重要的功能之一，根據一項1999年的統計，1998年的高等教育錄取人數，有超過50,000位申請者是透過此制度而獲得入學許可的（UCAS, 1999b）。

　　而UCAS機構的性質為依公司法組織的教育慈善事業團體（a company limited by guarantee and a charity），其組織人員與設置之組成茲簡略說明如下（UCAS, 1997b：9-10）：

1. 設有理事（Directors）十餘名，其中一名為主席（Chairman），他們的主要責任是對每年UCAS在財政使用上的預算報告，包含（1）選擇適當的會計政策；（2）做出合理並審慎的判斷和預測；（3）持續合適的會計水準，並在報告中對任何一項新方案的公開說明；（4）以運轉中的事業為基礎訂定預算等。此外，可能還包括職員的任用與解雇，以及組織未來的發展等報告。

2. 設執行長官（Chief Executive Officer）一人。

3.設秘書 (Company Secretary) 一人。

4.設審計處、審計員 (Auditors) 與會計師數名。

5.設指定銀行與銀行員 (Bankers)。

6.設登記處 (Registered Office)。

服務中心之組織架構如圖7-1所示 (UCAS，1999a)：

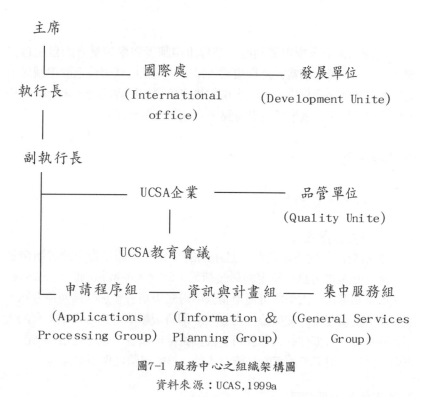

圖7-1 服務中心之組織架構圖
資料來源：UCAS，1999a

　　由於並非政府機構，亦不隸屬於大學，UCAS以財團法人的地位運作，其經費的來源共有四種（大考中心，民85年11月）：(1) 中學畢業生之申請費用，目前收費標準為單一志願的申請費用是4英鎊，兩個志願以上則收費12英鎊；(2) 加入UCAS申請體系的各個大學，必須根據所訂定的比例，依據錄取人數的數量繳交費用；(3) UCAS也有一些商業方面的經濟來源，如申請指南等出版品，或製作錄影帶等給電影公

司或雜誌刊登廣告的收入；（4）投資股票市場等。其中約40％來自申請者，40％來自高等教育機構繳交之費用，完全沒有政治獻金或慈善性的捐款，亦不受政府經費之補助，因此其地位可說是完全的中立。

三、申請流程

英國的大學入學申請制度，在尊重申請者與學校雙方的自由選擇權下，申請的過程相當冗長和複雜，以下乃先就申請表往返於申請者與高等教育機構之過程中，可能出現的決定種類加以說明後，再介紹入學申請許可的程序，最後呈現申請程序之時間表與流程圖。

申請表往返

大學答覆申請者的類別

1.有條件的入學許可

這是最常見的答覆類型，且所謂的「條件」即是指申請者所參加的任何一種證書考試或檢定的最後結果，而絕大多數指的就是A-level考試的成績等級。大學將可從申請表中得知申請者參加的為何種考試，而申請者必須在會考成績公佈之後，立即將成績單寄達各大學。有的大學會將這種「有條件的入學許可」直接寄給申請者，也會在給UCAS的答覆函中註明。但必須注意的是後者才是完整的申請條件所必備的。

2.無條件的入學許可

當大學滿意申請者已經完全符合他們對於入學的要求時，大學會給予「無條件的入學許可」之答覆。有時候，這種無條件的入學許可可能是非學術性的，譬如要出示身體健康狀況良好的證明，或是對大學在財務上的贊助等等。其細節將會在給UCAS的答覆函中詳細說明。

3.拒絕入學申請

有些申請無可避免的會遭到拒絕，尤其是在一些比較熱門的科系

上，如醫學、牙醫、法律等等。事實上，每年有約45萬人申請進入高等學院就讀，加上每人最多可選擇六個志願，平均每個人至少都會接到一個被拒絕入學的答覆。（有些人甚至六個志願都遭到拒絕，卻不一定是因為成績太差）UCAS將會以書面告知那些被拒絕的申請者，而通知中往往可能包含不只一種的決定，因此申請者仍應仔細閱讀。

4.撤銷入學申請

大學做出這種「撤銷入學申請」是比較特殊的決定，主要的原因可能是因為申請者在應該出現的場合中缺席了，譬如未出席面談或未在期限內提出回應等因素；也有可能是當申請者表示他們已經不再對這所大學有興趣時，大學所做的決定。（UCAS, 1999b）

申請者答覆大學的決定

除了以B路徑申請藝術和設計課程的申請者以外，（註：部分的藝術和設計課程要求察看學生的作品時，則申請者必須在一般申請程序－即A路徑－之外，再依循B路徑之申請程序進行作品的審查。）其他的申請者通常可以等到六個志願皆告知其入學與否的決定後，再提出答覆。當然，如果是被拒絕入學或撤銷申請的回函，申請者已經不需再做答覆，此時申請者的答覆欄中就會被打上一個「X」的符號；申請者必須答覆的則為有條件入學許可和無條件入學許可的部分。而申請者的答覆又包含以下三種：

1.確定接受

申請者只能在所有志願的入學許可中，選擇一個志願決定為確定接受。若大學的入學許可是無條件的，則加上申請者確定接受的答覆，則申請者已經可以確定進入此志願機構中就讀。

2.保留

不管申請者確定接受的是無條件的入學許可或有條件的入學許可，皆可再選擇一個志願作為保留，以防萬一；除非申請者所確定接受的無條件入學許可中，要求申請者必須謝絕其他所有的志願。

<u>3.謝絕</u>

此外，當申請者對所有的入學許可皆不滿意時，他也可以謝絕所有的許可。之後，他將可以進入本年度的空缺制度中，再一次提出申請。

必須注意的是，申請者答覆大學的決定必須在規定的期限內完成，而期限的限制則與大學做出入學許可的期限相互配合，譬如依據1999年UCAS的規定為：（1）大學決定的期限為3月31日，申請者的答覆期限則為4月29日；（2）大學的決定期限為5月7日，申請者的答覆期限則為5月27日；（3）大學決定的期限為6月21日，申請者答覆的期限則為7月6日。這些日期的規定每年皆有可能產生些微的變動，申請者必須謹慎注意，因為一旦超過期限未提出答覆，皆視同放棄入學機會。（UCAS,1999b）

申請程序

自1997年起，UCAS為某些需要查看學生作品的藝術與設計課程，設計了一種與一般正常申請程序（稱為A路徑）不同的「B路徑」，在UCAS每年出版的入學手冊（Handbook）中將會列出有哪些課程需要採用B路徑之申請程序。以下乃分別就一般申請程序（A路徑）與B路徑的申請程序介紹如下（英國貿易文化辦事處，1997：90-91）：

1.一般申請程序（A路徑）

一般申請程序的步驟大約可歸納如下：

1.申請者在填寫申請表（application form）和確認卡（acknowledgement card）後，連同申請費用一起交給申請者之推薦人（educational referee）。推薦人在填寫機密報告後，將表格、確認卡與費用一起寄給UCAS，UCAS在收到資料後則將個人申請號碼寄給申請者。

2.UCAS會將申請表寄給申請者所選擇的大學，大學在考慮後告知UCAS是否接受，UCAS再將學校的決定告知申請者。

3.如果申請者仍在等待考試成績，則所有的入學許可都必須在申請者的成績達到一定的要求以上才會生效，因此申請者可以接

受兩所學校的入學許可——一個確定的選擇與一個保留的選擇。且申請者可在六個志願都有回音後再做決定，告知UCAS。

4.如果申請者已經知道考試成績，則所有的入學許可都是無條件的，申請者只需選擇一所學校。

5.如果申請者的入學許可是根據考試成績而定，則申請者必須在一接獲成績單後，馬上寄給申請的大學。當申請者的成績達到要求，學校將會確認申請者之入學許可。

6.反之，若申請者的成績未達到要求，並且所選擇的兩個志願皆未確認申請者的入學許可，或是申請者皆未接獲六個志願的入學許可，此時申請者仍可經由UCAS的空缺計畫提出進一步的申請。

7.空缺制度的清點餘額系統將告知申請者有關學校空缺的詳細資料，即使上一階段沒有提出入學申請者，亦可在此時加入申請。但此時已經不需透過UCAS申請系統，申請者在獲得空缺資料後，可直接與大學聯絡。

但是對於想要申請牛津和劍橋大學的申請者而言，其申請程序有一些不同的地方必須特別注意：

1.填寫完成的表格必須在10月15日以前到達UCAS；

2.除非申請者想要申請某個組織的獎學金，否則不能在同一年中同時申請此兩所大學；

3.申請牛津大學者必須寄一份牛津大學的申請表至牛津學院的入學辦公室；

4.申請劍橋大學者則必須先填一份初步申請表寄給第一志願學院的入學審查老師，而如果申請者無偏好任何一個學院，則將申請表寄至劍橋院際申請辦公室。

2.B路徑申請程序

大部分藝術與設計課程的招生皆採用UCAS的一般申請程序，但是部分藝術與設計課程要求查看學生作品，勢必要花費較多的時間，因此1997年起UCAS設計了B路徑的申請程序。其與一般申請程序的差別為（英國教育中心，1997：74-75）：

1.由於查看作品費時，B採路徑的申請者最多只能填寫四個志願。

2.申請者的作品將會被輪流審核，因此申請者必須在四個志願中排列優先次序表，訂出作品接受審核的優先順序。

3.B路徑的申請表必須在1月1日到3月24日之間寄達UCAS。

4.B路徑的申請者亦必須採用A路徑的申請程序選擇兩項課程，而此額外的兩個選擇必須在12月15日（即第一次申請截止日）之前提出申請。

申請時間表與流程圖—以2000學年為例

1.申請時間表

1999年9月1日
- UCAS開始接受入學申請

1999年10月15日
- 牛津與劍橋大學申請截止

1999年12月15日
- UCAS的第一次申請截止日-主要申請案

1999年12月至2000年4月間
- 各大學校院對申請案提出入學許可的決定

1999年12月16日起至2000年6月30日
- UCAS第二次接受申請案（較晚的申請案），並同時將申請表分送至各大學校院，此時學校可自行決定是否接受較晚的申請案。

2000年1月1日至3月24日
- 藝術與設計課程採B路徑申請截止

2000年3月25日至6月12日
- 採B路徑之晚到的申請案，此時學校可自行決定是否接受。

<u>2000年7月1日至2000年9月20日</u>
● 此段時間內UCAS收到的暑期申請案將會被轉送到空缺制度中。

其循環時間表大致可整理如下圖：

UCAS申請作業循環時間表—以2000學年爲例

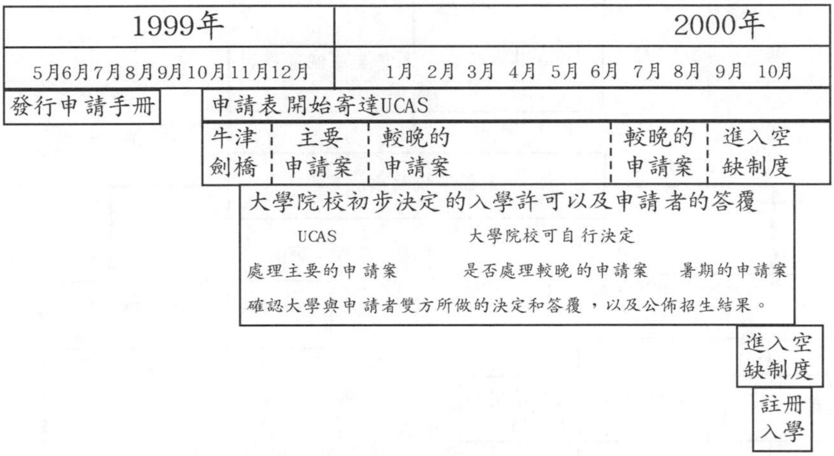

1999年		2000年	
5月6月7月8月9月10月11月12月		1月 2月 3月 4月 5月 6月 7月 8月 9月 10月	

發行申請手冊	申請表開始寄達UCAS			
	牛津 劍橋	主要 申請案	較晚的 申請案	較晚的 申請案	進入空 缺制度

大學院校初步決定的入學許可以及申請者的答覆

UCAS　　　　　　　　大學院校可自行決定

處理主要的申請案　　是否處理較晚的申請案　暑期的申請案

確認大學與申請者雙方所做的決定和答覆，以及公佈招生結果。

進入空
缺制度

註冊
入學

圖7-2 UCAS作業循環時間表
資料來源：UCAS，1997b：28

申請流程圖
　　以下仍將申請流程圖區分爲一般（路徑A）申請流程與路徑B申請
流程圖示如下：

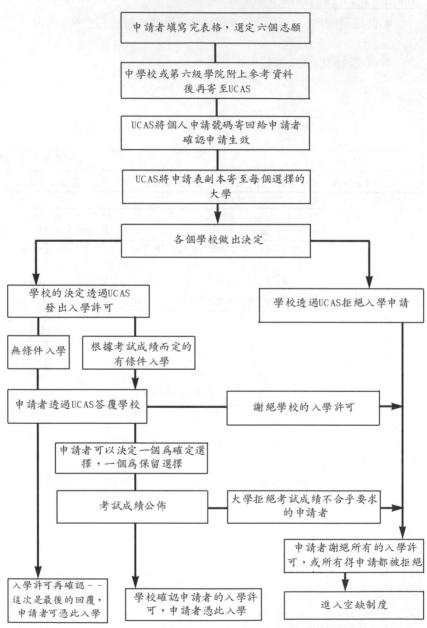

申請流程圖（路徑A）

圖7-3　英國大學入學一般途徑申請流程圖
資料來源：英國貿易文化辦事處（1997），1998/99英國教育及留學指南，頁88

路徑B的申請流程圖

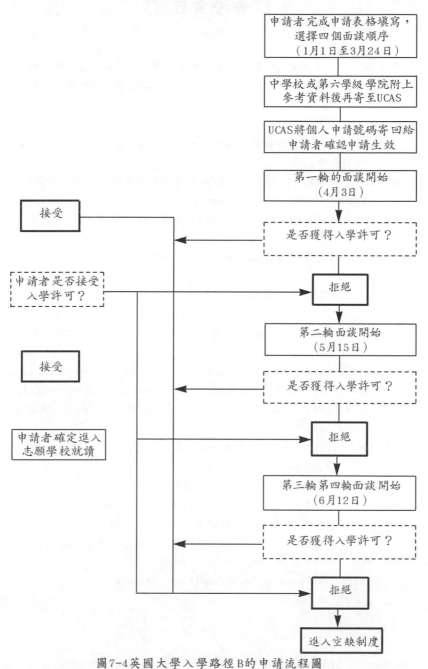

申請者完成申請表格填寫，
選擇四個面談順序
（1月1日至3月24日）

中學校或第六學級學院附上
參考資料後再寄至UCAS

UCAS將個人申請號碼寄回給
申請者確認申請生效

第一輪的面談開始
（4月3日）

接受

是否獲得入學許可？

申請者是否接受
入學許可？

拒絕

第二輪面談開始
（5月15日）

接受

是否獲得入學許可？

申請者確定進入
志願學校就讀

拒絕

第三輪第四輪面談開始
（6月12日）

是否獲得入學許可？

拒絕

進入空缺制度

圖7-4英國大學入學路徑B的申請流程圖
資料來源：T. Higgins (1997). How to complete your UCAS form. P.30

參考書目

大考中心（民85）。英國大學招生方式簡介，大考中心通訊，27，第二版。

行政院研究發展考核委員會編印（民86）。落實技術士職業證照制度之研究。
　　　台北：編者。

林清江（民61）。英國教育。台北：台灣商務印書館。

姜麗娟（民87）。證書資格與考試制度，載於駐英國代表處文化組印行，英國
　　　學制手冊。

英國貿易文化辦事處（1997）。1998/99年英國教育及留學指南（台灣版）。
　　　London: Hobsons Publishing。

陳伯璋（民76）。英國新考試制度—GCSE簡介，現代教育，1（5），152--
　　　169。

詹火生、楊瑩（民78）。英國高等教育現況及發展趨勢。台北：國立教育資料
　　　館。

詹火生、楊瑩（民81）。英國學術自由之研究。台北：教育部高等教育司。

Anderson, R. & Haywood, R. (1996). Advancing GNVQs, FORUM, 38(3),
　　　81-83.

Higgins, Tony (1996). How to Complete your UCAS Form-for 1999 entry
　　　to Universities & Colleges. UK: Trotman and Company Ltd.

Kay, Ronald (1985). UCCA: its origins and development 1950-85.
　　　Cheltnham: UCCA.

Mackinnon, D.,Statham, J. & Hales, M. (1995). Education in the
　　　U.K.. London: Open University.

UCAS(1997a).Handbook 1998. London: UCAS.

UCAS(1997b).Annual Report: 1997 Entry. London: UCAS.

UCAS(1999a).Company & Departmental Overview. [On-line]
　　　http://search1.ucas.co.uk/higher/about/right.html.

UCAS(1999b).Offers & Acceptance.[On-line]
　　　http://www.youcan.co.uk/html/ucas_frame.htm.

chapter8

英國在家教育

- 在家教育的歷史發展
- 父母選擇在家教育的原因與特徵
- 在家教育相關的法令規定
- 在家教育實施的現況
- 在家教育實施的成效與問題

葉孟昕

前言

　　英國教育的歷史非常悠久，在1833年政府尚未撥款補助教育以前，教育多由私人或教會所興起，直到1833年以後，政府才正式介入對教育的主導權。以往在強迫教育法尚未出現以前，有關在家教育的發展情形並不是很清楚，但是在家教育一直以來都被認為是父母合法的教育選擇權。目前英國在家教育運動的提倡者是以「一九四四年教育法」（Education Act 1994）的規定作為在家教育的法源依據，這項法案指出父母在其子女的教育上擁有優先的選擇權，子女可以根據父母的期望接受教育，只要父母確保子女所接受的是有效率的教育，不論是按定期入學或其他選擇的受教方式皆可，故在家教育便屬於學校教育以外其他選擇的一種。

　　目前英國實施在家教育的人數並沒有精確的統計數字，但根據學者Meighan（1995）的估計，在1994年約有10,000個在家教育的家庭，而且自1970年代中期開始，在家教育的人數便持續增加，呈現穩定成長的趨勢。除了英國之外，世界其他各先進國家，例如：美國、加拿大、澳洲以及紐西蘭等也都有在家教育的實施，可見在家教育的風潮正不斷的在擴散蔓延中。無疑地在家教育是一個快速發展的運動，其人口逐年不斷增加，毫無減緩的徵兆，可說是一種社會運動（Mayberry, Knowles, Ray & Marlow, 1995）。我國在民國85年底也出現了一群有感於國內學校教育環境逐漸惡化的家長們，提出在家教育的訴求，為了因應教育現代化、民主化與多元化的方向，自86學年度開始，台北市也首先開始試辦國民小學適齡兒童在家自行教育的計劃，到目前為止仍持續進行當中。至於民國88年頒布的「教育基本法」也指出家長可以為子女選擇教育的方式及內容，因此在家教育的實施可說已具有法源的依據。由於國內在家教育的運動尚處於萌芽的階段，不像英國已行之有年，因此本章將對英國的在家教育進行探究，或許未來可作為我國的借鏡。

　　在英國許多父母都誤以為學校教育是強迫的，但事實上根據「一九四四年教育法」第36條的規定，「教育」是強迫的，但「學校教育」則否（Webb, 1990：12；Petrie, 1993；Meighan, 1995；Education Otherwise, 1998）。由於對在家教育知識的不足，使一般民眾認為在家

教育是奇怪且不正常的。但事實上，這種最古老的教育方式從來不曾受到國會的反對（Petrie, 1993）。自1970年中期開始，選擇在家教育的父母便急遽增加，父母開始運用他們對子女教育的選擇權（Port, 1989）。對於英國全國在家教育的人數並沒有精確的統計，根據Lowden（1989）估計在1988年約有4,000個在家教育的兒童。而Meighan（1995）則指出，在1977年選擇在家教育的家庭約有20個，但到了1994年則接近有10,000個家庭。它是目前教育體制外合法且合理的教育選擇（Education Otherwise, 1998）。以下將進一步探討英國在家教育的歷史發展、原因、政策、實施現況、成效與問題。

第一節　在家教育的歷史發展

　　有關於英國在家教育的發展，學者Webb（1990：2～6）分別從理論和歷史背景兩方面來敘述。就理論而言，Webb認為反學校運動者（Deschoolers）和其理論提供了在家教育（home based education）社會功能之可能性，Webb在此所稱的反學校運動者，是泛指那些比個別家庭環境具有更廣泛基礎之學校教育以外的教育。而在這個領域中，最具影響力的思想家可能就是J. Rousseau，隨後逐漸發展至1960和1970年代，Ivan Illich、Everett Reimer和Paulo Freire則是著名的人物；另外，深受Ivan Illich和Everett Reimer影響的John Holt 也是在家教育運動的重要提倡人之一，他是美國《無學校的成長》（Growing Without School, GWS）雜誌的創辦人，提出許多有關在家教育理念和實務上的作法，有學者更稱其為「在家教育之父」（Aiex, 1994：5）。

　　在西方世界中，反學校化運動的興起可能與嬉皮時代（hippie era）發展的價值及休閒活動在未來人類生活中扮演的角色之新評價有關（Webb, 1990：14）。Webb（1990：38）強調反學校運動對在家教育所造成的影響，雖然選擇在家教育的父母認為他們廢除學校的觀點過於極端，但是對於他們提倡更多元取向的教育選擇則非常贊同。

　　就在家教育實際的歷史背景而言，Webb認為1880年為重要的分界點。接下來將以此闡述英國在家教育的發展，並配合英國整個公共教育的發展來協助分析。

1880年以前

　　英國教育的歷史悠久，其有組織的教育是和基督教的傳入（西元579年）同時開始的，從六世紀到十九世紀初的一千多年間，教育完全都是由教會所控制，直到1833年英國議會通過教育撥款，國家才開始介入教育的事業，1944年的教育法確立了公共教育的體系，其也是現行英國教育制度主要的基礎（吳文侃、楊漢清，民83：125）。在政府尚未介入之前，教育多是由私人或教會所興起，例如：婦孺學校（Dame Schools）的設置便是由一些家庭婦女召集鄰近的兒童，在自己的家中教導簡單的讀寫知識和縫紉，並且兼具托兒的性質。此外，由宗教或慈善團體所發起的主日學校（Sunday Schools）運動和慈善學校（Charity Schools）運動，則是針對有青少年問題或貧困的兒童實施基本的讀、寫教育。

　　1833年英國國會通過兩萬英鎊的教育預算，補助由國教派和非國教派兩個機構所屬的學校建築，開啓了國家補助教育的開端。「一八七○年初等教育法」（Elementary Education Act）（又稱Forster教育法），奠定了整個英國教育制度的基礎，在此法案中提到各學區有權實施5至12歲兒童的強迫教育，但它並非義務和免費的，兒童在此階段入學時須每週繳九辨士的學費；雖然此法案中已提到強迫教育的實施，但是直到1880年英國才真正開始實施5至10歲兒童的強迫教育，且除了少數地區外，均實行免費教育。（王家通，民81：128；王天一等，民84：155～156）在1870至1880年間，義務的全時初等教育等相關法案尚未出現以前，很難去了解英國在家教育發展的程度，即使在過去我們可能可以從學校的入學統計中揭露一些數字，但是仍無法顯示這些未入學兒童實際的情形，他們可能是由正式的家庭教師教導，或是跟隨父母學習或自學。至於學習的內容或方法，主要是來自於傳記文學的軼事、自傳和當時的著作。有趣的是，在接受教育變成義務以前，我們很少對個體在某個年齡階段適合學習的事物有固定的看法，這種態度很類似現代所謂的「終生學習」（lifelong learning）理念的特色。（Webb, 1990：6～8）

1880年以後

　　「一八七○年初等教育法」指出，兒童在某些有效率的教導方式下，可以不需要到學校。但是「有效率」(efficient) 這個字並未有明確的解釋。在76/80通諭中是首次強調父母有責任確保其子女接受教育，教導其讀、寫、算等能力。（Webb, 1990：9～10）隨後「一九一八年教育法」頒布，其中規定廢止徵收小學之學費，並強迫學童入學至14歲。在1944年以前，英國的教育政策是採強調地方自治的方式，但如此卻導致教育缺乏完整的規劃，各類教育的發展無法完全適用於全國，直到「一九四四年教育法」頒布後，才奠定了現今英國教育的基礎（李奉儒，民84）。目前有關在家教育的法令依據也是來自於「一九四四年教育法」，其中第36條規定：「父母有責任確保其子女在強迫學齡階段(compulsory school age)，透過定期進入學校或其他方式(otherwise)接受適合其年齡、能力和性向之有效率的全時教育。」由於規定中提到學校以外的「其他」方式，所以選擇在家教育的父母便以此作為他們選擇其他教育方式的依據。除此之外，同法中的第76條也規定兒童可以根據他們父母的期望來接受教育，故更加支持了父母選擇在家教育的立論。然而為了要確保父母提供的教育是適合其子女的，在同法中第37條便規定：「地方教育當局有責任去確保父母所提供給兒童的教育是合適的。」

　　從上述在家教育發展的理論與歷史背景可知，反學校運動者的思潮為在家教育開拓了一個發展存在的空間與立據。在強迫教育相關法案尚未建立前，很難瞭解在家教育的發展情形，「一八七○年初等教育法」規定兒童在接受有效率的教導下，可不必進入學校。而「一九四四年教育法」則強調父母對其子女的教育責任，只要子女接受的是符合其年齡、能力和性向之有效率的全時教育，則不論是到學校接受教育或採其他教育方式是合法的，故在家教育便成為合法學校教育以外的選擇。

第二節　父母選擇在家教育的原因與特徵

父母選擇在家教育的原因

　　沒有一個簡單或可以一概而論的原因來說明在家教育的發生，因為每一個家庭環境和觸發他們選擇在家教育的催化劑都是獨一無二的（Webb, 1990：11；Petrie, 1995；Education Otherwise, 1998）。根據Petrie（1995）在1988至1989年間對地方教育當局官員所做的問卷調查中顯示，有69%的官員表示，從他們監測在家教育兒童的經驗中，他們相信父母選擇這種教育方式乃包含了許多複雜的原因，其中有52%的官員更指出，他們相信未來在家教育的人數會不斷的增加。大部分的家庭在選擇在家教育之前都經過相當謹慎的考量，促使他們選擇在家教育的因素可能是哲學的、宗教的或其他複雜的因素，就某方面而言，父母認為他們在家中可以提供給兒童更適當的教育，而這也是每一個父母非常樂意去參與子女早期學習經驗的自然選擇（Education Otherwise, 1998）。在分析這些在家教育的因素時，基本上可歸納於兩個基礎的概念之上，第一、父母對其他教育的選擇感到興趣（此乃常見的經驗）；第二、學校的問題。此外，這些因素有時也是考量現實的需求，例如：一些經常旅居於國外的父母便認為，在家教育是有益於這種旅行式的家庭生活。有關父母本身在教育上想法，可能是來自於相關書本的閱讀或其本身年幼時的經驗，其他像兒童本身個別的特質或學校經驗等也都是影響在家教育的複雜因素之一。

　　在英國雖然普遍的資料皆指出在家教育的背後包含許多的因素，但較少學者針對父母選擇在家教育的因素做深入研究，根據Webb（1990：35）在1982至1988年間所從事有關在家教育方面的研究，其中對在家教育家庭所進行的問卷調查，將父母選擇學校以外其他教育方式的因素歸納成下列五項（許多父母的選項是超過一種）：

**父母認為他們也可以提供和學校一樣或比學校還好的教育。
（共63個人）**

　　雖然父母本身的教學資格並非在家教育的必要條件，但在Webb的
這項研究中，在家教育的父母本身是教師者占有一半以上，他們所分布
的領域非常廣泛，從初等教育、中等教育、繼續教育和成人教育等各個
階層皆有代表，其中只有一位父母表示教師的資格使他對在家教育有更
大的自信。從這些高的教師比例中，似乎顯示在家教育父母對教育制度
本身理想的破滅，這些父母從切身的學校經驗中，改變了他們整個的教
育態度。父母表示在初等教育階段，有太多的學科競爭壓力和服從的期
待，兒童在學習上不僅缺乏選擇，對「工作」和「遊戲」之間的區分也
感到模糊。另外，曾有中學教學經驗的Merriman也表示，在中學階段的
學校，傾向於透過巧妙的操縱班級關係以破壞兒童的自尊。有些兒童也
因恐懼權威，而拒絕進入第六級學院，寧可選擇繼續教育學院。基於上
述原因，父母選擇在家教育是希望兒童在學習上有更多的選擇，並擁有
更多的時間去做他們想要做的事。因為有時候兒童認為學校並不適合他
們本身特殊的學習方式，所以父母並不滿意學校提供的教育，且認為在
家庭中可以運用某些方式來滿足子女的需求，提供給兒童更合適的教
育。

父母不贊成學校所灌輸的道德和社會態度。（共129人）

　　有部分在家教育的父母本身或許沒有直接的教育觀，但是他們的
生活方式或價值觀卻是與學校相衝突的。許多父母在訪談中提到，在家
庭中充滿的是人道主義、民主和開放的價值，但在學校中卻充斥著權
威、統治和非人道主義的相反價值。這種情形在教育社會學的文獻中也
有記載，而學者Woods便建議，父母可以透過選擇在家教育來避免這個
敏感的衝突。另一個家庭和學校間明顯的衝突是，有些家庭認為學校反
映了現代社會的價值，而這些價值對兒童會有不良的影響，這些父母認
為在家教育最大的優點就是，當面對一些蔓延於學校甚至整個社會的反
基督教、反文化、反家庭及反學科的影響時，他們往往可以安靜的面
對。此外在道德方面的影響也是許多在家教育父母關心的重點之一，基
於上述這些學校和家庭間的衝突，導致父母將兒童從學校中帶回，希望
透過在家教育的方式來維護家庭本身的價值觀。

宗教信仰的因素。（共26人）

　　部分選擇在家教育的家庭是爲了維護本身的宗教信仰。根據 Petrie（1995）指出，在英國估計約有48%選擇在家教育的家庭是包含宗教因素的考量，他們包括有耶和華的見証人（Jehovah's Witness）、耶穌再臨論者（Seventh Day Adventists）、普里茅斯教友會（Plymouth Bretheren）、回教徒（Muslims）和天主教徒（Catholics）等。這類的家庭認爲，學校的教學內容往往與他們本身的宗教信仰背道而馳，例如：部分家庭認爲學校在科目的學習上帶有性別的歧視或課程內容缺乏人文主義的精神等。此外，有些家長認爲目前的教育制度是既得利益者所用來維持其利益的工具，他們並不希望人們學會自我思考與反省，且學校制度使兒童本身角色過早從家庭中轉移，似乎是有陰謀的將兒童從家庭中帶走。總言之，在英國因爲宗教因素而選擇在家教育的家庭或許不如美國來的明顯，但是它的比例卻有逐漸增加的趨勢（Petrie, 1995）。

家庭選擇或希望選擇不同的生活形態。（共59人）

　　在Webb的這項研究中，不論父母是否具備教師資格或曾有教師經驗，他們都有一個共同的特點，那就是他們閱讀了某些相關理論學者的觀點而受到啓發，例如：Paul Goodman、A. S. Neill、John Holt和Ivan Illich等學者。其中Holt是美國著名在家教育運動的提倡者，他認爲學校潛在課程（hidden curriculum）具有壓制的影響，並指稱當兒童還未進入學校之前，他可以靠他自己連續工作幾個小時，並且未思考報酬的問題，但在進入學校之後，兒童則學會了規避責任、偷懶、欺騙和作假等，兒童學會如何在老板監督和不監督時工作不一致。另外有部分父母表示他們是受到反學校運動思潮的影響，反學校運動的先鋒Illich砲轟學校制度並對未來沒有學校的社會提出某些具體的建議。Freire（1972）則是從自由教育的觀點，喚起了在文化沈寂地區之佃農工作者的意識，並且相信在拉丁美洲地區，教育是維持上層階級地位的工具。雖然早期的反學校運動者並未熱烈提倡在家教育的運動，但不可否認的是許多選擇學校以外其他教育的提倡者，確實受到反學校論者的影響（Kitto, 1984：113）。另一位非常具有影響力的在家教育者是Rudolf Steiner，他主要強調人類本質的精神層面，並認爲應延後學科

的研究直到兒童的年齡可達到一般的掌控。從上述父母所受到各種教育思潮的影響可知，在家教育的家庭開始往往是來自於非常不同的哲學，但即便如此，在實際上卻是朝向一個相同的目的。

在家教育的家庭除了受到上述這些思想的影響外，早期這些家庭本身的意識形態也備受爭議，Meighan（1984b，1992：390）便指出，英國在家教育家庭的成長暴露了許多政治的爭議，許多人認為父母在家教育的理念與政治的立場有關，並斷言在家教育的家庭常是偏激的、急進的、無政府主義者、非權威主義者、反學校、反權威、反體制或過於浪漫的，但事實上這些被貼上意識形態標籤的看法是個迷思（myth）。Meighan（1984b）認為這些在家教育的家庭所獲得的政治再教育，便是學會較少的權威壓制及獲得更多的自主性，學習如何獨立判斷而不是不加批判的吸收各種想法。故與其說這些在家教育的家庭有政治教育之虞，還不如說他們學習的是一種自我導向和自主的教育方式。

學校引起的問題促使父母選擇其他教育方式。（共55人）

包括兒童受到威脅或恐嚇、對學校感到厭煩、成績不好的兒童受到忽略、兒童感到不快樂、學校的統治和兒童具有特殊的需求等。就兒童在學校中所受到的威脅而言，許多在家教育的父母認為學校中充滿來自於教師和其他學生的威脅和恐嚇，教師不當的處罰（包括打兒童的臉頰或命令他們離開坐位等）會嚴重的破壞兒童學習的興趣和能力，且父母認為大部分的教師總是威脅敏感的兒童。除教師以外，兒童在學校中也會受到來自其他同學的欺壓和暴力，使他們恐懼學校生活，也扼殺了學習的興趣。學者Knox（1989）便指出「學校恐懼症」（school phobia）這個概念是令人懷疑的，其更恰當的名詞應該用「嚴重由學校所引發的恐懼」（acute school-induced anxiety），Knox認為學校是一個違反常態且不自然的場所，學校恐懼症並不是一個非理性的反應，當兒童在面對學校負向層面的影響時，它便是一個合理的反應。Knox在針對100名在家教育的學校恐懼症兒童做研究時發現，大多數學校恐懼症的個案都是由於學校負面的經驗所引起的，而威脅恐嚇便是最常見的負面經驗。

另就學校組織和不當的管制而言，也引起許多父母的不滿，尤其是與學校班級和課程組織有關的管制，許多在家教育的父母認為學校中缺乏適當的課程，無法引起兒童的興趣，而且課程當中對性別的差別待

遇，也抑制了兒童研讀其有興趣的科目。學校中另外一項常受到爭議的管制就是制服的問題，有些兒童希望能夠穿著便服以表現個人的個性，但學校和教師們卻強制實施穿制服的規定，學校並且聲稱這項規定可以協助掩藏不同社經背景家庭的收入，並且增加學生對學校的認同感。但事實上許多父母表示他們幾乎無法負擔多餘的制服費用和定期乾洗的花費，除非家庭有貧窮証明才可以獲得地方教育當局的補助。在增加學校的認同感方面，學生則表示並不一定要以穿著制服的方式來達成。雖然某些校長認為穿制服有潛在的考量，它可以使學校生活所有層面的控制達到整齊劃一，並將兒童固定於期望的角色上，但在家教育的兒童卻認為這會限制他們的自由；透過在家教育的方式，他們就可以自由穿著合理的衣服而不必穿著荒唐可笑的制服。（Webb, 1990：49～50）

此外就兒童的特殊需求而言，有些兒童因為本身疾病的關係，無法長時間待在學校的環境中，例如：在本調查中有一位兒童出生時便發生低體溫的情形，並且一直持續到兒童時期，因此當他到學校讀書時，他不能坐靠窗的位子也不能到廁所去（因為太冷的緣故），他也不能和其他同學一起玩遊戲，對他而言學校整個環境都是不適合的，但是又不能夠改變，所以唯有改採在家教育的方式才能給他更有益處的生活。另外有些兒童則發現在學校中他們的需求無法獲得滿足，學校的科目無法引起他們的興趣，學習層次不是太高就是太低，甚至有些父母認為，某些學生的學習不佳是因為教師能力或班級過於龐大的關係，使他們無法評估兒童的潛力，以致於低估兒童或使兒童喪失自尊和信心。

綜合而言，這個類群的父母認為，現實的學校環境與他們的理想相距甚遠（例如：教師和設備器材太少等），並不能讓他們的子女獲得健全的發展。

根據上述在家教育因素的分析可得知，父母選擇在家教育通常包含許多複雜的因素，而且當這些混合的因素強烈到無法抗拒時，家庭便會認真的考慮實施在家教育（Petrie, 1995）。在Webb的研究中，受訪的父母有一半以上是合格的教師，他們的意見也反映了英國目前學校環境的一般狀況，包括：學校過多不必要的管制、暴力威脅和不適當的學科壓力等，這些都可以提供有關當局反省改善。雖然主張在家教育者有許多不同的意識形態，但普遍都是希望能在缺乏彈性和不適當的學校之外找尋其它的教育方式。

　　許多在家教育的父母表示，在家教育是他們最後的訴求，他們並非對學校教育之外的其他選擇抱持完全樂觀的態度，大部分他們的選擇只是因爲這些其他的選擇可能會比較好；除此之外，他們在最初也並沒有誇張的想法，甚至對於那些希望符合社會期待的家庭而言，決定在家教育可能是一個非常大的衝擊。究竟有哪些因素會影響家庭做出在家教育的決定？Webb（1990：61～66）指出下列考量是父母在採取在家教育的決策過程中常提及的情況：

1. 許多父母對自己在家教育其子女的能力缺乏自信，並且擔心無法達到地方教育當局的要求。關於這點有些父母則表示不同的看法，部分父母認爲在家教育使他們得到許多意外的收穫，包括自我的成長和信心的建立，這些都是他們當初所意想不到的利益。

2. 父母之中只有一個人認爲在家教育是適當解決兒童學校問題的方法，另一人則否。有許多對父母表示，只有當雙親都支持在家教育時，它才可以是個快樂的經驗，因爲支持的需求是家庭生活中重要的部分。

3. 單親家庭是否較難施行在家教育？對於單親家庭的父母而言，他們除了缺少情緒的支持外，另一個經濟因素則是更重要的考量。在Webb的訪談中有位單親的父親表示，當初他決定在家教育時並不考慮自己能否做到，而是考慮自己應該這麼做。

4. 傳播媒體的報導也可能影響父母決定在家教育。許多受訪的父母表示，他們接觸到電視節目和報章雜誌對在家教育案例的報導，使他們在關鍵時刻選擇在家教育來解決他們的教育問題。有父母表示英國最大的《另類教育》（Education Otherwise）雜誌和組織便提供足夠的資訊和支持給這些選擇學校教育以外其他教育形式的父母，使其能實現在家教育的決定。另外父母與其他人的接觸（包括相關的學者專家）也會促進他們注意本身教育子女的權利。這些公共傳媒在宣傳在家教育的合法性上頗具貢獻，因爲有許多家長都誤以爲學校教育是強迫的，但藉由傳播媒體的報導，使家長了解在家教育在英國是合法且實際的選擇。

5.在決定在家教育的過程中誰參與決定？父母是否詢問過兒童的意見？兒童是不是主要的決策者？有多少在家教育的決定是兒童本身的選擇？關於這些問題則須要考量兒童本身的年齡，而且如果兒童尚未有學校經驗時，我們是否可以期待他做出在家教育的決定。有兒童表示，他們並不想回到家中，因為他們缺乏友伴而感到非常的無聊，但是有許多兒童在訪談中明確的表示，在家教育是他們本身的決定，而且他們強烈的反對進入學校。

以上幾點都是父母在選擇在家教育的決策過程中所經常提到的問題，不論是受到內在家庭本身的問題或是外在社會環境的影響，決定在家教育都經歷過一段相當掙扎的過程，父母及兒童都會影響整個在家教育的決定，選擇在家教育通常是他們最後的訴求。

從上面的分析可得知，父母選擇在家教育的因素是多元且複雜的，他們的選擇往往不是一個單一的因素就可以說明的。許多在家教育的家庭在面對學校的種種問題時（包括價值觀和信仰的衝突），透過選擇在家教育的方式可以使他們解決這些困擾。此外並不是所有在家教育的父母都對學校教育感到失望，有些家庭是因為父母本身具有強烈的教育理念和實施在家教育的熱忱。不論是來自於外在環境的問題或內在家庭本身的需求，在家教育的決定都是經過整個家庭的考慮或協調。

二、在家教育家庭的特徵

在英國，對於在家教育家庭的特徵較少有調查研究，有關在家教育父母的背景似乎並沒有沒有一個共同的特徵，他們可來自各種不同的階層（Education Otherwise, 1998）。他們有些是唯心論者、愛爾蘭天主教會、教師、水管工或新聞工作人員等，也包括部分的單親父母。然而在Webb（1990：54）所訪問的在家教育家庭中，有一半以上的父母是合格教師，他們分布於各個教育階段。而Meighan（1995）也指出，目前在英國實施在家教育的家長大部分都來自於教學專業階層的人員（約佔33%）。從這高比例的教師父母人口，似乎透露出他們對現存學校環境理想的破滅，而認為在家教育是他們對子女教育最好的選擇。

第三節　在家教育相關的法令規定

　　英國目前並未針對在家教育制定專門法令，家長選擇在家教育主要的法源依循是來自於「一九四四年教育法」第36條的規定，其他則是在發生相關爭議時，透過法院的判決來決定，故在探究英國在家教育的規定時，可就法令與訴訟案件兩方面進行討論（Petrie, 1993）。

一、法令方面

　　就法令的層面來看，有關英國在家教育的規定可追溯到「一九四四年教育法」，在此教育法中第36條規定決定了父母選擇在家教育的自由，其規定如下：

父母有責任確保其子女在強迫學齡階段（compulsory school age），透過定期進入學校或其他方式（otherwise）接受適合其年齡、能力和性向之有效率的全時教育。

　　上述規定明確的說明父母有責任去確保子女接受教育，其所接受的教育方式可以是地區性的公立學校和許多類型的私立學校，或甚至是其他的教育方式，例如：在家接受教育。當初這個法案在眾議院進行二讀時，有些國會議員甚至都未注意到有某些兒童在家接受教育，這項條款與在家教育的關係是在最後被討論的，特別是「或其他方式」（otherwise）這個字眼大部分與私立學校有關，某些議員便希望開放選擇以對抗私立教育。但是關於這項規定仍有下列幾個值得爭議之處（Webb, 1990：12；Petrie, 1995）：

1. 所謂「有效率的」（efficient）並未清楚的說明，因此可能會產生「一人一義，十人十義」的各種解釋。
2. 所謂「適合兒童的年齡、能力和性向」並無客觀的標準，因此其是非常主觀的判斷。

3.「全時」是指「全部時間待在一個地方學習，或是可有其他選擇」，例如：部分時間在學校接受教育在法律上也是可能的。

4.強迫學齡階段（compulsory school age）這個名詞可能會引起誤解，若更精確的使用「強迫教育階段」（compulsory education age）將可以減少不必要的誤解。

同樣在「一九四四年教育法」中第76條也是支持在家教育的規定，其敘述如下：

> 此法所授與教育部長和地方教育當局所有權利或責任的運作與執行，都必須注意一普遍的原則，即在提供充分教導與訓練和避免不當公共浪費的範圍內，兒童可以根據其父母的期望接受教育。

以上兩項條款可作為父母選擇在家教育的依據，但在賦予父母教育選擇之餘，也有相關監督父母在家教育的規定。在「一九四四年教育法」第37條便規定，地方教育當局有責任去確認父母所提供的教育是適合兒童的：

> 如果地方教育當局發現在強迫學齡階段的兒童，其父母並沒有履行責任時，地方教育當局則有責任提出警告，要求父母符合地方教育當局的要求，讓兒童透過入學或其他方式，接受適合其年齡、能力、性向之有效率的全時教育。

從上述規定中得知，父母對子女所接受教育方式的選擇雖具有最高的權力，但其仍要受到地方教育當局的監督。當初此項條款並不包括在原始的法案中，而是在向上院提出時才修正的，而這個修正似乎受到宗教因素的影響。在議院中，許多的討論都支持父母有選擇特殊宗教類型學校的自由，因此似乎也顯示父母可以根據其教育信念來選擇在家教育。它也包括諸如Rousseau、Neill或其他特殊的宗教教學，且類似的教育類型也可以由公立或私立學校提供。此外，或許從第76條的規定中使父母能實行其本身的教育構想，但這也引起不少地方教育當局和父母間的衝突，例如：地方教育官員雖然了解Rousseau的哲學，但它似乎很難付諸實行，同樣的嚴格的宗教教學或彈性自由的教

學方式，都可能是不切實際或難以實踐的。（Petrie，1995）

　　根據第37條的規定，雖然地方教育當局被授與法定的職責去監督在家教育的實施。但是中央並沒有明確的政策或指令顯示如何去監督在家教育，故各個不同的地方教育當局常有各自不同的監督標準和方式，而且地方教育當局中的諮詢者也常對在家教育持有不同的看法（Lowden，1989；Webb，1990：146）。在1956年「入學規定」（School Attendance Regulations）尚未修正前，在法律上在家教育的父母並沒有責任要去通知地方教育當局。但是英國「另類教育」這個組織通常都會建議並支持父母，主動去告知地方教育當局他們在家教育的事實。若兒童從未入學或沒有到學校註冊過，那麼在法律上父母並不一定要通知地方教育當局，只有在兒童已經入學就讀之後才決定要實施在家教育時，父母才須在實施在家教育之前，先辦理取消註冊（deregistration），否則將會被提出控訴。也由於父母未被強制要求提出通知地方教育當局的規定，所以對於英國整個在家教育實際的人數也一直沒有精確的統計數字，有些地方教育當局甚至不知道在其所管轄的地區內有在家教育的兒童。（Lowden，1989）

　　上述提到地方教育當局對在家教育的家庭有監督的職責，但各地方教育當局監督的方式卻沒有一個統一的政策或程序，伴隨著逐漸增加的在家教育人數，各地方教育當局便開始著手制定相關程序來處理在家教育的問題，以下便列舉在英格蘭和威爾斯地區幾個地方教育當局對在家教育的監督方式（Lowden，1989；Webb，1990：165～166）：

1.Berkshire
　　要求定期的視察，且地方教育當局的目標是要將在家教育的兒童「再統一」到學校中。

2.Cleveland、Derbyshire
　　為家長準備在家教育的指導綱領，並定期的視察提出報告。

3.Gloucestershire、Avon
　　剛開始會寄出確認信函給在家教育的父母，並且建議他們與鄰近的地方教育當局保持聯繫，然後由當地的教育官員和主任督學進行訪視並給予建議，此外還有提供書本並檢查進度。

4.Gwent
教育委員會考慮諮詢者的報告。

5.Staffordshire
在家教育的父母必須提出課程表。

6.Bradford
要求提出教師和教育內容的詳細說明。

7.St.Helens
要求父母提出書面報告。

8.Walsall
要求課程的詳細說明。

9.Hillington
是最有系統的監督程序，要求包括：須具備教師資格、說明教學地點、時間、教學組織、教材及科目的詳細敘述。

10.Gateshead、Northumberland、Durham
偏向以個案方式來處理。

　　另外，英國在「一九八八年教育改革法」(Education Reform Act)中提出國定課程的規定，似乎對前述「有效率」的教育有不同的詮釋。根據「一九八八年教育改革法」第17條的規定，在教育國務大臣的自由裁量之下，在家教育者可以被排除在國定課程的規定外。而教育科學部(Department of Education and Science) 在1989和1990年也清楚的說明，國定課程的規定並不適用於在家教育的兒童，政府也沒有計劃要將國定課程應用於公款補助學校以外的兒童 (Petrie, 1993)。

　　根據上述規定，使在家教育的家庭可以不受國定課程的規範，他們也不用在關鍵階段 (key stage) 接受評量。從以上立法層面的探討可得知，英國中央並未有明確的在家教育法規，但是「一九四四年教育法」第36條則是父母選擇在家教育的主要依據。雖然在法律上，父母對兒童教育形式的選擇具有優先權，但相對的地方教育當局也有責任監督父母權利的行使，以確保兒童接受教育的權益。

二、訴訟案件方面

　　根據上述有關在家教育的立法規定，有少部分的個案基於個人的關心，希望更進一步的澄清一些觀點，例如：在家教育是否應被要求與學校教育相等？地方教育當局是否有權利去監督在家教育？是否一定要透過家庭訪視來確保父母所提供的教育是有效率的？針對這些疑慮，以下便列舉在英格蘭和威爾斯地區相關的案例做說明。

　　1980年Phillips和Brown的案例中，家庭確切的相信對地方教育當局而言，沒有任何事情顯示教育是不合適的。法官則聲明，地方教育官員可以詢問父母關於其所提供教育的本質，這使地方教育當局有責任去確定兒童是進入私立學校就讀或是在家接受教育，或者兒童並未接受到任何適當的教育。如果父母並未符合提供在家教育訊息的要求，則地方教育當局接下來將決定是否要控告父母，除非父母能證明他們對其子女所提供的教育是有效率的。（Petrie，1993）

　　另外在1963年Tweedie的案例則是決定地方教育當局可透過家庭訪視來確保兒童接受的是適當全時的教育。本案例中的Tweedie先生對其六歲子女實施在家教育，但是他拒絕地方教育的家庭訪視，地方教育當局的政策認為，家庭訪視是證明兒童是否接受到有效率且適當教育之唯一的方法，因此地方教育當局官員便認為Tweedie先生未符合他們的要求，故隨即發出要求Tweedie先生子女入學的通知，但Tweedie並沒有遵從，地方教育當局便提出告訴，法官最後判Tweedie敗訴。法官接著說明，雖然這是個一般性的原則，但是地方教育當局不必堅持只利用家庭訪視這種方法，來檢視兒童是否獲得有效的全時教育。從這個案例中可得知，如果父母希望繼續在家教育其子女，地方教育當局的官員為了監督父母提供的教育，其仍然有權進行家庭訪視。（Petrie，1993）

　　此外在家教育的父母發覺，地方教育當局的官員堅持當在家教育未被確定時，兒童應該留在學校，因此父母要取消註冊（deregistration）是很困難的。雖然地方教育當局的官員同意在家提供教育是適合每一個兒童的，但他們卻不相信它是有效率的，關於這點在家教育的父母認為這是由於地方教育當局訪視的時間太短，無法達到正確有效的評估。但是若由其它專業人員來做評估，這些專家通常會與

兒童進行會談和評估他們的工作，並且思考父母所提供的教育是有效的。針對父母的這項爭議，法官的說明為，父母有責任去達成地方教育當局的要求，相同的地方教育當局也有義務給予父母適當的機會去達到要求。因此地方教育當局首先必需清楚的表明相關的要求事項，並允許父母有充分的時間進行他們在家教育的計劃。再者當有特殊的事件引起地方教育當局的關心時，也應通知父母，給父母充裕的時間處理，在地方教育當局做最後的決定之前，父母必須更進一步提出支持其在家教育子女的報告給地方教育當局的官員，更重要的是─地方教育官員處理這些問題時不要太過嚴苛。（Petrie, 1995）

　　總而言之，在家教育是人類最古老的教育方式，在英國雖然它總是在國家一貫建立的學校教育制度邊緣活動，但它在教育的提供中也扮演了重要角色（Petrie, 1995）。根據上述的國會立法和案例的說明，兒童可以根據父母的期望接受教育，父母對子女受教育的方式有也優先的選擇權，但在父母選擇權的背後，地方教育當局也有權利和責任去監督在家教育的進行。地方教育當局有權利要求父母提供關於其在家教育的訊息，而且目前已建議地方教育當局對家庭的監督，不一定要採取家庭訪視的方式，其也可利用其他方式來達成。如果父母未提供在家教育的訊息或是其所提供的教育是不恰當時，地方教育當局可提出控訴，面對這些被控訴的在家教育案例，法院有責任去判決教育是否被提供，且所提供的教育是否真的適合兒童，亦或兒童必需回到學校接受教育。法院可以加諸教育監督的要求和指定教育的監督者。

　　父母若要證明在家教育的實施是適合其子女的，往往也需要一段很長的時間，因為兒童需要花一段時間去適應在家教育，尤其是在接受過學校教育之後。所以地方教育當局在評估在家教育時，應給予父母充分的時間和機會，避免先入為主的觀念，否定在家教育的價值與意義。此外地方教育當局監督者的決定也比外面的專家來的重要，這些監督人員必需受過評估在家教育的訓練，認知它與學校所提供的教育是不同的。有部分父母對地方教育當局的監督提出質疑，他們認為這些監督人員通常是採單獨運作的方式，在簡短的訪視後是否可以適當的評估父母所提供的教育則讓人質疑，且父母所提供的教育被認為是不適當時，是否能有超過一位的地方教育當局官員做更長更詳細的評估呢。在1988年，有91%的在家教育家庭接受地方教育當局人員定期的監督，為了降

低監督在家教育的經費，地方教育當局更常要求教育福利官員
（Education welfare officers, EWOs）去評估這些兒童的教育，雖然
尚未決定這是否是合法的，但是教育福利官員有時並未接受提供或監督
教育的訓練，能否勝任這項工作則讓人質疑。在1988年以後，英格蘭和
威爾斯地區的地方教育當局也已開始由督學來逐漸取代教育福利官員的
訪視工作（Lowden, 1989）。

第四節　在家教育實施的現況

　　大部分在家教育的家庭在剛開始實施在家教育時，都充滿著各種
期待和恐懼，但是當他們真正實行在家教育之後，往往會發覺他們可以
完成他們想做的事情。以下便就在家教育實施的現況進行研究。

一、課程方面

　　前面提及每個家庭選擇在家教育的因素可說是非常的複雜，而且
每個家庭教育的目的也不盡相同，它會受到兒童的興趣、先前的學校經
驗、父母本身興趣和背景的影響，所以它並不一定是一個靜態的目標
（Webb, 1990：77）。由於目的的不同，相對也會影響到課程的內容，一
般而言，學校的課程內容部分是依據教育法案（例如：1988年教育改革
法頒布國定課程（National Curriculum）的實施，使所有公立學校的
兒童都必需學習核心科目和基礎科目的內容），部分則是來自於地方教
育當局及學校相關人員的規定，故課程內容的選擇是受到限制的，但在
家教育的課程則可配合個別兒童的狀況，因此通常會比學校課程更富有
彈性，也更容易直接達成家庭本身特殊的目的。
　　關於在家教育家庭對課程的安排情形，可以從高度結構式到非結
構式的內容，例如某些在家教育的家庭會仿照學校的模式，使用固定的
課程表、根據傳統學校的科目劃分進行學習，運用學校的教科書，甚至

參照國定課程的科目規定，這種結構式的課程設計有時是兒童本身的選擇，有時候則是爲了兒童將來打算重返學校的準備，當兒童剛從學校回歸家庭時也可能採取這種較具結構的方式。（Education Otherwise, 1998）

　　大體而言，家庭在選擇在家教育的課程內容時主要受到下列三方面的影響（Webb, 1990：84~98）：

學校經驗的影響

　　當家庭在選擇教育子女的課程時，以往的學校經驗也會成爲他們參考的依據，而學校經驗的影響使課程可分爲兩種形式：

1.類似學校一般的課程取向

　　有部分在家教育的家庭會選擇先前的學校課程爲在家教育的內容，其主要考慮下列三個原因：

1. 這些家庭承受來自於地方教育當局的壓力，要求他們必需遵循特定科目來教育其子女。
2. 爲了配合考試，故在家教育的家庭須從事與兒童考試科目相關的課程教學，而且這些在家教育的父母和兒童都認爲不宜再浪費兒童先前在學校中已經投入的課
3. 來自父母和兒童本身的心理需求。當家庭決定要開始實施在家教育時，父母和兒童會有一股無法預測的經驗，對課程的設計也會感到茫然，尤其當他們又遭受來自地方教育當局的要求時，家庭會倍感壓力，因此他們可能會轉而向學校去尋求一個可靠的模式。

　　根據《另類教育通訊》（Education Otherwise Newsletters）指出，當家庭在一個不熟悉的情形下進行以傳統學校科目爲基礎的課程時，很容易會放棄，但是當他們逐漸學習到如何去了解並滿足兒童的需求時，課程的設計或許會有更多統合的形式。

2.與學校相反的課程取向

　　這一種在家教育的課程類型是非常不同於學校所教的內容，有些父母表示他們非常不喜歡學校的課程，而透過在家教育可以給予他們一個機會去設計獨特的課程。有些在家教育的兒童表示，他們在家庭中可以獲得其在學校中無法學習的課程，例如：男生可以學習烹飪和裁縫。

兒童目前的興趣

　　根據Neill和Holt的哲學，他們都期望兒童能夠自然的學習或嘗試去學習，故兒童本身的興趣是決定課程是否適合之最好的指標。雖然普遍在家教育的父母都認同兒童的興趣應主導他本身的學習，但是他們也認為獲得某種程度的讀寫能力和數理能力也是非常重要的，因為它們是每天生活所必需的能力（不論是參加考試或尋找工作）。因此或許兒童並沒有學習這類科目的動機，但大部分的父母都會安排這類的課程，或是將它們整合於兒童有興趣的科目當中。

父母本身的背景和興趣

　　有四個屬於父母個人資源層面的因素會影響他們對在家教育課程的選擇，包括父母的教育背景、職業或工作、興趣與生活的哲學觀（Webb, 1990：93）。

1.父母的教育背景

　　雖然在家教育父母本身的教育程度不佳是其被批評的缺點之一，但是在Webb的研究中，在家教育的父母至少都具有一般平均的教育水準，甚至許多父母的教育程度是高於一般民眾的教育程度，因此Webb並沒有機會去調查這些未受良好教育的父母其在家教育的問題。Meighan（1995）則指出，目前英國實施在家教育的家長有許多都是教學專業階層的人才（約佔33%），他們認為在家教育對其子女提供了最好的選擇。雖然有人認為父母本身若未接受良好的教育，則無資格實施在家教育，但針對這項爭議，學者Holt則提出反駁：

> 我並不認為有許多缺乏教育的父母會來問我他們如何能夠將他們
> 的子女從學校中帶走並在家中對他們施以教育，但是如果有的
> 話，我將會說「我並不認為只是因為到目前為止你尚未學會讀和
> 寫，就意味著你不能幫助你的子女去學習這個世界的事物，且無
> 法在這個工作上做的比學校更好，但是你可以做的是去幫助他們
> 學習讀和寫。這是很容易的，當你已經準備要去做時，不久之後
> 就可以擺脫你無法做到的這個想法。而且如果你的小孩已經有讀
> 和寫的能力時，他們便可以幫助你學習，如果他們還不會讀和
> 寫，那麼你也可以跟他們一起學習」。（Holt, 1981：58）

　　由此可見，父母的教育背景對在家教育的影響並非絕對的，即使
父母未接受良好的教育，他們仍然可以實行在家教育。父母最重要的
職責並不在於教會兒童什麼，而是幫助他們如何去學習，而且透過在
家教育的方式，可以讓父母與兒童一起學習和成長。

2.父母的職業
　　另一個會影響在家教育課程的因素是父母本身的職業，它們有時
會影響兒童學習領域的選擇。

3.父母的興趣
　　父母的興趣或嗜好被認為會影響兒童學習領域的選擇。

4.父母的生活哲學觀
　　這方面包括父母本身有特殊的宗教信仰、社會觀或政治觀等。有
些父母擔心其子女在學校中會受到潛在課程的影響，但相同的也有人質
疑在家教育的潛在課程是否更危險。因為父母本身特殊的觀點可能也會
隱藏於兒童的課程中，並希望去灌輸他們運用特別的方法來改變世界，
或接受特殊的世界觀等。某些教育學者例如：Lister和Meighan並不贊
同這個說法，他們認為學校的潛在課程是潛意識的影響，並不一定是故
意的陰謀。而且很少證據顯示在家教育中課程科目的選擇是直接受到父
母本身哲學觀念的影響，或是成為父母灌輸其意識的媒介。但是針對那
些因為宗教因素而選擇在家教育的父母而言，這個現象可能有所不同，
而且在英國因為宗教因素而選擇在家教育的家庭也逐漸在增加之中。

二、時間安排

兒童從學校離開回到家中時常會面臨許多方面的改變，首先就是時間的分配，因為學校中的作息時間是非常有組織的，但是當兒童從學校離開回到家中時，可能會感覺面對沒有組織的一天，因此他們的父母在剛開始進行在家教育時，可能需要先劃分時間，之後再找出更自然且富有彈性的作息表以持續下去。有些父母表示，他們通常會將學術性的作業安排在清晨，因為這個時候小孩的精神狀況較好且容易專心集中，至於下午的時間，則讓兒童自由的運用，通常是一些戶外的課程活動。除了以時間來規劃課程外，有些家庭則是以兒童學習活動的主題來規劃，大部分兒童對結束學習活動的想法是與其內在的興趣有關，而不是由外在的成果來決定。

三、學習的範圍

大多數的家庭在剛開始實施在家教育時，會採取傳統科目劃分的方式進行教學，一般在家教育兒童所研讀的科目主要包括：英語、數學、家政學、歷史、物理、生物學、化學、法語和地理，而這些科目會根據家庭的經驗來做調整（Webb, 1990：85）。至於兒童應該研讀到何種程度，通常都是透過課程的結構來控制的，當父母以課程大綱的方式來引導學習時，兒童研讀的深度就會比較具有彈性，此外父母也會根據兒童的興趣來調整研讀的層次。

四、資源的運用

對許多家庭而言，資源的開發與運用對在家教育實施的成效具有關鍵性的影響。許多人反對在家教育的理由之一，便是因為家庭缺乏許

多資源的支持，它不像學校一樣有各種科目的教材與設備，針對這項爭議，有許多在家教育的父母表示他們從未打算要營造一個和學校一模一樣的情境（Webb, 1990：103）。事實上在家教育的家庭有許多可供利用的資源，這些資源包括在家庭以外和家庭中的資源（Webb, 1990：103~123）：

家庭以外的資源

1.彈性學校教育（Flexischooling）

對於某些為了考試目的而從事正式科學課程的在家教育兒童，他們通常會在家中進行2~3年的非正式學習後，進入學校中去操作可利用的器材設備，或是選擇自己想上的課程繼續進修，這就是所謂的"彈性學校教育"。學者Meighan（1984a：145, 1992：396）指出，彈性學校教育是一個混合的觀念，它是來自於開放大學的經驗和繼續教育的彈性學習（flexistudy）制度，其是來自於Barnet學院的彈性學習手冊：

> 彈性學習包括透過面對面的接觸和利用其他日間或夜間上課的方式彈性的學習相關的課程。彈性學習的學生在家中會根據他們本身的時間和場合，使用由全國推廣學院所發行的學習計劃進行研讀，此外他們也可以經常回去Barnet學院去找他們的指導教師，並發現其他學習相同課程的學生。..........

Meighan認為，彈性學校教育的基礎是不同於目前的學校教育，它主要的主張是：

1. 沒有一個場所是教育唯一的地點，教育是可以發生在許多地方的，包括：家庭、圖書館、博物館、公園、工作場所等，學校並不是唯一的教育場所。
2. 家庭的資源可以運用在教育的計劃中，例如：電視、錄音機、和郵寄服務等。
3. 與其視父母為教育問題的一部份，不如將父母視為解決教育問

題的一部份，父母可以學習或接受訓練，使其在與學校的合作
計劃中扮演積極主動的角色。

　　4.沒有教師的提供，學習者仍可以學習到許多事物，這一點也是
　　函授學院非常重視的。"全球教育服務"（World-wide
　　Education Service）便是協助那些移居國外或在英國的在家
　　教育的家庭去教育他們的子女。

2.繼續教育學院和成人教育（Further Education College and Adult Education）

　　一般而言，在家教育兒童如果需要取得資格的認可，大部分都會
透過繼續教育學院中正式的科學課程和考試取向的課程的協助以達到目
的。而成人教育也是另一個教學的資源，它可以幫助解決那些讓父母無
法在家中實施且感到困擾的科目。

3.課後學校設備的利用

　　在家教育的兒童只要在適當的監督下，他們也可以在學校下課後
的時間去利用學校的設備和器材，這些家庭在獲得學校校長的同意並支
付租借的費用後，便可以使用學校的器材。但是有父母表示學校中實驗
室的設備租用費很高，而且也不容易取得，因此他們會轉向地區的多科
技術學院尋求這類資源。此外Webb也指出，在家教育者通常未充分運用
學校中的運動器材，這可能是因為在家教育的兒童都參加課後的運動俱
樂部。

4.青年及社區中心

　　青年俱樂部和社區中心雖然不屬於教育部的贊助範圍，但是它們
也會提供工藝、藝術和音樂等課程供在家教育的兒童學習。

5.學習交換的方式

　　關於Illich（1973：75）所提出「學習網（learning webs）」概
念中的技能交換（skill exchanges）和伙伴配選（peer-matching）的
概念，在英國許多運動中都常被提出。這種學習轉換也在「另類教育」

組織中被運用，但是成功的比率很小，原因大多是因為教師和學習者之間地理上的距離，要維持彼此間的聯繫是很困難的，如果兩者間沒有特別的約定，這個接觸通常都會中斷。

家庭中的資源

在家庭中可運用的資源包括聘請私人的家庭教師或由地方教育當局所提供的家庭訪視服務、教科書及函授課程等資源。

1.家庭教師

根據Webb的訪談指出，地方教育當局的家庭教師服務並未充分的被在家教育利用，原因是部分的家庭對所有國家的教育制度感到失望，再者是那些表明要實施在家教育的家庭並無法利用地方教育當局所指派的家庭教師，因為這些家庭教學的服務非常昂貴。此外最主要的是這些家庭教師的目的與其說是要提供家庭教學服務，不如說是要將兒童帶回學校中，因為他們始終將這些兒童視為「缺席者」，所以會不斷說服兒童回到學校。地方教育當局的這項教學服務只針對義務教育階段的兒童，對於義務教育階段後的兒童則不包括在內。

2.教科書

對於想要從事正規科學課程學習的兒童，可藉由教科書和函授課程來達成。在普通級（O Level）的正式科學課程上，教科書的使用是非常普遍的，有時候也會結合函授課程。一般來說，只要經濟許可，家庭通常會廣泛收集各個領域的教科書供子女使用。除此之外父母也會利用圖書館的資源來獲得相關的教科書。

3.函授課程

兒童在學習科學和其他科目時，也可透過不同類型的函授課程來提供。通常這些在家教育家庭所研讀的課程是來自下列四個組織：1.吳爾基會館（Wolsey Hall）。2.全國推廣學院（National Extension College, NEC）。3.設於美國的卡爾學校（American-based Calvert School）。4.全國父母教育聯盟（Parent's National Education Union）。前面兩個組織是可以直接的獲得以考試為基礎之特殊科目的課

程，後面兩個組織則是提供來自4或5歲兒童完整的教育計劃形式，並且在實行上有來自於父母的參與。

綜合上述可知，在家教育者可利用的資源非常的廣泛，但這些資源都需要家庭主動且有技巧的去整合，雖然尚無資料顯示家庭會因為資源的缺乏而壓迫到課程的選擇，但保持一顆開放的胸襟似乎是在家教育實現最重要的關鍵。

第五節　在家教育實施的成效與問題

一、在家教育實施的成效

由於英國方面較缺乏在家教育兒童學業成效方面的研究，但在英國歷史上，許多著名的人物都是在家教育的案例，包括：William Penn（1644—1718）、John Stauart Mill（1806—1873）等。根據英國著名教育社會學家Meighan（1995）個人的觀點，認為在家教育具備有14項優點，並將之歸納如下：

1. 由於個人、家庭和環境是不同的，因此在家教育採取多元化的方式是較適合且完整的教育方式。
2. 當兒童面臨學校中不好的學習經驗時，透過家庭的關懷與支持可以使其逐漸痊癒。
3. 在家庭中更容易比學校建立起彈性、自主、無性別歧視並以兒童中心式的教學。這是由於父母以彈性方式引導的結果。
4. 在家教育可以轉換兒童在學校中同儕依賴和暴力的現象。
5. 在家庭中可以轉換各種不同類型的課程，但在學校中則較罕見。
6. 學校目前傾向於權威式且一元的教育（one-dimensional education），但家庭則是傾向於民主式多元化的教育（multi-dimensional education）。

7.在家教育的家庭創辦了許多彈性的教育形式，因此學校教育今
　後明確的方向應該是從在家教育的方式中，學習彈性時間和彈
　性學校教育的觀念。

二、在家教育相關的問題

　　根據「一九四四年教育法」第36條的規定，父母有責任確保兒童
接受適合其年齡、能力和興趣的全時教育。大體而言，在家教育兒童所
花費在教學活動上的時間是多過於一般在學校就讀的學生。另外地方教
育當局負有監督的責任，他們通常會每年或者是更長的時間進行一次家
庭訪視，並與兒童進行會談、檢查他們所學習的課程和教科書，他們有
時也會要求了解兒童的社會活動，對於地方教育當局的訪視，父母的責
任只需要去證明子女是接受全時的教育即可。（Home Education
Adversity Service, 1996）至於地方教育當局最常關切也是在家教育
常受爭議的問題包括下列幾項（Webb, 1990：145～147；Petrie,
1995）：

父母是否有能力教育其子女

　　關於父母教育子女的能力主要和兒童的需求及父母與子女間的關
係有關，當兒童還年輕或學習的是基本科目時，父母通常能透過其他朋
友或親戚的協助來給予兒童適當的照顧，直到兒童年紀稍長時，父母則
可能需要其他的協助，例如：家庭教師等提供相關的課程。

在家教育兒童的社會化問題

　　教育學家通常將社會化（Socialization）定義為：「兒童在學
習的過程中能與各種不同層次的其他人互助合作，並且尊重他人的權
利和感覺並參與團體。」（Webb, 1990：148）許多人都質疑在家教育
兒童可以被適當的社會化，學者Parson便指出，社會化可以發生在許
多地方，包括：家庭、教會、非正式的同儕團體和各種自願性的組
織，但是最主要的社會化機構通常都是學校。關於在家教育兒童社會
適應方面的爭議，學者Larry Shyers和Thomas Smedley在1992年都做

了相關的研究調查，其中Larry Sherys的研究發現，在家教育的學生在社交方面比一般在校的學生具有良好的適應，其在結論中指出，當我們在質疑在家教育兒童有關社會發展的問題時，我們似乎問錯了問題，真正的問題癥結應該是「在學校中的學生為什麼會有如此差的社會適應」。至於Thomas Smedley的研究雖然採用不同的測驗工具，但卻也得到相同的結論，即在家教育的兒童比在學校中的學生成熟且具有良好的社會化，研究者並歸納出下列可能的原因：

1. 在教室中幾乎都是單向的溝通且較少負有意義的意見交換，但在家教育者是反對這種現象的。
2. 學校的環境就像生產的工廠一樣，一批批相同的產品從輸送帶快速移動，以連鎖的步伐移向標準化的文憑，而在家教育則正好相反，它是以更加個別化的教育方式來運作。
3. 在學校中年齡的分級是不自然的，兒童在生活中只能與同年齡的同儕互動，而不能與其他較年輕或年長的人互動，但是，在家教育則可避免這種缺失，在家教育兒童的學習計劃中會與各種不同年齡層的人接觸，因而他們的社會化是更多元的。
4. 在家教育強調的是自我訓練、自我導向的學習方式，以及個人的自信心，這種方式塑造個體能夠適應各種新的情境與人群。
(Meighan, 1995)

　　許多反對在家教育的人士認為，兒童帶回家中後會減少與同儕的互動，因而產生社會化的隔離，但是在家教育提倡者John Holt卻不認為同儕團體的互動是一個重要的關鍵，除非家庭是非常的孤立，而且也沒有真正的證據顯示學校是重要的社會接觸方式，除了學校之外，還有許多俱樂部和校外活動可以讓家庭與其他的人接觸。John Holt更提到許多在家教育庭擔憂的學校社會生活品質的問題，他指出學校的社交生活經常是兒童發生「反社會」情形的溫床，學校中有許多錯誤的社會互動。許多因為不贊同學校所灌輸之道德和社會態度的在家教育者認為，校外的社會互動可能會更健康。（Webb, 1990：151～153）由此可見，良好的社會互動並不一定只限於發生在學校中，且學校中的社會互動並不一定都是正向健康的。

在家教育的內容和達成評量的方法。

　　一般而言，地方教育當局對在家教育的評量可分成三類：第一是與考試有關的評量，第二是與同儕團體進行比較，第三是評估個人進步的情形。有些在家教育的家庭非常不同意學術競爭的方式，且認為評量應該根據兒童先前的標準，而不是與他人比較性的結果。至於地方教育當局也像大多數的家庭一樣，關心兒童個別的進展勝於與同儕團體的比較，只是他們在評量的方法上有很大的差異，例如：有些會要求父母和兒童維持記錄，有些則完全依據與兒童的對話或檢查兒童的作業來評斷，這些差異主要是因為來自於地方教育當局的諮詢者本身對在家教育有不同的看法，有時甚至在同一個地方教育當局之下，諮詢者也會有不同的態度出現。

結 論

在家教育在英國是正規學校教育以外合法的教育選擇。自1970年代中期開始，在家教育的家庭便迅速增加，目前估計約有10,000個在家教育的家庭。就在家教育的起源與發展而言，在強迫教育相關規定尚未制定前，很難評估在家教育發展的情形，而反學校運動者的思潮也影響了在家教育的發展。目前父母選擇在家教育的依據主要是來自「一九四四年教育法」第36條和第76條的規定，父母在兒童的教育上擁有優先的選擇權，另根據「一九四四年教育法」第76條的規定，地方教育當局有權利和責任監督父母在家教育的情形，以確保兒童教育的權益。

就在家教育的原因而言，在家教育的選擇往往都包含許多複雜的因素，例如：宗教因素、家庭本身的生活方式、學校與家庭間價值的衝突、校園暴力和父母本身對學校以外教育方式的好奇等，通常都不是單一因素所造成。但值得注意的是，在英國有愈來愈多的家庭因為宗教因素而選擇在家教育。

就在家教育的法令規定而言，除了「一九四四年教育法」的依據外，中央並沒有一個統一監督在家教育家庭的政策，因此各地方教育當局有各種不同的監督標準和方式，而且地方教育當局中的諮詢者對在家教育家庭的態度也各有不同。

就在家教育實施的現況而言，每個家庭的目的和課程都不相同，而課程內容的決定會受到學校的經驗、兒童目前的興趣和父母本身的興趣與背景三方面的影響。在時間的安排上，許多家庭在剛開始實施在家教育時，較偏向結構化的方式，等到經過一段時間後，父母建立起信心和愈來愈自主時，時間的安排就會變得更有彈性。在資源的運用上，家庭以外可獲得的學習資源包括：彈性學校教育的方式、繼續教育學院和成人教育的課程、課後學校設備的運用、青年和社區中心的利用和學習交換的方式。至於在家庭中可運用的資源則包括：家庭教師的教導、教科書和函授課程的運用。因此在家教育的家庭有非常豐富且多元的資源可利用。

最後，就在家教育實施的成效與問題而言，父母本身的能力、在家教育兒童的社會化和在家教育的內容與達成評量的方式常受到爭議。至於兒童在社會互動方面，並未因在家教育而受到影響，甚至在家教育兒童有更成熟的表現。由此可知，在家教育確實有各種優點值得注意。

參考書目

王天一、夏之蓮、朱美玉編著（民84）。外國教育史（上）。北京：北京師範
　　學院。

王家通（民81）。初等教育。台北：師大書苑。

吳文侃、楊漢清（民83）。比較教育學。台北：五南。

李奉儒（民84）。英國教育改革法案機構與影響—中小學教育階段。北縣教
　　育，84（5），56～63。

Aiex, P. K.(1994). Home schooling, socialization, and creativity in
　　children.(ERIC Document Reproduction Service No. ED 367 040.)

Education Otherwise(1998). Frequently Asked Questions
　　(FAQ) ...or... "Can I really home-educate?" . 〔on-line〕
　　Http://www.netlink.co. UK/users/e_o/faq.htm#INTRO.

Freire, P.(1972). Pedagogy of the Oppressed. Harmondsworth：
　　Penguin.

Holt, J.(1981). Teach your own. Brightlingsea, Lighthouse.

Home Education Adversity Service (1996). Education at Home. 〔on-
　　line〕Http://www.ourworld.compuserve.com/homepages/home_ed_
　　advisory_srv.

Illich, I.(1971). Deschooling Society. New York：Harper & Row.

Kitto, D.(1984). The deschooling alternative, in Harber, C. et al.
　　Alternative Education Future, London：Holt Rinehart and
　　Winston.

Knox, P.(1989). Home-Based Education：an alternative approach to
　　"school phobia" . Educational Review, 41, 2, 143～151.

Lowden, S.(1989). Local Authorities' Response to Education
　　Otherwise. Educational Review, 41, 2, 135～141.

Mayberry, M., Knowles, J. G., Ray, B. & Marlows, S. (1995). Home
　　Schooling：Parents as Educator. Thousand Oaks, CA：Corwin
　　Press.

Meighan, R.(1984a). Flexischooling, in Harber, C. et al.
　　Alternative Educational Futures, London： Holt Rinehart and
　　Winston.

Meighan, R.(1984b). Political Consciousness and Home-based Education. Educational Review, 36, 2, 165～173.

Meighan, R.(1992). A Sociology of Education. London Holt Rinehart and Winston.

Meighan,R.(1995). Home-based education effectiveness research and some of its implication. Education Review, 47 (3) , 275～287.

MOE . Education Act 1944. London：HMSO.

Petrie, A.J. (1993). Education at home and law. Education and the Law, 5(3)., 139～144.

Petrie, A.J. (1995). Home Educators and the Law within Europe. International Review of Education, 41, 3-4, 285～296.

Port, C.(1989). "A Crack in the Wall" : the Lee Family's Experience of home-based education. Educational Review, 41, 2, 153～169.

Webb, J.(1990). Children learning at home. The Falmer press

chapter9

英國技術與職業教育制度研究

- ■ 背景
- ■ 政策與制度
- ■ 課程與教學
- ■ 師資與學生
- ■ 特色與展望

王志菁

第一節　背景

英國對於技術與職業教育（Technical/Vocational Education）有兩種不同的主張：一者視其為教育的一環，課程的重點在於工作世界的認識，工作經驗的體會，以及問題解決能力的培養，俾能養成適應科技迅速變遷社會的現代人；另一種則強調技職教育是一種為未來而準備的教育訓練，課程著重在某一行業或相關行業所需的技能養成學習或訓練。這兩種主張充分體現在英國高等技職教育分別由高等教育機構和繼續教育機構雙軌來進行的制度上，並配合國家普通家職業證照和國家職業證照之區分，以及不同考試方式來衡量技職教育之成效。

一、技職教育的實施背景

英國政府視教育為社會與經濟發展的重要環節，但近來認為學校或學院並未適當地教好學生為未來的工作世界做好準備，工商業的雇主也認為學校並未教導企業界需要的基本技巧和態度，因而政府積極介入教育領域。（Pring, 1995: 9）特別是從1970年代以來，英國的經濟逐漸走下坡，失業人口劇增，更加強英國政府改革教育的決心，尤以柴契爾主義（Thatcherism）為主導。柴契爾夫人（Lady Thatcher）自1979年執政以來，屢以挽救英國的經濟為己任，其中最主要的措施是私營化。反映在教育上的理念與施政，即是自由競爭、確保投資效益的原則；強調教育的投資效益及投資者監督投資的成果等。換言之，最低程度上，學生在學校所受的教育，要能夠具有應用價值，並對工業及經濟的需求及發展能有實質的貢獻。

英國受到保守黨執政19年（1979-1997）的影響，偏向「新右派」（New Right）思維，主要的智庫是柴契爾夫人於1974年建立的「政策研究中心」（Centre for Policy Studies）。新右派不同於傳統右派的信念像是由市場來決定教育內容和成果，反而積極介入教育制度的各領域，務期提升教育中的「企業」文化。因此，保守黨政府規畫新的考試

形式，新的學科與課程，對於學校和學院之新的控制與撥款的方法等。各項教育法令與政策的關鍵字是教育「水準」以及教育跟成人「工作準備」的相干性。英國傳統採取中央與地方的「伙伴關係」(partnership)，由中央負責高等教育的提供，而地方負責中小學教育的管理，以及繼續教育階段的各項機構之經費補助。特別是於1995年併入教育部的「就業部」(Department of Employment) 在1981年的白皮書《新的訓練計畫：行動方案》中，設下後來教育與訓練中的發展基調：(1) 保證所有青年的訓練，(2) 建立16歲以後職業課程的明確水準，(3) 提供全時教育中更好的工作生活準備，以及 (4) 公立與私人機構中教育與訓練的合作。這些政策的落實則是責由當時的「人力服務委員會」(Manpower Service Commission, MSC) 來執行 (Pring, 1995: 7)。然而，在「一九八八年教育改革法」(Education Reform Act 1988) 頒佈之後，教育權力逐漸集中在中央政府層級，像是中等教育階段的「城市技術學院」(City Technology College) 由中央負責經費補助；繼續教育也不再由地方教育當局直接管轄，其經費改由中央新設的「繼續教育撥款委員會」(Further Education Funding Council, FEFC) 負責。

在經濟上，工業、商業、和國際貿易是英國主要的經濟活動，這些經濟型態也反映在技術與職業教育的立法、制度、機構型態和課程中，務期在學校所傳授的和經濟與社會所需求的之間能有更密切的配合。英國在經濟上的不良表現，被歸咎為學校培養之人力只有不充分的訓練和不適當的技巧，而企業界必須投資更多在訓練上，中等學校也要提供後續職業訓練的更好基礎。而今日工業的基礎正迅速改變，需要不同於傳統的技巧和素質，培養人才的方向需要調整，如服務業蓬勃發展，而營造業則是萎縮中，亦即職業訓練也需要現代化。今日經濟活動與型態已越來越少多少空間留給沒有技巧或是半技巧的勞工，反而是依賴具備知識、適應力強的人力。但經濟表現跟人力資本的投資又是息息相關的，因此，1960和1970年代的綜合中學運動，代表中產階級要求教育機會均等，以及教育更能為經濟發展提供需要的人力；而1980年代末「城市技術學院」的設立更反應出在經濟壓力下，政府嘗試吸收更多的民間資源。

在社會脈絡方面，雖然，英國傳統貴族政治的色彩相當濃厚，但

基於學校是社會工程的推動者，多年來在新興中產階級的抗衡之下，衍生了多軌學制，除了上述中等教育階段的綜合中學運動之外，就是在1992年之後容許「多科技術學院」（Polytechnics）升格為大學，不再採取菁英主義的雙軌制，實質提升中學畢業生就讀高等技術職業教育的意願；並新開創多種職業證照，也可作為升學管道，而無須一定要參加1951年即已實施，但總被批評過於學術性的中等教育「精進級」（A Level）證書之會考。此外，「資訊化社會」的來臨與衝擊，也使得工作者與工作組織產生改變，傳統的職業訓練或學徒制必須加以更新，教育內容也需著重資訊化社會所亟需的新興職業如資訊與通訊的工作人員之培養。

在文化上，英國政府在1999年的白皮書《學習使成功：16歲以後學習的新架構》（Learning to Succeed: a new framework for post-16 learning）中指出，希望透過終身學習來孕育人民愛好學習的文化，發展為主動積極的公民，維持公民的和和諧的社會；並能藉此促進英國的經濟由過去的工業與服務業，而成功地轉化為迎合未來的知識與資訊經濟社會。（DfEE, 1999a）

上述種種因素構成英國在1980年代和1990年代採取一系列的教育改革計畫，務期教育措施更能符應企業界的需求，如1982年柴契爾夫人在國會宣佈，為配合國家經濟發展委員會的要求，自1983年9月起實施「技術與職業教育計畫」（Technical and Vocational Education Initiative, TVEI）（Dale, et al., 1990: 12），目的是為了使中等教育課程「職業化」（Raffe, 1999: 18）。這些改革措施一般稱之為「新職業主義」（New Vocationalism）（Heaton & Lawson, 1996: 22-26）。「新職業主義」首先嘗試銜接普通教育和職業教育。其次，新的職業證照之頒發是根據學生已經具備特定能力的證據，而非根據在學徒制度之下工作多久的時間。此外，「新職業主義」強調培養學生「可以轉換的」技巧，而非以往職業教育中著重較狹窄性之特定專門的技巧。Heaton與Lawson（1996）指出「新職業主義」有6項重要發展：（1）技術與職業教育計畫，（2）青年訓練計畫，（3）就業訓練，（4）職業教育之前的證書，（5）城市技術學院，以及（6）國家普通職業證照。這些將在本文適當處加以進一步說明。

最後，英國技職教育政策也受到「歐洲聯盟」（European Union）

（下簡稱歐盟）政策的影響。例如，歐盟於1988至1994年推動「歐洲青年訓練計畫」，協助青年人的職業準備，並為成年生活作準備（Field, 1997: 48）：或是界定「關鍵技巧」，建立學術與職業教育訓練的轉換學分制度，以及發展學徒訓練方案等（EC, 1996）。

二、技職教育在學制中的範圍

現今英國的義務教育共11年，年齡以5歲至16歲為界。其學校制度可分學前或幼兒教育、初等教育、中等教育、繼續教育暨高等教育等四大階段。初等教育與中等教育未依年齡作截然的劃分，且學制多樣化，公立、私立學校系統並行。技職教育與訓練主要是在中等教育後期和繼續與高等教育階段進行，說明如下。

中等教育階段

英國在1944年之後確立了以「11歲足」（eleven plus）考試來選擇學生的鼎立制度：將中學分為文法中學、技術中學和現代中學。在1960年代，工黨政府推動綜合中學以取代原先的選拔制度。在1995年時，綜合中學約佔全部公立中學（4700所）的84%，文法中學和現代中學各佔5%，至於技術中學只在英格蘭剩下4所。（Mackinnon, et al., 1995）公立學校系統之外，另有付費的獨立學校或「公學」（public schools），學生的入學年齡從11歲或13歲直到18歲。公學均是升學導向，且許多提供住宿設施。

英國的義務教育年齡是到16歲，學生在這之後可再留校至多3年。16歲之後如欲升大學的學生一般是參加第六級制（sixth form）（其中55%附設在綜合中學裡）或第六級制學院（sixth-form college）準備普通教育證書精進級的考試；如欲準備就業可全時或部份時間修讀第三級學院（tertiary college）或繼續教育學院（further education college）的職業課程。亦即整個中等教育階段可視為「前職業」（pre-vocational）教育階段，而從中等學校到各職業領域和繼續或高等技術與職業教育的途徑則具有很大的彈性。

在「一九八八年教育改革法」頒佈後，中等教育階段另有不受地方教育當局管制，而由私人企業出資負責建築物和設備，但由政府撥款補助的「城市技術學院」，招收11至18歲學生，在1994年已有15所，並招收總計15000名的學生。「城市技術學院」課程內容仍要教導所有的國定課程，但更爲強調科技與科學這兩門學科。「城市技術學院」的學生免付學費，贊助的企業則是擁有並經營學院，負責雇用教師和職員；政府則是負責維持學院運作的經費，至1994年止政府根據學生人數已撥款3千5百萬英鎊來支付經常門的支出。（COI, 1994: 20）

「一九八八年教育改革法」對於英國教育的另一項重大改變是實施「國定課程」（National Curriculum），要求學生應該在四個「關鍵階段」（Key Stages）受測，分別爲7、11、14、16歲。第一個關鍵階段只評量國定課程的核心科目（英文、數學、科學及在威爾斯地區以威爾斯語教學的學校評量威爾斯語），之後的關鍵階段則包含所有的基礎學科（歷史、現代外語、科技等），其中「科技」（technology）是新加入的科目，有別於傳統學科。重要的是第四關鍵階段（14歲至16歲），「容許較大範圍的學術與職業選修課程」，這是中等技術與職業教育實施的主要階段。第四關鍵階段之後可以連接至手藝或特定職業的國家職業證照，或較廣職業領域的國家普通職業證照，或是學術導向的精進級證書（Benn & Chitty, 1996: 284）。英國於1995年至1996年首先在第四關鍵階段引進了「國家普通職業證照第一部份」（Part One General National Vocational Qualifications, GNVQ）課程的前導實驗，並由「教育標準局」（Office for Standards in Education, OFSTED）負責視導實驗成效後提出報告（OFSTED, 1996: 1）。皇家學校督學長的年度報告指出，上述實驗課程有令人滿意的成果，並成功地連接至職業脈絡（OFSTED, 1997: 21）。

高等與繼續教育階段

根據「一九四四年教育法」（Education Act 1944），除了大學以外的高等教育機構均屬於繼續教育階段，是以高等教育和繼續教育二詞並未截然劃分。直至「一九八八年教育改革法」才對高等教育和繼續教育有所區別。本文所述之高等技職教育乃包含大學教育，及繼續教育階段中屬於高等教育的部份，包括高級繼續教育學院、高級技術學院（部

份於1966年升格為技術大學)、高等教育學院,及多科技術學院(1992年後升格為大學)等。「一九九二年繼續和高等教育法」(Further and Higher Education Act 1992)中將高等教育的經費統一,所有的高等教育機構必須為了經費而在教學或研究上作競爭。1992年教育法解散可認證大學以外機構之學歷的「國家學位授予委員會」(Council for National Academic Awards, CNAA),多科技術學院和其他高等教育機構可以有權力成為自行頒發學歷的法人組織,若是符合某特定標準,則可取得大學的頭銜;未被允許取得學位的高等教育學院,須由某一大學確認其學位。在1993年結束前,所有的多科技術學院和兩所高等教育學院均改制為大學。

三、技職教育沿革與發展

中等教育階段

英國早在1870年頒佈的教育法(Forster Act)建立了由國家提供的小學免費教育,這是基於當時需要識字、具備技巧的工作人力,使得如其他國家人民有效率地生產。到了「1944年教育法」,規定在中等教育階段加強技術教育的推行(亦即設立技術中學,但數目很少),且規定地方教育當局應提出繼續教育實施計畫,為超過義務教育年齡而未滿18歲的青年提供繼續教育課程。此兩項改革對於英國往後的技職教育的發展有重要的影響。

雖然,「一九四四年教育法」建立強迫與免費的中等教育,藉由「11歲足」的考試來區分小學畢業生進入三類「相同地位」的中學:文法中學、技術中學和現代中學。然而,其中的技術中學實在是少之又少,可以說並未真正建立,使得政府在1980年代特別重視中等教育階段中關於職業教育的發展。(Heaton & Lawson, 1996: 5-7)

在這之前則有多項重要教育政策之調查報告書出現(參見李奉儒,1996)。例如,1959年《克羅色報告書》(the Crowther Report)的調查:1956年時,在所有的15至18歲的青少年中,仍有超過一半的男生和高達三分之二的女生沒有接受任何的教育。然而,15至18歲的階

段，不僅決定青少年往後一生的發展，也影響國家的長期經濟利益。該報告書提出數項重要建議，其中跟英國技職教育發展較相關的是：（1）不應該爲了少數參加校外考試的中學學生，而忽略大多數現代中學學生的教育需求。（2）應該建立更多大部分學生所需要的技術中學和綜合中學；技術中學應增加第六級制學院（Sixth Form Colleges），使學生如有需要可以轉校。（3）將學生離校年齡提高至16歲，或對16及17歲青年實施強制性的部分時間的繼續教育（further education）。1961年，當時的教育部長要求設立一個調查委員會來了解13至16歲中一般程度和更低程度學生之教育問題，以及他們將在學校或繼續教育機構接受教育的相關問題。調查委員會以紐森（John Newsom）爲主席，在1963年10月提出以《我們未來之一半》（Half Our Future）爲名的報告書。其中有16項建議，相關於技職教育的有學生未來職業的準備、以及學校跟繼續教育、成人教育等機構的連繫。之所以稱較低程度的學生爲「我們未來之一半」，是因爲這些所謂的「紐森兒童」佔了全部中學學生的一半，也將是未來社會成員的一半。

　　1960年代中期即使在傳統主義者如《黑皮書》（Black Papers）的作者等（如C.B. Cox, A.E. Dyson, R. Boyson等人）群相反對的情形下，政府仍大力推動「綜合中學」（comprehensive schools），認爲這不僅可以促進更多的社會公平，而且可以開發出更多的人才，而更能服務社會的經濟利益。但由於初等及中等教育學生的程度低落，以及綜合中學推動的兩極化（工黨大力支持，保守黨則是反對）等，致使家長及教育專家要求能充分參與教育政策的制定。英國「教育與科學部」（Department of Science and Education, DES）於是於1977年2月至3月間主導「教育大辯論」（the Great Debate），召開8場區域性的單日會議。大辯論的進行是參考「教育我們的孩子──辯論的四項主題」這份資料，該四項主題是（1）5到16歲的學校課程，（2）標準的評估，（3）教師的教育與訓練，以及（4）學校與工作生活。（參見李奉儒，1996）這場「爲新世代的生活作準備」之「教育大辯論」有兩個核心主題：一是工作準備，另一是教育水準。政府認爲學校未能提供學生市場可接受的技術，未能跟得上新的技術和新的工作體系，致使英國的經濟競爭力自1970年代開始在世界的經濟中日漸消退。而在技術化社會中，學生需要更多的技術知識以有效地生活。

高等教育階段

高等教育學院、繼續教育學院及多科技術學院同為技職教育在高等教育階段中最主要的施教機構。

1945年高等技術教育委員會的《波西報告書》（the Percy Report），強調大學和技術學院（Technical Colleges）共同負起培育高級技術人才的責任，並建議將少數挑選過的技術學院指定為可開設全時制課程之工科學士學位水準的工學院（Colleges of Technology），但直到10年後才成立11所「高級技術學院」（Colleges of Advanced Technology），並於1956年的《技術教育》（Technical Education）白皮書中規定為技職教育的最高階段，仍屬於繼續教育部門。這之後，其中的10所高級技術學院於1966年《多科技術學院及其他學院發展計畫》（A Plan for Polytechnics and Other Colleges: Higher Education in the Further Education System）頒佈之後，至1967年間紛紛升格為工科大學，有的校名則仍保留為技術大學或理工學院（另一所則併入倫敦大學）。

1963年《羅賓斯報告書》（the Robbins Report）中建議，政府應致力於擴充高等教育，於是政府乃擬定高等教育「雙軌制」（binary system）計畫，預定成立「多科技術學院」（Polytechnics）。1966年5月英國教育與科學部發表前述的白皮書，設立多科技術學院做為各地連結工商業的地區中心。根據該白皮書，設置多科技術學院的原因有主要四項：加強政府對於高等教育的控制權、發展職業及技術教育、增進高等教育的多樣化，以及降低高等教育學生之成本。隨後，1969年英格蘭與威爾斯首先將8所「高級技術學院」改制為多科技術學院，每所以2000名學生為宜，並以職業類科的教學為主，不強調研究。從1966年之後的6年間，根據上述白皮書成立了30所多科技術學院。多科技術學院的迅速發展，是為了順應當時社會經濟生產發展的需要，這可由它們大都設在工業大城市和經濟發達地區得知。政府更透過「國家學位頒授委員會」，來頒授多科技術學院未被傳統大學接受的學位（科學和技術以外的課程，約有200種），對於技職教育在高等教育階段的發展有很大的影響，形成了「雙軌制」的高等教育。

繼續教育學院（Further Education College）是英國學生接受職業教育的最主要場所。繼續教育學院包括技術學院、農業學院、工業學

院、商業學院、藝術學院和園藝學院等，其數量目前大約有600餘所。

在「一九九二年繼續與高等教育法」未通過之前，英國的繼續教育是由地方教育當局所控制，1992年之後繼續教育機構成為自治法人而獨立，並由中央政府管理財務。在英格蘭和威爾斯兩地區的經費，是透過「繼續教育撥款委員會」（Further Education Funding Council, FEFC）所間接提供，但是蘇格蘭的繼續教育則是直接受國務大臣所控制，由國務大臣分配經費或是間接支付給學院。北愛爾蘭則是遵循繼續教育團體的建議，原有的24個繼續教育機構經合併後縮減為17個。

第二節　政策與制度

教育政策的重要性幾乎是不言可喻，因其建構了教師和學生在教與學的教育系統及其內容，也因此部份決定了社會的發展取向。英國的技職教育走向和發展就是相當大程度受到技職教育政策之主導與影響。自二次世界大戰之後，英國的教育制度改革有兩大目標：（Heaton & Lawson, 1996: 5）一是創造在教育機會均等原則下的「唯才主義」（meritocracy），另一是創造接受過高度訓練並具備效能的工作人力。首先，所謂「教育機會均等」是指教育制度應該提供同樣的機會，使所有學生能充分地發展出能力，而不受社會背景之限制。「唯才主義」則是指個人的成功是由於其才幹、能力和努力，而非出身的社會背景。自「一九四四年教育法」公佈後，英國的教育政策就是使教育制度以及社會更為人才至上。其次，學校教育對於經濟發展和成長之重要是無可置疑的。一個社會的經濟表現是聯繫於社會成員之技巧與職能，而教育的眾多目的之一是將適合市場的技巧由一代傳到下一代。

一、技職教育政策

英國自1979年執政至1997年的保守黨政府，在市場化、民營化的思維下，教育政策走向將學校教育「職業化」（vocationalise），創造

競爭的氣氛以提升各個學校的表現和效能，這是所謂的「新職業主義」，試圖使教育制度更為「企業化」。

「新職業主義」的首先政策是在1983年開始在少數地方教育當局進行一系列實驗的「技術與職業教育計畫」(TVEI)，並在1987年推廣至全國實施，這是組織與管理14歲至18歲所有學生的教育使其與工作相關的方式。計畫的中心目標是擴展與豐富課程，使青年學生能以實際的方式準備未來的工作世界 (Heaton & Lawson, 1996: 24)。地方教育當局管轄的中學和中央津貼補助學校以及繼續教育學院等，可為其14歲至18歲學生，不論其能力為何而設計經認可的技術與職業教育方案，以獲得就業部底下之「人力服務委員會」(MSC) 額外撥款的「技術與職業教育計畫」基金，在計畫的前五年就撥下4千6百萬英鎊給志願的地方教育當局 (Lawton & Gordon, 1996: 211)。在這個架構之下，學校或學院提供或擴增資訊科技課程，安排學生至地方性企業見習以獲得工作經驗，了解企業精神。不過，在1992年至1993年雖有98%的地方教育當局參加「技術與職業教育計畫」，但1993年至1994年則縮減為87%的地方教育當局參加，學生約有130萬人，約佔全部14歲至18歲學生的78%。(Mackinnon, et al., 1995:193) 最後，由於「國家稽核署」(National Audit Office) 批評這項撥款並未能達到原先計畫的目的，且其價值有限，而使得「技術與職業教育計畫」在1997年停止基金的撥款。

其次，1983年9月開始實施的「準職業教育證書」(Certificate of Pre-vocational Education, CPVE) 是專為16足歲但又在證書考試時失敗的學校和學院學生，準備就職所提供的一年期的全時課程，不過，旋即被「職業教育文憑」(Diploma of Vocational Education) 取代。較為特殊的是，這項課程是由「商業與技術教育委員會」(Business and Technician Education Council, BTEC) 和「倫敦同業公會」(City & Guilds of London Institute, C&G or CGLI) 所負責。目前這項證書課程又已被「國家職業證照」所取代 (Lawton & Gordon, 1996: 66)。

第三，1986年實施的「青年訓練計畫」(Youth Training Scheme, YTS)，取代1978至1983年實施的「青年機會方案」(Youth Opportunities Programme, YOP)。「青年訓練計畫」針對16歲自中學畢業之後但沒有工作的青年，提供他們兩年工作準備和工作經驗的訓練

課程。課程內容採取結構性的、工作本位的訓練，包括最少20週的現場實做的訓練。在1988年之前，所有16歲和17歲的青年都可以申請參加「青年訓練計畫」，但同一時間不能再領取失業津貼。「青年訓練計畫」在1990年又為「青年訓練」所取代（Youth Training, YT），主管機關也由全國性的「人力服務委員會」轉移到82個地方性的「訓練與企業委員會」（Training and Enterprise Councils, TECs），蘇格蘭則稱為「地方企業公司」（Local Enterprise Companies, LECs）。這些課程相等於「國家職業證照」的第二級，提供的機構主要是工商業機構和繼續教育學院（青年部門），工商業機構也因此可以直接介入繼續教育領域，而反映出新右派對於教育自主性的再次干擾。參加繼續教育學院青年課程而仍在職者，可以採取一日釋工制的方式就讀。

「青年訓練計畫」和「青年訓練」的主要差別是，受訓者現在可以根據自己的需求和發展來決定接受訓練的時間，而不用一定要兩年；且青年所接受的訓練也可以進而獲得「國家職業證照」（National Vocational Qualifications, NVQs）的第二級。接受青年訓練者也可以轉到「當代學徒制」（Modern Apprenticeships）跟隨一位雇主。「當代學徒制」是從1995年9月開始實施，由「訓練與企業委員會」和「工業訓練組織」（Industry Training Organisations, ITOs），配合企業雇主來發展出學徒訓練的架構，可以導引至「國家職業證照」的第三級（等於精進級證書）及其以上資格。「當代學徒制」是針對16歲和17歲的青年，以培養出技師這一級的人力。1996年4月再另行設計出針對18歲和19歲青年的「加速當代學徒制」（accelerated MA）可以在18個月內獲得國家職業證照的第三級證書，或導致精進級的國家普通職業證照或普通教育精進級證書。（DfEE, 1996b：38-39）1997年又引進另一個「全國受訓者制」（National Traineeship），結合「當代學徒制」的許多特性，課程則設計為「國家職業證照」的第二級，形成青年訓練的三種軌道（Raffe, 1999：20）。

「新職業主義」再次反映在英國1988年開始實施的「就職訓練」（Employment Training, ET），以迎合失業的成人之訓練的需求。不過，學者指出（Heaton & Lawson, 1996：24），由於將實做時間縮短為20週，且沒有提供強制的訓練經驗，使得「就職訓練」的參加者少，而中途退出者多。「就職訓練」在1993年跟「就業行動」（Employment

Action）結合，改稱為「工作的訓練」（Training for Work），主管機關跟「青年訓練」一樣，均為「訓練與企業委員會」（或「地方企業公司」）。這是一年的全時訓練，訓練方式是以再訓練的模式來設計，主要有傳統工匠技能訓練、汽車修護、文書與商業等，提供的機構包括繼續教育學院、職業訓練中心和企業雇主等。

「新職業主義」另一項重要發展是根據「一九八八年教育改革法」所設立的「城市技術學院」。這些「城市」技術學院都設立於大城市，專為11歲至18歲的學生之技職教育而設。「城市技術學院」部分接受企業界的贊助而來，不受地方教育當局管轄。（Mackinnon et al., 1995: 78）雖然學院課程仍須符合「國定課程」的規定，但更為強調科學、數學和科技，如14歲至16歲學生的課表有60％是上述學科的教與學。「城市技術學院」因此跟企業界有較密切的關係，且較早提供學生到工作現場實習的經驗。這是模仿美國「磁力學校」（magnet schools）的作法，容許學校提供專門課程以吸引特定類型的學生。（Heaton & Lawson, 1996: 25）

此外，「一九八八年教育改革法」對於高等技職教育的發展是一項重要里程碑，授予多科技術學院脫離地方教育當局控制的法源，成為獨立的高等教育法人，並由中央政府成立「多科技術學院及其他學院撥款委員會」負責經費分配及補助事宜。1991年5月政府公佈了《21世紀的教育與訓練》（Education and Training for the 21 Century）和《高等教育：新的架構》（Higher Education-a new Framework）兩份白皮書，這些白皮書的主要內容成為在1992年3月通過的「一九九二年繼續與高等教育法」，規定政府另行設置「高等教育撥款委員會」（Higher Education Funding Council）統籌負責對高等教育機構（含大學、多科技術學院，及其他高等教育機構）的經費補助，「品質保證」（Quality Assurance）及其衍生字如品質控制、品質稽核等成為新的關鍵字詞。這是一種市場競爭和更為緊縮的中央控制之結合。該法並規定多科技術學院有自行頒授學位之權力，並可申請改稱為大學，具有與大學同等之自主地位。自1992年起至1993年止，英格蘭和威爾斯的34所多科技術學院均改名為大學。至此，英國實施近30年的學術性高等教育（大學）和高等技職教育（多科技術學院）雙軌制不再存在。

二、行政制度

英國教育行政組織分為中央與地方兩級制，在中央為「教育與就業部」（Department for Education and Employment, DfEE），地方稱為「地方教育當局」（Local Education Authorities, LEAs）。這兩個教育行政組織和相關的技術與職業教育委員會分述如下：

中央教育行政機構—教育與就業部

英國中央教育行政組織歷經多次變革，彰顯英國政府為適應教育在社會變遷上之需求。自1995年7月15日起，鑑於英國國內經濟不景氣、失業人口增加，以及國際經濟競爭力的日漸下退，合併教育部和內閣中的「就業部」（Employment Department）為「教育與就業部」。其主要目的為「促進經濟成長與提高教育成就和技術的水準，以改善國家競爭力和生活品質；以及促進並發展一個有效率與彈性的勞動市場」（DfEE, 1996a: 1）。2001年6月起又改名為「教育與技術部」（Department for Education and Skill）。

此外，內閣中的就業部於1974年設立的「人力服務委員會」（MSC）也扮演推動技職教育的重要角色，負責協調有關法定訓練委員會的工作，負責政府本身的各項職業訓練計畫，如「訓練機會計畫」、「青年訓練計畫」、「技術與職業教育計畫」等等。1988年時，「人力服務委員會」改組為「訓練司」（Training Agency），1991年又分為82個地方的「訓練與企業委員會」（TECs）和中央的「訓練與企業教育署」（Training, Enterprise and Education Department, TEFD）。

英國於1999年6月的《學習使成功：16歲以後學習的新架構》（Learning to Succeed）白皮書中，宣示政府對於英格蘭16歲以後的學習進行根本改革的安排，改革的中心是設立新的「學習與技巧委員會」（Learning and Skills Council, LSC）以及47個地方性委員會（local LSCs）。這些全國與地方委員會是商業中心和消費者導向的，委員會的主席和成員的40%必須具備最新的、實質的商業或貿易經驗。全國性的

「學習與技巧委員會」將負責評量全國的學習與技巧需求，發展三年計畫和年度的行動方案，以符合「國家學習目標」，並在全國架構下配合地方的特性來分配每年六兆英鎊的大部份預算至地方「學習與技巧委員會」，增加在商業、社區和個人之學習機會的水準與範圍，提供所有學習者卓越與多樣的教育與訓練。（DfEE, 2000）

地方教育行政機關—地方教育當局

英國根據「一九四四年教育法」第6節的規定，以地方之郡市議會（council）為地方教育當局。郡市議會為處理教育行政事宜，依據中央教育單位核准之辦法設置「教育委員會」（education committee）來負責決策；至於執行及事務性工作，則由教育委員會遴選一位教育局長（Chief Education Officer）組成教育局來辦理。故地方教育當局廣義上包括三個部份：郡市議會、教育委員會及教育局。

英格蘭將實施的47個地方「學習與技巧委員會」，其職責是藉由撥款和規畫來反應與符合地區社群、商業與個人的需求。「學習與技巧委員會」將具備決策與彈性的權責，決定地方預算的分配，以促進地方教育與訓練提供的品質。1個「學習與技巧委員會」基本的年度預算是1億英鎊，補助的人數為10萬名的學習者。地方「學習與技巧委員會」也將根據各地「訓練與企業委員會」之工作結果，發展地方性的工作人力發展方案。

技術與職業教育相關委員會

首先，英格蘭和威爾斯於1986年成立「國家職業證照委員會」（National Council for Vocational Qualifications, NCVQ），藉以對於眾多不同的各類證照建立正式的國家正字標記，提供品質保證，並許可職業證照的授證機構，因其本身並不負責證照的考試。「國家職業證照委員會」於1988年針對部分時間制課程的在職青年，創設全國統一的「國家職業證照」（National Vocational Qualifications, NVQs），目前約有600種證照；一方面做為學生在傳統學術性升學之外的較為職業性之管道，另一方面，整合原本由600多家授證機構所考試、頒發的6,000多種複雜且令人困惑的職業證書「叢林」，以期可以跟其他歐洲國家的各種職業資格類比。

　　英國於1993年9月起再另設一種「國家普通職業證照」，一開始是專為16至18歲的全時制學生所設計，重視較為寬廣的職業領域，而非針對特定的工作需要，並為大學接受為入學的資格。「國家普通職業證照」1991年就在英格蘭約115所學校（包括繼續教育學院和第六級制學院）實驗，這是英國技職教育改革的另一新的措施。「國家普通職業證照」採取「非職業專門」（non-job specific）的課程，其設計是為了相關職業團體的職業需求，如健康保護或社會照護。

　　蘇格蘭跟英國其他地方稍有不同，早在1984年就由「蘇格蘭職業教育委員會」（Scottish Vocational Education Council, SCOTVEC）設立「國家證書」（National Certificate），以取代由皇家工藝學會和倫敦同業公會所頒發的證照。學生可以在繼續教育學院、中央機構（相當於英格蘭的多科技術學院或高等教育學院）或中學等接受「國家證書」的課程，包含了3000種以上之模組結構，每一模組包含40小時的研習課程，所以學生也可以在不同機構中轉換就讀。目前蘇格蘭配合英格蘭新措施而實施相當層級和地位的「蘇格蘭職業證照」和「蘇格蘭普通職業證照」（General Scottish Vocational Qualifications, GSVQs）。（Mackinnon et al., 1995: 155）　GSVQs包括了十項主科，商業管理、照護、休閒旅遊、藝術與社會科學、工藝、資訊科技、設計、醫護、科學與土地相關的工業等，涵蓋一位申請工作者或是申請就讀高等教育機構者所需要的技術與知識。

　　其次，「國家職業證照」和「國家普通職業證照」課程目前由三個主要的技職教育委員會實施、考試和頒授。最早成立的是「皇家工藝學會」（Royal Society of Arts, RSA），在1754年為了「促進工藝、營造和商業」活動而設立，並在1847年獲得皇章許可，是獨立和財政自給自足的單位。其另外設立的考試委員會提供職業領域中許多學科的考試，包括商業與行政、教學與訓練、語言、資訊科技、零售業與基本技巧等。（Lawton & Gordon, 1996: 187）第二個是在1878年由皇章授權成立的「倫敦同業公會」（C&G），是英國最大的評量與授證機構，提供500種以上的從基本技巧到高級專業水準的各層級之職業證照課程，1995年的統計顯示，每年高達350萬人接受其課程。（Lawton & Gordon, 1996: 69）最後一個是在1974年由當時的教育與科學部合併技師（Technician）教育委員會和商業教育委員會，另行設立的「商業與

技術教育委員會」（BTEC），負責職業證照課程的實施（現又改組爲
Edexcel基金會）。上述三個團體並於1995年組成「國家職業證照頒授聯
合委員會」。

最後，1988年由地方性主要企業所領導的「訓練與企業委員會」
（TECs）成立，英格蘭和威爾斯共設有82個委員會，目標在於「職業教
育與訓練的安排符合企業主和青年人的需求」（Richardson et al.,
1993：4）。「訓練與企業委員會」和地方教育當局密切合作，負責將政
府的預算分配給繼續教育學院中的「青年訓練」課程，以及學校中的技
術與職業教育課程。企業雇主對於教育改革包括16歲之後的證照課程的
意見比以前更受到重視。蘇格蘭的22個「地方企業公司」（LECs）和北
愛爾蘭的「訓練與就業局」（Training and Employment Agency）也扮
演相同的功能。

三、技職教育經費與建教合作

在1960年代之前，英國的職業訓練仍是沿用傳統的學徒訓練，對
於培訓內容與途徑並沒有統一的標準，也缺乏嚴謹的行政管理與視導。
英國乃於1964年通過「工業訓練法」（Industrial Training Act），成
立23個「工業訓練委員會」（Industrial Training Boards, ITBs），從
事全國各類工業的訓練工作，建立全面工業訓練體制以代替傳統之學徒
制度，並更爲公平地分攤訓練的成本。（Lawton & Gordon, 1996：125）
「工業訓練委員會」負責訂定和徵收技職訓練金，辦理技職訓練。委員
會的成員包括勞資雙方代表，繼續教育機構代表和教育部代表，以兼顧
相關單位之需求。值得注意的是，「工業訓練法」另一重要目標是去除
自一九四四年教育法以來的「訓練」和「教育」之間的隔閡，要求各教
育機構配合全面工業訓練體制的建立，而提供新課程或改革就課程；亦
即工業訓練過程中的正式技職教育，由工業機構移轉至正式教育機構，
加強工業與教育雙方的統合，成爲建教合作的重要工具。（林清江，
1972：64）這正是之後技術與職業教育改革的基本結構，包括1982年將
技術教育引入學校教學，以及繼續教育學院自14歲以後實施的職業課程

等，這些就是前述的「技術與職業教育計畫」的架構。「工業訓練法」後來為1973年的「就職與訓練法」（Employment and Training Act）所取代，除了取消15個委員會，並增加委員會裡的多數委員由志願團體參加之外，主要是於次年成立「人力服務委員會」；1988年之後再改由各地方的「訓練與企業委員會」（TECs）負責。

上述實用訓練與正式教育的建教合作有兩種主要走向：第一種是「一日釋工制」（Day-Release Scheme）的實施，第二是由一日釋工制結合全時制的技職教育，轉變為長期釋工制（Block-Release Scheme）和三明治課程（Sandwich Courses）。「一九四四年教育法」強迫性要求18歲以下的青年參加部份時間的教育，「一日釋工制」即在使各行業18歲以下的雇員每週停工一日，前往繼續或高等教育機構接受技職訓練、一般教育或正式證照，並且照支工資。（Lawton & Gordon, 1996：84）但是，「一日釋工制」的實施成效並不彰，因為一般教育課程無法在每年僅約320小時的短時間中實施，教師也無從輔導學生在職業生活中的人格，而學生參加各類職業和技術證書考試的失敗率也很高等，造成資源很大的浪費而遭受批評。（林清江，1972：65）因此，長期釋工就讀制和三明治課程隨之盛行。

「長期釋工就讀制」是各行業的雇員可以釋工13週以下，前往繼續教育學院接受全時的技職教育課程，並且在釋工期間照支工資。長期釋工就讀常與其他職業和技術證書考試搭配，其效果較一日釋工制為佳。至於「三明治課程」是指技職教育和工作訓練交互實施的課程，通常為期三年，在最高階段的技職教育實施，最後可導致技職教育證照的考試。「三明治課程」分別由工廠實習和技職教育機構相互配合，以兼顧學生之相關科學知識和實際應用技術，並增進學生了解工業社會中的人際關係，減少社會問題的發生。（林清江，1972：66）1996年的資料顯示（DfEE, 1996b: 40），16歲者有88.2%，17歲者有79.3%接受教育、訓練或兩者。這些接受青年訓練或當代學徒制的青年，約有三分之一是在職的雇員，其雇主每週給予青年最低的津貼分為16歲者29.5英鎊，17歲以上35英鎊；而如果回到工作現場則支領正常的薪資。至於離職等待接受青年訓練或當代學徒制者，每週有15英鎊的津貼。（DfEE, 1996b: 39）

實施「青年訓練」或「當代學徒制」課程的機構，經費來源是由

政府透過地方的「訓練與工業委員會」提供每位受訓者「青年信貸」(Youth Credits)。政府逐年增加這項經費，根據教育與就業部的統計資料，1994年至1995年為6兆4千7百萬英鎊，1995年至1996年為6兆6千8百萬英鎊，1996年至1997年的預算為7兆6千5百萬英鎊，1997年至1998年的預算為8兆零9百萬英鎊（DfEE, 1996b: 39）。政府撥付這項經費給各地的「訓練與工業委員會」有兩個原則，一個是根據接受訓練青年由機構所提供訓練的時間，另一個是「訓練與工業委員會」所訓練的青年考取證照的結果，這約佔一個委員會訓練青年成本總數的25%到40%。

中等教育階段的「城市技術學院」之經費是由大城市的工業與商業團體所提供，並部份接受教育與就業部的撥款補助。但實際上，這些學院由私人機構提供的經費並不充分，而相當多數經費最後仍是由中央補助。例如，1993至1994年度的撥款補助為4千9百萬英鎊，而1996至1997年的經費為5千9百萬英鎊。（Mackinnon, 1995: 132）

在高等技職教育方面的經費，「一九四四年教育法」實施後的繼續教育階段之經費是由地方教育當局負責補助，到了「一九八八年教育改革法」頒佈之後，多科技術學院和其他繼續教育學院脫離地方教育當局的管轄，轉由新成立的「多科技術學院和其他學院撥款委員會」(Polytechnics and Colleges Funding Council) 來提供經費，但到了「一九九二年繼續與高等教育法」實施後又有所改變。目前繼續教育階段各學院的經費來源主要是由「繼續教育撥款委員會」負責，而為了鼓勵學院彼此之間的競爭和提升教學的品質，財務經費的多寡端視（1）學院所招收學生的數量和類型，（2）近幾年來學生數目增加的情形。整體而言，繼續教育階段主要由政府負擔相關的經費，受教者只要付出少數的學費，就能接受到相當水準的教育，因此，較能激發民眾繼續接受教育的意願，就長期發展來說，有助於整體人力素質的提升。

從2001年4月開始運作的「學習與技巧委員會」，將取代繼續教育撥款委員會的撥款職責，並提撥給英格蘭6百萬的學習者每年高達6兆英鎊的教育與訓練經費。「學習與技巧委員會」將負責下列事項的撥款、規畫與品質保證：繼續教育學院、中學的第六級制、青年工作本位的訓練、工作人力發展、成人與社區學習、成人之資訊與輔導、以及教育與商業之連結等。（DfEE, 2000）

四、學生來源與入學方式

英國在中等教育階段實施的「國家普通職業證照」，在1998至1999年度共有189000位學生註冊，就讀於約2000所的學校與學院中。「國家普通職業證照」分爲三級：基礎級（foundation）、中間級（intermediate）和精進級（advanced）。基礎級需要全時修課一年，沒有特定的入學要求；中間級則需在取得基礎級證照之後，或是「中等教育普通證書」A等至C等以上，再開始一年全時的課程；精進級則需在中間級之上，或是4或5科「中等教育普通證書」A等至C等以上，再多修兩年全時的課程。（NCVQ, 2000; Mackinnon et al., 1995: 154–155）「國家普通職業證照」精進級跟「普通教育證書」（General Certificate of Education, GCE）的精進級（A level）之地位較爲相當。例如，一個精進級的「國家普通職業證照」等於兩個「普通教育證書」精進級，而精進級則是學生如欲進入高等教育機構就讀所需要的入學申請資格。1994年中期僅有爲16歲至19歲的全時制學生實施中間級和精進級，基礎級則在1994年年底施行；其中精進級是雙向的，修習者畢業後可就業或進入高等技職教育機構深造。最近一次的考試則是在2000年8月舉行，並於8月23日公布成績。

目前「國家普通職業證照」則在規畫類似學士學位的第四級，並擴展爲14歲至19歲的課程，以爲學生取得職業或高等教育資格開闢另一條通路。正如Heaton & Lawson（1996: 26）指出的，這是新職業主義的另一項特徵，創造新的考試證照，並將其地位等同於由學術路線而來的普通中等教育證書（GCSE），普通教育證書精進級（A level）和傳統的大學學位。更重要的是學生可以藉此轉換來修習不同類型的課程，如在修完一門中間級的國家普通職業證照後，改爲修讀三門普通教育證書精進級，作爲日後申請入學的資格。自2000年開始9月開始，一個新的國家普通職業證照出現，稱爲「職業的精進級」，其評等分爲A等至E等，而每6個單元等於一個單一的普通教育證書精進級，至於每3個單元設計的國家普通職業證照，等於一個精進補充級（AS），現今先在商業、工程、健康與照護，以及資訊科技這四個學科實施。

上述的各類職業證照如跟學術性證書相比較，可以列表如下：

表9-1　　英國職業證照與學術證書之比較

基礎級	中間級	精進級	職業精進級
1個基礎級GNVQ	1個中間級GNVQ	1個精進級GNVQ	1個6單元的精進級GNVQ
1個第一級NVQ	1個第二級NVQ	1個第三級NVQ	
4個GCSE的D等至G等	4個GCSE的A等至C等	2個GCE的精進級，或4個精進補充級（AS）	1個GCE的精進級，或2個精進補充級（AS）

資料來源：整理自Mackinnon et al., 1995: 155-156; NCVQ, 2000: 3.

　　英國目前之高等技職教育機構的申請就讀單位是「大學與學院入學許可申請處」(Universities and Colleges Admission Service, UCAS)。在這之前分別由1961年成立的「大學入學許可中央委員會」(The Universities Central Council on Admission, UCCA) 和1984年設立的「多科技術學院入學許可中央系統」(Polytechnic Central Admissions System, PCAS) 負責。根據教育與就業部的統計（DfEE, 1997），1996年時英格蘭和威爾斯16歲以後的全時教育學生中，每7人中就有3人是修讀職業課程。

　　「大學入學許可中央委員會」任務在集中處理所有英國大學大學部課程之入學申請，確保有秩序和有效率地完成學生之入學申請案（詹火生、楊瑩，1989: 94-104）。在1984年之後，不論是英國或外國學生均需透過「大學入學許可中央委員會」辦理，第一階段是在每年的9月1日起至12月15日止受理申請，再轉至申請表上所列之至多五所大學。大學之答覆一般分為無條件錄取、有條件錄取和拒絕等三種；申請者獲知答覆後，也可分為確定接受、暫時接受和謝絕等三種。

　　未改制前的多科技術學院招收兩類學生：一類是希望接受低於學位水準的高等教育者，如我國高中職畢業後之二年或三年專科學校。另一類是現正就業，希望半工半讀的學生，修讀課程可能為學位課程或低於學位者。1966年的多科技術學院發展計畫中要求全時或三明治課程均需集中於多科技術學院（林清江，1972：77）。「多科技術學院入學許可中央系統」是模仿大學的模式而成立，之前的申請案是由學生分別向所欲就讀的學院提出。自1989年起所有的多科技術學院和高等教育學院

均使用此系統來辦理入學許可。學生的入學資格跟申請入大學相似，也一樣在9月至12月提出申請，均需有普通教育證書五科及格，且其中至少要有兩科的精進級證書，各學院或各科系另訂有必須通過之科目名稱。至於要申請進入蘇格蘭的15所「中央機構」就讀之學生，則是直接向各個學校提出申請。

五、評鑑

近來對於技職教育品質的評鑑也逐漸強調「全面品質管理」，並將繼續教育學院的成果，也就是學生獲得證照的多寡，跟課程開設的支出作一評比。

英格蘭的「教育標準署」接受教育國務大臣的指派，在地方督學的協助下，對於115所中學在1995年至1996年前導實驗的「國家普通職業證照」課程，進行視導後在1996年11月提出期中報告。在報告中，教育標準局對「國家普通職業證照」課程的成果表示滿意，而建議推廣至所有的「國定課程」第四關鍵階段，做為學生選擇的可能途徑之一。（OFSTED, 1996）在視導期間，教育標準署的皇家督學定期向中央教育首長報告評鑑的結果，所以，評鑑過程中就可以討論一些緊急的問題，並採取必要的行動來處理，且作為後續規劃課程的依據。這種先行課程實驗，再由專責機構加以評鑑並提出報告，以進一步擴展實驗學校、課程內容或作必要修正的模式，實是我國實施技職教育新課程時可參考的他山之石。

「教育標準署」也會定期視導中等學校中的職業課程實施情形，根據1996年的視導結果，在中學的「第六級制」中，學生參加的「國家普通職業證照」「精進級」課程一般說來是令人滿意的，而有些在工藝與設計、商業、媒體，以及科學等學科則表現更好，但是健康與社會照護課程不夠嚴謹，而在休閒與旅遊課程中許多學生的水準過低。皇家督學判斷那些「通過」國家普通職業證照精進級的學生，約有85%的程度約等於「中等教育證書」的精進級E等以上。至於接受「國家普通職業證照」「中間級」課程的學生，表現情形類似精進級課程；皇家督學判斷

學生中的90%之素質約等於「中等教育普通證書」的C等以上，相同於4或5科的「中等教育普通證書」學科。（OFSTED，1997：29）

蘇格蘭「國家證書」的評量者包括中小學教師或高等教育的講師，或是工作職場的主管，並由「蘇格蘭職業教育委員會」負責管制這些評量者的品質。「蘇格蘭普通職業證照」的評量不用在工作現場進行，所以適合在中學或是繼續教育學院中實施。

蘇格蘭每年約有20萬人接受繼續教育學院的課程，含括了約80%的技術與職業教育課程，而為了確保繼續教育學院提供的品質，評鑑的方式主要分由四個層級進行：（SOED，1997：22）（1）國家層級：由蘇格蘭教育部負責決策、撥款、資本支出，以及考試。（2）由皇家督學週期性地進行視導。（3）由蘇格蘭職業教育委員會的品質管制系統進行評鑑。（4）地方層級：由各個繼續教育學院的「管理委員會」（Board of Management）負責品質管制。

最後，由於接受技職教育學生參加職業證照課程考試的成果，可以作為外部評鑑該技職教育提供機構的素質與成效之依據，因此，由「國家職業證照委員會」負責這些職業證照品質之維護和程序之嚴格，正如「學校課程與評量當局」負責中等教育證書和普通中等教育證書等品質之維護。「國家職業證照委員會」並於1994年3月採取行動研究以提升國家普通職業證照之評量與品質保證之程序。

教育與就業部也持續撥款來進行相關研究，以更為有效地建立、傳遞和保證職業證照的品質，進一步改善評量、評等第的方式，以協助技職教育學生進入高等教育就讀或是就業，並提供「國家普通職業證照」教師相關的課程支持和專業發展。

第三節　課程與教學

一、課程

中等教育階段技職課程

　　國定課程的第四關鍵階段（14歲至16歲），是中等技術與職業教育實施的主要階段。根據1993年的調查，在1199所綜合中學中，有988所中學開設「科技」一科，並在第四關鍵階段的所有國定課程中約佔有5%至10%的授課時數。（Benn & Chitty, 1996: 282）另外，在1995年至1996年首先引進了「國家普通職業證照第一部份」課程的前導實驗，以提供職業升學導向的學生修讀。在英格蘭的115所中學中有大約5500位學生接受「國家普通職業證照」的前導方案。這些課程一開始的規劃是將其等同於兩個「中等教育普通證書」（GCSE），第一年時分成三個職業學科領域：商業、健康與照護、以及製造業。第二年在253所學校進行，並增加了休閒旅遊、藝術與設計、以及資訊科技等三個領域課程。到了1997年9月，增加工程這個學習領域。

　　這些實驗學校的「國家普通職業證照」課程所需的額外經費是由「教育支持與訓練基金」（Grants for Educational Support and Training, GEST）來支付，如果實驗學校屬於中央的「津貼補助學校」（Grant-maintained schools），則經費來源是中央的「特殊目的基金」（Special Purposes Grant）。（OFSTED, 1996: 1）國家普通職業證照可以說是學生就讀高等教育的另一條途徑，除了上述的中學之外，繼續教育學院也提供相關的全時課程。在英格蘭的115所中學中有大約5500位學生接受「國家普通職業證照」的前導方案。這些課程一開始的規劃是將其等同於兩個「中等教育普通證書」（GCSE），第一年時分成三個職業學科領域：商業、健康與照護、以及製造業。第二年在253所學校進行，並增加了休閒旅遊、藝術與設計、以及資訊科技等三個領域課程。到了1997年9月，英格蘭有500所中學將教授「國家普通職業證照」課程。

　　自1999年9月起，所有的公立中學（約4700所）均將實施國家普通

職業證照課程，這可以說是學生就讀高等教育的另一條途徑。除了上述的中學之外，繼續教育學院也提供相關的全時課程。因為國家普通職業證照課程主要是為接受全時教育的青年所設計，但也可由成人以部份時間來完成。

16歲至17歲的中學畢業學生，如尚未準備就業，可修讀前述的「準職業教育證書」以試探職業性向，其一年期的全時課程結構主要分為三類：（1）核心部份：包括數字應用、科學、技術與資訊科技。（2）職業研究：包括諸如商業、行政、生產、服務、行銷等模組課程。（3）外加研究：這並不是必修的課，包括「中等教育普通證書」課程或休閒課程，最高可達總時數的25%。此外，每位學生要參加最少15天的實地工作經驗課程。「準職業教育證書」因為提升學生的學習動機，逐漸吸引更多學生參加，而在1992年改名為「職業教育文憑」（Diploma in Vocational Education），對象擴展為14歲至19歲的學生，課程內容並進一步細分為基礎課程、中間課程和全國課程等三類。這項文憑課程目前已為「國家職業證照」課程所取代。

1974年成立的「商業與技術教育委員會」，是國家普通職業證照課程的最大提供者，其課程主要是「模組」課程，分為全時制（文憑課程）和部份時間制（證照課程），這些課程都要依據國家職業證照委員會所頒佈的規準，有些則已被國家普通職業證照課程所取代。「商業與技術教育委員會」頒授的證照分為三種層級：第一級證照（BTEC First）需要一年全時的修課，等於國家職業證照的第二級。其次，國家證照（BTEC National）為兩年全時的修課，入學資格是取得第一級證照或是四科普通中等教育證書的A等到C等，證照效力等同於國家職業證照的第三級。以及國家高級證照（BTEC Higher National），一般是在高等教育機構中進行兩年全時的修課，入學資格是取得一科國家證照或是一科中等教育證書的精進級，其證照效力等同於國家職業證照的第四級。（Lawton & Gordon, 1996: 63），茲將國家普通職業證照課程不同級別的所有學科如表9-2。

中等教育階段的技職課程的教材發展是由學校中各科任課教師所組成的教學委員會，根據相關證照考試委員會如「商業與技術教育委員會」所使用之國家普通職業證照的考試架構與內容來規劃、研擬、設計與發展。以英國Hampshire的Robert May中學為例，其第四關鍵階段的

表9-2　　英國國家普通職業證照各級課程

職業領域	基礎級	中間級	精進級
藝術與設計	☆實施	☆實施	☆實施
商業	☆	☆	☆
健康與社會照護	☆	☆	☆
休閒與旅遊	☆	☆	☆
製造業	☆	☆	☆
營造與建築	☆	☆	☆
接待服務	☆	☆	☆
科學	☆	☆	☆
工程	☆	☆	☆
資訊科技	☆	☆	☆
媒體傳播與生產	- -	☆	☆
零售與流通	- -	☆	☆
土地與環境	前導實驗	前導實驗	前導實驗
表演藝術與娛樂工業	前導實驗	前導實驗	前導實驗

註：從2000年9月起，精進級的休閒與旅遊再細分為兩個科目；旅行與旅遊，以及休閒與
　　娛樂。

資料來源：NCVQ, 2000: 2.

課程包括了英文、數學、科學、體育、人文（歷史、地理、宗教）、科技、現代外語，以及個人、社會與健康教育等科目。各科目有自己的教學研究會，並訂出各科目的課程目標與要求。該校的14歲至16歲的中學生必須選擇最少一科的科技課程，該校提供的科目有商業研究、食物科技、兒童發展，以及工藝、設計與技術等（Robert May's School, 1997）。

高等技職教育階段

　　英國繼續教育機構主要是提供16至19歲的青年一般教育和職業教育，同時也提供成人許多全時和部份時間的課程。其課程結構相當彈性，可分為高級和初級兩種，前者屬於高等教育階段，後者相當於中等

技術學校水準。課程的內容可區分為職業性、非職業性，以及休閒娛樂三種。

　　英國的繼續教育學院原以提供地方青年進修為主，後因配合社會需要，將招生對象擴及較年長之成人。大部份繼續教育學院特別重視社區教育及休閒與文化的需求，其課程有為青年人職業資格所需的課程，亦有少數學位課程及普通教育證書尋常級（O Level）課程。從課程結構來區分，有屬於高等教育範圍的進階課程（如高級技術學院），以及相當於中等技術學校水準的職業準備課程和職業證書課程。就內容區分，可分為職業課程、非職業課程、以及社會及休閒活動三類。其中職業課程的實施包括全時制，工讀交替制（三明治課程）、部份時間制和夜校等。

　　「高等教育學院」（College of Higher Education）係由一所提供師資高級課程之教育學院，與一所或多所提供職業課程之技術學院所組成。背景是因為在1975年至1980年代的出生率降低，使得中小學教師供過於求，而由政府加以合併。高等教育學院可根據本身與社區之需要辦理學位與低於學位之師資培育、普通教育與職業教育。其課程具有多樣性，除師資培育課程之外，也提供進階職業課程（如商業管理）與普通教育之學位課程。

　　高級技術學院升格成的技術大學，根據自身原有條件，再加上發展新的領域，所以其課程相當多元。在1970年代末期，課程內容除了原來的旅館、烹飪、釀造和發酵等專業外，也有生物科學（五個專門領域）、工程專業（包括農業、土木、電氣、機械、電子、系統工程等14個專門）、物理學、純數學、實用數學、人類工程學、眼睛光學等。新增的課程則補足原本缺少的人文科學，包括經濟學、會計與商業、管理學、政治學、哲學及語言學（著重語言技能）等。

　　高等教育階段的多科技術學院（現均已改制為大學）規模較大，屬綜合性學校，部份時間制之學生佔有相當之比例；課程以實用性為主，注重職業導向之課程，並與工商企業界密切配合。其課程內容包括商業與管理、科學與技術、社會科學、人文、藝術與設計等。依其課程設計又可分為：（1）兩年制之低於學士學位之全時進階職業課程（如BTEC的國家高級證照），（2）成人在職進修之部分時間制的學位或低於學位課程，（3）三年制之全時制與工讀交替制的職業導向學位課程，

(4) 研究所課程（1980年起設置碩士學位課程和少量博士學位課程），以及（5）各種短期課程。其經費核定與補助係由「英格蘭（或威爾斯）公共部門高等教育諮詢機構」(National Advisory Body for Public Sector Higher Education) 決定，再透過地方教育當局撥款。在1987年，多科技術學院與高等教育學院的全時制課程學生，跟大學的全時制課程學生人數相當；但在1991年時，兩者的比例分別為55%和45%，說明高等技職教育漸受重視，其接受高等技職教育的人數更有大幅成長。

二、教學

自1995年開始在中等教育第四關鍵階段實驗的「國家普通職業證照」課程，每一學習領域包含3個職業單元，以及溝通、數字運用和資訊科技等三項核心技巧。學生在課程中必須繳交作業成果檔案以接受持續性的評量，學生是以完成一個又一個單元的方式來接受考試，成績分為「通過」(pass)、「績優」(merit) 和「優異」(distinction) 三種等第。在每一個職業單元結束之前，學生必須參加校外委員所出題的精熟測驗。而作業成績被評為「有能力」和「優異」的學生還要另外參加晉級考試，以確認他們可以被授予更高的等第。所有學生還要完成一項共同的作業，這項「控制的作業」是由證照頒授委員會所命題，並由一組複審委員修正過後才實施。每一所學校對於自己學生在該項評量上的水準會獲得一份回饋報告。（OFSTED, 1996：2）

多科技術學院的教學是以技術和職業等實用類科為核心，並採用「單元模式」(module)，就是把一門課分成幾個符合標準長度、內容有相對獨立性的單元，學生必須學習完幾個單元，並通過平常性的測驗和正式考試，便算修讀通過這門課程。學生有很大的選課自由，可選一門課作主修，還可選一、二門課做副修。學生也可以選擇甲專業的幾個單元和乙專業的幾個單元，甚至跨專業、跨學科選修單元。這可使學生拓展學習層面，更能發揮自己的特長。

技職教育最高階段所應用最普遍的三明治課程，其入學與教學之類型可分為四種：1.接受技職教育和工作訓練的期間各為半年來輪替進

行。2.接受四年期課程，並劃分為二；二年接受正式教育，二年接受工業訓練。3.四年期課程中，安排第二年或第三年至工業單位實習。以及4.在每年中安排9個月的正式教育和3個月的實習；或是先進行一年的工業訓練，接著實施兩年的正式教育，再配合以一年的工業實習。上述安排中的正式教育，其目的與內容兼顧一般教育和技職教育之性質，並同時發展學生的人文素養和職業需求的技術能力。（林清江，1972：67）

三、評量

「國家職業證照」是特別為在職的青年或參加「青年訓練」（YT）課程的人所設計之一種「專門工業的」（industry-specific）證照。「國家職業證照」採取「模組」（modular）課程，評量和採認學生先前學習過的學分，使學生可以有計畫地循序學習，而不用等待最後一次的考試。由於「國家職業證照」考驗應試人在該特定職業的專門能力、技術和理解，而不僅是知識，還包括能力、技術和理解等，所以採用實做的方式來考試。應考人必須展現他們在工作現場或模擬情境中的能力，亦即評量的基礎是考試人的表現能力而非知識。

「國家職業證照」的考試與頒發則由各相關的專業或行業的授予機構負責，現今約90%的職業證照係由皇家工藝學會（RSA）、倫敦同業公會（C&G），以及商業與技術教育委員會（BTEC）頒發。這是鑑於職業教育專業繁多，涉及社會生活的各個面向，內容又隨著經濟生產的發展而不斷更新，所以並非任何單一行政機關可以有效執行的。

「國家職業證照」分為五等級，包括11種能力領域。其課程相當結構化，必須依據「國家職業證照委員會」設定的表現規準（performance criteria），在每一規準之下又分為能力陳述（statements of competence），再細分為能力單元（units of competence），而每一單元又分為幾種要素（elements）。證照第一級是指在多種工作活動中的能力，且這些工作是例行性的或可預期的。第二級則要具備在許多不同脈絡中從事多種工作的能力，且這些工作有些是複雜的或非例行性的。第三級的要求是具備在許多不同脈絡中從事多種

工作的能力，且這些工作本身是複雜的而非例行性的性質，因此必須負起一定的責任和自主，有時還要指導或管理他人；這個資格大致等同於精進級證書的資格。第四級（高級技術人員和初級管理人員）相對等於高等教育階段的文憑或第一學位（first degree），第五級（專業人員和中級管理人員）則比照學士或研究所學位。

英國的技職教育課程將教學和證照課程結合，並以學生參加證照考試的結果作為最後的評量依據。而在課程進行中，教師對於學生的評量是根據學生的作業來給分與評等。教師根據指導原則而往往有自己的評量系統，但已經逐漸採取證書考試的評分機制。學生從教師的嚴格之評分中獲得積極的、建設性的回饋，尤其是早期課程的形成性評量能讓他們知道自己的優缺點所在，因此較喜歡模組的、定期的評量。但「教育標準局」也指出「國家普通職業證照」的評量基準尚不夠精確，使得評等基準不一致，而有待改進。（OFSTED, 1997: 31）

2000年9月起實施新的「國家普通職業證照」評量模式，跟以往不同之處可分為四個方面來說明：首先，測驗方面，新模式的測驗之要求更多，採取開放性的問題，由考試者評分作為評等的依據。其次，作業規定方面，新模式的職業單元，其評量是由外部設定，內部評分，再由外部修正的作業，也作為評等的依據。第三，評等方面，根據學習的技巧和作業的品質這兩個主題來評等，其依據是由外部設定的測驗、作業與檔案。最後，關鍵技巧方面，新的評量是結合學生的檔案、外部設定的作業、考試或任務。（NCVQ, 2000: 4）

第四節　師資與學生

政府設定高標準要求的計畫，也有必要提供教師需要的訓練和支持，以做好工作，並在其生涯中進展。

一、師資培育

技職教育中的教師資格，根據國家對於教師的培育規定，需修習一定時數的相關課程，以及到企業界實習之後，經評等通過方能取得。這些教師也常至企業單位研究各類問題，相關設備和經費則是由企業單位供應。而企業單位的實際從業人員也常應聘爲夜間課程之教師，如有需要，也可以兼任日間課程的教師。這主要是根據「貿易與工業部」1988年的政策白皮書之要求，所有中學要畢業的學生必須有兩週的工作經驗，每一年所有教師的10%，必須具備工業的經驗，且師資培育也必須根據學校與商業、工業的新關係而做內容上的調整（Pring, 1995: 8）。例如，在1991年至1992年時就有3萬位教師至工業機構中見習（COI, 1993: 51）。

由「繼續教育撥款委員會」所負責審核與撥款的機構包括了繼續教育學院、第三級學院、第六級制學院，以及藝術學院等。根據英格蘭「繼續教育撥款委員會」的2000年的第17份通諭（FEFC, 2000a），這些學院的合格師資之學歷，包括了第一類：有合格教師資格的教育學士（Bachelor of Education, BEd），文學士（Bachelor of Arts, BA），理學士（Bachelor of Science, BSc）；第二類具備教育證書者（Certificate of Education）；第三類獲得「倫敦同業工會」之G730證照者；第四類具備學士後教育證書者（Post Graduate Certificate in Education, PGCE）；以及第五類具備訓練與發展領導證書者（Training and Development Lead Body, TDLB）。根據1997至1998年的統計，全時與兼職教師中的第一類資格有14000人，佔全部教師的16%；第二類爲22600人，佔26%；第三類有11600人，佔13%；第四類最多，爲

14900人，佔17%；第五類為3800人是最少的，佔4%；此外為其他資格或不具資格者，總計有25%。（FEFC, 1999）

英國教育與就業部1998年12月提交國會的綠皮書《教師：迎接改革的挑戰》（Teachers: meeting the challenge of change），要求每位新教師在閱讀、算術和資訊溝通等關鍵技巧必須有完整的基礎。政府計畫要引進「技巧檢定」，所有師資生在取得「合格教師地位」（Qualified Teacher Status, QTS）之前必須通過此項檢定。這項「技巧檢定」將是全國性的，師資生可以在接受培訓之前、之中或之後參加檢定。（DfEE, 1998: para 107；李奉儒等，2000）

二、教師進修

至於學校教師因應新課程要求的進修經費則是來自「技術與職業教育計畫」（TVEI）所提供的基金（稱為TVEI Related In-Service Training Scheme, TRIST），1986年之後稱為「在職進修基金計畫」（Grants Related In-Service Training, GRIST），1991年再改稱為「教育支持與訓練基金」（GEST），1998年之後稱為「標準撥款」（Standard Funds），這些是辦理教師進修職業與技術教育課程的主要經費來源。（參見李奉儒，1997b；李奉儒等，2000）

英國教育與就業部在2000年2月11日發布一份諮詢報告書《專業發展：教與學的支持》（Professional development: support for teaching and learning）（DfEE, 2000），對於教師的進修與專業發展有一系列創新的設計，如規畫以每3年到5年作為一個教師進修與專業發展的階段，並以「成效管理」（Performance management）來進行各種檢定與評量，以及獎勵的基礎。「成效管理」與教師的專業發展結合在一起，是為了鼓勵教師有良好表現，並與教師的敘薪結合的制度。例如，英國政府近年來非常重視市場機制，對於企業界的經驗相當重視，報告書中因此要求教師的進修包括參觀其他行業以為參考（DfEE, 2000: para50）。此外，設立「最佳實做研究獎學金」（Best Practice Research Scholarships），鼓勵教師進行實做研究，在2000年9月正式實施。（DfEE, 2000: para51）

專業發展報告書中對於教師表現的評鑑，其評量方式是採用面談、問卷調查、觀察、焦點團體討論等（DfEE, 2000: para18）。評鑑優異者甚至於可以到國外進修（DfEE, 2000: para 49），稱為「教師的國際專業發展」（Teachers' International Professional Development），於2000年9月開始實施，讓教師有機會到國外的學校觀摩。根據教育與就業部2000年5月2日發布的消息指出（DfEE.news），每年將有5,000名教師可以參加。在名額分配上，每個地方教育當局至少可以派4名，大的教育當局可派到60名。事實上，此一計畫已做了前導實驗，先派到日本、美國、和南非。

為有效實施技術與職業教育，政府目前投入可觀的經費以協助學校、學院和訓練機構的教師或訓練者，使其有自信和能力來完成各項技職教育改革的工作。學校可由教育與就業部的「標準撥款」（Standards Fund）中有關證照資格的撥款來進行教師發展和有關的在職進修活動。針對「國家普通職業證照」課程的實施方面，另外由教育部的繼續教育發展司之支持方案來提供撥款給學校和學院之教師進修專用。「繼續教育撥款委員會」也調整其撥款方式，以配合新制度的實施。此外，近年來政府推動的「關鍵技術」課程，也配套有3年的教師進修計畫來支持教師之有效教學，包括資訊、建議、教材與訓練等內容。（Hull, 1999）此外，「新機會撥款」將提供2億3千萬英鎊來確保教師在學科教學中應用資訊傳播科技的信心。（DfEE, 1998: para 121；李奉儒等，2000）

三、學生出路

學生在16歲受畢義務教育之後，有三種主要的出路：就業、技職訓練和繼續教育。首先，學生可以進入就業市場，並在繼續教育學院中接受部分時間制的課程。其次，學生可以選擇參加一年期或二年期的技職訓練，如青年訓練或當代學徒制等。最後，學生繼續接受教育，這又可分為三種方向，一是學生留在原校的第六級制或到學院中修讀並參加學術性的證書考試，作為升學大學的資格；另一是學生到繼續教育學院參加全時制的職業證照課程，之後再選擇就業或升學高等技職教育機

構；最後一個方向是那些職業未定向的學生，可以修讀一年期的職業試探課程如「準職業教育證書」或職業證照課程，並作為下一年選擇職業課程的參考。

英國的技術人才約可分為四類。最低層為技工（Operative），指運用機器之半技術工人或技術工人而言，其合格條件並無一定標準。第二層為工匠（Craftsman），通常指受過技職訓練，但未接受較高技術教育的成熟工人。這類工匠的訓練包括手工和機械技能的基本訓練，工作原理的理解，以及精細工作能力的培養。第三層技術人員為技師（Technician），指曾經接受系統技職教育和訓練，並能夠運用科學和工藝知識者。第四類為技術專家（Technologist），通常接受過科學技術的專業訓練，熟悉科學原理和工作實際，可以從事工業行政、管理、設計、研究和發明等。（林清江，1972：70-71）

前述的職業證照考試跟上述四類人才的聘僱相當密切的配合。如「國家職業證照」的第一級是基礎人力（Foundation），第二級則是基本工藝（Basic craft），第三級是技師、高級工匠、視導監督（Technician/ Advanced crafts/Supervisor），第四級則是高級技師和初級管理人員（Higher technician/junior management），相對等於高等教育階段的文憑或副學士（sub-degree）學位，第五級為專業人員和中級管理人員（Professional/Middle management），則比照學士或研究所學位。

參加國家普通職業證照課程的學生，在任何一個階段都可轉至其他職業證照課程。根據1998年的統計數字顯示，國家普通職業證照精進級課程的學生中有95%得以申請並就讀高等教育。1999年國家普通職業證照的結果顯示，有104000學生取得完整證照，前一年度則只有92000位學生；而自1993年實施以來，總計有450000學生參加完整的證照課程。（NCVQ, 2000：3）至於參加「國家普通職業證照第一部份」課程的學生，根據1999年9月的結果可知，有10300學生取得證照，佔全部考生的59%，另有2500名學生則是已經完成部份單元的學習。

最近一次的「國家普通職業證照」的學校考試結果於2000年8月23日公佈。「國家普通職業證照中間級」的考試科目有下列14項：藝術與設計、商業、營造與建築、工程、健康與社會照護、接待服務、資訊科技、土地與環境、休閒旅遊、製造業、媒體傳播與生產、表演藝術與娛

樂工業、零售與流通、以及科學等。「國家普通職業證照基礎級」有下
列12項：藝術與設計、商業、營造與建築、工程、健康與社會照護、接
待服務、資訊科技、土地與環境、休閒旅遊、製造業、表演藝術與娛樂
工業、以及科學等。「中間級」有男生44038人次，女生36651人次，總
計80699人次參加，考試人數最多的是商業，共有19965人參加，最少者
為土地與環境，僅有116人；「中間級」考試結果為「優異」的學生僅
佔了6%，「續優」的有20.4%，「通過」的有26.5%，未通過者為
47.1%，將近半數。至於「基礎級」參加的男生人次為13364，女生為
9075，總計22439人次，考試人數最多的是健康與社會照護，共有5183
人參加，最少者為表演藝術與娛樂工業，僅有82人；考試結果為「優異」
的學生僅佔了3.1%，「續優」的有10.5%，「通過」的有27.8%，未通過
者則為56.6%，遠超過參加考生人次的一半。（BBC News 2000/8/23）
由上述考試結果的公佈得知，英國修畢中等教育階段技職教育課程的學
生，其學習成果之評量相當嚴格，通過的考生可以據以申請就讀高等技
職教育機構或選擇就業，但未通過者則不具有任何的證照資格。

第五節　特色與展望

一、可供參採的特色

　　英國14至16歲之第四關鍵階段，以及16歲以上的繼續教育階段，
是實施技術與職業教育的主要階段，也是英國教育制度中相當重要的一
環；不僅滿足青年和成年人繼續求知和接受訓練的意願，也相當程度上
有效解決英國社會中嚴重的失業問題。「他山之石，可以攻錯」，鑑於
我國跟英國的文化、歷史傳統，政治、經濟結構，以及社會背景的不
同，而發展出相異的教育制度和內容，而不能全盤借用或抄襲英國的技
職教育制度，但對其進行研究的深入理解，則是能夠增進對自身教育制
度的認識，更能掌握教育問題所在，有助於周延地規畫更為清楚與全面
的技職教育制度。

新的升上高等教育的技職教育管道

英國自1995年9月實驗的「國家普通職業證照」第一部份的課程，開設在中學的14至16歲之第四關鍵階段，相當受到教育學者歡迎。不僅是為許多學生提供了非學術性教育的另一種選擇，使得16歲以後的學生仍能繼續接受教育；也在傳統的「精進級」考試之外，提供另一種升上高等教育的管道，因為學術性的「精進級」考試常被人詬病為過低的完成學業比率和過高的失敗比率，使得有些學生在接受兩年的課程之後無法取得任何證書。

結合課程、考試和就業的教育訓練制度

英國在中等學校和高等及繼續教育機構之間有多種銜接機構，除了偏向學術性的升大學預備課程之第六級學院之外，有各種職業性質的課程開設在第三級學院或繼續教育學院之中。使得任何年齡離學者，無論就業與否，只要具備適當的能力和資格，都可循全時或部份時間的修課方式來接受技職教育，並參加相關考試而獲得專業證照。這是一種密切結合課程、考試和就業的教育訓練制度。「國家職業證照」和「國家普通職業證照」的制訂，以及其跟普通教育學歷的橫向對應，關鍵目的之一是為了排除社會輕視技職教育的偏見，使中等教育之後的青年得依本身的條件、興趣和志向來自由選擇未來的生涯發展。

繼續教育階段普及化成人教育理念、儲備優秀的人力資源

英國的繼續教育階段，提供多方面的課程給義務教育後的學生，除了達到職業訓練的目的之外，也滿足進修的需求，充分把成人教育的理念普及化。同時也為國家社會儲備了優秀的人力資源，再加上與工商業界的結合，也可以提供人民許多的工作機會。

企業界與政府共同負責技職教育和證照考試事務，並分擔經費

英國企業界與政府共同合作，由企業與教育機構合作開設課程，並共同負責技職教育和證照考試之事務，分擔技職訓練經費，有效促進企業界的積極投入技職教育與訓練工作，尤其是近年來在各地設立的訓練與企業委員會發揮極大功能。我國教育部曾在1998年頒佈的「邁向學

習社會」白皮書（教育部，1998）中，也鼓勵民間企業提供學習機會，並能與教育機構合作開設課程，只是目前成效未彰，英國的作法與經驗實值得我國參考借鑑。

在職人員休假進修制度有效提高勞動人力素質

英國實施在職人員休假進修制度，可分為一日休假進修或累積休假進修二類。企業界的員工或學徒休假進修都可照領薪資，且其進修所需之學費也由雇主負擔，鼓勵進修意願。進修者如需取得學術資格或職業證照，必須按照規定修讀有關之課程，並通過考試方能取得，對於提高勞動人力素質相當有幫助。

高等技術與職業教育多元化，多樣化的課程與學習型態

英國的高等技術與職業教育主要是在高等與繼續教育階段實施，在1992年之後分別在大學（含原先的多科技術學院）與繼續教育機構中進行，是為多元化的技職教育，多樣化的學習型態，且英國近年來更是強調技職教育與終生教育結合，符合世界趨勢、時代潮流。英國高等技職教育兼採全部時間制及部份時間制或三明治課程（工讀交替制），以滿足各類型學生之需要，使學生在中等教育結束後均可依其意願與能力進入技職教育體系，體現技職教育的普遍化。高級技術學院（部份在1966年之後升格為技術大學）成立後，其工讀交替制是最大特色，又稱做三明治制課程，因為學生第一年在學校學習以奠下理論基礎，第二年則至企業單位實習，第三年再回到學校深入學習以獲得學位，使理論與實踐得到統一。升格之後仍保留此一特色，吸引眾多的企業投入教育事業，為學校與企業人才之雙向流通打開通道；這也是高等繼續教育階段迄今最為突出的課程設計。

繼續教育學院強化與地方社區、企業單位的聯繫

繼續教育學院與其他（技術、藝術等）學院兼具教育與訓練的雙重功能，不僅為中等教育後的青年和在職的成年人辦理各種補充訓練或進修（如建教合作），也接受政府或企業單位的委託辦理各種專案訓練或特殊訓練，課程設計具備多樣化，且能強化與地方社區、企業單位的聯繫。

職業教育的成效將由證照和考試制度來評量其品質、效率與績效

　　英國政府為加強高等教育與工商業發展之密切配合，乃採取培養就業市場技術能力之政策。未來職業教育的成效將由證照和考試制度來評量其品質、效率與績效，「國家職業證照」和「國家普通職業證照」為全國中等與高等技職教育提供一與學術性證書並行的新架構，使技職人力教育更有系統、更普遍化，並可應用於入學許可之資格認定。這方面的設計原則和實施過程極值得我國參考。

技職大學的獨特經濟功能

　　多科技術學院改制而成的新興大學，有部份改制成單科工業大學，可知其主要任務是透過職業與技術教育課程之提供，為英國的就業市場培育所需的人力，強化高等教育為經濟發展的服務功能。新興大學與傳統大學在教學功能上並無差別；但在研究方面則是著重應用性研究或策略性研究，因為高等教育撥款委員會並不補助其進行基礎研究的經費，而跟傳統大學有所區別。因此，我國科技大學雖然應從事教學、研究與服務的大學功能，但在目標、對象、類型和性質上也可跟傳統大學作適當的分工，以充分發揮高等技職教育功能，並發展出有別於傳統大學的特色。

二、未來的展望

重組技職教育機構

　　英國為回應個人與雇主之需求，提供個人符合勞動市場所需要之技巧以提升個人的可雇用性，並確保所有16歲至19歲青年學習的權利，（DfEE，2000）正準備重組技職教育和繼續教育的決策與撥款機構。中央與47個地方「學習與技巧委員會」將從2001年4月開始運作，將取代繼續教育撥款委員會的撥款職責，以及訓練與企業委員會的訓練功能，負責英格蘭的所有的中學之第六級制、學院直到高等教育之規畫與撥款，並提撥給6百萬的學習者高達每年6兆英鎊的教育與訓練經費。這個新決策與撥款機構的組織與運作，其發揮的功能和影響，有待繼續觀

察。（DfEE，2000；FEFC，2000b）2001年6月宣告中央教育行政機構改名爲「教育與技術部」，更是突顯對於技職教育的重視，將是未來政策的核心。

發展技職教育新課程

　　英國高等技職教育現今已跟大學教育立於同等地位，而且開闢了互相融合、互相貫通的途徑。這不僅可以增加學生就讀高等教育的機會，同時也將會提供企業界更多受過較好教育與訓練並具備更好技巧的人力資源。但未來爲了增進社會的整體技術水準，以提升在日益競爭之世界中的經濟表現，英國的技術與職業教育仍必須持續發展新型態的課程，新的教學方式，新的評量學生方式，以及新的教育成果如文憑、證書、證照等。

參考書目

李奉儒（1996）。「英國教育改革機構、法案與報告書」，載於黃政傑主編，
　　　各國教育改革動向。台北：師大書苑，77-105。

李奉儒（1997a）。「英國高等技職教育的現況與特色」，發表於國立高雄技術
　　　學院主辦之《高等技職教育》研討會，83-90。

李奉儒（1997b）。「英國教師在職進修制度的回顧與展望」，載於國立花蓮師
　　　範學院主編，進修推廣教育的挑戰與展望。台北：師大書苑，347-
　　　391。

李奉儒（1998）。「英國教育研究」，載於楊思偉主編，教育學入門。台北：
　　　商鼎，195-207。

李奉儒（2000）。「英國地方教育審議委員會的組織與運作：以英格蘭與威爾
　　　斯地方教育委員會為例」，發表於教育部主辦、國立中正大學承辦
　　　之《地方教育審議委員會的組織與運作》學術研討會。

李奉儒、蘇永明、姜添輝（2000）。英國中小學教師在職進修制度研究。國科
　　　會專題研究計畫成果報告書。NSC88-2413-H-260-001-F17。

林清江（1972）。英國教育。台北：台灣商務印書館。

教育部編印（1998）。邁向學習社會。台北：教育部。

詹火生、楊瑩編著（1989）。英國高等教育制度現況及其發展趨勢。台北：國
　　　立教育資料館。

Bash, Leslie & Coulby, David （1989）. The Education Reform Act:
　　　Competition and Control. London: Cassell.

Benn, Caroline & Chitty, Clyde （1996）. Thirty Years on: Is
　　　Comprehensive Education Alive and Well or Struggling to
　　　Survive? London: David Fulton.

Central Office of Information （1993）. Education: Aspects of
　　　Britain. London: HMSO.

Central Office of Information （1994）. Education Reforms in
　　　Schools: Aspects of Britain. London: HMSO.

Dale, Roger, et al. （1990）. The TVEI Story: Policy, practice and
　　　preparation for the workforce. Milton Keynes: Open
　　　University P.

DfEE (1996a) . Overview of the English Education System. London: HMSO.

DfEE (1996b) . Department for Education and Employment: Department Report. London: HMSO.

DfEE (1997) . Participation in Education and Training by 16-18 Year Olds in England: 1986-1996, News Release. London: DfEE.

DfEE (1998) . Teachers: meeting the challenge of change: A Green Paper. London: SO.

DfEE (1999a) . Learning to Succeed: a new framework for post-16 learning: a White Paper. London: SO.

DfEE (1999b) . STAFF STATISTICS 1996-97 AND 1997-98: Further DfEE (2000) . The Learning and Skills Council: An Introduction. London: DfEE.

European Commission (1996) . Teaching and Learning: Towards the Learning Society. European Commission Press.

Field, J. (1997) . European Dimension: Education, Training and the European Union. London: Jessica Kingsley.

Further Education Funding Council (1999) . Staff Statistics 1996-97 and 1997-98 Further Education Colleges in England. London: FEFC.

Further Education Funding Council (2000a) . Circular 00/17: Staff Individualised Record Data Collection 1999-2000. London: FEFC.

Further Education Funding Council (2000b) . Chairs OF Local LSCs Appointed for London, Media Release, 22 August 2000.

Heaton, Tim & Lawson, Tony (1996) . Education and Training. London: Macmillan.

Hull, Rob (1999) . Qualifying for Success: Post-16 Curriculum Reform. DfEE/FEDA Letter (1999/3/19) .

Jessup, Gilbert (1991) . Outcomes: NVQs and the Emerging Model of Education and Training. London: Falmer.

Lawton, Denis & Gordon, Peter (1996) . Dictionary of Education. (2nd ed.) London: Hodder & Stoughton.

Mackinnon, Donald & Statham, June with Hales, Margaret (1995) .

Education in the U.K.: Facts and Figures. Milton Keynes: Open University Press.

National Council for Vocational Qualifications (2000). General National Vocational Qualifications, news release, March, 2000.

OFSTED (1996). General National Vocational Qualifications Pilot Interim Report 1995/96. London: The Stationery Office.

OFSTED (1997). The Annual Report of Her Majesty's Chief Inspector of Schools. London: The Stationery Office.

Payne, Joan, Cheng, Yuan & Witherspoon, Sharon (1996). Education and Training for 16-18 Year Olds: Individual paths and national trends. London: Policy Studies Institute.

Pring, Richard A. (1995). Closing the Gap: Liberal education and vocational preparation. London: Hodder & Stoughton.

Raffe, David (1999). Investigating the Education Systems of the United Kindom, Oxford Studies in Comparative Education, 9 (2), 9-28.

Richrdson, William, Woolhouse, John & Finegold, David (eds.) (1993). The Reform of Post-16 Education and Training in England and Wales. London: Longman.

Walford, Geoffrey & Miller, Henry (1991). City Technology College. Milton Keynes: Open University Press.

chapter10

英國實習輔導教師之角色與職責、
特質與甄選

- ■ 前言
- ■ 實習輔導教師之角色與職責
- ■ 實習輔導教師之特質與甄選
- ■ 結論與建議

李奉儒

前言

　　學校教育水準的提昇是政府教育政策的主要目標之一，也是所有家長、教師及社會大眾關注的重點。任何嘗試改進學童教育的措施，必須注意到教導學童的教師之素質。因此，教師的養成必須經過何種程序的培育，自然成為公共論辯的焦點。換言之，教師素質之良窳決定教育之成敗，而教育又為國家整體建設和發展中的重要一環，因此，世界各國一向重視師資養成教育。近年來，國內外教育改革蔚為風潮，多元化師資培育更為教育改革之重點。

　　我國在八十三年二月七日公佈「師資培育法」，確立我國多元化的師資培育制度，改變傳統的師範教育體制及結構。根據本法第四條，師範大學及師範院校以外的一般大學，可申請設立教育學程，加入培育高級中學、國民中小學至幼稚園教師的行列。新制的多元化師資培育制度，將職前培育之責賦予師範校院及設有教育院系所和教育學程之大學，確立師資生（實習教師）(student-teacher)的地位與職責。

　　八十四年十一月通過且於八十七年六月十八日修正的「高級中等以下學校及幼稚園教師資格檢定及教育實習辦法」中，明定教師資格檢定之初檢採審定制（第八條），複檢以實習成績及格（第三十一條）為門檻。然而，按照本辦法的相關規定，即將實施的初、複檢制度實易流於形式，似乎難以確實篩選優秀人才進入教職，也無法藉此改革契機建立教師的專業化地位。職前課程與教育實習因此成為師資培育制度中確保教師素質的關鍵過程，而嚴謹規劃師資生的教育實習更是當前之要務。為落實與加強教育實習，在「高級中等以下學校及幼稚園教師資格檢定及教育實習辦法」中，明定實習教育機構應遴選實習輔導教師，協助實習教師進入教學實際情境，引導其從事教學、導師(級務)、行政及研習等實務工作（第十八條），務期實習教師於專業社會化過程中減少「現實的震撼」，縮短理論與實際的差距，以增進教學表現、提昇專業知能與促進專業發展。但是，攸關教育實習成敗關鍵的實習輔導教師，其遴選標準僅在本法第二十條中規定為1.有能力指導者，2.有意願指導者，及3.具有三年以上的教學經驗者；但何謂有能力？有意願？又是否仍需具備其他的特質或條件？這些卻仍處於摸索、嘗試的階段，而未在

本辦法中明文規定。是故，爲使我國師資培育制度能夠儘速脫離嘗試錯誤的困境，對於各國實習輔導教師制度的理論探究與實徵調查，特別是有關實習輔導教師應扮演的角色，應克盡的職責，應具備的特質，以及甄選的標準等，實是我國由一元化師範教育制度走向多元化師資培育制度的改革是否成功的關鍵。

　　旴衡世界師資教育改革，以英國近年師資培育政策之改變最爲顯著，且爲英國教育界帶來相當大的衝擊：由高等教育或師資培育機構著重學術導向的職前培育，轉成從實務中學習以學校爲本位或中心的教育實習或在職訓練；亦即，強調所有的師資訓練課程均須包含教育實習在內，且除非修課學生亦能在實際教學等方面達到要求之標準，否則不頒給渠等任何學位證書或文憑，且不能取得合格教師的地位。因此，英國於1988年開始推動「學校本位的職前培訓」(school-based initial training)的「學士後教育證書」(Postgraduate Certificate in Education, PGCE)實驗(OFSTED, 1993a)；強調以學校爲本位的教學實務經驗，並著重實習輔導教師的角色。

　　多元化師資培育制度的成功乃是建基於有績效的教育實習，這又繫於實習輔導教師的愼重遴選與落實職責。爲何實習輔導教師在未來教師的專業培育過程中被視爲「重要他人」或關鍵人物？實習輔導教師的角色、職責、特質與甄選標準等有何規定？在我國正施行實習輔導教師制度之際，實有必要深入了解此等問題，使能運用他山之石作爲規劃我國實習教師制度之基礎，以有助於我國師資培育機構和各級特約實習學校建構合理、可行的實習輔導教師制度，多元化師資培育制度的成功乃是建基於有績效的教育實習，這又繫於實習輔導教師的愼重遴選與落實職責。落實教育實習工作。

　　基於上述認識，本文以文件分析法、歷史研究法、實地訪談導引法(interview guide approach)等，探討英國實習輔導教師制度的實施現況，並著重於實習輔導教師的角色、職責、特質與甄選等。其進行步驟如下：首先，蒐集並深讀英國有關實習輔導教師制度之相關文獻，包括政府頒布的教育法令和教育部通論(circular)等，以尋繹英國實習輔導教師制度之歷史沿革及發展背景。其次，蒐集有關英國實習輔導教師制度實施現況之最近資料，包括皇家督學及教育標準局等之訪視報告書，及學術人員、研究機構和教師團體等的研究論文或報告，期有一全

盤性了解。第三，研究者實地訪視英國Reading, Hampshire, Surry, Basinstoke和Sheffield等地共八所中學，觀察三場實習教師之試教，晤談十位大學之學者和實習指導教師、六位中學之實習輔導教師（包含三位副校長）和五位實習教師，並參加Reading大學所有實習指導教師之課程設計會議，以及實習指導教師對16位實習教師之個別輔導，以深入其教育脈絡中探究實習輔導教師實際運作情形，藉由實地體驗之參與觀察和調查，以獲得第一手資料並客觀檢證文獻資料，掌握該國實習輔導教師制度實施的情形、遭遇的難題和可能的限制等。最後，完成本文之撰寫，並提出研究建議，以作為國內研究人員、師資培育機構、教育行政機關及教育政策決策者等之參酌研析。

第一節 實習輔導教師之角色與職責

中小學校傳統上是實際進行教學實務的地方，而不是師資培育的場所。因此，實習教師在師資職前培訓中的角色就較模糊。英國教育與科學部1984年第三號通諭(Circular 3/84)則要求中小學校和高等教育機構在進行師資職前培育的過程中要更加地密切合作(DES, 1984)。但實際上，根據Booth等人(1990)的調查，實習教師在師資職前培訓中的角色並沒有適當的發展，也沒有適切的界定。皇家督學在針對「以學校為本位」的師資職前培訓機構的調查報告中也指出，大多數的學校所扮演的角色差異很大但都很有限，而高等教育機構仍是師資職前培訓的主要提供者。(DES, 1991)

根據1992年第九號通諭的規定，所有高等教育機構主導的中等學校教師的培育，到了1994年後均必須採行「完全伙伴關係」的模式(DfE, 1992: 1)，學校要共同來「規畫與管理（師資職前培訓）課程和對師資生的甄選、訓練和評量」(DfE, 1992: 4)。師資生也必須花更多的時間在伙伴學校中，像一年制的「學士後教育證書」(PGCE) 課程必須最少有三分之二的時間在中小學進行教育實習。

上述各項法令的頒發與規定，對於中小學校教師在輔導師資生的角色與職責上，都產生新而深遠的衝擊，像是學校中「實習輔導教師」

的設置與發揮功能。如果實習輔導教師要有效發揮其功能,則必須對其角色與職責有清晰的認識。在伙伴關係中的雙方,如果對於由誰在什麼時候來進行課程管理、傳授與評量等,沒有釐清相互的角色和職責的話,將會有礙於實習輔導的歷程,使其缺少應有的效率。因為這可能導致重複地浪費精力在某些事項上,或在師資生的經驗中出現未意圖的缺隙,或是由於在一不確定氣氛中工作所引起的不安。相對地,如果伙伴彼此之間都充分瞭解對方的貢獻,他們能更有效率地工作,在知識與實務上互補與合作。

1992年第九號通諭關於教育實習部份只做最少的要求,其餘有關組織的與實務的細節,則留給個別的高等教育機構和其伙伴學校來斟酌決定。這種對於各地條件的敏知性,使得沒有任何師資培育學程的實習輔導教師制度是完全一樣的;也因此各個師資培育課程的結構,對於實習輔導教師的角色和職責之界定也不盡相同。

伙伴關係可區分為兩種主要的類型:一種是基於「平等」(equivalence)的基礎,兩個伙伴平等地分擔職責;另一種則是「互補」(complementarity)的關係,其中的職責是根據專門知識(expertise)來分配,但維持全面地平衡。許多學校本位的伙伴關係將師資職前培育視為四種關鍵人物的職責,他們的角色有各種不同的術語。例如,就「平等」的伙伴關係而言,可以Warwick大學之實習指導教師和實習輔導教師的不同角色為例。其中學校裡的實習輔導教師又再細分為:專業實習輔導教師(professional mentor)和學科實習輔導教師(subject mentor)。大學裡的實習指導教師(tutor)也「相對應」分為專業與學科實習指導教師。(Brooks & Sikes, 1997: 43)另一種「互補」的伙伴關係則可以雷汀(Reading)大學與其伙伴學校的關係來說明:伙伴學校中是專業實習輔導教師(professional tutor)和學科實習輔導教師;大學本身則對應有「補充研究」(complementary studies)的實習指導教師和「教材教法」(methods)的實習指導教師。由於各師資培育機構的伙伴關係在安排的細節上各有千秋,並不可能在此提供有關實習輔導教師角色和職責的正確描述,來應用到各種師資職前培育的方案中。儘管如此,有些特定的性質仍具有廣泛的接受度,足以做為學校本位的師資職前培育方案的特性,而這必須先回顧「實習輔導教師」一詞的起源。

實習輔導教師(Mentor)一詞源自希臘神話,出現在詩人Homer的著

名史詩《*Odyssey*》之中。根據Homer的史詩，紀元前八百年Ithaca國王Odysseus在Trojan戰爭爆發之前，委託其忠實伙伴Mentor教育其子Telemachus的責任，使其成為一位有智慧且善良的統治者，並在適當時機繼承王位。Mentor因此具備父親的形象，是一位教師、角色楷模，是可信任的忠告者、諮詢者、挑戰者和激勵者。由於Mentor忠實地教養、輔助Telemachus，使其由純真的男孩變成卓越的男人，Mentor自此成為有經驗、值得信賴的輔導者之代名詞，如在英美國家即以此稱呼「良師」。(Carruthers, 1993: 9)至今「良師」概念已廣泛應用在醫學、護理、工商業等行業中，更用在師資培育制度中來稱呼實習輔導教師。

一、專業實習輔導教師的角色

專業實習輔導教師也被稱為資深協調者(senior coordinator)、培訓管理者、專業指導長、專業協調指導員、主要實習輔導教師、資深指導教師、專業指導教師、師資職前培育協調者、學校協調者，以及資深實習輔導教師等。這一長列的頭銜仍不完整，但足夠來說明各種培訓課程方案中細節的不同處。其中較常用的「資深」、「專業」和「協調者」等詞，正凸顯這個角色的特定的一般性質。綜言之，專業實習輔導教師必須非常熟悉全校性的政策，以積極的和支持的態度來面對師資生，並有開放的理念，願意透過分析與反省來批判地檢視他們自己與他人的實務，其角色主要就是「協調」。

專業實習輔導教師的角色一般說來有如下特性：

1. 專業實習輔導教師是學校教師中具有廣博經驗的成員。
2. 專業實習輔導教師綜觀學校本位課程的構成要素之管理與行政，同時也處理全校性的議題和實習教師的專業發展。
3. 專業實習輔導教師一般是處理那些不是跟某一學科相關，或是跨學科的主題。如專業實習輔導教師引導關於整個學校行為管理的團體研討會，再由學科實習輔導教師補充其學科部門特別的行為管理之個別課程。

4.專業實習輔導教師領導所有的學科實習輔導教師；要負起全部的責任，提供在該校實習的師資生所需要的校內資源。

5.專業實習輔導教師的一個重要特性是聯繫(liaison)，扮演高等教育機構和他所領導的學科實習輔導教師之間的連結人物。

6.協調所有師資生團體的學校經驗；專業實習輔導教師經常綜觀培訓的過程，並促使被分配在不同學科部門中的師資生，他們所經驗的培訓方案是保持一致性和一貫性。

7.根據專業的議題和全校性主題，與大學中的專業實習指導教師合力來執行方案。

8.專業實習輔導教師管理學校本位方案的評鑑與發展層面，並協調關於實習教師教學能力的形成性與總結性評量，有些專業實習輔導教師還參與學術作業的命題與評量。

二、專業實習輔導教師的職責

根據本研究至英國移地研究的瞭解。師資生所認同的實習輔導教師職責有如下數項：提供實務上的建議、給予建設性的批評、樹立榜樣、擔任提供反對意見的人、奉獻時間、明白需求與組織、擔任仲裁者、督促而非做媬姆、指向寬廣範圍的理論，以及評鑑等。至於實習輔導教師自己所認同的職責有：評鑑、觀察、支援、批判地討論實務、能夠反省、擔任資訊的提供者、表明親身體驗的實務，以及並非擔任角色典範等（資料提供者爲雷汀大學教育系講師Andy Kempe先生）。其他如教育學者所分析列舉的學校本位中實習輔導教師和實習指導教師的不同角色描述，也可作爲例證性的運作模式，供我們引以爲探究這個主題的起點。

專業實習輔導教師的職責，根據學者的歸納分析，主要有下列四大項(Brooks & Sikes, 1997: 48-50)：包括了作爲「資源的提供者」如師資生（實習教師）的導入，「專業發展的促進者」如參與學校和大學的實習輔導方案，「同僚的視導者」如擔任學校實習輔導小組的領導人，以及「學習的評量者」如協助師資生完成教育實習並加以評量。

師資生（實習教師）的導入

1. 提供師資生如下的資訊：學校、學校風氣、地方社區和學生來源，包括學校簡介、教員手冊、時間表、行事曆、及政策文件等。
2. 告知師資生有關學校的各項措施和例行工作，像是教師休息室的規定、午餐時間和休息時間。
3. 向師資生說明學校的管理結構，並引見重要的行政人員，如校長、副校長、學年主任、學科主任、學科實習輔導教師，及非教學的助理人員。
4. 引導師資生環視校園，熟悉教學環境。
5. 將師資生的注意力帶到學校的宗教關懷系統(pastoral system)與學校的規則，包括獎賞的使用。
6. 描述對於師資生所期待的適當專業參與，像是教師會議、家長會、評量程序、報告的撰寫、及實習指導教師團體等。
7. 告知師資生有關學校的視聽器材、資訊技術等，並代為安排實地練習操作。

參與學校和大學的實習輔導方案

1. 專業實習輔導教師必須跟師資培育機構裡的專業實習指導教師，以及學科實習輔導教師一同來規畫師資生之結構性的系列實習，像是在不同學科中的觀察，不同角色的行政實習，針對個人、小組、班級的部份教學及全班的教學，以及參與指導教師小組、各學年小組和宗教關懷小組的運作等。
2. 專業實習輔導教師必須跟專業實習指導教師和學科實習輔導教師一同來規畫課程內容與時間安排。
3. 完全掌握教學實習的性質和其在培育課程中的地位。
4. 設計學校本位的培育課程要素，並在適當的時候出來領導。像是主持跟全校性、專業發展主題有關的研討會與活動。
5. 專業實習輔導教師必須跟專業實習指導教師共同來評鑑培育課程，並參與專業發展活動。

擔任學校實習輔導小組的領導人

1. 領導全校的學校實習輔導教師小組，例如安排聚會來討論培育課程的規畫與發展，分享經驗，解決問題，視導師資生的進步，以及克服各種麻煩。
2. 在學校和地方社區中傳播有關伙伴關係的資訊，像是對師資生、學校同事、非教學的助手、學校管理委員、學生及其家長的資訊傳播。
3. 根據培育課程標準來觀察師資生的實習，或是當其他的實習輔導教師或指導教師有此要求時。
4. 調停學科實習輔導教師和師資生之間的糾紛，並在適當時跟師資培育機構裡的專業和教材教法實習指導教師一同來仲裁。
5. 協調形成性和總結性評量，以及記錄師資生成就的歷程。
6. 持續對於每位師資生進步情形的瞭解，並在某位師資生需要特別關注時，向學校校長和大學的實習指導教師報告。
7. 針對有困難的師資生組織額外的協助。
8. 跟專業實習指導教師、教材教法實習指導教師、學科實習輔導教師以及師資生一同來評論和評鑑那些學校中跟師資生相關的程序。

協助師資生「專業成就記錄」的完成和評量

1. 跟每位師資生開會來討論其在學校中的成就，並一同規畫加強優點並克服缺點的實習行動計畫。
2. 根據培育課程中學校本位的層面，協調每位師資生「專業成就記錄」的發展。
3. 在每位師資生結束其實習之前，檢查是否已完成其「專業成就記錄」，如無異議，則在師資生的總結性評量上簽字。
4. 如果是師資生的第二個實習學校，檢查師資生在第一個學校的報告和「專業成就記錄」，以加強本校規畫的歷程；檢查師資生在第一個實習學校的目標是否已處理或達成。
5. 在告知師資生的情況下進行正式的觀察，並把握任何情況的非正式觀察。

6.根據評量標準，並諮詢高等教育機構的實習指導教師、學校的學科實習輔導教師，以及其他參與觀察師資生實習情況的教師，判斷師資生的成就和教學能力。

7.當師資生有可能無法通過培育課程的要求時，儘早告知他們改變，並通知大學（或師資培育機構）的實習指導教師，且最好是在警告師資生其失敗之最後期限前。

8.對於每位師資生的成就和能力要完成一份總結性報告，並在教學實習的最後階段建議該爲師資生是失敗或通過培育課程檢覈。

9.在適當時間將這份總結性報告交給適當的人員和有關的單位。

　　要言之，專業實習輔導教師必須跟實習指導教師和師資生共同規畫「導入方案」，並諮詢學科實習輔導教師與大學（或師資培育機構）的學科（教材教法）實習指導教師的意見，以視導師資生的進步情形。鑑於專業實習輔導教師的角色，要求有能力來處理全校性的事務，並對教育議題保持寬廣的觀點，所以其人選經常是有廣博經驗的資深教學行政人員。專業實習輔導教師的角色經常是由副校長或偶而由校長來擔任，較少由學校中相對資淺的教師來負責。

三、學科實習輔導教師的角色

　　學科實習輔導教師也被稱爲學校實習輔導教師、數學（科學等）實習輔導教師、教師的指導教師、實習輔導教師、學科指導教師、學系實習輔導教師、共同實習指導教師、指定的實習輔導教師，以及實習教師的實習輔導教師等。學科實習輔導教師是安排在實習教師進行學校經驗和教學實習的專門學科部門（如英文科、歷史科等）中。

　　雖然學科實習輔導教師是學校中某位被指定的教師，但是，整個學科部門的投入來協助師資生他們是相當重要的。接受師資生實習的部門，其所有的教師成員必須對於投入實習輔導工作有積極的態度。一般而言，學科實習輔導教師的角色有如下定位：

1. 接受師資生實習的學科部門之成員；
2. 非常熟悉其學科部門的政策與程序；
3. 有開放的理念，並願意透過分析與反省來批判地檢視他們自己與他人的實務；
4. 隨時掌握自己的專門知識領域與一般教育的發展；
5. 將師資生導入其所屬的學科部門，鼓勵他們盡快成為學科小組的活力成員；
6. 做為師資生整個實習過程中重要的「專業上朋友」，協助他們成功地與所屬學科部門整合，並開始瞭解工作的性質；
7. 諮詢其他跟師資生實習有關連的人員，同時遵守評量標準，以評量師資生的教學能力；
8. 跟專業實習輔導教師及教材教法實習指導教師保持聯繫，以協調學科部門內的學校經驗；
9. 告知所屬學科部門有關實習輔導制度的細節與要求，負責傳發大學（師資培育機構）的發展工作內涵；

四、學科實習輔導教師的職責

學科實習輔導教師的職責跟前述專業實習輔導教師類似，學科實習輔導教師如同專業實習輔導教師一樣進行協調與監督，只是其是在學科部門的層次而不是學校的層次中。學科實習輔導教師負責將師資生導入其學科部門和學科領域的教學，發展師資生的專門學科知識、技巧和應用。學科實習輔導教師很少同時負責兩位以上的受訓者，因為很少學科部門大到足以容納過多的實習教師。這個學科部門是師資生在學校實習期間的「本家」（home base），且由學科實習輔導教師來全權負責其培訓課程，但這學科部門所屬的其他教師也要分擔部分工作。學科實習輔導教師特別關心師資生發展如下的能力：建立有效的班級實務，著重在某一特別學科的技巧、知識與應用等，故其職責有如下三大項（Brooks & Sikes, 1997: 51-52）：可區別為「精神的支持者」和「資源的提供者」如師資生（實習教師）的導入，「專業發展的促進者」如

參與學校和大學的實習輔導方案，以及「教學的示範者」和「學習的評量者」如協助師資生完成教育實習並加以評量。

師資生（實習教師）的導入

1.藉由學科部門的文件記錄，提供師資生有關所屬部門之相關資訊。
2.向師資生引見所屬學科部門的成員，並說明他們的角色與職責。
3.引導師資生環視學科部門，注意可用的資源、例行工作和程序等。
4.引導師資生注意學科部門的政策與規則，像是評量的政策、設備的使用。
5.描述對於師資生所期待的適當專業參與，像是學科會議、課程發展會議等。
6.提供師資生工作場所，包括儲物櫃、信箱和書桌等。

參與學校和大學的實習輔導方案

1.在安置師資生實習的前後，學科實習輔導教師要跟專業實習輔導教師、教材教法實習指導教師，以及師資生一同來規畫培育課程內容。
2.完全掌握教學實習的性質和其在培育課程中的地位。
3.組織一系列有結構性和多樣活動的實習，像是觀察、研討會和獨立工作等，使師資生有計畫地由被動轉為主動地投入。
4.規畫階段式的導入教學，使師資生得以平順地、熱情地從系列的實習轉至整段式的教學實習(the block teaching practice)；例如，先跟個別學童一起工作，再跟小團體的學童一起工作，然後，依次是承擔課程的一部份之試教，分擔課程設計，協同教學，參與課程評鑑，以及共同評分等。
5.藉由完整的簡報、全盤的報告，以及追究到底的工作等，在方案中建立焦點的觀察。
6.將師資生的注意力集中到學童的學習上，並引導他們對於觀察到的教學實務進行分析和反省。

7. 設計教學時間表使師資生能經歷到適當的年齡範圍、不同能力團體，以及課程的各個層面等。

8. 提供如下的資訊：試教的團體、工作的概要、考試的進程大綱、以及個別的需求等。

9. 檢查師資生所提交的教學計畫與課程準備是否足夠來開始整段式的教學實習；特別是要檢查師資生是否理解並符合國定課程的要求。

10. 確認師資生的教學計畫已諮詢過他們要試教的班級老師。

協助師資生「專業成就記錄」的完成和評量

1. 跟個別師資生開會來討論其進步情形，協助師資生發展「自我評鑑」的技巧，及設定加強優點並克服缺點的更進一步專業發展的目標。

2. 檢查師資生是否落實其行動計畫，並將設定的相關目標跟結構化的課堂觀察相結合。

3. 協調每位師資生完成「專業成就記錄」的相關細節。

4. 在每位師資生結束其實習之前，檢查是否已完成其「專業成就記錄」，如無異議，則在師資生的總結性評量上簽字。

5. 如果是師資生的第二個實習學校，檢查師資生在第一個學校的報告和「專業成就記錄」，以加強本校規畫的歷程；檢查師資生在第一個實習學校的目標是否已處理或達成。

6. 在告知師資生的情況下進行正式的觀察，並把握任何情況的非正式觀察。

7. 對於正式觀察的課堂演練，提供個別指導或書面評論；如可能的話，也針對非正式的觀察提供指導。

8. 通告學校同事有關觀察與回饋的技巧，所以整個學科部門在面對師資生時可以採取一致的方式。

9. 督導每位師資生的進步情形，協助師資生教學能力的形成性評量，並使得專業實習輔導教師時時知道情況，特別是在師資生的實習出現困難之時。

10. 根據評量標準，並諮詢高等教育機構的實習指導教師、學校的

專業實習輔導教師，以及其他參與觀察師資生實習情況的教師，以判斷師資生的成就和教學能力。

11. 當師資生有可能無法達到培育課程的要求時，儘早告知他們改變，並通知大學的實習指導教師，且最好是在警告師資生其失敗之最後期限前。

12. 協助師資生教學能力的總結性評量，對於每位師資生的成就和能力要完成一份總結性報告，並在整段教學實習的最後階段建議該位師資生是失敗或通過培育課程檢覈。

13. 根據該份報告，跟每位師資生進行實習之後的個別指導。

　　學科實習輔導教師的角色要求是要綜觀整個學科部門的工作、政策與程序，其職責在於發展師資生的班級經營能力，要能夠安排觀察、討論和教學實習的方案，將師資生導入其學科部門的各種教學型態和實務。學科實習輔導教師跟師資生有密切的與經常的接觸，並每天處理他們的發展和需求，所以其人選往往是負責學科部門行政工作的經驗豐富的教師，像是學科主任或是副主任等中層的教學行政人員。

　　歸結而言，專業與實習輔導教師之角色及其相對應的職責有六種主要型式：精神的支持者、資源的提供者、專業發展的促進者、同儕的視導者、教學的示範者，以及學習的評量者等。

第二節　實習輔導教師之特質與甄選

　　中小學校參與師資職前培訓，給予學校教師很大的壓力。因為，擔任實習輔導教師是件相當耗盡心力的工作，教師個人的專門素養和未來的地位都將受到嚴格的考驗。（參見李奉儒等，1998，實地參訪記錄10）特別是在第一次擔任實習輔導教師，或者所輔導的師資生有嚴重的教學或適應上的問題時。如果學校本位的師資職前培訓不只是回到傳統的學徒模式，那麼所有的教師都有責任，特別是被選為實習輔導教師的教師，提供高品質的訓練實務。邏輯上，在選擇實習輔導教師之前，必須先考慮的問題是如何選擇實習的伙伴學校。「所有的實習輔導教師都

由各校自行挑選,所以大學並不能對於人選置喙」;「在中小學中,實習輔導教師的挑選則是由各校個別且依需要而自行決定。有時,學校會選擇較為資深的教師成員來擔任;有時,學校會挑選擅長該項學科專長的成員成為實習輔導教師。」(參見李奉儒等,1998,實地參訪記錄1)因此,本段將先說明特約實習學校的選擇,再依次討論實習輔導教師的理想特質和甄選。

一、選擇教育實習伙伴學校

教育與科學部1989年第24號通諭正式陳述有關選擇師資培育的伙伴學校之重要性。(DES,1989a)雖然師資培育機構跟許多當地學校有密切的關係和瞭解,新的實習輔導教師制度仍要求設定更為清楚的規準,藉以選擇參與培育師資的伙伴學校。教育部接著在1992年第九號通諭的「附錄B」中,再次要求師資培育機構在申請師資培育課程認可的程序中,要說明其選擇伙伴學校之依據。(DfE,1992)

師資培育機構選擇伙伴學校的依據之一,首先就是要考慮該校的校長(Corbett & Wright,1993:221)。校長扮演很重要的角色,因為主要是由他負責來挑選實習輔導教師;而且校長必須願意訓練和支持實習輔導教師,使能履踐其職責。因此,師資培育機構選擇伙伴學校時,會考慮該校校長的管理型態能否適合實習輔導教師制度。這類管理型態必須是種開放的、反省實踐的學校,並有強力的專業發展政策。如果一所特約實習學校不習慣教師的經常質疑或尋求解答,將會對師資生造成困擾。伙伴學校的校長也要參與師資培育機構提供給學校實習輔導教師的導入(induction)和訓練課程;師資培育機構通常是每個學季有一天的實習輔導教師訓練課程,校長則是半天的聚會。師資培育機構跟校長的持續接觸有助於後續的評量與規劃,而能發展出真正分享責任的伙伴關係。

校長在發展一個全校性的實習輔導文化上也扮演重要的角色。實習教師在考量學童的學習成效時,必須以全校範圍為依據;也必須經驗不同的教學風格和取向;校長因此必須衡量自己學校所能提供的訓練機

會，並確保全校所有的教師都理解和支持實習輔導工作。當然，伙伴學校投入師資培育課程的方式各有千秋。有的校長將輔導師資生的責任完全交由實習輔導教師，有的校長則是本身密切地參與其中。

　　Reid等人(1994)則指出大多數學校及其實習輔導教師表示係自願參與實習輔導教師制度，希望是「新發展的肇端」之一份子，因為這是師資培育的「發展趨勢」。他們的動機基於如下的因素：

1.跟師資培育有更密切的連結是一種責任，更是責無旁貸。
2.先前的美好經驗，如師資生帶給學校活力、生命及最新的理念。
3.認為學校知道如何有益地幫助實習教師。
4.希望跟高等教育保持更佳的聯繫。
5.保持學校的知名度(on the map)以吸引更有能力的新任合格教師來申請教職。

　　儘管如此，當中小學校擬加入師資培育行列，成為伙伴實習學校時，學校本身必須先考慮如下事項後，再決定是否作為實習教師的教學實習場所。

1.學校中的專業教學與發展之品質是否良好？
2.學校的整體環境、教學氣氛是否有助於師資生的培訓？
3.學校成員是否歡迎、接納並支持實習教師的培訓？
4.學校是否能夠提供足夠的實習輔導教師或只有少數幾位教師？
5.學校是否能對教師的反思與評鑑提供有效的支持？
6.學校是否能提供各類教學經驗，並組織多樣性的實習方案？
7.學校是否能安排適當的實習輔導和支持培訓工作？
8.學校各處室之間的溝通管道是否良好以支持實習教師？

　　此外，有的實習輔導教師認為實習教師應在自己的班級進行大多數的培訓工作；有的則跟同校其他的教師商議，使實習教師能在不同班級見習。有時，班級教師的角色和實習輔導教師的角色之間會出現緊張的關係。當實習教師逐漸負責整個班級的教學時，他們會希望改變班級組織的某些層面，或是嘗試不同的教學方式；雖然實習教師被鼓勵來批

判地反省自己的教學,但現實的是他們工作的班級並非自己的班級。我們不能低估班級教師對於自己班級的所有權和責任感。

當實習教師感覺他們在學校中的低地位,跟實習輔導教師相處不來,跟班級教師的關係不睦,只有有限的自主性等;或是有些班級教師不願意讓實習教師指出自己的關心點,或嘗試自己的教學方法時;校長必須對此有所回應,讓他們感覺自己是學校社群中有價值、有貢獻的成員。校長有時必須扮演雙方的傳聲筒,將問題提出來討論,因為他知道這種情境,且可能有辦法解消這種緊張關係。至於大學的實習指導教師,並不總是能夠成功地解決這類問題,因為他遠離這個現場,且在伙伴學校中並沒有多少權力可資運用。

因此,師資培育機構必須跟伙伴學校保持良好的關係,像是提供相當詳盡的培訓文件,清楚地規定雙方在培訓過程中的角色與職責。培育機構可能的作法很多,可以在師資生的教學實習之前,安排實習指導教師、實習輔導教師和師資生的共同會議;或者由實習指導教師在師資生的集中實習之前拜訪實習學校。一般說來,實習學校較能接受這種安排,這使得雙方的溝通較為容易。師資培育機構也可以安排學校的實習輔導教師參與他們甄選師資生的面試工作。

提供師資生不同的學校經驗是以學校為本位的實習輔導教師制度之基本精神之一。然而,英格蘭一地每年約有46000位師資生至中小學實習,使得安排實習的伙伴學校成為師資培育機構的艱辛任務之一。除了上述對於實習學校校長的考量之外,還需要考慮實習學校的距離、教學成效、教師的意願、實習輔導教師的條件;而在中學的實習課程中也需考慮學科配對及經費開支的問題,為了節省各項實習經費的龐大花費,大多數的師資培育機構往往只能與鄰近的中小學校建立伙伴關係,其選擇性相對地受限。甚至於,「有家長會抱怨自己的孩子都給師資生教,這也是為什麼許多學校不願參與合作計劃的原因,那我們就無從挑剔或選擇學校了。」(參見李奉儒等,1998,實地訪談記錄10)

儘管如此,師資培育機構在選擇師資生實習的伙伴學校時,仍需確定1.這所學校是否積極支持師資生?是否真的希望師資生在該校實習?2.是否準備好在協助師資生方面扮演更主動、更用心的角色?3.是否願意接受師資培育機構有關師資生的實習輔導方案?該所學校的教師是否同意採取雙方協議過的行動方案來輔導師資生?必須上述四個考量

皆為正面的學校，才適宜作為教育實習簽約學校，作為師資培育的伙伴學校。

二、實習輔導教師的理想特質

一位大學實習指導教師指出：「教學是很專精的一門職業，師資生不應該只是學到教學技巧，而不知背後的原理。但許多不是教育者認為只要給師資生有機會實習就可以了。因為他們認為老師只是告訴師資生他們所知的，但其實教學並不是如此的簡單，因為每個學童是都不一樣的。」（參見李奉儒等，1998，實地訪談記錄13）該學者進一步說明，理想實習輔導的要點之一是實習輔導教師需要是自願的而非指派的，而且需要給予實習輔導教師足夠的時間來幫助師資生。另外，實習輔導教師需要給師資生清楚、有建設性以及定期的指導與回饋是很重要的。（同上）由於實習輔導教師的負擔是相當沉重的，所以，實習輔導教師的個人特質，他們的人際技巧與素質，以及他們的專業投入是相當重要的。當確定師資培育的伙伴學校後，該所教育實習學校必須慎選實習輔導教師，特別是考慮實習輔導教師是否具備如下的理想特質(Brooks & Sikes, 1997: 68)：

1. 對教學有熱情。
2. 願意反省自己的實務。
3. 準備跟師資生共同來批判地檢視他們的實務。
4. 能夠清楚說明他們的專業知識。
5. 保持開放的心胸，認知到他們教與學取向並不是唯一的，也不就是最好的。
6. 願意發展他們在教與學方面的技巧。
7. 隨時可以接近，對師資生保持同情的理解。
8. 具備正面與鼓勵的態度。
9. 是支持的。
10. 具備以建設性的方式來批判的能力。
11. 是一位好的溝通者和傾聽者。

12.認同自己的實習輔導教師角色。

13.知道相關的教育理論,並能結合到實務中。

有的學者如Corbett 與Wright另指出實習輔導教師必須具備如下的理想特質(1993: 226):

1.欣賞並認知實習教師的努力之正面態度。

2.誠實與高感受度。

3.使實習教師能夠發展自己的教學風格。

4.探究策略、獻策、建議「可能的方式」。

5.忠告而非判斷。

6.對師資機構的工作顯出興趣。

7.珍視實習教師的貢獻。

8.開放的心胸。

9.知道學習是雙向的歷程。

根據本研究至英國Sheffield Hallam大學的實習簽約學校之實地訪談,該校師資生所認同的實習輔導教師特質是可接近的、友善的、善解人意的、瞭解師資生,以及對師資生不會有不切實際的期望。(參見李奉儒等,1998,實地訪談記錄12)。而雷汀大學的實習指導教師則認為實習輔導教師必須具備關懷、同情的人格特質,也必須無懼於告知師資生其教學不佳之處(參見實地訪談記錄1);或是在面對師資生時要有自信,使師資生願意問問題,並在需要時提供協助和支援,更重要的是不斷地檢討、發展自己的教學法,承認自己也有可能犯錯,並能清楚地分析自己為何使用特定的教學法(參見實地訪談記錄2)。另一方面,根據在雷汀大學移地研究的瞭解,師資生所認同的實習輔導教師特質有如下數項:熱中的、支持的、平易近人的、誠實的、客觀的、有耐心的、樂於接納的、有組織力的、熱心發展教師實務的、有高期望的、有正確的學科知識的、能接受新概念的、考慮周詳且前後一致的。至於實習輔導教師自己所認同的特質則有如下要點:平易近人的、誠實及開放的、感性的、反省的、積極的、客觀的、堅定的、有耐心的,以及容易瞭解的(資料提供者為雷汀大學教育系講師Andy Kempe先生)。

綜合上述的文獻分析、實地訪談和調查的結果得知，實習輔導教師的理想特質可歸納如下：

1. 教學熱情的，願意發展他們在教與學方面的技巧。
2. 平易近人的、樂於接納的、積極支持師資生的。
3. 關懷、同情、感性的，願意傾聽，對師資生保持同情的理解。
4. 誠實且客觀的人格。
5. 耐心且堅定的態度。
6. 欣賞並認知實習教師的努力，具備正面與鼓勵的態度。
7. 清楚他們的專業知識、相關的教育理論，並能結合到實務中。
8. 準備跟師資生共同來批判地檢視他們的實務。
9. 願意反省自己的實務，知道學習是雙向的歷程。
10. 保持開放的心胸、能接受新觀念的，認知到他們教與學取向並不是唯一的，也不就是最好的。
11. 具備建設性批判的能力，對師資生不會有不切實際的期望。
12. 認同自己的實習輔導教師角色。

三、實習輔導教師的甄選

甄選「適當的人」來擔任實習輔導教師是非常重要的，而且「教育標準局」也要求學校要說明「清楚的程序以認明適當的教師來參與職前培訓」（OFSTED, 1993a: 20）。並非任何的教師能夠或應該是實習輔導教師，而僅只是一位「好教師」也不是足夠的條件，因為實習輔導活動並不是作為一位學校教師經驗的直接擴展。不同的觀點、能力、傾向、態度以及技巧都是必要的，一位「好教師」不一定就都具備這些條件。儘管如此，誠如皇家督學所指出的：「實習輔導教師的選用愈周延，訓練愈確實，對於實習教師的培訓愈能成功」（OFSTED, 1993a: 4）。

甄選實習輔導教師的程序有各種可能的方式。經常是由資深的學校行政人員發出一份個人的邀請函，給那些具備適當特質的教師。這意

味著,成為一位實習輔導教師是一個專業發展的機會。此外,有的作法是在學校內公告這個工作,同時也指明這份工作的發展潛能,提高其地位,並增加機會來吸引最為適當的教師。而不理想的、較為負面的個案是,這份工作的指派和責任只是單方面地規定在教師書面的工作內容中,教師只是被動地告知或發現。

根據實地訪談,英國一所中學副校長指出:「我們最主要是選個非常資深、陣容非常堅強的學科部門來進行伙伴關係的師資培育,這樣才不會影響到該部門原本的作業。對師資生而言也比較公平。所以在我們決定哪個學科可以有師資生時,我們就決定了學科主任及實習輔導教師了。這些是一些比較有時間有經驗的教職員,對師資生會較有幫助,所以這學科的主任會是實習輔導教師,而我是專業實習輔導教師。」(參見李奉儒等,1998,實地訪談記錄6)

另一所中學的副校長則說明:「我們發現有時候學科主任並不是最好的實習輔導教師人選。有時,反而是學科主任下面的教員或者是主要的教師來擔任會較好。這些人可能較有時間,較有這方面的洞察力,而職務不在這方面的教師更能傳達主意。所以我們就是在學科部門中看有誰是可以擔任這職位的,並不限定要在上位的人。」(參見李奉儒等,1998,實地訪談記錄8)

McIntyre 與 Hagger (1996)也指出,大多數學校在任命學科實習輔導教師時以自願(willingness)為主要因素,(例如,Esmee個案研究的85位中有58位係自願的)或是由各校學科主任決定,但可挑選的人數有限,往往只能挑次佳人選(number 2),因學科副主任有實習輔導的經驗,大都是指定其擔任學科實習輔導教師。最後在沒有自願者的情形下,往往由學科主任自己擔任實習輔導教師。究實而言,自1988年「教育改革法」規範國定課程的實施後,英國中小學教師往往分身乏術,無法再有餘力參與師資培育工作,以至於只要教師「有意願」即可成為實習輔導教師。

實際而言,當要挑選實習輔導教師時,並沒有多少機會和空間。大多數的情況是,學校中只有少數幾個學科被要求來接受師資生的實習,因為高等教育機構本身並不培訓所有學科的師資生。此外,有些因素也會加劇選擇的狹隘:像是小的學科部門,時間表的限制,考試的衡量,個別教師的投入,以及其他實務性事務等,都會導致只有不太「理

想」的候選人，如教學經驗或技巧有待磨練的或是有人格特質問題（獨斷、猜疑等）的教師。因此，在種種條件的限制下，如何甄選「理想」的實習輔導教師是學校本位的師資培育制度的成功關鍵。底下列出一些原則以供關心或參與師資培育者思索：

　　一般而言，校長甄選實習輔導教師時，可參考師資培育機構的建議，並辨明本校教師擔任實習輔導教師的意願和能力。這可包括幾項甄選的基本規準：(Corbett & Wright, 1993: 224)

1.教師有興趣並願意擔任實習輔導教師。
2.教師願意接受相關的訓練課程。
3.教師本身主動參與專業發展。
4.教師呈現許多的教學風格。
5.教師能夠經常地、熱切地反省其教學。
6.教師將提供適當的模範，並準備提供機會來擴展實習教師的經驗範圍。

　　而如果更為詳細地區分專業與學科實習輔導教師的甄選，可分從兩方面來說明。一方面，學校專業實習輔導教師的角色和職責，在於組織和訓練學校中所有的師資生。專業實習輔導教師不需要知道所有的教學答案，但必須要能夠協助實習教師發展自己的教學技巧和專業理解，因此必須具備1.現有的責任，2.寬廣的視野，3.好的人格特質，4.較多的自由時間，以及5.各學科研究會的準備度（如先前對於實習教師支持的傾向和能力）(Reid, et al., 1994: 99)。據了解，專業實習輔導教師大都是各個中小學校中資深管理階層之成員，自願擔任這一角色是因為對於師資培育領域的知識很有興趣或有著潛在興趣。在甄選時，必須考量下列幾項甄選標準：(McIntyre & Hagger, 1996: 83)

1.曾有教師培訓的經驗。
2.先前參與過高等教育機構的培育方案。
3.長期的成功教學。
4.擬情、支持及諮商的技巧。
5.處理行政工作的能力。

6.對於學科發展方向有所察覺，

7.對於教學工作有眞正的興趣。

另一方面，學科實習輔導教師的角色之一是協助實習教師辨明他們自己的發展焦點。在這同時，實習輔導教師的發展也會直接受影響如反省自己的教學方式等，這是一種雙向的學習歷程。因此，實習輔導教師必須是能夠享受學習的人。而這種願意學習與發展的特質是甄選實習輔導教師的關鍵因素之一。除了上文提及的實習輔導教師角色與職責，以及理想特質之外，Brooks與Sikes(1997：67)指出理想的、有效能的實習輔導教師必須在如下方面具備經驗和專業知識：

1.使師資生以對他們最有效的方式來學習。

2.管理與組織班級的方式。

3.規畫與發展課程。

4.對於他們所教的學童能夠結合內容與教學。

5.處理難纏的學童。

6.多樣的評分與評量，記錄與報告的技巧。

7.當適當時，規畫與管理試教工作。

8.與其他同事共同合作。

發展上述的專門知識是一複雜的與個別的歷程，尤其是師資培育課程希望培養出的是反省的、有能力的教師，並發展出適合他們自己的個人特質與風格的教學策略。因此，僅只是展示如何以特定方式來教學尚不足夠。更需要的是更探究性的、論述性的歷程，在其中的實習輔導教師和師資生可以詳盡地考量特別的教學策略和技巧，奠立在師資生作爲教師的身份、合作教學的一員、觀察者及被觀察者等的班級經驗上。因此，甄選實習輔導教師時也應同時考慮他們是否具備如下的技巧：組織、溝通、諮商、支持、視導、合作和問題解決等的技巧(Corbett & Wright, 1993：225)；如果答案是否定的，則必須進一步考慮如何安排其參加何種訓練課程以充實或補強某些方面的不足。

歸納來說，在不同的社會環境、不同的學校情境中，很難要求一個統一的實習輔導教師的概念。然而，實習輔導教師最低程度應具備豐

富的學科內容知識、一般教學知識、特殊學科教學內容知識，且具備各種知識並靈活運用於教師情境教學中，才能有效地進行其輔導師資生的培育工作。無論是專業或學科實習輔導教師的甄選應考慮是否具備如下的條件：

1.有興趣並有意願擔任實習輔導教師。
2.願意接受相關的實習輔導訓練課程。
3.成功的班級教師（呈現許多的教學風格）。
4.能夠主動參與教師專業發展。
5.能夠成功地聯繫其他教師同事來共同合作。
6.能夠經常地、熱切地反省其教學。
7.能夠組織許多全校性的訓練機會。
8.能夠引起動機和提昇自尊。
9.能夠形成正面積極的關係。
10.能夠以非威脅性方式來與師資生工作。
11.是位好的傾聽者與溝通者。
12.足夠彈性來容許教學實驗，並回應個人的需求。
13.善於組織、處理行政工作的能力。
14.能夠協助實習教師自我評量和發展行動計畫。

換言之，實習輔導教師需要具備發展支持性視導的能力，以協助實習教師自我評量和發展行動計畫；具備有效應用輔導技巧的能力，扮演非威脅性、好的傾聽者，以引起師資生動機和提昇自尊；具備協助實習教師發展有效班級實務技巧的能力，呈現多樣的教學風格；具備評鑑與視導實習教師班級教學的能力，有足夠彈性來容許教學實驗，並回應個人的需求與專業成長；以及善於組織，並整合其他同事形成學習組織網絡的能力。

第三節　結論與建議

　　英國許多教育實習方案採行伙伴關係的師資培育制度，讓高等教育機構與中小學共同平等地參與師資培育工作，不但使得實習教師獲得充分的協助，也鼓舞了中小學教師士氣，同時也提供了實習教師、實習輔導教師與實習指導教師三者在教學情境中對話的機會，使渠等共同探究實踐性理論，促成教學理論與實踐趨於一致。

　　本文的主要目的在於探究與分析英國實習輔導教師的角色、職責、特質與甄選。現將本文的主要結論陳述於後。

　　首先，英國實習輔導教師的運作，區分為專業與學科實習輔導教師。專業實習輔導教師是中小學校中具有廣博經驗的成員，處理全校性和跨學科部門的相關事項，主要由學校的副校長或資深教師擔任。學科實習輔導教師是接受師資生實習的學科部門之成員，是師資生專業上的伙伴，其人選往往是學科主任或副主任。實習輔導教師的角色及其職責有六種主要型式：精神的支持者、資源的提供者、專業發展的促進者、同儕的視導者、教學的示範者，以及學習的評量者等。因此，實習輔導教師需要具備發展支持性視導的能力、有效應用輔導技巧的能力、協助發展有效班級實務技巧的能力、評鑑與視導實習教師班級教學的能力，以及整合其他同事形成學習組織網絡的能力。

　　其次，就實習輔導教師的特質與甄選而言，實習輔導教師是實習輔導方案的靈魂人物，本身須具備如下的特質：平易近人的、誠實的、開放的、支持的、感性的、反省的、積極的、客觀的、堅定的、有耐心的、樂於接納的、容易瞭解的、有組織力的、熱心發展教師實務的、有豐富學科知識的、能接受新概念的，以及考慮周詳的等特質。而實習輔導教師的甄選標準則應考慮教師必須是有興趣並願意擔任實習輔導教師，願意接受相關的訓練課程，主動參與專業發展，能夠呈現許多的教學風格，能夠經常地、熱切地反省其教學，以及能夠提供適當的模範，並提供機會來擴展實習教師的經驗範圍等。實習輔導教師也須具備或加強組織、溝通、諮商、支持、視導、合作和問題解決等的技巧。但是，目前英國以有意願參與實習方案者為最主要的考量因素。

　　我國新近頒布的「師資培育法」、「師資培育法施行細則」，以及「高級中學以下學校及幼稚園教師資格檢定及教育實習辦法」等相關辦法中，與舊的「師範教育法」之主要不同點是突顯出中小學學校在師資生教育實習過程所扮演的角色，並強調實習輔導教師是實習教師社會化歷程的「重要他人」。然而，國內至今對實習輔導教師制度的實際運作仍有待加強，所以，本文藉由對英國實習輔導教師的角色、職責、特質與甄選的研析，提出如下的建議希能有助於我國實習輔導教師的實施，以及整體師資培育素質的提昇。

一、形成伙伴關係的師資培育制度

　　我國以往培育師資的責任一直落在師資培育機構身上，中小學僅扮演著「接受者」、「消費者」的角色，無參與師資培育工作的義務，也無選擇教師的權利。然而，隨著「教師法」和「師資培育法」的頒定，學校有了選擇教師的權利，也對培育師資工作責無旁貸，從「接受者」、「消費者」的角色轉變為「參與者」、「生產者」的角色，獲得掌握教師素質、選擇教師的權利。

　　中小學參與師資培育工作後，可透過伙伴關係的運作，使高等教育機構與中小學間以平等的關係進行對話，以互補的概念形成一師資培育網絡，使得更多的人員、資源投入師資培育工作，協助實習教師專業發展。在伙伴式的師資培育制度中，由中小學教師提供實習教師實踐性、技術性的學習，使實習教師了解實際的專業活動；並由師資培育機構提供理論知識的學習，檢視、批判實踐性活動，以及促進實踐性活動的發展。

　　職是之故，我國應建立伙伴式的師資培育制度，讓中小學教師參與高等教育階段實習課程教學及各科教材教法教學，並與師資培育機構共同設計實習輔導方案。如此，師資培育機構可提早與中小學建立合作關係，形成長期的合作模式，以解決目前實習學校難覓、實習輔導教師難尋的問題。同時，中小學教師因參與課程教學工作，提高其對師資培育工作的責任心與使命感，可改善目前教師參與實習輔導工作意願不高的現象。

二、審慎甄選實習輔導教師

師資生基本上是「在教育實習中求生存」，因為在師資培育機構中的學習是有秩序的、明確的，但「教育實習」則立基在每日未能預期的不確定性上，因此，實習輔導教師可說是師資生在教育實習過程中的「重要他人」，更是「專業上的朋友」。

實習教師之輔導以往可說是國內師資培育中最弱的地方。英國雖然強調大學與實習學校的伙伴關係，這種關係難免還是會產生緊張及不協調之處。國內在這方面由於新制實習制度的規定，才剛開始實施實習輔導教師制度，而如何協助實習教師成為合格教師，且促進其未來的專業發展，顯然仍有待適當的實習輔導教師之全心投入與經營。學校本位的師資培育要有助於學校教師和實習教師的專業發展，否則將有淪落未經批判、未加反省的再製。因而，國內在走向學校本位的教育實習時，必須審慎甄選實習輔導教師以積極經營實習輔導制度。

三、明訂實習輔導教師的角色與職責

英國成功的實習輔導教師方案之特徵，乃是在實習教師進入課堂前，即由各高等教育機構與中小學共同訂定詳實的實習方案、實習課程、實習策略，並於方案中明定實習輔導教師與實習指導教師的角色與權責。我國目前已有適用新制教育實習辦法之實習教師開始進行教育實習，然而迄今師資培育機構、教育實習機構、研習機構，及地方教育行政機構等相關單位對於實習輔導教師的實際運作仍處於混沌狀態，故應研擬一個可行的實習輔導方案，明訂實習輔導教師的角色與權責，使能有效達成實習輔導、培育師資的任務。

四、建立多重的實習輔導關係

　　我國在對師資生之各種教育實習的安排上，僅規定每位實習教師安排一位實習輔導教師。但是，鑑於一對一的實習輔導關係容易導致個人化與專擅化的危機。是以，我國可參考英國的作法，區分出學科實習輔導教師和專業實習輔導教師，並改以安排師資生同時接受數位實習輔導教師的輔導，形成多重的輔導關係。

　　專業實習輔導教師可提供在該校實習的師資生所需要的校內資源；處理全校性的議題和實習教師的專業發展；扮演高等教育機構和其他學科實習輔導教師之間的連結人物。學科實習輔導教師負責將實習教師導入其學科領域的教學，發展其專門學科知識、技巧和應用；安排觀察、討論和教學實習的方案，將實習教師導入其學科部門的各種教學型態和實務。並由所有實習輔導教師組成一個實習輔導小組，共同合作、負責多位實習教師的實習輔導工作，提供不同的教學型態、課程準備、班級經營等，以促進實習教師多元學習的機會。

五、提供實習輔導教師充分的時間與適當的報酬

　　英國實習輔導教師因沒有得到充分的報酬，導致教師參與實習輔導意願低落；又因沒有足夠的實習輔導時間，造成實習輔導教師、實習教師及實習指導教師等相當大的工作壓力。例如，由於高等教育機構的實習指導教師必須在其既定的行程表中，設法排進到實習學校的訪視，因此，他們在培訓過程中要空出時間來跟學校本位的伙伴進行適當的討論，經常是很困難的。這一點是培訓機構必須特別注意的。

　　我國在「高級中等以下學校及幼稚園教師資格檢定及教育實習辦法」中，僅規定實習指導教師得酌減授課時數二至四小時，而無其他報酬；對於實習輔導教師的減課與報酬則在辦法中付諸闕如。為了避免英國實習輔導教師制度之缺失，我國應於相關法令中明定實習輔導教師可減授的課程時數，並給予實習指導教師及實習輔導教師適當的報酬，以

及依照實習教師人數給予實習學校適當的經費及資源。事實上，並非所有的教師都有適當的個人特質和人際技巧來輔導實習的師資生，因此，必須克服時間不足的壓力，減輕實習輔導教師的授課時數，以促使那些適合的教師願意參與實習輔導工作，並能安排時間來進修有關實習輔導的課程（如英國雷汀大學有專為中小學實習輔導教師開設的碩士課程）。

六、規畫實習輔導教師職階制度

　　英國教師擔任實習輔導教師意願低落之原因，除了無相對的報酬和自由的時間之外，另一原因是實習輔導教師制度中並無教師進階或職級措施之配合，僅在申請新的教職或晉級時列入考量。是以，我國教育實習制度可與當前教育學者倡導的教師進階或職級制度相結合，無論將教師分成幾種職級，其中可規畫設立「實習輔導教師」一級，由取得合格實習輔導教師證書或學位者晉升此一職級。「實習輔導教師」該級的主要任務之一為輔導實習教師進行教學實習，從事實習輔導的專業研究，並規定實習輔導教師必須具備良好的輔導成效（如輔導幾位實習教師取得正式教師資格後），才能憑以進入更高的階級。

參考書目

李奉儒等（1998）。《英國實習輔導教師制度研究》。國科會八十六年專題研究計畫成果報告（NSC86-2413-H-260-003）。

李奉儒（1998）。英國實習輔導教師之輔導模式、策略與評鑑。發表於教育部主辦，國立花蓮師範學院協辦之《特約實習學校的實習輔導理論與實務》學術研討會。（1998.4.16-17）

教育部（1994）。<師資培育法>。台北：教育部。

教育部（1998）。<高級中等以下學校及幼稚園教師資格檢定及教育實習辦法>。台北：教育部。

Booth, M., Furlong, J. & Wilkin, M. (Eds.) (1991). Partnership in Initial Teacher Training. London: Cassell.

Brooks, Val & Sikes, Pat (1997). The Good Mentor Guide: Initial Teacher Education in Secondary Schools. Buckingham: Open Univ. Press.

Carruthers, John (1993). 'The Principles and Practice of Mentoring', in Caldwell, Brian J. & Carter, M.A. (Eds.) The Return of the Mentor. Strategies for Workplace Learning. 9-24. London: Falmer.

Corbett, P. & Wright, D. (1993). 'Issues in the selection and training of mentors for school-based primary initial teacher training', in D. McIntyre, H. Hagger & M. Wilkin (Eds.) Mentoring: Perspectives on School-Based Teacher Education. 220-233. London: Kogan Page.

DES(1984). Initial Teacher Training: Approval of Courses (Circular 3/84). London: HMSO.

DES(1989a). Initial Teacher Training: Approval of Courses (Circular 24/89). London: HMSO.

DES(1989b). The Education(Teachers) Regulations 1989 (Circular 18/89). London: HMSO.

DES (1991). School-Based Initial Teacher Training in England and Wales: a Report by H M Inspectorate. London: HMSO.

DES(1992). Reform of Initial Teacher Training: A Consultation Document. London: HMSO.

DfE (1992). Initial Teacher Training (Secondary Phase) (Circular 9/92). London: HMSO.

DfE(1993). The Initial Training of Primary School Teachers: New Criteria for Courses (Circular 14/93). London: HMSO.

HMI(1983). Teaching in Schools: The Content of Initial Teacher Training. London: DES.

HMI(1987). Quality in School: The Initial Training of Teachers. London: DES.

McIntyre, Donald & Hagger, H. (1994). Mentoring in Initial Teacher Education. Oxford: Oxford Univ. Dept. of Educational Studies.

McIntyre, Donald & Hagger, H. (Eds.)(1996). Mentors in Schools. London: David Fulton.

OFSTED(1993a). The Articled Teacher Scheme. London: HMSO.

OFSTED(1993b). The Training of Primary School Teachers. London: HMSO.

OFSTED (1995). School-Centred Initial Teacher Training 1993-1994: A Report from the Office of Her Majesty's Chief Inspector of Scotland. London: HMSO.

Reid, Ivan et al. (Eds.)(1994). Teacher Education Reform: Current Research. London: Paul Chapman.

Wilkin, M. (Ed.)(1992). Mentoring in Schools. London: Kogan Page.

chapter11

英國實習輔導教師的輔導模式、
策略與評鑑

李奉儒

前　言

　　近年來，國內外教育改革蔚為風潮，多元化師資培育更為教育改革之重點。我國在八十三年二月七日公佈「師資培育法」，確立我國多元化的師資培育制度，改變傳統的師範教育體制及結構。根據本法，師範大學及師範院校以外的一般大學，可申請設立教育系所及教育學程，加入培育高級中學、國民中小學至幼稚園教師的行列。這種從特殊校園文化的涵育方式，轉變成自由市場的競爭模式；使得我國師資培育的職前教育、實習輔導、檢核與任用，以及在職進修等實施步驟，進入另一新的的摸索階段。

　　新制的多元化師資培育制度，將職前培育之責賦予師範校院及設有教育院系所和教育學程之大學，確立實習教師（師資生）（student-teacher）的地位與職責。此實習教師階段包括了實習教師資格的取得、實習的安排、課程與輔導措施、實習輔導教師與實習教師的權責與實習評鑑等層面。

　　實習教師在導入（induction）階段，往往對現實的教學環境生疏，不易將師資培育課程所習得的觀念與技巧轉化於實際的教學，造成理想與實際之間的差距，致使面對「現實的震憾」（reality shock）時，產生無力感與困擾，因而亟需一個支援系統來適切協助他們的專業成長與發展。其中對於實習教師影響較劇，且與實習教師接觸最為密切的即是同在中小學教育現場的「實習輔導教師」（mentor）。是故，我國在師資培育多元化之下，尤需重視導入階段的實習教師輔導制度，特別是實習輔導教師的輔導模式、策略與評鑑，以確保我國師資培育的素質。

　　八十七年六月十八日修正通過的「高級中等以下學校及幼稚園教師資格檢定及教育實習辦法」中，明定初檢採審定制（第八條），複檢以實習成績及格（第三十一條）為門檻。然而，按照本辦法的相關規定，即將實施的初、複檢制度實易流於形式，似乎難以確實篩選優秀人才進入教職，也無法藉此改革契機建立教師的專業化地位。職前課程與教育實習因此成為師資培育制度中確保教師素質的關鍵過程，而嚴謹規劃師資生的教育實習更是當前之要務。為落實與加強教育實習，在「高

級中等以下學校及幼稚園教師資格檢定及教育實習辦法」中，明定實習教育機構應遴選實習輔導教師，協助實習教師進入教學實際情境，引導其從事教學、導師（級務）、行政及研習等實務工作（第十八條），務期實習教師於專業社會化過程中減少「現實的震撼」，縮短理論與實際的差距，以增進教學表現、提昇專業知能與簇促進專業發展。但是，攸關教育實習成敗關鍵的各項具體配合措施，如實習輔導教師的職責，實習輔導教師的輔導模式、輔導策略，以及實習成效的評鑑等，卻仍處於摸索、嘗試的階段，而未在本辦法中明文規定。職是之故，為使我國師資培育制度能夠儘速脫離嘗試錯誤的困境，對於各國實習輔導教師制度的理論探究與實徵調查，實是我國由 元化師範教育制度走向多元化師資培育制度的改革是否成功的關鍵。

英國目前的教育實習已成為師資培育課程的核心。早在1983年皇家督學的一份諮詢文件《學校中的教學：師資職前培訓的內容》（Teaching in Schools: The Contents of Initial Teacher Training）中就指出：「職前培訓所能賦予未來教師的專業技巧端視培訓歷程的重點。學校經驗與教學實習是專業訓練的穩固基礎，因為這是觀察技巧熟練的教師，跟這類教師合作來試教，分享他們的教學規畫，以及討論如何組織教學工作。 職前培訓機構和中小學校之間的伙伴關係必須加強」（HMI, 1983: 10）。皇家督學進而建議學士後課程最少要有12週全時在學校，及剩餘的24週中每週一至二日的學校經驗；四年制教育學士課程則是最少30週（HMI, 1983: 14）。在這之後，各種學校本位的培育方案陸續提出並實驗其成效。

英國於1988年開始在Leicester大學、Sussex大學、Leeds多科技術學院（Polytechnic），以及Roehampton高等教育學院等四個地區，推動「學校本位的職前培訓」（school-based initial training）的「學士後教育證書」（Postgraduate Certificate in Education）實驗（OFSTED, 1993a）；強調以學校為本位的教學實務經驗，並著重實習輔導教師的角色。這是根據皇家督學對於師資職前培育所做的調查報告書《學校的品質：師資職前培訓》（Quality in School: The Initial Training of Teachers）（HMI, 1987）之建議。報告書中發現到原有的培訓體系雖有很多的優點，但同樣也有一些不可忽視的缺點，特別是師資生在中小學的學校經驗品質不佳。英國教育部也接二連三地發布有關

師資職前培育的各項通諭（circulars）（DES，1984，1989a，1989b，1992；DfE，1993）。教育部並從1993年九月開始實施「以學校爲中心的師資職前培訓」（School-Centred Initial Teacher Training），分別在六個地區（Bromley, Chiltern, West London, North-East Essex, London & West Midlands）成立可導引至具備合格教師資格課程的「實習簽約學校聯盟」（consortia）（OFSTED，1995）。上述各項規定在在顯示師資培育制度的重心，已漸轉移至由學校實習輔導教師安排設計的教育實習，即所謂的「從實務中學習」（learning through practice）。另一方面，劍橋、牛津、倫敦及其他大學亦於1980年後實施一系列的以學校爲本位的實習輔導教師方案，並規劃具體的實施策略。這些方案都是力求在學術研究和學校實際經驗之間保持平衡。由此可知，不論是政府或學術界均已體認到：多元化師資培育制度的成功乃是建基於有績效的教育實習，這又繫於實習輔導教師的卓越輔導過程。故對於英國實習輔導教師的輔導模式、策略與評鑑作深入探究，或有助於我國建構合理、可行的實習輔導教師制度。

第一節　實習輔導教師的輔導模式

　　實習輔導（mentoring）是一種活動。實習輔導教師在其中的角色有各種各樣的界定，像是在學徒模式下（the apprenticeship model），實習輔導教師如同技巧熟練的教書匠（the skilled craftperson）；或在能力本位模式下（the competence-based model）的訓練者；或是在反思的實做者（reflective practitioner）傳統中扮演的反思的教練（coach），批判的朋友及共同的探究者（co-enquirer）等（Brooks & Sikes，1997）。關於實習輔導教師的輔導模式之探究，有助於掌握各種可行的實習輔導教師角色與職責，或是實習輔導策略與評鑑等。這並不是說實習輔導教師要固定採取其中的任何一種模式，相反地，要根據學生的需求和學校的脈絡，來從這些不同的模式中選擇實習輔導策略。本節將針對這幾種實習輔導模式加以探究如下。

一、學徒模式

學徒模式代表英國傳統上第一次正式嘗試有系統地培訓師資，在十九世紀中葉和二十世紀初期相當盛行，這是小學培訓「見習教師」（pupil-teachers）的方式。「見習教師」制度包含幾項學徒制的主要特性。如培訓的方式是在師傅帶徒弟的手藝關係下，由學徒一邊工作一邊學習。新進者由一位有經驗的實做者導入教學事務。徒弟緊跟在師傅旁邊，觀察教師如何工作，並嘗試模仿他們的方式。很明顯地，這個過程充滿嘗試錯誤的學習。

在見習的過程中，見習學校的校長必須投入部份時間來加強見習教師的個人教育，但實際上，無可避免地，有些見習教師只被當成額外的班級教學助理。學徒模式意含見習教師的學術研究依賴校長的意願，而手藝技巧的獲得，則端靠見習教師的能力來從他們所觀察的和模仿的實務中尋繹出教學意義。

「見習教師」制度的問題是，雖然在許多手工行業中普遍運用學徒制來訓練出有一定技術的人員；但是，這種較低層次的學徒訓練，可否應用到屬於較高層次、需要更多心智努力的教育專業中，仍有待斟酌。學徒制度只是嘗試機械式地再製見習者所觀察到的東西，卻沒有同時發展對這個工作歷程的洞察，這已被證明是一種不可靠的教師預備方式。

教學並不是一些相對簡單的手藝技巧之集合，也不是稍加修改就可公式化地應用到複雜的班級中。並沒有單一或是最好的方式來進行教學，而是，有許多的可能和選擇，有些教學方式本質上就是較好的，有些在特別情況中較為適用。那些技巧熟練的教師，他們所展示的能力是綜合了個人的價值與訓練、專業預備與培訓、各類的相關經驗，以及詳盡的知識等等的複雜成果。所有上述的可能性都深藏在教師每日教學的行動中。

所以，一個「純粹」運用學徒模式的實習輔導，其不當性是相當明顯的。Brooks和Sikes（1997：18）指出其不當性主要有二：首先，學徒不加質疑和卑屈的模仿現有的教學實務，並無法讓他們掌握在這些決定和行動背後的知識、理解和判斷。見習教師只依賴教師行為之可觀察到的、表面的特性而來的學習，很難深入這些行為的深層意義。其

次，學徒模式導致專業的停滯，因為本模式隱含有經驗的實做者是絕無謬誤的專家。因此，學徒制不容許或只容許很少的機會來挑戰、修正或改進現有的實務，也不能發展或實驗另一種可能的實務。這將產生不會思考的機械人，只會再製行為，但不具備任何的心智知識，或進一步專業發展的可能性。

然而，英國現今的實習輔導教師制度，似又回到傳統學徒制的培訓方式。特別是新右派的學者如O'Hear（1988）和其智庫Hillgate Group（1989）相當質疑師資培育機構的成果，而擁護師資職前培訓的學徒模式。他們認為師資生在傳統學制中所接受的學科知識已足夠做為教師的學術素養，而其他教學知能的訓練皆可透過學徒制來傳授。由於他們在政治上的影響力，使得英國政府在1990年實驗「特許教師方案」（Licensed Teacher Scheme）和「約聘教師方案」（Articled Teacher Scheme）來培訓師資。無可避免的，「特許教師方案」和「約聘教師方案」等面臨眾多的反對意見，像是指出這種學徒模式的再出現是對於教學工作的「去專業化」（de-professionalize）。

教育學者很少會將「完全」的學徒模式視作師資培訓之主要的或唯一的方式；但有些教育學者（Maynard & Furlong, 1995; McLaughlin, 1994; Tomlinson, 1995）則肯定其價值，將學徒模式視作眾多培訓方式的一種。McIntyre（1994）則建議以較為中性詞的「楷模」（modelling），來取代帶有情緒意涵及歷史意義的「學徒」。所謂「楷模」取向，他說（McIntyre, 1994: 87），教師做為師資培育者，其立場是協助師資生專注於觀察到的教學之特定層面。特別是幫助實習教師認知到：他們不用完完全全地模仿教師，才能從教師處學習特別的、有用的技巧與策略。教師也不期待師資生模仿「正確」的做事方式；反而，每位師資生應該發展他們自己的方式。

「楷模」現在被視為在特定情況中為特定目的而採用的一種有效策略，在師資培訓課程的初期扮演特別的角色，代表師資生最終成為教師，並繼續其專業成長的第一步（Furlong & Maynard, 1995: 183）。縱使在實習教師專業發展的較高階段，「楷模」仍有其一定的地位。如果一位師資生在某種能力的發展上面臨困境，或是渴望發展較高程度的技巧，那麼教師的專門知識仍可做為師資生學習的「楷模」。

綜言之，很少對於師資職前培訓具有專業興趣者，會鼓勵以素樸

的「學徒模式」作為實習教師的一種適當預備形式。然而，如將「學徒模式」加以重新修改為「楷模」模式，仍可應用於師資職前培訓的過程中，且師資生以慎思明辨的方式來學習這一「楷模」。如此一來，「楷模」的模式仍有其特別的貢獻。

二、能力本位模式

英國首先提出能力本位師資培育的官方文件是1983年的教育白皮書《教學品質》(Teaching Quality)，其中第五節訂定教師專業能力的新標準 (DES, 1983)。自此之後，能力本位的觀念一直出現在政府有關師資培育的政策中。大學教師、師資生和學校教師都被要求應用能力本位的觀念來進行師資職前培育。

「能力本位模式」跟「學徒模式」有些相似處，也有明顯的相關。例如，在兩種模式中都強調上下隸屬關係的在職訓練。師資生必須經過導入階段來學習訓練者所要求要具備的技巧與能力。不過，本模式下的訓練者比傳統學徒模式的師傅還要負起更大的責任，提供有系統的導入方案，以使受訓者學習預先設定的具體能力。此外，學徒模式下的實習輔導教師，基本上是呈現關於教學技巧的楷模，而較不關於實習輔導的角色。能力本位模式的訓練者所進行的導入方案是較為全面的，完整地展示並解釋事先界定的技巧。

本模式的發展脈絡，是要將能力本位的教育與訓練引進高等教育機構。能力本位模式是以事先設定的行為結果和與技術相關的能力為基礎，以進行培訓和評量的程序。因此，訓練者的工作是設計一個方案，使實習教師來達成評鑑的規準，這方案必須詳細記載關於師資生表現規準的檢查表。英國1992年第九號通諭在規範師資培育機構的認可時，即在附錄A中 (DfE, 1992) 詳細列出教學能力的各種項目，包括學科知識、學科應用、教室管理、評量與記錄學童的課業進步情形，以及後續的專業發展等五類，要求高等教育機構、中小學校和師資生在整個職前培育過程中必須專注於這些教學能力的培養。1993年第14號通諭則是規定新任小學合格教師的能力要著重在兩方面：一方面是課程內容、規畫

與評鑑，包括全部課程、學科知識與應用、評鑑與記錄學童的課業進步情形；另一方面是教學策略，包括學童的學習、教學策略與技術，以及後續的專業發展。（DfE, 1993: 14）

　　這個能力本位模式是官方的要求，所有的師資培育機構所提供的職前培訓課程都必須說明它們的遵行無誤，以獲得政府的許可。雖然師資培育機構仍可自由決定它們自己更為詳細的培訓與評鑑方案，但不能採取完全不同的作法。因此，政府的政策清楚的提示：實習輔導教師必須是一位訓練者。事實上，政府的文獻（像是CATE, 1992; DfE, 1992; OFSTED, 1993b; OFSTED, 1995; OFSTED & TTA, 1996）一直是將實習教師的培養視為師資職前培訓（IT Training），而不是師資職前教育（IT Education）。這種術語上的差異是有深意的，因為「教育」意指某些更為寬廣、更為心智傾向的事物，「訓練」則只有較狹隘的意義，指的是與工作相關的技巧。

　　綜言之，能力本位模式以及實習輔導教師扮演訓練者的角色，可說是政府決策的中心思維，並提供所有師資職前培訓課程必須遵守的基礎。但是，能力的界定並不僅僅是指一種應用先前規定的專門知識之範疇來產生正確行為反應的能力。能力本位模式所強調的成就指標（performance indicators），不能避免刻板地應用某些知識，而這是對於教學這種心智性實務的限制，有待於下述反思模式的修正和補充。

三、反思實做者模式

　　反思式實務（reflective practice）的理念，在教學的本質和教師因此所需的職前教育中相當有影響力。反思式實務的提倡者Donald Schon（1983, 1991）在調查特定的專業團體及其工作實務之後，挑戰傳統的觀念，亦即挑戰將那些已受過訓練而取得合格地位的專業者視為絕無謬誤的專家的錯誤觀念。這些專業人在達到所謂專家的層次後，只是演練技巧和運用受訓過程中學到的專門知識。Schon指出有兩種反思的類型在這些專業團體裡的思維與實務中扮演更重要的角色。這兩種反思的類型，「行動中的反思」（reflection-in-action）和「行動後的

反思」(reflection-on-action)，才是專業藝術的主要特質。所謂「行動中的反思」，發生於實做者面對不確定的情境時，能運用某一工作觀點，意識到問題的存在並進行反省，最後能在不受干擾的情況下，重新塑造另一情境知識，獲得嶄新經驗。「行動後的反思」是事件發生後的說明解釋，促使實做者監察本身的行動發展，感知本身所建構的新情境。職是之故，教師面對不同的學生，即有不同的教法；因而師資培育過程中，不再只是教給準教師一套通則，如以往將培育機構中所學的理論直接應用到實務的模式受到挑戰，而是著重於培養能依情境反思、變通或修正教學過程的專業人員。

反思實做者並不是知識之絕無謬誤的來源提供者，而是參與共同合作來解決問題的歷程，藉此他的專門知識之有用性和相干性得以確立，並得以獲得新知。Elliot（1991:311）界定「反思實做者」特質如下：

1.跟當事人（個人、團體或社區）共同合作來辨別、澄清與解決他們的問題。
2.跟當事人的溝通和擬情的理解之重要性，在於從他們的觀點來理解情境。
3.強調對情境的「完形理解」作為專業實務的基礎，而不是完全從一組特別的專門知識範疇來理解。
4.以自我反省的方式來克服刻板的判斷與反應。

Brooks和Sikes（1997: 23）也指出，學習教學是一種透過經驗並為經驗所形塑的，更為試驗性的、探究性的、特殊脈絡的，以及價值負載的活動。在反思的實做者傳統中，實習輔導教師扮演的角色如同反思的指導員，批判的諫友及共同的探究者，可進一步說明如下：

首先，實習輔導教師如同反思的指導員（a reflective coach）。指導員協助實習教師使用「反思」來做為自我發展的工具。依據Schon對於專業思維的分類，指導員引導師資生將「行動後的反思」作為在職學習的主要手段。因此，他們自己的專業經驗變成學習如何教學的基本材料。Tomlinson（1995）也認為師資生一開始就要導入反思實務，跟隨可以示範這項技巧給他們學習的反思實做者一起工作。如此，師資生

習慣於這種思維與工作的方式，縱使在培育課程結束之後，他們仍會以此為堅實的基礎來繼續專業的發展。

然而，師資生對於教學經驗的反省，需要經驗豐富教師的支持與指導。實習輔導教師的「指導」（coaching）是一主動的過程，他要有計畫的、有系統的介入師資生的反省當中，以使他們的反省更有意義、更具批判性。技巧熟練的實習輔導教師可以拓展初學者對於教學的思考，像是探究理念、假定和價值等主題以深化師資生的洞察，協助他們區別有意義的和不合邏輯的，並專注於需要深入細查的領域。實習輔導教師可以挑戰師資生對於某些事件的解釋，以督促他們檢視其他的可能性，進而拓展他們的視野。師資生最後對於新知識、技巧與概念要有「所有權」，並連結到他們自己的經驗中。在培訓的開端，實習輔導教師可以作為「楷模」來示範這個循環圈，以及相連的技巧來讓師資生觀察。一旦師資生開始試教，實習輔導教師要協助他們進行「行動後的反思」。師資生也可透過跟他們在班級中一同合作教學的教師或指導員，逐漸地學習「行動中的反思」。

其次，實習輔導教師如同批判的諫友（critical friend）。實習教師在起始的培訓階段，較傾向以自我為中心，專注於他們自己的表現。然而，要成為更有效的實做者，他們很快就需要有基本的改變，像是將重心由關心他們自己做為教師，移轉至學生作為學習者；或是從將課程視為他們的教學機會，轉至考量學童的學習潛能，並以此來決定如何教學。當實習輔導教師協助師資生做這種困難的轉變，即從以成就取向的實習教師轉為學童在學習上的促進者，實習輔導教師作為諫友必須面對雙重挑戰的任務。Furlong和Maynard（1995：190）指出：

實習教師需要被鼓勵來批判地審視他們建立的教學程序，並評價它們的有效性。然而，由於他們通常對於自己的教學能力感到極端的不安，如果他們要達到這個（批判地審視），他們也需要足夠的支持。

實習輔導教師必須能夠挑戰師資生，使其重新檢視他們的教學，但同時也要提供激勵和支持。在師資生這個發展的階段，有兩種特殊的實習輔導技巧特別明顯。首先，師資生需要回到教室觀察，但這次的焦點特別集中在學生如何學習。第二種策略是再次聚焦到課程的規畫，要求師資生規畫一個或一系列的課程。實習輔導教師因而可以將課程規畫的討論集中在其內容，而不是師資生的表現上。

第三，實習輔導教師如同共同的探究者（co-enquirer）。學徒模式與能力本位模式都是立基於上下隸屬的關係，「共同的探究者」則是在實習輔導教師和實習教師之間採取較為平等的關係，是一種伙伴式的視導和伙伴式的教學。不像能力本位模式的訓練流程是事先指明的，「共同探究」的優先性是跟學習者商議以辨明注意的焦點。本共同探究模式採用的特別技巧是觀察和合作教學，以及伙伴式的視導。

實習輔導教師在伙伴式的視導中，觀察師資生的教學實習，著重於師資生所選擇來考量的領域，實習輔導教師針對師資生的實習提供證據本位（evidence-based）的記錄來共同探究。師資生先是使用實習輔導教師的記錄作為討論的基礎，分析並評量自己的表現。實習輔導教師不是以專家身份出現，也不是要進行診斷式評量或規範師資生未來的行動，而是平等地參與探究的歷程。

伙伴式的合作教學類似伙伴式的視導，實習輔導教師和實習教師組成小組的平等成員，共同來規畫及發展教學資源、課程的傳授與評鑑。這個策略可能提供兩者一個專業發展的極佳機會，像是透過討論來激發出一些研究問題如未嘗試過的作法、未曾檢驗的假設等，實習輔導教師和實習教師再在他們伙伴式的教學中進行試驗。師資生在學習如何教學的過程中會經歷各種不同的階段，一旦他們奮力通過「求生存」的階段，發現他們可以用來工作的技巧，並使他們達成新任合格教師所必需的能力層次之後，他們很自然地傾向「安全地」應用試驗過且可信賴的作法，而不是嘗試更新的、不同的教學方式，或冒險來追求進階的專業發展。共同探究的方式則是鼓勵師資生不要只是滿足於基本能力或有限的實務經驗，而要負起自己的專業發展之責任。

雖然，共同探究的模式是一晉級的實習輔導方式，須待師資生已經達致核心能力之後才可適當地進行，但在師資培育課程的初期仍可謹慎地使用。如果對於實習教師初期嘗試教學的回饋，只是告訴他們實習中的好或壞，並規範未來的行動，而未曾謹慎地考量師資生對於他們所經驗的情境之理解，將很難提昇教學的意義。

總之，實習輔導教師的各種輔導模式並不是截然對立，有著概念上的重疊或是策略上的交互應用。如上述的「指導員」模式很清楚地跟見習教師制度的學徒訓練有著歷史上的淵源，但是，根據Tomlinson（1995），又是反思式指導所推薦的輔導策略；Maynard和Furlong

(1995) 則將「指導」描述爲能力模式下系統訓練的一部份。所以，源自一個傳統的策略，可能被另一個完全不同的、甚至對立的傳統所「借用」。因此，在考量實習輔導教師的輔導模式時，關鍵在於判斷在特別情況中其可以適當應用的「程度」，而不是選擇一種實習輔導的「型式」。

第二節　實習輔導教師的輔導策略

　　實習輔導之重要性在於支持實習教師，同時挑戰他們以促使其專業成長；因而實習輔導教師必須在這兩者之間保持謹愼地平衡 (Elliott & Calderhead, 1993)。當師資生建立基本能力後，就應該開始專業成長與發展，而實習輔導教師之輔導策略更是其中的關鍵。本節將說明實習輔導教師可用之各種策略如發展高品質之視導技巧、善加運用教師的優勢地位、教學實習善用合作教學、獲取資深教師的實做知識、討論實習教師的教育理念，以及營造實習教師的學習機會等。

一、發展高品質之視導技巧

　　教學實習的視導技巧是複雜且困難的工作，有效的視導，依據 MacIntyre & Hagger （1994: 91）的建議，有如下的原則可以遵循：

1. 確認實習教師（師資生）規劃課程的技巧和班級實務技巧。
2. 使實習教師不僅關心教學的成功，也關心教學過程所能學習的成敗經驗。
3. 引導實習教師的學習針對發展重要的、專業的教學能力，除了預留空間給實習教師表達個人的先前觀念及計畫，也要愼重對待它們。
4. 促使實習教師找出並認同教學中的優點，同時也鼓勵他們面對其中的問題。

5. 不僅在任何時候關注雙方先前決定的各項特定的教學層面，且要有相當的彈性以隨時反應其他新出現的主題。

6. 促使實習教師認識先前學過的有效教學策略，同時應告知實習教師發展其他不同的策略，以應付不同目的、不同脈絡，或就是多樣性教學的需求。

7. 幫助實習教師檢驗本身運用實務之適當性，並告知檢驗標準，同時讓其實施不同的技巧。

8. 不僅協助實習教師成爲優秀教師，同時應協助他們有關於自我發展所需要的專業技能、理解與態度。

9. 不僅是協助實習教師學習，同時能明白地評鑑其教學的優缺點，最後如有必要的話，要能果斷地判定實習教師尚不足以負擔起教學的專業工作。

　　以上所列各點，說明了視導實習教師的實習工作是複雜且困難的必要工作，而這些要點不僅對於以學校爲本位的實習輔導教師是重要的，對於大學負責訪視的實習指導教師亦是重要的。

二、善加運用教師的優勢地位

　　以學校爲本位的實習輔導教師制度，實習輔導教師的輔導策略若能善用其熟悉瞭解學校情境的特別優勢，將比大學實習指導教師偶而的訪視還更有價值。這些教師的優勢地位可分爲資訊性、持續性和有效性等三方面來說明如下（MacIntyre & Hagger, 1994: 92-93）：

　　首先，資訊性（information）方面，無論在課程設計或解釋班級發生的事件上，實習輔導教師皆優於大學的實習指導教師。其原因是實習輔導教師具備「情境知識」（knowledge of the situation），如每位學童的行爲型態、學生素質的高低、優缺點，以及學生的問題和需求；學校有效教學資源的所在和取得途徑；特定班級的過往記錄如習慣作風、現在情形及平時回應等，都是實習輔導教師所能掌握的有用資訊。因此，實習輔導教師能運用這些資訊來輔導實習教師將課程作有效的設計，並能敏感地知覺班級事件的意義。

　　其次，持續性（continiity）方面，在探討師資生任教班級的教學工作，發展師資生教學技能與理解，以及他們在教學實習過程中無可避免會碰到的問題等，實習輔導教師比偶而來訪的實習指導教師更能提供實習教師長期的、持續的輔導。由於實習輔導教師和實習教師都在同一個學校，除了可以立即給予回應之外，他們能每日共同討論教學成功之處、問題所在及新的動見等。所以，透過持續地討論，實習教師可以遵行班級教學的設計與視導的成功之處；而當問題出現之時，實習輔導教師在處理相同班級與個別特定學生的經驗可引以為鑑，並且能迅速、直接地利用相同資源。

　　第三，有效性（validity）方面，有效地診斷實習教師在發展過程中的利弊得失是實習輔導教師的責任。由於實習輔導教師具備較多的情境知識、學童特性及常態行為之辨別，使得實習輔導教師對於師資生的評量較可靠，較能指出成敗的關鍵因素，也較能有效地解決問題。

　　上述特性並非都是自發的，實習輔導教師應學習來善用資訊性、持續性及有效性等優勢地位，以發揮其輔導功能。

三、教學實習時善用合作教學

　　在師資生學習如何教學的起使階段，就讓實習教師負擔整個班級教學，縱使僅只有半小時也是一件殘酷的事。因為對實習教師而言，教室是一極度複雜的情境。反而，實習教師較會專注於保留自尊的策略，以求度過那種煎熬。教學是件理性運作的事務，實習教師需要在一簡單且不具威脅性的教室情境中，安心地嘗試他們的新理念，並發展有效的教學技巧。所以，實習輔導教師可在真實的教室情境中，簡化教學時間與內容，讓實習教師由簡單主題教學進入整個單元教學，由模仿、驗證到創新，由合作教學到獨當一面。

　　所謂「合作教學」（collaborative teaching）的實習輔導方式，是由實習輔導教師和實習教師共同規劃同一門課程，但在教學過程中，二者擔任不同性質的教學工作。實習教師在教學過程中，不用擔心課程教學的其他方面，所負責的教學工作是聚焦在學習經驗上，像是練習特

殊教學技巧與教學策略,這可避免跟實際情境脫節,且又觀察到本身的工作並不是孤立的練習,而是整個班級教學的必要部分。

實習輔導教師要能掌握整個教學過程的運作,包括實習教師所負責的部分,進而對整個過程作建設性的回饋。這種合作教學方式是高度彈性的,無論是引起動機、問與答、教學講解、主持討論、開始或結束課程、學習評鑑、個別教學、分組或全班教學等活動,都可以靈活運用於教學實習的輔導過程。實習輔導教師要能配合實習教師的發展階段來安排相關的教學活動,以契合實習教師當時的學習需求。

Burn(1992)指出合作教學的另一優點,在於實習輔導教師和實習教師「共同」設計教學,實習輔導教師必須對合作的實習教師說明其目的和考量,如達成該目標的特別方式,說明他們在設計過程中的內在地、深層的教學理念,實習教師可因此得知許多微妙、複雜的教學策略之形成過程;這在別種方式下,實習輔導教師比較難以如此做。

四、獲取資深教師的實做知識

合作教學是實習教師瞭解資深教師在課程設計時的思維之好方法,同樣重要的是,能使實習教師理解資深教師在班級實務中的思維。要獲取這種思維必須先有幾種認知。首先,要獲取資深教師的實做知識並不是例行性的或容易的。教師通常會長篇大論學校、資源、課程、學生,但很少論及自我的教學;若有,也只是泛泛而談,未能彰顯他們在教學中那複雜的、微妙的實做知識。通常教師在教學過程中可將其專門知識發揮的淋漓盡致,卻難以用言語說明清楚。如此一來,實習教師很難透過生澀的觀察來獲得,或只是抓到皮毛而已,無法掌握深藏在教學背後的實做知識。

實習輔導教師為了讓實習教師能獲取其實做知識,需要提供特定的策略和必要的協助。首先要讓實習教師瞭解到資深教師在班級中所達成的秩序、注意力、興趣和理解等,不是因為他們個人的教學風格、人格魅力或職務權威所產生的必然結果,而是資深教師盱衡當時情境後才採取的行動。其次,實習輔導教師要經常和實習教師討論本身的教學,

著重在成功教學背後的行動與考量。在實習教師認同每一教學活動皆有其特殊意義後，進而培養實習教師敏銳的洞察力，使能透過靈敏的觀察來向資深教師提出問題。為增加問答的成效，討論時應著重在反省的對話，且主題集中在所觀察到的班級事件或成功的教學方法上，如此在問答過程中，實習輔導教師的實做知識就會逐漸浮現。

五、討論實習教師的教育理念

實習教師關於教學的先前概念對其學習有很大的影響力。實習教師在其學習過程中，無論是從對話、觀察、閱讀、大學研討會或本身的教學實習，皆可獲得新的教育理念。不管這些新理念的來源為何，重要的是，實習輔導教師應該協助他們批判反省。因為這些新理念有些可能是狹隘的、偏見的、不一致的或不切實際的。實習教師批判地反省這些新理念的最好方式，是將它們放在班級實務中：但是，有些理念雖可在班級「實施」，卻不符合教育規準；有些需要實習教師具備足夠的班級實務經驗後，才能適當地應用；有些理念因為學校的特殊脈絡，而不被接受或不切實際。鑑於上述的可能限制，實習輔導制度應特別著重實習教師對新理念的反省，特別是經由討論，實習輔導教師在這方面扮演關鍵的角色。

實習輔導教師是班級教學的權威性實作者，最熟悉教室情境、最瞭解實習教師的學習狀況，也是最能權威地解釋新教育理念在班級教學脈絡中的實際意涵，像是時間的限制如何？有無符合課程標準？學童、家長和隔壁班的教師會如何反應？等等。實習輔導教師要跟實習教師討論真實的應用情境，並澄清辨別各種新教育理念的運用結果，使實習教師的新教育理念趨向真實、合理，跟實務教學更為接近。

六、營造實習教師的學習機會

實習輔導教師的工作場所就在學校，是以其優勢之一是可針對實習教師不同階段的需求給於不同的支援，整合並組織學校中可用的資源，以即時給予實習教師回饋與指導。爲了營造實習教師的學習機會、提高其實習效率，首先應藉由學校實習輔導教師的力量，結合學校中不同專長、不同類型的教師，在不同的實習階段，提供不同的需求服務。這種結合教師同儕力量的實習輔導，當不同的教師視導他們的教學，或跟他們合作教學時，對實習教師而言，可觀察到不同的教學策略，討論不同的教學觀念，拓展他們的教學視野，豐富教學實習經驗。對實習輔導教師而言，因爲同事在課程設計、教學和評量等方面提供不同觀點，均實質上有助於他們對於實習教師優缺點之洞察。

實習輔導教師也需擴大實習教師班級教學的範圍。首先，實習輔導教師應規劃不同班級的觀察和教學活動，以拓展實習教師在每一階段的學習。其次，要增加實習教師對特殊問題之瞭解，給予他們難易適中的任務，確保他們在不同的培訓階段獲得更多範圍的經驗。

爲了提供良好建構的學習方案，實習輔導教師要善用同事的專門知識與班級。這有賴於同事的有效合作，而同事參與的動機和協助的意願和能力，則端視於他們對師資培訓方案的理解程度。因此，實習輔導教師跟同事的對話、溝通是實習輔導工作中相當重要的一環。

第三節　實習輔導成效的評鑑

英國的「師資培育許可委員會」（Council for the Accreditation of Teacher Education）在其一份重要文獻（CATE, 1992: 6）中指出，在學校成爲師資培育的重要夥伴之後，學校有關評鑑師資生在學科應用和班級技巧等方面將承擔主要職責。然而，對於師資生的評鑑，卻是學校教師傳統上所未曾或很少扮演的角色，以致於很多教師認爲這是學校本位的師資培育中最令人困擾的一環，特別是實習輔導教師還要負責評鑑師資生是否能夠通過師資培育課程。

　　對於中小學教師而言，評量本就是教師工作中必要的部份，是他們每日實際工作生活中都會進行的。那麼，為何學校教師對於新的職責仍然感到困擾？認為，這是因為評量過程中的形成性因素，以及當掉個別師資生的可能性。教師認知到自己學校的獨特性，所以他們很合理地擔心是否會過度推論一位師資生在單一機構中的表現，而視其為一般的能力。如小班制的獨立學校（大都收資質較優的學童）之實習輔導教師，會擔心師資生以後如何面對地區性的綜合學校之學童；另一方面，未能受到強調學術性取向的實習輔導教師肯定的師資生，在重視中小學生之個人與社會發展的學校中可能盡情發揮。此外，很多教師缺少其他不同學校的廣度經驗，以至於不能將他們個人的期望放在較廣域的標準中來衡量。對於師資生的教學實習表現之評鑑，並不像評量中小學生之學業表現那麼容易，後者可藉諸標準化的材料如中學普通教育證書考試中的不同表現標準，但前者則是特殊脈絡的，且協助他們判斷的實務材料和實務活動並不是隨手可準備好的。

　　我們不能忽視學校本位培訓的幾個明確特質，因其使評量變成更為困難、更為微妙。首先，許多學校本位的培訓是基於一對一的輔導方式，使得培訓對於實習輔導教師或師資生都是相當個人化的形式。其次，許多活動，像是探究個人優缺點的自我評量，或是在一個不愉快經驗之後的諮商與支持都會使得兩者的關係相當密切。結合支持與評量的角色相當困難，往往使得實習輔導教師作為評鑑者時，不願意「當掉」他們視為工作伙伴的師資生；他們覺得在教導與支持師資生，以及作為判斷者的角色之間，存在著不平衡。

　　評量中的總結性評量特別需要某種程度的距離和客觀，而這在一種已是發展出密切個人關係的實習輔導活動脈絡中來進行判斷是很難以達成的。這種評鑑的困難度不能忽視。下文將分別說明學校本位的師資培育之評鑑的脈絡、程序、主體、規準以及活動等。

一、評鑑的脈絡

最近關於評鑑的發展及其引起的爭議都聚焦在「能力本位的評鑑模式」上（Brooks & Sikes, 1997: 124）。雖然能力本位的取向或許適合來評鑑低技巧職業的準備度，或是那些著重技術能力的職業；但是否適合應用到教學專業則有較大的爭議，特別是有些反對者將其視爲是對教學專業所需的特殊素質與能力的「降格」（demeaning）。

贊成能力本位評鑑的主要理由是，藉由明確指示受訓者應該達到的成果，所有在培訓歷程中的參與者都可以有清楚的焦點。這有助於確保標準的一致性，提供師資生共同的訓練要求，而不管他們的受訓地點在那裡。評鑑也可以更爲嚴格。此外，能力本位的架構可以減少評鑑的主觀性，增加師資生未來雇主對於他們資格的可信度之信心。師資生對於他們所要完成的目標也有著較爲清楚的理念。

批評能力本位評鑑的主要理由是，評鑑變得狹隘且機械化，只著重在行爲和技術。然而，展現特定技巧和行爲的能力，並不能保證就是理解教學專業所需的知識與概念。那些可在檢核表上打勾的例行能力，如果不能配合真正的知識和洞察來決定如何運用、爲何運用、或何時運用等，則其價值將相對地低。就知識與理解而言，真正的專業精神（professionalism）是特定素質、價值與態度的具體化，而這是狹隘的能力本位評鑑模式所忽略的。技術上說來，某實做者雖然滿足一份能力清單上的各個單獨項目，仍有可能其整體表現未能達到一位專業者所被期待的標準。

不管是理論上贊成或反對能力本位的評鑑模式，政府實際上在師資培育政策上是採取能力本位側面圖（competence-based profiling）。例如，1993年第十四號通諭在小學師資培育方面，列出五大範疇總共25項的教學能力；1992年第九號通諭關於中學師資培育方面，總共列出五大範疇27項的教學能力。這些能力都是實習學校、高等教育機構和師資生等，在整個培育過程中所必須努力的「焦點」，是每位師資生接受師資培訓所要達到的「目標」。不過，這兩份通諭都容許師資培育自行機構斟酌的培訓的正確內容，以及評量側面圖的細節；儘管如此，它們都規範了評量必須採行的「形式」及其基本的構成要素。

二、評鑑的程序

　　評鑑可分為兩種基本的評量程序：形成性和總結性評量。形成性評量是在師資生的實習期間進行，著重師資生的專業發展。其功能有兩種，首先，形成性評量提供過去表現的回饋，有助於師資生和實習輔導教師來辨明其中的優點和缺點；形成性評量包含診斷的成分，可以協助實習輔導教師和師資生分析實習過程中的困難，並發展出策略來克服。其次，形成性評量也具備「積極回饋」（feedforward）的功能。由回饋而來的資訊可以告知未來應如何的規畫，決定實習輔導教師要提供師資生的進階內容，也會影響師資生的教學準備和班級實務。綜言之，形成性評量是動態的歷程，旨在驅策師資生達到所需的教學能力。至於形成性評量過程中所得到的各種證據，都有助於最後的總結性評量。總結性評量是對於師資生教學實習的現況作一正式的總結，可以分別在課程中的不同階段進行，像是在結束第一所學校的實習時（英國的師資生最少要在兩所學校實習），而最終則是在整個培育過程結束必須對師資生的培訓成績做出通過或失敗的決定時。

三、評鑑的主體

　　對於實習輔導教師而言，評鑑師資生的教學能力或許是種困擾和孤立的經驗。然而，由實習輔導教師承擔判斷的唯一責任並不是妥善的評鑑實務。實習輔導教師可以將「重要的他人」包含進評鑑的過程，如此，不僅可以使他們的判斷更為有效和可靠，而改善他們的評鑑實務；也可以減低他們在評鑑時的焦慮感。分擔評鑑的責任也有助於使過程不至於太個人化。所謂重要的他人是指那些參與師資生專業發展的人，他們的參與可以提供師資生在不同情境中表現的綜合面向。

　　師資生如果只在其學科實習輔導教師負責的班級中，進行教學實習是不智的，而很少的實習輔導教師如此做。（Brooks & Sikes, 1997: 126）一旦師資生也在別的學科教師之班級中實習，無可避免地

必須跟這些教師就該班學生的程度、已教過的主題,或是在該班較適合採取的教學法等進行專業的對話。這些都使得別的學科教師參與了師資生的專業發展,以及最後對於他們的評鑑。所以,實習輔導教師所在的學系之其他所有教師,邏輯上都有助於對師資生教學能力的評鑑。此外,對於師資生整體的專業表現如要有健全的與綜合的瞭解,亦即提昇評鑑的效度,那麼其表現的不同層面仍有待考量,像是在不同的年齡或能力團體的班級中實習,在所屬部門以外的學系之工作情形,參與學校教師團體和個人與社會教育部門的表現,課外活動,以及在會議、研討會或工作坊中的貢獻等。既然沒有任何一位教師對師資生在上述場所和角色的瞭解是全面地,對師資生專業表現的綜合評鑑必須蒐集各類來源的證據。簡言之,在評鑑師資生的過程中,如下人員都是重要的來源(Brooks & Sikes, 1997: 127):1.學科實習輔導教師與專業實習輔導教師;2.師資生實習的部門之其他教師;3.其他跟師資生有專業上關係的教師;4.師資培育機構的實習指導教師;5.師資生的自我評量;以及6.跟受評量的師資生同組的其他師資生。

　　評鑑過程中包含進不同的、獨立的評鑑者將有助於評鑑的信度,特別是評鑑師資生的教學能力有時是較為主觀的判斷時。理論上,最不可靠的評鑑類型是只有一位評鑑者,且只針對單一、簡單的事件而進行評鑑。因此,在學校的實習現場中,要建立所有參與評鑑者的對話管道,以獲致專業的共識來決定評鑑的結果。例如,學科實習輔導教師對於學課部門中的師資生之班級技巧有較清楚地認知,但也僅限於少數其學課部門的師資生;而專業實習輔導教師面對的是全校的師資生,較常具備寬廣的觀點與標準,而有助於對個別師資生的評鑑。再如師資培育機構的實習指導教師,雖然缺少某一特定實習學校及其班級的特殊脈絡資訊,卻擁有一般的各種學校及其標準的經驗,而能負起調節評鑑標準的重要角色。最後,面對「危機中的師資生」時,到訪的調解者或校外考試委員都有助於發展出評鑑標準的一致性。

四、評鑑的活動

對師資生的實務評鑑包含有許多可能的活動，根據Brooks和Sikes（1997：129-138）的論點，有如下主要的八項活動，其中有些活動是部份重疊的：1.觀察師資生的班級教學與其他專業活動；2.提供師資生在表現方面的口頭與書面回饋；3.促進師資生的自我評鑑；4.視導個別師資生的進步情形，並針對面臨實習困難的師資生提供特別協助；5.蒐集證據以記錄評鑑程序，並儲存、分類相關資料；6.完成個別師資生的期中與期末報告；7.參與培訓、標準化與調節的練習；以及8.當適當時，參加相關會議和考試委員會。底下將針對前述三項主要的評鑑活動再加探討、說明。

首先，在觀察師資生的班級教學與其他專業活動方面：傳統上，這類觀察活動都注意師資生在任教學科的班級實務和教學技巧。但考量廣域的專業職責，評鑑也應結合對師資生在其他脈絡的的觀察，如他們與其他教師的合作情形。觀察可以採取正式和非正式的方式。培育課程一般會規定實習輔導教師最少要進行的正式觀察之次數，而非正式觀察只要實習輔導教師認為適當時機，就可以進行。正式觀察應使師資生有充分的時間來展現他的進步情形。第一次正式觀察最好不要在師資生的實習初期就進行。可在多次的非正式觀察後，才進行第一次的正式觀察。

觀察的有用方式之一，是在師資職前培育的參考資料中設定關鍵的日期，並在學年度的計畫中標明出來。這將有助於評鑑的事先規畫，並提供何時進行觀察的架構。進行觀察時最好有時改變觀察的情況，如面對不同團體的教學實習，一日中的不同時段，每週的不同日子，不同的課程類型等；這較能全面地理解師資生的教學情境。

另外，由於在一堂實習課中可能發生許多的事，如果能事先辨別出一些觀察的焦點，將使觀察活動更具闡釋性。至於辨別觀察焦點的過程，必須密切結合師資生實務學習的循環，即規畫、實施和評估，以適時把握觀察的新焦點。如果觀察的焦點能夠跟師資生事先說明與協調，瞭解他們的需求，觀察的評鑑將更具建設性和形成性。正式的觀察必須維持一定的時間，像是完整的一堂課，以綜合瞭解觀察中的教學活動。

如果未經預告就介入師資生的實習教學，且只是短暫的時間，這種觀察的價值是令人質疑的。

其次，有關提供師資生在試教和表現等方面的口頭與書面回饋。在觀察師資生的表現之後，應立即給予口頭回饋。這有時可以是在教師休息室中的非正式說明，也可以安排較為正式回饋的觀察後指導會談（post-observation tutorial）。口頭回饋是一種觀念的交換，有助於理解的深化。對話有時可以協助釐清來自完全依賴書面回饋所導致的錯誤理解與不確定性。

書面回饋對於師資生的專業發展記錄和學校實習的評鑑記錄都很有幫助。在師資生的實習期間，學校必須建立每位師資生的評量證據之記錄，以進行形成性評量和完成最後的記錄。因此，每次的正式觀察都要提供書面回饋，非正式觀察也要盡可能提供書面回饋。

「觀察後指導會談」的時機很重要。如果立即安排在試教之後，這位實習教師可能仍處在情緒激動的情況，而無法作最好的分析和反省。因此，如果評鑑者希望結合回饋和師資生的自我評量，則應容許在試教之後的一段時間再做觀察後的指導會談，這時師資生可能較能客觀判斷其教學經驗。可能的話，師資生也應做書面的評鑑，使評量者和師資生能互相比較。不過，也要注意的是，試教和觀察後指導會談之間也不可以拖太久，以致減低了指導會談的價值。畢竟，有些在試教時顯得相當重要的事件，其重要性會隨時間而流失，因為師資生可能又已必須面對新的或更為急迫的情況。因此，為了使指導會談的潛在學習更有效果，指導會談要盡可能安排在24小時內，且要在師資生教同樣班級或同樣課程之前。

要使指導會談具有真正的教育價值，實是一項相當需要高度技巧的活動。評鑑者必須注意在回饋時的一些通常容易觸犯的錯誤，以避免減少了回饋所帶來的學習可能性：（Brooks & Sikes, 1997: 133）

1. 觀察者支配雙方的談話，未能提供充分機會讓師資生分享和發展自己的理解。
2. 觀察者自己設定行動目標，而不是跟師資生事先協調。
3. 雙方的會談缺少清楚的焦點。
4. 觀察者扮演專家角色，假定自己的方法是唯一最好的方法。

5. 扮演專家角色的觀察者只告訴師資生有關其表現錯誤之處，而不容許師資生探究其他的可能性並以自己的程度來進展。

6. 觀察者詢問過多的封閉式問題，以引導出他們只想要聽到的答案；而不是詢問開放式問題以進行探究和分享經驗。

7. 觀察者未能提供師資生充分的時間來反省。

8. 觀察者由於不願打擊師資生的信心，而不能加以批判，卻只是一味鼓勵、稱讚。

9. 觀察者漠不關心或感覺遲鈍，像是一直看錶或完全集中在師資生的負面表現上。

10. 觀察者的批評是一種否定性的，而不是建設性的批評。

指導會談必須在私人場所進行，以避免被噪音或其他人干擾。會談的開始可以請師資生先行說明他們對其試教焦點的自我評量，這樣才能從師資生的學習現況開始。在任何一方必須離開或會談場所不再適當之前，必須有足夠的討論時間。評鑑者必須詢問重點且開放式的問題，以引導出有意義的對話，讓師資生在說明他們的經驗之過程中發展出深度的理解。觀察者再接著增加他們的意見或是挑戰師資生對於某些事件的解釋。

指導會談必須在師資生的正面與負面表現之間、成就與失敗之間保持平衡。師資生剛起步的專業信心很容易受到打擊。因此，指導會談的目的之一即在於建立師資生的信心。在評鑑過程中必須及早認知和記錄師資生的成就；當然，也應說明有待改進的地方。指導會談的重點是以積極的方式來提出建設性的批評，並協調出克服困難的有效策略。評鑑實務必須標準化，以確保學校在評鑑上的一致性。例如，確保每個人都是遵照事先規定好的共同評量表格，則師資生雖由不同的觀察者，但都是透過相同的程序來評量。

最後，師資生的自我評量是師資培育課程的重要部份之一，特別是採取反思模式的實習輔導制度。1992年第九號通諭規定，師資培育課程應該特別安排：「正式的機會讓師資生和實習輔導教師，及實習指導教師分享他們的自我評量」(DfE, 1992)。許多師資職前培育課程也將反思實做者取向視為專業發展的一部份，進而發展出某些形式的「專業發展記錄」(professional development record)，並要求師資生有責

任來完成其中的相關記錄,且在應徵工作的面談時,或是至第一份教職的學校時都要出示這份記錄 (Brooks & Sikes, 1997: 135)。「專業發展記錄」是師資生專業經驗和成就的綜合記錄,包括1.師資生的履歷表,2.發展個人與專業技能與素質的書面反省,3.總結性評量的側面圖和正式觀察的記錄,4.師資生的學科成績和回饋的評論,5.課程規畫與相關評鑑的實例,以及6.師資生評量學童學習的實例等。

　　師資生的自我評量有助於建構正確的目標和預期的結果,並在規律的基礎上檢視自己的進步情形,或者修正原初的目標。當然,實習指導教師和實習輔導教師要適度介入來協助師資生的自我評量。因為師資生經常為自己設定不切實際或過於模糊的目標,或者很難為自己釐清期待的目標,或者為自己設定過多的目標,以至於最後放棄或是消極的應付它們。教師也可以協助師資生辨明教學表現的指標,使他們能自己評量進步的情形。不過,由於師資生的自我評量和他們最後的總結性評量有相當密切的關係,所以兩者之間往往是有所衝突的。

　　實習輔導的評鑑所特別關注的一個問題,是那些處於危機中的師資生,即可能無法通過培育課程要求的師資生。因此,建立相關的、清楚的「通過或失敗」之評鑑規準相當重要,以界定哪些師資生可能正處於危機邊緣,而積極地提供有效的輔導。學校也要設定正確的、書面的目標來提示師資生如何努力以避免失敗。學校在對危機中的師資生做最後的判斷之前,必須邀請師資培育機構共同觀察;往往校外考試委員也被安排來訪視這位師資生,以做出客觀的最後決定。

　　高品質的實習輔導是一複雜且多樣性的活動,包含各種不同的策略以及高層次的技巧。有些實習輔導教師傾向於採取嚴格的實習輔導方式,不願意回應師資生逐漸成長的獨立性而修正其方式。當事情如此發生時,往往會阻礙兩者關係的開展,並破壞師資生後續的專業發展。實習輔導教師對於師資生所達到的發展階段必須敏銳地察覺,並在作法上有所改變,如運用較為複雜的技巧,像是伙伴式的視導和共同探究等。當師資生的能力有所成長時,診斷式的評量與楷模式的教導將不再是主要的或唯一的學習形式。

第四節 結論與建議

　　本研究的主要目的在於探究與分析英國實習輔導教師制度的輔導模式、策略與實習成效的評鑑。現將本研究的主要結論與建議陳述於後。

一、結論

實習輔導教師成功的輔導模式與策略

　　實習輔導之重要性在於支持實習教師，同時挑戰他們以促使專業成長；因而實習輔導教師必須在這兩者之間保持謹慎地平衡。實習輔導教師在實習輔導中的模式有多種可能性，如「學徒模式」中的技巧熟練的教書匠；或在「能力本位模式」下的訓練者；或是在「反思實做者傳統」中扮演的反思式的教練、批判的朋友及共同的探究者等。實習輔導教師不須固定採取其中的任何一種模式，而是要根據師資生的需求和學校的脈絡，選擇適當有效的實習輔導模式與策略。

　　英國實習輔導教師採取多元的實習輔導策略，包括：

1. 發展高品質之視導技巧。
2. 善加運用學校教師的優勢地位（資訊性、持續性和有效性）。
3. 運用合作教學實習。
4. 探究實習輔導教師教學智慧和實做知識。
5. 釐清實習教師的教育觀念。
6. 營造實習教師多元的學習機會等。這些策略必須有周延的規劃，使能得到預期的效果。

有效的實習輔導成效之評鑑

　　學校成為師資培育中的重要夥伴之後，承擔評鑑師資生在學科應用和班級技巧等方面的主要職責。特別是實習輔導教師還要負責評鑑師資生是否能夠通過師資培育課程，這須考量評鑑的脈絡、程序、主體、規準以及活動等。首先，英國政府在師資培育政策上是採取能力本位側面圖的評鑑模式。但是，能力本位的評鑑必須避免變得狹隘且機械化的取向。其次，形成性評量是在師資生實習期間進行，著重師資生的專業發展；總結性評量是對於師資生教學實習的現況作一正式的總結。第三，評量的主體方面，實習輔導教師可以將那些參與師資生專業發展的「重要的他人」納進評量的過程，而改善他們的評量實務。第四，實習輔導教師評量活動有觀察師資生的班級教學與其他專業活動，提供師資生在試教和表現等方面的口頭與書面回饋，以及要求師資生的自我評量等。最後，建立正確、書面的目標和相關的、清楚的「通過或失敗」之評量規準相當重要，以界定哪些師資生可能正處於危機邊緣，而積極地提供有效的輔導。

二、建議

　　我國新近頒布的「師資培育法」、「師資培育法施行細則」，以及「高級中學以下學校及幼稚園教師資格檢定及教育實習辦法」等相關辦法中，與舊的師範教育法之主要不同點是突顯出中、小學學校在師資生教育實習過程所扮演的角色，並強調實習輔導教師是實習教師社會化歷程的「重要他人」。然而，國內至今對實習輔導教師制度的了解仍有待加強，本文針對英國實習輔導教師的實習輔導模式、策略與評鑑，提出如下的建議希能有助於我國整體師資培育素質的提昇。

訂定適當的實習輔導辦法

　　我國雖然規定了各種教育學程的學分數，並也對設有學程之學校進行評鑑。但這只是起步，其約束力仍有限。尤其，在對師資生之各種教育實習的安排上，等於是還在摸索階段。而教育實習之設計應該是從

教育學的性質、教師的教學目標、學生的學習觀點等各方面，來規劃出教師所應具備的能力，再從而加以輔導。英國在這方面都已訂定了具體的辦法，包括教師各種能力的評鑑細目，值得參考。

審慎規畫與經營實習輔導方案

師資生基本上是「在教育實習中求生存」，因為在師資培育機構中的學習是有秩序的、明確的，但「教育實習」則立基在每日未能預期的不確定性上。實習教師之輔導以往可說是國內師資培育中最弱的地方。英國雖然強調大學與實習學校的伙伴關係，這種關係難免還是會產生緊張及不協調之處。國內在這方面由於新制實習制度的規定，才剛開始在建立，如何能達到互惠的伙伴關係，顯然仍有待經營。學校本位的師資培育要有助於學校教師和實習教師的專業發展，否則將有淪落未經批判、未加反省的再製。因而，國內在走向學校本位的教育實習時，必須妥善規畫實習輔導方案和積極經營實習輔導制度。

英國成功的實習輔導教師方案之特徵，乃是在實習教師進入課堂前，即由各高等教育機構與中小學共同訂定詳實的實習方案、實習課程、實習策略，並於方案中明定實習輔導教師與實習指導教師的權責。我國目前已有適用新制教育實習辦法之實習教師開始進行教育實習，然而迄今師資培育機構、教育實習機構、研習機構，及地方教育行政機構等相關單位對於教育實習輔導的實際運作仍處於混沌狀態，故應整合各單位的資源，共同研擬一個可行的實習輔導方案，並由教育實習機構主導，以能切合真實情境的需求。

區分多軌的實習輔導策略

一對一的實習輔導關係容易導致個人化與專擅化的危機。是以，我國可考慮安排一位師資生同時接受數位實習輔導教師的輔導，如區分出學科實習輔導教師和專業實習輔導教師，形成多重的輔導關係與策略。

專業實習輔導教師（由教務主任或資深教師擔任）負責提供在該校實習的師資生所需要的校內資源；處理全校性的議題和實習教師的專業發展；並扮演高等教育機構和他所領導的學科實習輔導教師之間的連結人物。學科實習輔導教師負責引導師資生進入其學科領域的教學型態

和實務，發展師資生的專門學科知識、技巧和應用；並安排觀察、討論和教學實習的方案等。

此外，學校的所有實習輔導教師應該組成一個實習輔導小組，在專業實習輔導教師的領導下，共同合作、負責多位實習教師的實習輔導工作，提供不同的教學型態、課程準備、班級經營等，以促進實習輔導教師本身多元學習的機會。

編印實習輔導工作手冊

英國各大學為了增進實習教師與實習輔導教師對實習內容及實習輔導策略的了解，均編印實習教師手冊及實習輔導教師手冊，促進實習教師與實習輔導教師對實習輔導制度的了解，值得我國效法。在實習教師手冊的內容上，應包括實習教師的權責、實習課程的安排、實習成效的評鑑標準與方式、教育法令、學校教職員名單、校務計畫、學校政策、學校行事曆、學校管理結構、學校指引、學校簡介、實習計畫、保健等福利及請假的規定手續、學校的特性、上班時間、簽到退登記位置、專屬儲存櫃的位置、停車位置、教學資源取得的方法、自由活動時間、可工作的場所、辦公位置、每星期教學準備事項等。

實習輔導教師手冊內容則必須包括實習教學活動，各學習主題且每種學習主題均明確界定其特殊輔導模式和策略、詳實的解釋各種技巧如何運用於輔導過程、建議有效達成計畫的實施方式、分析實施後可能發生的困難及結果、提供實習輔導教師與同事討論的資料、並提供實習輔導教師計畫表、觀察紀錄單、檢核表等可運用於輔導過程的各種資料。

參考書目

Brooks, Val & Sikes, Pat (1997). The Good Mentor Guide: Initial Teacher Education in Secondary Schools. Buckingham: Open Univ. Press.

Burn, K. (1992). 'Collaborative teaching', in M. Wilkin (Ed.) Mentoring in Schools. 133-143.London: Kogan Page.

CATE (1992). The Accreditation of Initial Teacher Training under Circular 9/92 (DfE) and 35/92 (Welsh Office). London: HMSO.

DES (1983b).Teaching Quality. London: HMSO.

DES (1984). Initial Teacher Training: Approval of Courses (Circular 3/84). London: HMSO.

DES (1989c). Initial Teacher Training: Approval of Courses (Circular 24/89). London: HMSO.

DES (1989d). The Education (Teachers) Regulations 1989 (Circular 18/89). London: HMSO.

DES (1991). School-Based Initial Teacher Training in England and Wales: a Report by H M Inspectorate. London: HMSO.

DES (1992).Reform of Initial Teacher Training: A Consultation Document. London: HMSO.

DfE (1992).Initial Teacher Training (Secondary Phase) (Circular 9/92). London: HMSO.

DfE (1993). The Initial Training of Primary School Teachers: New Criteria for Courses (Circular 14/93). London: HMSO.

Elliot, B. & Calderhead, J. (1993). 'Mentoring for teacher development: Possibilities and caveats', in D. McIntyre, H. Hagger & M. Wilkin (Eds.) Mentoring: Perspectives on School-Based Teacher Education. 166-189. London: Kogan Page.

Elliot, J. (1991). 'A model of professionalism and its implications for teacher education', British Educational Research Journal, 17 (4)：309-318.

Furlong, John & Maynard, Trisha (1995). Mentoring Student Teachers: the Growth of Professional Knowledge. London: Routledge.

Hillgate Group (1989). Learning to Teach. London: Claridge Press.

HMI (1983) . Teaching in Schools: The Content of Initial Teacher Training. London: DES.

HMI (1987) . Quality in School: The Initial Training of Teachers. London: DES.

Maynard, Trisha & Furlong, John (1995) 'Learning to teach and models of mentoring', in Trevor Kerry & Ann Shelton Mayes (Eds.) Issues in Mentoring. London: Routledge. 10-24

McIntyre, D. (1994) . 'Classroom as learning environments for beginning teachers', in M. Wilkin and D. Sankey (Eds.) Collaboration and Transition in Initial Teacher Training. 81-93. London: Kogan Page.

McIntyre, D. & Hagger, H. (1994) . Mentoring in Initial Teacher Education. Oxford: Oxford Univ. Dept. of Educational Studies.

McLaughlin, T. (1994) . 'Mentoring and the demands of reflection', in M. Wilkin and D. Sankey (Eds.) Collaboration and Transition in Initial Teacher Training. 151-160. London: Kogan Page.

OFSTED (1993d) . The Secondary PGCE in Universities. London: HMSO.

OFSTED (1993e) . The Training of Primary School Teachers. London: HMSO.

OFSTED (1995) . School-Centred Initial Teacher Training 1993-1994: A Report From the Office of Her Majesty's Chief Inspector of Scotland. London: HMSO.

OFSTED & TTA (1996) . Framework for the Assessment of Quality and Standards in Initial Teacher Training. London: OFSTED.

O'Hear,A. (1988) . Who Teaches the Teachers? London: Social Affairs Unit.

Schon, D. (1983) .The Reflective Practitioner.New York: Basic Books.

Schon, D. (1991) .Education the Reflective Practitioner. San Francisco, CA: Jossey-Bass.

Tomlinson, Peter (1995) . Understanding Mentoring: Reflective Strategies for School-based Teacher Preparation. Buckingham: Open Univ. Press.

Wilkin, M. (Ed.) (1992) . Mentoring in Schools. London: Kogan Page.

chapter12

英國教師在職進修制度的回顧與展望

■ 前言

■ 歷史回顧

■ 現況分析

■ 未來展望：學校本位的進修

■ 結論

李奉儒

前　　言

　　在職進修教育或稱在職訓練（in-service education or training），係跟職前養成教育（pre-service education）相對而言。二者雖有時間前後之不同，但彼此均爲提昇師資素質所不可缺少之要素。教師職責在於追求卓越、良善和正義，協助學生適性發展其潛能，最終則是希望使人類境界更爲豐富多樣。雖然理論上，職前養成教育應該充分地使教師在未來的教學生涯中準備妥當，但隨著時代環境的變遷、社會結構的轉化、科技知識的爆炸、課程內容的更新、教學技術的發明，以及大衆對於教育目的的不同期待等，教師在其經過職前教育而獲得初任資格之後，不能安於現狀或不再參加任何繼續教育的課程，以致於不能更新他們的專業知識和技巧，或擴展他們的教育視野，達成學生接受教育的目的。正如英國教育與科學部白皮書《較佳的學校》（Better Schools）所指出的：「良善的教學非常依賴教師的資格和經驗，以及任教學科之間的合理配合，但現在約有五分之一的中學有這種（不能配合）問題」（DES,1985:7），所以要「改進教師的專業效能和教師人力的管理」（第29節）。不論如何，這些改進措施都必須有妥善的教師在職教育的配合。然而，爲適應教育發展的不同需要，在職進修的方向和內容也必然呈現多樣化，僅僅是依賴單一的形式和途徑是不切實際的作法。

　　英國自本世紀二次大戰之後，遭受社會、經濟劇烈變遷的衝擊，以及知識突飛猛進、科技日新月異的影響，乃不斷提高教育素質和教師專業精神，並逐漸將教師在職進修制度列爲師範教育的重要體制，予以優先實施。因此，探究並分析其相關課程、內容和實施方式或有助於我國作爲攻錯之殷鑑。

　　由於英國對於教師在職進修制度之規定，往往僅給以大體範圍限度之規定，其他問題則多率由運用制度之實際習慣。本文擬由縱向及橫向兩個方面來探討英國的教師在職進修制度。在縱向方面依時間區分爲歷史回顧、現況分析和未來展望，在橫向方面則以特定事例來說明，務期在有限的篇幅內能夠較爲全面檢視英國教師在職進修制度。歷史回顧以1944年的McNair報告書和1972年的James報告書作爲分水

嶺，直到「一九八八年教育改革法」的頒佈；現況分析則著重在「一
九八八年教育改革法」頒佈前後的在職進修制度之改變；未來展望則
從先前對於在職進修機構的設立，教育報告書、白皮書的出版以及教
育法、教育規程的頒佈等對在職進修相關議題的探討，綜合探索其可
能趨勢與措施；最後形成本文的結論。

第一節　歷史回顧

一、在職進修制度之演變

1972年James報告書之前的發展

　　英國早在1944年的McNair報告書（Board of Education, 1944）
中就指出師範教育或師資培育必須有系統地發展，且預見了大量提供
短期課程的需求，以培養「緊急訓練」（emergency-trained）的教
師。報告書說：「一般說來，在教師之間總有一些教師直到在正式的
學校環境中，且有實際的教學經驗之後，才能瞭解他們任教學科的意
義；因此，如果每五年的教學經驗之後就有一個學季（在職訓練）的
課程，對他們將有無可評量的價值」。但在報告書中的教師在職進修部
份只被視爲「補習課程」（refresher courses），並針對那些教學已感
乏味或者需要更新知識與實務的教師，多由大學或教育學院提供這類
課程，教師則可以休假方式至全國性或地區性的機構進修。McNair報
告書雖然有多項建議具爭議性或是未被政府採納，但已奠立二次大戰
後教師在職教育的發展基礎。

　　眞正有系統的、大規模的教師在職進修開始和發展於第二次世界
大戰之後。1946年政府決定設一年制全時教育專業進修的「長期課程」
（long courses），幫助有一定教學經驗的教師獲得教師證書，成爲正
式合格教師，但在1952年之後就停辦（直到1972年之後才有部份時間
的長期課程）。

　　四十年代末根據McNair報告書建立的「地區（師資）培訓組織」
（Area Training Organizations, ATOs），爲在職教師的進修和獲得更

高資格提供了更多的機會。進修的管道越來越多，除了「補習課程」之外，還有協助發展的新課程，提昇在特定學科之資格課程，或針對有經驗的教師提供密集的研究課程，內容包含心理學、公民精神或某些特定的教育問題。McNair報告書也向中央教育單位建議設立「教育研究獎學金」（Research Fellowship），「提供給少數經仔細挑選的、高度心智能力的現任教師，讓他們可以有一年至二年留職的機會來觀察或研究教育的某些重要層面，且如有可能的話則至海外進行研究」。研究結束後，有些人可能被指派為教育系講師、校長、督學、特別責任的職位（副校長或科主任等）、以及教育行政的職位等。

1954年起，英國在職教師可以帶職帶薪參加較長時間的進修，像是半年全時制、一年全時制，後者在結業時可以授予學員專門的證書或文憑。根據教育與科學部第28號教育報告（1966），1954年有67位經過挑選的有經驗教師，參加12種特別的一年制課程以進一步研究特定領域的問題，並藉此取得較多責任的職位；1960年則有295位教師參加26種一年制的深造研究的特別課程。此外，大學新設的教育系在提供在職課程方面也日漸扮演重要的角色。例如，有些大學提供短期課程，有些專注於發展部份時間制的文憑課程。

另一方面，教師進修的課程也不只是由高等教育機構提供，地方教育當局也逐漸設立「教師中心」（Teachers Centres）來提供教師進修的機會。1960年代，全國各地區的「教師中心」越來越多，成為教師在職進修的另一重要基地。例如，Townsend（DES, 1970）在1967年的一項綜合調查發現，有超過一半的在職課程是由地方教育當局組織的。它們提供的主要課程有短期課程、一年的補習課程、一年的深造課程、一個學季的課程，或者以取得更高資格為主的部分時間制課程。

1972年James報告書的前後期間

隨著經濟結構的改變、社會快速的變遷、科學知識的膨脹、以及技術日新月異的進步；英國的師範教育面臨許多批評：如宣稱師範教育整個系統已經過時，地區師資培訓組織不具效率，師範學院（colleges of education）的管理過於權威，教學品質太差，培訓過程不相干於學校教育工作，以及教師證書的標準下降等。在另一方

面，師範學院的衛護者也希望組成一調查委員會，以駁斥上述的責難，驅散大眾對於師範學院的無知，並顯示出他們所做的優異成就。(Dent, 1977: 149)

這類呼籲一直未受重視，直到1970年二月，教育與科學部大臣Edward Short才要求地區教學組織檢視他們的現行政策，並提出改善的方法。同年十二月，新的教育與科學部大臣Margaret Thatcher任命約克大學副校長James爵士組織一特別調查委員會，檢視有關師範教育課程所應提供的內容和組織方式，特別是有關教師在其生涯中的專業課程之提供。

1972年十二月，James委員會提出《師範教育和訓練》(Teacher Education and Training) 報告書 (下簡稱James報告書)。James報告書發表時，正值國際上終身教育思想提出和迅速傳播時期，英國政府和社會各界普遍支持該報告書對於教師在職進修的探討和建議；並且擴大中小學、師範教育機構、地方教育局和教育研究部門之間的聯繫，提高教師在職進修的質與量。教育學者Dowling (1988: 10) 曾評論說，教師在職進修成為一實質的教育議題主要是James報告書的成果。

該報告書的基本假定是：教師是培養的而非天生的，並指出當前的師資訓練需要徹底革新，反對任何師資訓練可以一勞永逸的想法 (DES, 1972a:1)。所以，教師在教學生涯中必須接受繼續的訓練和再教育，以配合現代技術革新和知識爆炸的需要。

James報告書將師資培育分成三個連續性週期 (cycles)：(1) 個人教育，(2) 職前訓練與導入，以及 (3) 在職教育與訓練。James報告書賦予第三個週期「最高的優先性」，包括「全方位的活動，教師藉此擴展他們的個人教育，發展他們的能力，並改進他們對於教育原則和技術的理解」(p.5)。第三個週期貫穿教師的終身教學生涯，包括有權利「在一特定的服務時間內--先是每七年，其後是每五年--至少留職留薪一個學季 (進修)」(p.12)。

關於James報告書的提議有各種不同的迴響。第三個週期的建立全面的在職進修制度之主張受到廣大的支持，第二個週期則是幾乎受到普遍的拒絕，至於第一個週期的提議則是歡迎和拒斥兼有。其背後的原因錯綜複雜，但並不在本文主要討論的範圍，而是集中在James報告

書建議的第三個週期，亦即教師在職進修制度。過去對於教師的培育只限於職前訓練的觀念，已不適應終身教育的時代要求，必須兼顧教師的在職進修之繼續教育需求。

　　十一個月後，英國政府發佈白皮書《教育：擴展的架構》(Education: A Framework for Expansion 1972) 以回應James報告書的提議。教育與科學部在其中接納James委員會的六項主要目標：其第一項即是大規模的與系統的擴增（教師）在職訓練。大致上說來，政府接受James報告書第一個和第三個週期的提議，但跟其他專業團體的意見一樣拒絕第二個週期的提議，因其未能給予教師充分的教學實習時間。白皮書《教育：擴展的架構》對教師在職進修提出許多具體的建議，如教師每任教七年級可帶職進修一個學季，每年維持全國百分之三的教師參加在職進修等。1976年的工黨政府更把教師的帶新進修其由原來的一學季延長為一年。雖然這些措施因隨後而來的全球性石油危機而未能落實或系統地發展，但教師在職進修的理念已深植在教育團體和大眾的思維中，且許多機構包括中小學校也都促進教師在職進修。

1972年至1988年

　　James報告書的主要建議之一是教師可以定期以休假方式在職進修，其影響極為深遠。70年代末，英國政府一方面加強對於初任實習教師（probationary teachers）導入階段的管理和監督，力求提昇他們的教學能力，使百分之九十的實習教師在被錄用後的第一年即可定期到「專業中心」（professional centres）參加進修活動，並經考核及格後才能取得合格教師的地位；另一方面根據學校現況，制訂在職教師培訓與再教育計畫，每年提供一千個教師進修名額，加強數學、理科和技術等更為缺乏合格教師的學科。

　　1978年「教師訓練與提供的諮詢委員會」（Advisory Committee on the Supply and Training of Teachers, ACSTT）提出一份教師在職進修的重要文獻，指出幾項關鍵原則：（1）教師在職進修應先考慮教師的需求，並透過對教師個人和學校整體的調查來辨明教師需求；（2）教師在職進修重點應放在教師的決定上，決定以哪些機構、方式來實現教師在職進修的需求；以及（3）針對教師在職進修課程的

有效性加以評量。1984年經過改組的「教師培育與提供的諮詢委員會」（Advisory Committee on the Supply and Education of Teachers, ACSET）更指出教育品質的提昇端賴有機會進一步培訓與專業發展的教師。許多前篇1978年文獻的主題再次被強調，這些包括辨明教師在職訓練的需求；校長、資深行政人員及管理委員對於在職訓練的支持，發展連貫一致的教師在職進修政策，課程的提供與評鑑。而在這些議題或建議中的基本觀念則是：教師在職進修制度藉由改善學校和教師的表現，將引導出學生學習的改善。

　　自從1980年代中葉之後，教師在職進修在整個教育體系中佔有更重要的機會。例如，1985年的教育白皮書《較佳的學校》第178節指出，所有的教師都需要參加有關他們專業需求與發展的在職進修，但這主張仍少受到學者或研究者的注意。教師在職進修往往只是宣傳或建議的題材而已，而沒有大規模實施，也沒有相對配合的必需經費預算來執行。1986年的教育與科學部頒發的第六號通諭（Local Education Authority Training Grants Scheme, LEATGS），才使得教師在職進修能夠確切落實。第六號通諭列出教師在職進修的四項主要目的如下：（1）提昇教師的專業發展，（2）對教師在職進修提出系統的和有目的的規劃，（3）促進教師人力的有效管理，以及（4）針對被列入全國優先性的特別領域加強訓練（Circular 6/86）。此後，雖然這一地方教育當局與學校協商合作進行的在職進修迭經修改（像是GRIST, GEST等），其強調的全國優先性主題仍大致上相同。這些主題主要包括校長與資深教員的組織與管理之訓練；特別學科之訓練如數學、科學、工藝、設計、微電子和宗教教育等；特別主題之訓練如特殊教育之需求、多元文化教育和學生之未來生涯準備，或是健康教育、藥物使用和學前教育等；以及為配合「一九八八年教育改革法」頒佈後，國定課程實施需求的相關訓練（Circular 9/87, 5/88），教師在職進修在整個教育體系中方才益形重要。

二、在職進修機構之設立

地區師資培訓組織

　　McNair報告書建議英格蘭和威爾斯地區之教師培訓工作應是大學的責任，並規劃在大學中設立「教育學院」（Schools or Institutes of Education），官方名稱爲「地區（師資）培訓組織」，以將各大學及其附近的若干二年制「師範專科學校」（training colleges）組織起來（多則38所，少則只有3所）（Curtis & Boultwood, 1960: 378-379）。地區（師資）培訓組織的成員包括該地區之大學、師資培訓機構、地方教育局、教師代表，以及教育部委派但不具投票權的代表。其重要的職責之一，是在每一大學地區協商合作師資培訓事宜。地區（師資）培訓組織授予經三年學習且成績及格學生「教育證書」（報告書建議廢掉原先大學教育系頒授的教育文憑），並向教育部推薦他們成爲合格教師（Qualified Teachers）。

　　地區（師資）培訓組織在教師在職進修方面的主要貢獻，是爲中小學最少在職四年以上且沒有學位的教師安排「補習課程」（refresher courses），並授予初等、中等和宗教教育的文憑。補習課程的修讀時間可分爲一年、二年和三年，其基本規則是一年的課程爲全時制，三年的課程爲部份時間制，而許多兩年的課程是部份時間制，但必須包含一個或兩個學季的全時課程。

教師中心

　　英國的教師中心自成立後歷經不同的教育理念和政府政策之影響，可依不同年代的主導主題和關鍵歷程區分爲六十年代的肇始及成長（Initiation and Growth）期、七十年代的鞏固（Consolidation）期和八十年代的縮減（Retrenchment）期（Gough, 1989: 53）。（九十年代則可說是衰微期，各地教師中心已逐漸裁撤或停止運作。）

　　首先，六十年代中葉設立「教師中心」的原意是爲了傳播Nuffield基金會所領導的「數學與初級科學方案」之相關教材，以及作爲協調中小學實驗這類教材及其相干批評或建議的中心。這之後則是受到1964年成立的「學校委員會」（Schools Council）成立後各項

活動的增強；在1967年該委員會出版的第十號工作報告中，指出教師中心可以是多目的和多功能中心，特別是提供教師在職進修。由於教師對這新設中心的反應極爲熱烈，地方教育局遂將各地教師中心收納進其原本已有的在職進修部門，並提供必要的經費。各地教師中心可能設置在改變過的教室、多餘的市民防衛中心以及專設的建築物中，有些則是設在師範學院裡，但後者基於種種理由而不普遍。教師中心在成立的十年之間立即擴增到六百所以上（Gough, 1975: 11）。這個時期的主導主題是課程發展，而其關鍵歷程則是革新。

教師中心之創始和成長的關鍵跟如下的措施密切相關（Newman et al., 1981: 46-47）：（1）它們是地區性在職教育的診斷和提供，其方案、課程、工作團體等，都是爲了當地教師和學校來設計；（2）對教師表達的與內隱性需求的立即性回應，重視教師在職進修的需求內容或方式；（3）它們是安全的環境，中心的咨詢服務人員是中立的，其名望是來自於服務的品質，而不是權威的地位；（4）教師從投入感中提升專業肯定，教師感到中心是他們的；在此專業社群中，他們可以施予，也可以獲取，對未來發展具影響力。

其次，教師中心在七十年代邁入鞏固期。這個時期的主導性主題是教師發展，而其關鍵歷程則是管理，重視教師的各種不同需求或欲求，以及領導類型的關注。換言之，教師中心應該是「以教師爲中心」（teacher centred），將教師他們納進在職進修方案的決策、設計與實施。根據教育與科學部（DES,1970）的調查，教師利用教師中心的主要理由有兩個：（1）練習、發展與評價新的教法和教材，（2）跟其他教師交換理念與經驗。此外，有機會觀摩其他教師的示範演練或教學活動，也是一重要理由。

儘管如此，由於在職進修範圍缺少一致性和協調性，教師中心提供的眾多課程中，往往只反應出提供者的資源，而不考慮其當事人（教師）的需求。有的學者批評其視爲一種「在職叢林」（in-service jungle）（Gough, 1975: 12）。若要避免這種紊亂的「在職叢林」，則必須考量教師的在職進修需求，並尋求最佳的方式如課程設計、實施措施等來配合。教師的在職進修需求可分爲四大類：個人的心智需求，個人的專業需求，中小學校的需求，以及教育系統的需求。

教師個人的心智需求，在傳統上是由大學或師範學院來提供高級

文憑或較高學位。至於中小學校系統的需求，則是由地方教育局的咨詢服務來負責。因此，教師中心成為在職進修的提供者後，應該是著重在補充其他的提供者，亦即大學、高教機構或地方教育局的不足。例如，教師中心提供的在職進修可著重在個人的專業需求或教育系統的需求等方面，像是針對課程發展材料的研發，或是將其調適來符合地方的需求。

　　教師中心因此必須發揮四項功能（Newman et al., 1981: 50）：

1. 作為提供者（providers）：提供課程、工作團體及相關活動。
2. 作為催化者（facilitators）：以專門、專業服務，催化教師為自己工作的意願。
3. 作為經紀人（brokers）：辨認共通的興趣，推介人員，提出激發性的問題。意即，作為機構間、階段間和跨課程間的觸媒。
4. 作為啓動者（initiators）：單獨承擔工作。

　　本時期對教師需求的重視情形，也可從若干教育學者對於教師對在職教育進行時間的偏好所進行的相關調查可知。下表12-1是Bradley等人（1975）整理Flood在1973年（F調查）和Padfield在1975年（P調查）分別進行的實證調查結果。

表12-1　　教師對在職教育進行時間的偏好

	F調查		P調查
	贊成%	反對%	贊成%
學校時間內的全日制集會	67	2	37
學校時間內的半日制集會	74	2	
利用部份學校內時間、部份課後時間	75	2	42
學校放學後立即施行（4：30 - 6：00）	73	9	55
傍晚（5：00 - 7：00）			17
晚間（7：00以後）	35	33	17
週六上午	22	24	12
其他週末時間	15	44	4
學校假期中	24	26	17

資料來源：Bradley, H., Flood, P., & Padfield T. (1975). p.45.

　　但由於教師中心的設置往往遠離教學現場，且其中諮詢教師和學科教師缺少跟學校的接觸，不瞭解學校的實際狀況，而受到批評（Dowling, 1988: 181）。教師中心的諮詢人員（advisors）有必要具備充分的技巧，以符應教師對其角色的期待，並提供適當的在職進修服務。Newman等人指出如下注意事項：（1）作為引導者（leaders）：協助學校和個別教師，但主要目的是促使他們更能自助。（2）作為學監（wardens）：關注創造一個卓越的環境，而非單純的照顧養護。（3）作為教師：可被當事人接受為有能力的同事，而非被諮詢的專家。（4）作為有效率的行政人員。（Newman et al., 1981: 50）

　　最後，教師中心在八十年代走進縮減期。主要是因為這個時期的主題是（學校）機構的發展（institutional development），而其關鍵歷程則是強調「績效責任」（accountability）。英國教育學者或教師原本引以為自豪的是，課程的決定都是在學校層次進行的，而不像有些國家是以中央集權方式由上而下來決定。換言之，教師在「教師中心」的在職進修脈絡中探究新的教育理念，並將這些理念以自己的觀點來放進班級實務中。這種教學上的直接應用跟在職教育有非常清楚的相干性（Gough, 1989: 5），卻受到八十年代中政府各種的教育立法和皇家督學報告書的衝擊，因為不論是立法或報告書的終極，都是指向建立一個有效的國定課程（李奉儒，民85：98），進而剝奪教師和學校在課程決定上的權力；教師中心也因為不再具有原先的主要功能，如「課程發展」或「教材設計」，加上政府對於在職進修的撥款方式改弦更張，如推動各種各樣的「訓練基金制」（Training Grants Scheme），而日益衰微。

三、在職進修內容之變革

　　按照教師不同的在職進修需求與實施方式，可將英國自1961年至1988年的進修課程內容依照James報告書的出版前後劃分為如下兩個階段：（Eraut & Seaborne, 1984: 168-196）：

1961至1972年時期

1.長期課程（long courses）

這是本時期最主要的在職訓練課程，其訓練對象為只受過一年師資職前訓練（只完成1943年成立的「緊急訓練學院」之一年的密集課程）或二年師資職前訓練（只完成舊制「師範專科學校」訓練，但1960已改為三年制）的中小學教師開設的補充課程（Supplementary Courses）。如在1961年有2054名學生，其後人數逐減，至1971年僅只有179人參加。長期課程需要一年之全時進修（起初一學季的課程也稱作補充課程，但1966年之後不再如此稱呼）；進修內容則是學科本位的，以增進學科知識為主，改善學科教學方法為輔，跟職前培育課程中的各種專門科目和範圍大致相同。大部份的課程由師範學院（Colleges of Education）開設。長期課程在其實施的後期也開放給所有合格的教師，但1972年之後在職進修則不再用長期課程的名稱。

2.深造研究文憑課程（Diploma courses of advanced study）

為具有三至五年教學經驗的正式合格教師所開的文憑課程，結業後可據以申請攻讀碩士學位。課程內容可大致分為教育通論，教育階段（小學、中學、繼續和成人教育），教育理論（教育哲學、教育史、教育心理學、教育社會學等），特定學科（如體育），青少年諮商與輔導，教育工學以及其他等。其進修方式分為一年之全時制或二至三年之部分時間制。在1964至1967年之間，這類文憑課程的人數約佔在職進修人數的百分之十。

3.學位課程（Degree courses）

這是為持有大學第一學位、專業訓練與學科文憑或同等學歷的中小學教師開設的攻讀教育碩士（M.Ed.）學位課程。課程偏重教育理論及教材教法研究，並須通過至少三個學科的測驗以及論文考試。其進修方式分為一年之全時制或二至三年之部分時間制。

4.短期課程（Short courses）

　　由教育與科學部，或由地方教育局和師資培訓機構舉辦的各種為解決特定教育問題，或提倡新的教學內容、方法或技術等，以適應迅速變遷的社會和國家需求所開的課程。

1973至1982年時期

1.第一學位課程（First degree courses）

　　在James報告書要求將教育專業提昇至大學程度後，對於學位課程的供應日益重視。第一學位課程雷同空中大學和教育學士學位課程。這是主要為師範院校畢業的現任中小學教師開設的教育學士（B.Ed.）學位課程。獲准進修者通常直接進入四年制大學的最後一年攻讀專門課程（如數學教學），進修且合格後即可授予教育學士學位。其方式可分為一年之全時制或二年之部分時間制，但均必須先行接受部份時間制之一年的「銜接課程」（bridging course）（或有教育文憑且已修讀類似之科目者可免除）。本時期每年約有五百至一千名教師至教育學院進修這種課程。主要分為普通教育學士和榮譽教育學士兩種課程。課程內容可分為教育理論課程和主要學科，教育理論課程和應用教育或應用學科，應用教育和應用學科，以及應用教育等四大類。評量的方式大都是透過正式的考試，且經常跟職前教育的師範生一同考試；如果沒有考試，則以課堂作業和個案研究計畫和成果來代替。

2.文憑課程（Diploma courses）

　　文憑課程的主要組織原則是「教師即研究者」，其課程名稱不一，獲准進修的資格、進修的層次、型式、或內容也不同。例如，有教育文憑、高等文憑、學士後文憑、教育高等研究文憑或教育專業研究文憑等。以「學士後文憑」（Postgraduate diplomas）為例，其進修資格是具有第一學位或其他的專業資格。學士後文憑類似教育碩士學位文憑，兩者的差異在於前者不用撰寫並通過學位論文。「教育專業研究文憑」（Diploma in Professional Studies in Education）是專為在職二年以上，想要擴增知識或發展新技巧，卻又不想參加教育學

士學位的教師而設。其方式是採取二年以上的部份時間制，內容則著重在學科研究和特殊教育上。進修及格後授予的資格類似第一學位，如果再加上二個學季至一年的部份時間制，可授予哲學學士學位（B.Phil），並得以進而申請教育碩士學位課程。。

3.再訓練課程（Retraining courses）

這是本時期最爲固定的在職訓練，分爲一年與一學季的「非深造課程」（non-advanced cources），以及特殊教育相關的「深造課程」，政府特別強調凡教師不足之科目均可開設這種爲時一年或一學季之全時課程，包括法文、數學、物理、工藝、設計與技術等科目，供其他科目之合格教師進修，以取得第二專業資格。

4.證書課程（Certificate courses）

這是專業進修之課程，多大爲一學季之全時進修；如果是以部份時間進修則需時一年。修業期滿成績及格者則發給結業證書。

5.導入訓練（Induction training）

針對初任教師所提供的繼續訓練課程，以解決新教師任教後所體認和面對的各種問題。初任教師的第一年必須有四分之一的時間以休假方式參加進修，費用由學校負擔。這類課程可在任教的學校進行，或是到師資培育機構參加講習。

6.高級學位課程（Higher Degree courses）

具備教育文憑、空中大學學位或在職教育學士學位的教師，可以修讀教育碩士學位課程（一年之全時制或二至三年之部分時間制），也包括全時制二年的教育研究課程以取得哲學碩士（M.Phil）學位；以及至少二至三年全時或四年部份時間研究（但最少要有一年爲全時），以取得博士學位。

第二節　現況分析

一、在職進修的政策層面

自1972年James報告書和教育白皮書公佈和實施之後，對於改善在職教師的教學品質已日益重視，在職進修的重要性也受到認同，但是政府並沒有進而建立一致的在職進修政策。當然，政策的形成和實施是複雜的，因為師資培育自身即是含蘊著價值，且政治、經濟或智識等脈絡也在在影響著教育政策的訂定。自1979年後，這些因素直接受到保守黨政府及其教育立法的影響。這些教育立法的主要原則是，只要在學校之間運作自由競爭的市場力量（金錢）即可提昇教育的水準。而對於在職教育與訓練影響最大的就是立法中撥款規程的轉變。下面以幾項事例、報告書或教育法為例來分析其演變。

「與技術與職業教育方案相關的在職訓練」方案

1983年中央政府在原先在職教育的撥款機制之外，另外撥款補助四個特定的全國優先領域（national priority areas）。這開啟了往後決定在職進修性質時的更為中央集權的決策取向。同年，英國開始實施「技術與職業教育方案」（Technical and Vocational Education Initiative, TVEI）。由於學校中的教師缺乏TVEI這方面的專業知識來教導學生，政府因而於1985年撥款2500萬英鎊來實施「與技術與職業教育方案相關的在職訓練」（TVEI Related In-Service Training, TRIST），以解決這個師資訓練不足的問題。

「與技術與職業教育方案相關的在職訓練」方案，對於往後以學校為本位或以學校為焦點的在職進修方式影響頗大，這跟幾個因素相關。首先，教師對於自己的地位開始有所覺醒，因為這些TVEI講師必須至學校面對「他們」，並提供學校本位的在職進修；且只有大型的研討會才在校外實施。其次，學校在職進修的協同負責人（co-ordinator）成為關鍵人物，並能藉此職務提昇薪級。第三，班級教師中的專家開始有機會傳授相關知識和技能給校內同事。最後，更為重

要的是，在職進修集中在班級實務，並以學生的成就（取得職業資格）作爲主要的評鑑規準。而之後接著實施的「中學普通教育證書」（GCSE）在職進修方案更是進一步強化教師的投入（Jones & Reid, 1988: 122）。不過，隨著1986年新的撥款規程（第六號通諭）之頒佈，這項TRIST方案功成身退，完成其在職進修先導實驗的任務。

1986年第六號通諭

在職進修的撥款與組織之改變原因之一，是有鑑於傳統在職進修的安排和協同合作並不令人滿意。甚且，由於地方財政蕭條，教師的在職進修制度難以按計畫推展。短期在職進修課程的各項開支，大都由學員所交的學費來因應。長期在職進修課程則是由相關大學和多科技術學院撥款委員會簽訂契約，按照其要求來開設。所以，中央政府對於在職進修制度乃思考改變之道。1985年教育白皮書《較佳的學校》（Better Schools）指出：每年地方教育局用在教師在職進修上的經費大約是一億英鎊，但是「這些資源並沒有發揮其最佳的優點。特別是只偏好長期而不是短期的的課程，較不是傳統的活動可能在許多的目的上較爲有效」（第173節）。

因此，1986年第六號通諭的主要目的之一是「提昇在職訓練更爲有系統的和更爲有目的的規劃」。其他的目的還包括「提昇教師的專業發展， 促進教師人力的更有效管理，並促進那些被選爲全國優先領域的訓練」（DES, 1986）。

由於在職進修長期以來缺乏對其目標、課程、組織、實施方式，以及對教師和學生的效果等等的評量，第六號通諭的第23節強調所有的訓練應該被檢視和評鑑，以評量其在教育服務上的效能和效率。對於地方教育局在職進修規劃的安排，本通諭的第27.1節指示每一個地方教育局「適當地考量教師、學校和學院表達的需求和觀點」。亦即要確保在需求辨明歷程中的「所有權」（ownership），這個關鍵是讓教師和學校感覺到他們參與其中，且產生的在職進修方案是眞正反映出他們的草根感受，而不是外加進來的指示。

第六號通諭的第38節則要求地方教育局確保他們投下的經費是「物有所值」（value for money），在職進修要更重視教師的訓練而非他們的繼續教育。長期課程是以教師哲學地反省脈絡爲主，其「價值」

較為主觀，較難以認明；短期課程則是以行為目標和和立即可見的班級成果為主。因此，如果從「物有所值」的投資報酬角度來著手在職進修，則短期而非長期課程更能辨明其報酬和便於行政的管理。1972年James報告書所主張的，教師每服務七年（最終是五年）可以有一個學季的帶職帶薪進修更顯得不具成本效果，更遙不可及。

1987年教育白皮書

1987年的白皮書《高等教育：迎接挑戰》（Higher Education: Meeting the Challenge）（DES, 1987），斷言高等教育在迎接「本世紀最後十年的經濟與社會挑戰」上具有舉足輕重的地位。但又將中央撥款轉移至地方教育局來全權決定。有些學者指出這將使原先提供在職進修的高等教育機構孤立，且瑣碎的課程將沒有人需要；有學者特別提醒我們：「當白皮書跟一般公司的宣傳書一樣光鮮亮麗時，請小心！」（Robinson, 1988: 100）。

本白皮書所謂的挑戰主要有四項：品質、效率、合作與合約。首先，「高等教育的品質主要依賴學術社群投入於維持和改善水準」（第3.5節），而且，「如果我們要維持高等教育的品質，則有一改善中小學水準的重要需求，也就是要使所有學生的潛能均得以發揮出來，不管他們的社會或經濟背景」（DES, 1987）。此外，教育的品質總是很重要地依賴教師的品質，白皮書的挑戰就在於能否提供適當的脈絡使得教師的專業能力和自信得以增進，這就有待於規劃良善且適當可行的進修制度。

其次，效率對高等教育是另一種挑戰，不具效率是一種不好的事情。白皮書所指的「效率之追求不只是節省經費，而是在有限的資源中如何達成更多它們應該達成的」（第3.23節），再次強調了「物有所值」的原則。所謂的「效率」，其基調是說高等教育不能只是對那些可能選擇為教師的人呼籲主要是訴諸職業倫理的道德訴求，只是強調教學的價值而不是物質的利益，否則將無效率可言。

第三、合作的主張。白皮書想要從地方教育局手中拿走多科技術學院和師範學院，但仍保留它們的特色以符合地方社區的需求。然而，將多科技術學院等自地方教育局的直接控制中脫離出來，可能使得地方教育局不再接受這些機構所提供的在職進修之服務。這種權利

的剝除使得原先多科技術學院和師範學院等長久以來建立的地區民主、開放和伙伴關係受到損害。

第四、合約系統在「訓練基金制」的撥款脈絡中仍是深具意義。本白皮書所呈現的自由市場原則，促使高教機構轉變成企業中心以吸引更多的契約。白皮書論說：關於教師的在職進修課程，「多科技術學院與學院撥款委員會」將跟高等教育機構定下契約，以提供可取得較高資格的一年全時制課程或其相當時間的部份時間制。短期的在職進修課程將完全撥款來支付費用（第4.23節）。可知在職進修仍是受到市場經濟的原則來統理。但這絕不是「自由的」市場，因為主要的調節者仍然是中央政府及其對於全國優先領域的評估。甚至於學校和地方教育當局為了取得中央撥款的資格，而必須符合政府所訂下的全國優先領域目標。

關於有效的在職進修之要求，跟高等教育結構的變遷是一致的。本白皮書的背景是高等教育作為提供進修服務者，和地方教育局作為使用者之間的關係已經開始出現裂縫。早在教育與科學部1986年的第六號通諭強調高等教育機構和地方教育局之間「協同合作」的重要性，以充分運用其中的專家來維持和提昇訓練的品質時，地方教育當局卻是已經計畫在其教師在職進修的方案中減少高等教育機構的參與。

二、地方教育當局教師在職進修的組織型式

英國教師在職進修的組織和實施雖有相關法令的規定，但在地方之間仍存在著歧異，很難說有全國一致的策略。Jones和Reid指出大部份的地方教育當局和學校仍然習慣於舊有制度，而將在職進修視為個人的需求，並由地方教育當局和高等教育機構來供應課程（Jones & Reid, 1988:122）。儘管如此，在職進修仍可區分成兩大主要類別的組織模式，茲簡要說明和檢討如下：

集權化模式（centralised model）

　　這是傳統在職進修的組織模式（細節已如前述），但近來迭受非難。例如，提供者（地方教育當局在職進修部門）和消費者（中小學教師）之間關係往往被描述為獨裁的、過度保護的、家長主義的、自大的；且地方教育當局的諮詢教師團隊（advisory teacher teams）提供的在職進修課程常被批評缺乏全盤的共同合作和一致性，而是由個別教師單線管理。（Hayland & Kinder, 1994: 55）

　　其他對於傳統的集權模式之批評還包括：（Hayland & Kinder, 1994: 55-58）

1. 這是一種諮詢教師帶領的而非以學校為焦點的模式，所以學校對於訓練的課程、內容等不具所有權或控制權，這種所有權或控制權的缺乏連帶使學校主管對於其在職訓練的成果或價值缺乏關心。
2. 缺少課程內容的多樣性、連續性和深度，關於教師的目標設定則是不恰當或不充分。
3. 進修的課程跟學校的明確需求缺少相干性。
4. 教師對於進修的課程沒有回饋的機制或策略。
5. 在職訓練品質相當程度受到學科教師或諮詢教師特別能力和技巧的影響。
6. 由上而下來傳遞所謂好的實務之性質，而非由下而上的發展出課程內容。

委託型模式（devolution model）

　　委託型模式強調在職進修的負責單位與決策之所在，應該隨著接受撥款的對象而轉移，才是一項適當或正確的原則。

　　地方教育當局在職進修部門採委託模式的效果受到肯定，諮詢教師等提供者的表現或傳授技巧顯著改善，且對於學校的要求和專業發展的需求較能配合。在職進修提供者是真正在提供服務：如以顧客為中心（client-centredness），有意願來討論，給予支持而不是標準化的諮詢。此外，委託模式下的學校有更大的彈性來創造的和主動的運用在職訓練經費（Hayland & Kinder, 1994: 56）。

　　然而，根據Hayland和Kinder等人的分析，委託模式仍存在著如下的缺點：

1. 委託模式下的地方教育當局之在職進修部門，不再是主導者而是服務者，導致「指引性哲學」或「實務模式」的式微。
2. 有些學校並沒有充分地準備，沒辦法完全地負起設計在職進修課程或運用在職進修預算的責任。他們需要關於「在職進修的在職進修」。
3. 有些小型學校則不能適應委託模式所使用的公式。
4. 學年度跟預算年度的不一也是一大難題。
5. 學校要採取全新的在職進修理念，要小心考量它們在學校發展目標中的策略運用，因它們現在已轉變為提供者的角色，但這對學校而言是一大負擔和難題。
6. 學校教師參加校外在職訓練的機會減少，也較少機會跟其他學校的教師互動或交換經驗；此外，也不再有機會接觸學科專家。
7. 地區的資源中心因預算而縮減或裁撤，致使學校教師減少這種自發性、非正式的接觸或諮詢機會。
8. 對於有心提高學歷，攻讀較高學位的教師而言，學校本位或以學校為焦點的委託模式，使他們喪失長期的、深造的專業發展機會。（Hayland & Kinder, 1994: 56-58）

　　對於在職進修是否採取「全盤委託」模式，有三類主要不同意見（Hayland & Kinder, 1994）。首先，有些贊成者歡迎這種全盤委託模式，對於斷掉地方教育當局的提供並不感到後悔。他們認為開放的在職進修市場的優點是學校獨立、自治和主動性。第二類的意見是在「地方學校經營制」（Local Management of Schools, LMS）的精神下，贊成接受全盤委託模式，但希望或傾向跟原來的地方教育當局購買主要的或部份的在職進修服務。另外，有些對於全盤委託模式採取保留態度，如他們認為學校教師並沒有時間和專業知識來完全執行在職進修的任務，且將地方教育當局的指導、支持和共同合作視為相當重要的。

三、在職進修的理念層面

中央集權取向

1983年實施的TVEI基金（TRIST）在職訓練方案，是由「人力服務委員會」（Manpower Services Commission）來執行。但是，「人力服務委員會」在這之前從未是教師在職進修的供應者。這似乎進一步例證了中央政府想要解除地方教育當局在提供在職進修服務上的角色。有學者評論這象徵控制權力由地方而實質地轉移到中央控制的開始（Dowling, 1988: 185）。

回顧TVEI的實施，可看出這一關於教師在職進修的變動較少涉及課程的改變，而是弱化地方教育當局的供應體系，使在職進修制度更為全國一致，更強調績效管制，且更為中央所控制。

市場經濟取向

1985年的教育白皮書《較佳的學校》第172節指出：「在職進修對教師的生涯發展有重要貢獻，所有教師都要經常有機會來參加這類的訓練」（DES, 1985: 53）。政府政策日益要求教師必須具備實務的教學技巧，對主科知識的廣度和深度，以及對於評量的知識和實施技巧，這些均有待於有效的教師在職進修。

然而，傳統被稱為「自助餐制度」（cafeteria system）的在職進修效果不彰，對於教師和學生沒有多大益處，而屢遭人詬議，使得任何對於縮減地方教育當局的措施都為人鼓掌歡迎（Jones & Reid, 1988: 123）。1986年第六號通論「物有所值」原則的重視，以及全國優先在職訓練領域的規定，更是將在職進修的供應由長期的、高等教育提供的課程，轉移到短期的、學校本位的活動。

另外，《較佳的學校》第九節則是強調：「學校的教育應該提昇企業性和適應性，以增進年輕學子找到工作的機會，或為他們或他人創造就職機會」（DES, 1985: 3）。這是一種新工具主義（neo-instrumentalism）的思維，遍佈在當時強調目標設定、整體評估及緊密管理的教育系統中。有別於傳統的古典人文主義取向或進步主義運動等意識型態。

1992年教育白皮書《選擇與多樣性：學校的架構》（Choice and Diversity: A Framework for Schools）（DFE, 1992）更是展現一種「私營化」（privatization）的政策，將有關教師在職進修的經費直接撥到中小學校，以及教師在職訓練逐漸採取「代理商本位」市場經濟模式（agency-based market economy model）。這是一種「需求引導的」，而非「供應引導的」的在職進修，在職進修的提供者更爲關注他們所供應的內容或如何促銷的方式。目前的教育政策正是將原先委派給地方教育局的預算全部交由中小學校來處理，使它們可以自由地從提供者那裡購買專業發展的方案。誠如Jones和Reid指出的，「行銷」（marketing）策略變的越來越重要，因爲供應者在這種日益高度競爭的在職進修商業化環境中，必須爭取消費者對他們服務的需求（Jones & Reid, 1988: 125）。

傳統上，在職進修方案的提供者是地方教育當局的諮詢教師（advisors）、學科教師，以及高等教育機構。但由於受到近年來市場驅動的立法（market-driven legislation）的影響，有些咨詢服務的提供者正重組爲商業單位，以等待中小學購買他們爲教師專業發展的企業產品和服務。這種商業買賣的在職進修方案，使得英國部份地方教育局的諮詢單位從原本60多位專任的人員裁減至不到30個人（Whitehead, 1996:167）。1994至1995的公共預算進一步縮減後，地方教育當局提供的服務再次受到市場驅動立法的傷害。英國現今的中小學每年給予教師至多五天的在職進修（British Council, 1996）。學校決定在職訓練之需求後，再跟適當的供應者如地方教育當局、高等教育機構或私人諮詢者訂定契約。

高等教育機構如大學中的教育學院，其情景也很困窘。從其在職進修的宣傳資料來分析，面對近四年來由地方教育當局撥款進行全時進修的數量銳減，有些大學很有彈性地改爲在其分部（目的在減少交通往返的負擔），以二部制的方式提供單元式的課程。這有助於中小學減輕因教師進修所需涵蓋代課教師的經費負擔。但對於教師之專業發展的教育理論則有所損害。因爲這種單元式課程將教師的專業發展割裂爲可獨自研究的個別單元，而忽視專業發展不僅僅是技術與知識的集合而已。

市場經濟的原則使得傳統上強調在職進修供應者和學校教師之間

的伙伴關係，轉變成所謂有效的伙伴關係，亦即對於消費者及其需求
的確認，並將對這些需求的回應建立爲一致性的架構。像是高等教育
機構中的教育學系乃需要轉化成類似教師中心的機構，以加強提供在
職訓練的服務。

四、地方教育當局訓練基金制

　　早在1983至1984年實施的「在職教師訓練基金制」（In-Service
Training Grants Scheme），相當有效的刺激對於四個全國優先性領域
的在職訓練。而1985至1986年針對中小學教師的優先性領域訓練，則
包括有管理訓練、數學與科學教學、一般學校的特教需求、職業之前
的教育，以及中學普通教育證書（General Certificate of
Secondary Education, GCSE）的引進等。但是這一基金制只提供地方
教育局財力上的協助，使他們能爲那些參加上述優先性課程的教師雇
用代課教師（DES, 1985：54）。在這之後，政府同意「教師供應與教
育審議委員會」（ACSET）的提議，有關在職訓練的規劃還要更有系
統，以同時符應教師的生涯需求和學校課程革新的需求。因此，《較
佳的學校》第175節指出在職訓練的撥款和組織必須要進行基本的變
革，亦即要建立新的撥款機制，並更爲有系統的和有目的的規劃教師
的在職訓練（DES, 1985：54）。

　　1986年教育與科學部的第六號通諭規定實施「地方教育當局訓練
基金制」（Local Education Authority Training Grants Scheme,
LEATGS），讓中小學校有能力來控制在職進修的預算，確切落實「以學
校爲焦點」（school-focused）的教師在職進修制度，是英國近年來有
效改變班級教學活動的主要機制之一。原本在引進LEATGS之前，教師
的在職進修活動層次並不高，參加校外進修課程也是間斷性的。這一
部份是因爲教師要找出時間參加校外的進修很難，尤其當課程是在學
校時間之內實施時，其原有教學工作是由其他同事代理，以至於承受
更多的負擔，而不是交給代課教師（supply cover）。在這之後，學校
才有特定經費來運用代課教師，以確保在職進修的妥善運作（Natham,
1990：156）。撥款制度的適當與否直接影響教師在職進修的進行。

　　第六號通諭的第四節說明本「訓練基金制」藉由提供地方教育局經費，以達成教師在職進修的四項主要目的：（1）提昇教師的專業發展，（2）對教師在職進修提出系統的和有目的的規劃，（3）促進教師人力的有效管理，以及（4）針對被列入全國優先性的特別領域加強訓練（DES，1986）。這些均在落實《較佳的學校》第176節所強調的原則：「繼續既有的為全國優先領域訓練而設的在職訓練基金，以及為配合地方認定的優先性在職訓練而做的供應和花費之一般的在職訓練基金」（DES，1985：54）。此後，雖然這一地方教育當局與學校合作進行的「以學校為焦點」的在職進修方案迭經修改，其強調的全國優先性主題仍大致上相同（表12-2）。這些主題包括校長與資深人員的組織與管理之訓練；特別學科訓練如數學、科學、工藝、設計、微電子和宗教教育等；特別主題之訓練如特殊教育需求、多元文化教育和學生未來生涯準備，或是健康教育、藥物使用和學前教育等；以及為配合國定課程實施的相關訓練（Circular 6/86，9/87，5/88，20/89）。自1987年編列本項「訓練基金」以來，以學校為焦點的研習活動數量於是遽增。

　　所謂「以學校為焦點」的在職進修，根據Perry的界定，指在伙伴關係中的訓練者和教師，其所使用的全部策略均在於達成學校指明的需求，並提昇教室中教與學的水準（Bolam，1982：218）。這是一種參與式和民主式的教師在職進修之規劃、提供與評鑑；強調教師進修可以在學校時間內，也可以在時間外；課程的供應可以是校外單位，也可以是學校本身。最著名的「以學校為焦點」的在職進修是所謂的「專業發展日」（Professional Development Days, Baker Days），每校每年有五天的校內進修活動，活動計畫並須提交地方教育當局以申請「訓練基金」。

　　「地方教育當局訓練基金制」有兩個基本特色：一是包括學生的參與；一是教師身為提供在職進修的訓練者，其專業知識日增（Galloway,1992：5-6）。傳統的教師在職進修是在沒有學生的時間（non-pupil day）中實施的，強調班級教師在特定實務技巧中的工具性訓練。但以學校為焦點的教師在職進修則重視和同事協同合作的歷程，並將學生也包含進來，特別是當教師面對「中等教育普通證書」（GCSE）所帶來的挑戰時，跟學生一起學習或許是唯一有效、可行的途

表12-2　地方教育當局訓練基金制(LEA Training Grants Scheme)之全國優先領域

【全國優先領域】	87/88	88/89	89/90	90/91
學校教師部份				
學校校長及其他資深教師之組織與管理的訓練	A	A	– –	A
與學校校長及其他資深教師責任有關的組織與管理，教師評估的方法及原則之訓練	– –	– –	A	– –
學校教師的評估之訓練	– –	– –	– –	A
※國定課程之管理與評量的訓練	– –	– –	A	
※國定課程之內容的訓練	– –	– –	A	
※基本課程與集體禮拜的訓練	– –	– –	– –	A
數學教學的訓練	A	A	– –	
小學數學教學的課程設計	– –	– –	– –	A
符應具學習困難之學童的特殊教育需求的訓練	A			
符應具嚴重學習困難之學童的特殊教育需求的訓練	– –	A	A	A
符應聽障學童的特殊教育需求的訓練	– –	A	A	A
符應視障學童的特殊教育需求的訓練	– –	A	A	A
教師符應學校的特殊教育需求的訓練	– –	A	A	A
與工業、經濟和工作世界有關的訓練	A	A		
科學教學訓練	A	A		
※小學科學教學的課程設計	– –	– –	– –	A
工藝、設計與技術的教學之訓練	A	A		
數學、科學與工藝、設計與技術的一年訓練課程				
在多元種族社會中的教學與課程計劃之訓練	A	A		
跨課程的微電子學與使用之訓練	A			
跨課程的新技術運用之訓練	– –	A	A	A
宗教教育教學的訓練	A	A	A	
小學不足五歲學童的教學之訓練	– –	– –	A	A
試用教師和契約教師的訓練	– –	– –	– –	A
學童行為管理的訓練	– –	– –	– –	A
學校、繼續教育，青年及社區工作部份				
GCSE的訓練	A	– –		
抗拒藥物濫用之協助的訓練	A	A	A	
對青年與社區工作者的訓練	A	A	A	
對教育心理學家的訓練	A	A	A	A
預防性健康教育的各項層面之訓練				
發展成人識字與相關基本技巧的教學能力之訓練	– –	– –	– –	A

資料來源：Burgess, et al. (1993)

A代表該年撥款補助的活動.

※代表跟1988年教育改革法相關的全國優先區域

徑。有的學校利用在職進修的時間協同合作出有關國定課程評量的觀
察和記錄之共識（Galloway,1992：6）。這種全校性討論使得教師能和
同事分享成功的經驗，包括其在教室實務中的意涵。教師珍視這種類
似「工作坊」（workshop）活動方式的價值，來自地方教育當局諮詢
人員和課程教師對於教室活動的支持，以及跟學校同事共同合作所可
能產生的激勵。皇家督學1989年對於第一年「地方教育當局訓練基金
制」之實施成果所做的視導報告，指出「以學校為焦點」的在職進修
是成功的，且有些學校和教師在作為在職進修的提供者方面，有著不
容忽視的經驗（HMIs, 1989）。

　　相對於過去多年來對教師在職進修視若無睹的忽視，學者與教育
人員大多歡迎中央政府投入「地方教育當局訓練基金制」，但有些學者
則擔心這一基金制中可辨別出的中央集權趨勢（Graham, 1986）。例
如，特定的全國優先領域比地方優先領域可獲得較高層次的撥款，且
撥至地方優先領域的基金可以挪用至全國優先領域，但相反則不行。
其次，另一令人擔心的是本基金制完全忽視教師所關心的事項，像是
強調「教師人力更為有效地管理」，但很少考量到教師需求或欲求的是
什麼。就像是本基金制透過經費補助型態的轉變，破壞了原本的長期
課程，使教師無法參加如碩士學位課程的進修。然而，教師應該是在
職教育歷程中的核心，在確認學校需求和全國及地方之課程優先時，
對於所提供的對象（教師）及其執行職責所需的知能，對專業經驗加
以深度反省的充分時間與需求等均不應忽略。

五、教育支持與訓練基金方案

　　1991年之後，連結地方教育局、中小學校和教師之間的在職進修
制度，由原先的「地方教育當局訓練基金制」轉變成「教育支持與訓
練基金」（the Grants for Education Support and Training,
GEST）。地方教育當局必須逐漸轉移「教育支持與訓練基金」到中小學
校。至1994年必須將全部基金的三分之一轉給學校自行運用。1994至
1995年的「教育支持與訓練基金」預算共佔2億7千1百萬英鎊，其中
57%用在國定課程與評量方面，21%是關於學校經營與評估，另有9%是
特殊教育需求。

　　1997年的「教育支持與訓練基金」從該年四月一日起實施，經費申請共分三期：4月1日至7月31日，8月1日至12月31日，以及1月1日至3月31日。（DfEE, 1997: para. 6.3）。申請方式是由地方教育當局向教育國務大臣呈交一份聲明，指明基金的用途，並由地方政府的會計部門之稽查員在該聲明上背書證明（DfEE, 1997: para. 6.5）。在這些「訓練基金」的補助中，「合格教師接受國家校長專業資格的訓練與評量」，以及「公立專門學校之維持、設備與訓練」可以獲得全額的基金補助。另外，「班級教學助理（作為專門教師的助理）的訓練」可有百分之八十的補助，「改善學校校園安全和學校學生及職員個人安全的訓練」有百分之七十五的補助（DfEE, 1997: para. 5.2）。至於其他的全國和地方優先領域的訓練補助，中央只能補助總經費的百分之六十（DfEE, 1997: para. 5.1）。

　　根據「1997年教育（教育支持與訓練基金）規程」（Regulations 1997）之「施行細則」（Schedule），其第二條說明本基金對學校的贊助目的有四：

1. 改進教師與班級助理之效率。
2. 改善學校管理、運作和策略規劃之品質。
3. 支持基本課程的有效實施（含圖書、資訊科技和其他設備的供應）。
4. 安置作業的建立或發展，以增進比較資料的取得和運用（亦即相似學校機構間各種事務的表現之比較），並促進學校中的水準標記（benchmarking）和目標設定（target setting）。

《1997年教育規程》「施行細則」第五條則是規定對教師的贊助和訓練：

1. 準備學校中將引進之可引導至「國家普通職業證照」（General National Vocational Qualifications, GNVQ）的職業課程。
2. 準備學校中將引進之「國家普通職業證書」（National Certificates）和「國家高級文憑」（National Advanced Diplomas）。

3.發展可引導至「普通教育證書」優異級（GCE A level）和優
異補充級（A.Supplement）考試之課程。

第三節　未來展望：學校本位的進修

　　學校既爲學習和教學的場所，也是課程和技術的實驗室，因此常
能揭發許多問題與缺點。從上述的分析可知，以學校爲本位的教師在
職進修，比起其他方式的進修更能提供有效的在職進修，且是未來英
國在職進修制度的主流。

　　實施學校本位的在職進修之第一要務，就是要能辨明教師的需
求。但是如果將所有中小學教師的在職進修需求，當成同樣的整體來
考量將犯錯誤。根據英國教育部1994年的教育統計資料顯示，英格蘭
地區中小學的專任合格教師就高達334560人，而兼任教師則有65197
人；其他資格（含試用教師、實習教師、語言助理等）的專任教師有
2312人，兼任教師則有14321人。（DFE，1994：142-143）這些總數高
達416390人的教師，分佈在各種不同的教育環境中，自有許多相異但
相同重要的需求，因爲一個教育環境中的專業生活跟另一個之間存在
著相當的差異。

　　支持以學校爲本位的教師在職進修制度者多數對於某些措施有所
不滿。如不滿集權模式所決定的教師在職進修，不滿高等教育機構所
主導的在職進修。總之，不信任那種由上而下的決策模式，像是只注
重國定課程的實施而不考慮教師的專業需求。另一方面，對於高等教
育機構所主導的在職進修之不信任是由於這類的課程被視爲只是「供
應導向」（supply-led）而非「需求導向」（demand-led）。近來英國學
校本位的教師在職進修更受到再增強，因爲每個學校現在都有財政
權，能自主地控制所分配到的預算，而不受制於地方教育局。

　　以學校爲本位的在職進修並不僅僅是對於某些現象的反彈，更有
一些積極意義。首先，將在職進修更深植在教師工作環境中的實務的
和專業的現實中，確切反應出教師所認爲需要學習的以及專業發展所
要採取的方式。這是一種以草根性的（grassroots）實務方式來提供

當下而非「昨日的」在職進修內容。教師對於在職進修產生一種所有權——他們界定在職進修的焦點，即使校外專家在提供在職進修上扮演關鍵的角色，但所提供的必須是學校所需求的，這些外來者只是諮詢的專家而已。畢竟，校外的專家很難宣稱自己比班級教師更具有教室實務經驗。

其次，以學校為本位的教師在職進修是學校自我評量（self-evaluation）的必要部份，在改善的意旨下，對學校的全盤運作進行系統的分析。能夠自我評量的學校是具備創造性的學校，學校由這種學習環境中產生更新更富多樣性的發展。創造性的學校將教師視為研究者，教師則將教育實務視為可改善的，並願意追求使學習更為有效的策略。事實上，以學校為本位的在職進修有助於教師採取行動研究，而行動研究則是有效教學的動力之一；教學變成對實務的持續研究，是一種延續的行動研究；教師不再是他人研究的對象，而是研究發現的主導者（Kirk, 1992: 142）。總之，以學校為本位的在職進修活動，實現教師本該具有的專業發展機會，激使教師提昇其專業自主權。

當然，以學校為本位的在職進修也存在一些可能的弊端，而有待警惕或加以克服。例如，如果在職進修完全以學校為本位，則可能產生學術上和專業上的孤立。因為，對於教學實務的探究也需要來自相關但相異脈絡的觀點來加以分析，亦即對於實務的解析需要有外來不同觀點的批判。這類批判較難希求教師從審視自身最為密切的經驗而直接導引出來，而有待於對教育著作有更多瞭解或對教育研究有更多經驗的外來者。再者，學校本位的在職進修之繁重的行政工作和實務配合措施等，對於學校都是不輕的負擔。此外，教師需求和訓練者實際提供的課程之間難免出現嚴重差距，使得學校同事提出不少的問題和面對許多的不確定性（Galloway, 1992: 7）。

以學校為本位的在職進修也有一些不足而需要補充或補強的地方。Kirk（1992: 142）指出許多教師除了自身的專業發展需求之外，也可能希望藉此能獲得較高的學位或其他的教育酬賞如晉級加薪。但這類學位課程往往要求將理論的探討應用到實務情境當中。因此，以學校為本位的教師在職進修制度特別需要建立一種全國性的架構，以將學分累積或學分轉換成高級學位或個人提敘的依據，進而擴展教師在學術上、專業上的資格或實質上的幫助。

第四節　結論

　　過去師範教育體系完全只強調職前的教育和訓練，後來才開始重視教師的進修，但也只作為職前培育的補充、在職教育或繼續教育而已。現在的概念則是將其視為整體師資培育的重要部份，跟職前教育互為一體的兩面。

　　英國公立學校的教師由地方教育當局根據當地需要，從具有任教資格（原則上為具備教育學士學位或學士後教育證書者）的申請者中選擇和指派；私立學校的教師由各校管理委員會指派。目前英國中小學教師的在職進修就對象而言可分為兩大類：一是新任教師的導入與提昇教學，一是有教學經驗的教師之進修。

　　不論是公私立學校，一般都對新任教師設有導入階段（induction），有任教資格者其導入期為一年，不具任教資格者（但因某種急需而錄用如試用教師或契約教師）其導入期一般為兩年。在導入階段，新任教師在有經驗的教師之指導下，一邊承擔一定的教學工作，一邊以各種不同的方式進行學習和見習。依英國政府的規定，見習的時間不得少於新任教師全部工作量的四分之一。導入階段的進修對於新任教師瞭解和熟悉、進而勝任自己的本職工作具有重要意義。

　　至於已有一定教學經驗的教師之在職進修，主要分為短期和長期等不同時間的進修。短期進修是針對教育中的一些具體問題，像是探究某個具體教育問題，介紹一種新的教學方法等，其時間可為一天到數週不等。短期進修的課程一般是由教育與科學部或地方教育當局安排設計。長期進修的對象為已有大學學歷的在職教師，一般在畢業或合格後授予證書或文憑，使教師獲得更高的學位；長期進修的主要目標是提高教師的教學能力，或加強教師某方面的專業知識與技能，或幫助優秀教師進一步深造。長期進修主要是在師範學院和大學教育系進行，時間大都為一年，結束時並授予教師相關的文憑、證書或學位。

　　教師在職進修的機構則包括地區師資培訓組織（於1975年廢掉）、教師中心、師範學院、大學教育系等單位。七十年代以後，英國各地

教育局幾乎都設有教師中心，其主要功能之一即是在提供中小學校教師的在職進修。教師中心根據社會和教師的需求來舉辦各種短期班或為期一日的研討會（day conferences），並提供圖書和資訊等服務。但在本世紀末隨著政府撥款政策的改變，教師中心已經逐漸縮減或甚至裁撤。地方教育當局原來的在職進修部門（諮詢教師、學科教師），以及高等教育機構正重組為企業單位，以提供中小學購買為教師專業發展的企業產品和服務。

　　師資培育應是整個教師發展的歷程，在教師養成教育階段，很難就培養出一位優秀教師所必須具備的各種知識和技能。而在職進修遠超過只是對個人理解再添加上知識與技術的單元（module），因此，教師在職進修的課程應該尋求建立一種教育理論來加以證立，教育學者及其他的教育研究者有責任澄清並尋求何者才是教育理論的共識，並進而修正或創建教育理論，這是教育研究社群的基本責任，也是未來必須審慎研究的課題之一。

　　現今世界各國教育改革正是風起雲湧之際，英國更是其中引領風騷者之一。我國目前也正進行各項教育改革，以英國為鑑，或有助於我國建立一套良善的教師在職進修制度。事實上，教育改革和教師的在職進修有緊密關係。教育改革相當程度決定了教師在職進修的必要性和推展方式；教師在職進修則可促使教育改革更為深入和更有效率的達成。教育革新的各項措施，如果未能適當地調整教師執行其專業責任的方式，則很難有效地落實教育革新。教育改革的種種措施如教育理念的落實、教育內容的變更、教學技術的更新、教學方法的改善等，都需要有能力、高素質的教師來進行和推動，這除了改進師資的職前培育之外，更有待加強為數眾多的教育改革舵手之在職進修。

　　從上述的探究可以得知在職進修的功能及重要性在於（1）補充職前養成教育的不足，提高現有師資的水準；（2）解決當前教學的問題，謀求教法教材的改進；（3）配合科技文化的日新月異，適應未來時代的需要；（4）配合教師職責的變異，更新教師專業知識和技能；以及（5）滿足專業成長需求，激發教育研究興趣，培養專業精神。

　　此外，教師在職進修需要有巨大的人力、物力和財力為基礎，其制度和形式受到國家經濟發展程度的影響很大。因此在有限資源的限制下，在職進修應該使教師有所不同，不論是理念或實務上都有更好

的發展，亦即教師在職進修的目的是在支持教師在他們的專業實務上有所改進。而有效發展教師專業的進修課程應該注意（1）在職進修必須提供適當質量的時間以吸收、應用和反省新的理念或措施。（2）提供教師在職進修反省的和反應的組織，以追蹤活動的成效。（3）提供一個實作教師願意參與的方案或課程，亦即這類課程必須考量教師願意投入的目的像是增進知識和技能、改變個人態度或更新班級實務等。（4）創造一種信任的氣氛，使得理念的探討和分享得以實現。

　　總之，我們必須確保所有的進修情境與活動都有助於教師的在職教育，藉由專業發展來擴展其價值，認知並使用學校中的專業社群作為個別教師的學習資源中心。如此，以職前教育的實務做為起點，在新任教師的導入階段提供實習教育，並以持續的在職教育貫穿教師的生涯，才能建構出完整良善的師資培育。

參考書目

李奉儒（民85）：英國教育改革機構、法案與報告書。載於黃正傑主編：各
　　國教育改革動向（77-105頁）。台北市：師大書苑。

Board of Education （1944）. Teachers and Youth Leaders. （The
　　McNair Report） London: HMSO.

Bradley, Howard et al. （1975）. 'What do We want for Teachers'
　　Centres', British Journal of In-service Education, 1
　　（3）, 41-48.

British Council （1996）. In-Service Training （INSET）.
　　International network for education, culture and
　　development.

Burgess, R.G. et al. （Eds.） （1993）. Implementing In-Service
　　Education and Training. London: Falmer.

Curtis, S.J. & Boultwood, M.E.A. （1966）. History of English
　　Education since 1800: An Introduction. London: University
　　Tutorial Press.

Dent, H. C. （1977）. The Training of Teachers in England and
　　Wales 1800-1975. London: Hodder and Stoughton.

DES （1966）. Further Training for Teachers. （DES Report
　　Education No. 28. London: HMSO.

DES （1970）. Survey of In-Service Training for Teachers 1967.
　　London: HMSO.

DES （1972a）. Teacher Education and Training: A Report by a
　　Committee of Inquiry. （The James Report） London: HMSO.

DES （1972b）. Education: A Framework for Expansion. London: HMSO.

DES （1985）. Better Schools. London: HMSO.

DES （1986）. Circular 6/86 （Local Education Authority Training
　　Grants Scheme: Financial Year 1987-88）.

DES （1987）. Circular 9/87 （Local Education Authority Training
　　Grants Scheme: Financial Year 1988-89）.

DES （1988）. Circular 5/88 （Local Education Authority Training
　　Grants Scheme: Financial Year 1989-90）.

DES（1989）. Circular 20/89 （Local Education Authority Training Grants Scheme: Financial Year 1990-91）.

DfE（1992）. Choice and Diversity: A Framework for Schools. London: HMSO.

DfE （1994）. Statistics of Education: Schools in England. London: HMSO.

DfEE （1995）. Circular 8/95 （Grants for Education Support and Training 1996-1997）.

DfEE （1996）. Circular 13/96 （Grants for Education Support and Training 1997-1998）.

DfEE （1997）.The Education（Grants for Education Support and Training）（England）Regulations 1997 （GEST）.

Dowling, M. （1988）. ʻUnanswered questions about Inset: James plus fifteen', British Journal of In-service Education, 14 （3）, 180-186.

Eraut, M. & Seaborne, P. （1984）. ʻIn-service Teacher Education: Developments in Provision and Curriculum', in Alexander, R.J. et al.（Eds.）Change in Teacher Education. London: Holt, rinehart & Winston.

Flood, P. （1973）. How Teachers regard their Centre, its Function, Aims and Use.Nottinghamm: Nottinghamm University.

Galloway, Sheila （1992）. ʻStraws in the Wind: A comment on the polarisation of INSET', Journal of Teacher Development 1 （1）, 5-8.

Gough, Bob （1975）. ʻTeachers' Centres as Providers of In-Service Education', British Journal of In-service Education, 1 （3）, 11-14.

Gough, Bob （1989）. ʻ20 years （or so）of Teachers' Centres: What have we learned? What can we share?', British Journal of In-service Education, 15 （1）, 51-54.

Hammond, Graham （1975）. A Survey of ATO/DES Courses 1971-74. Exeter: The University of Exeter.

Harland, J. & Kinder, Kay （1994）. ʻPatterns of Local Education Authority INSET Organisation', British Journal of In-service Education, 20 （1）, 53-66.

HMIs (1989) . The Implementation of the Local Education Authority Training Grants Scheme (LEATGS) : Report on the First Year of the Scheme 1987-88. London: HMSO.

Kirk, Gordon (1992) . 'INSET in the New Era', British Journal of In-service Education, 18 (3) , 140-144.

Jones, K. & Reid, K. (1988) . 'Some Implications of the New INSET Regulations', British Journal of In-service Education, 14 (2) , 122-128.

Natham, M. (1990) . 'The INSET Revolution', British Journal of In-service Education, 16 (3) , 156-161.

National Union of Teachers (1970) . Teacher Education--The Way Ahead: A discussion document on the future of teacher education. London: NUT.

Newman, Colin et al. (1981) . 'Teachers Centres: Some Emergent Characteristics', British Journal of In-service Education, 8 (1) , 45-50.

Nixon, J. (1988) . 'Changing In-Service Roles: Lessons from Trist', British Journal of In-service Education, 14 (3) , 187-190.

Padfield, J.A. (1975) .Some Patterns of Use of a Teachers' Centre. Nottinghamm: Nottinghamm University.

Roberts, Tessa (1987) . 'Teacher-Centred In-Service Education', British Journal of In-service Education, 13 (3) , 172-176.

Robinson, Philip (1988) . 'The Contribution of Higher Education to GRIST-Meeting the Challenge of the White Paper', British Journal of In-service Education, 14 (2) , 100-104.

Whitehead, J. (1996) . 'Reconceptualizing Policy on In-Service Teacher Education', in McBride,Rob (ed.) . Teacher Education Policy. London: Falmer.